ANIA

A

ricum

Histria

ILLYRICUM

Dalmatia

Mare Adriaticum

Dacia

Moesia
Superior

Dardania

Macedonia

Thessalia

Epirus

Achaia

Mare
Ionium

lia

MARE INTERNUM

Moesia Inferior

Thracia

Pontus Euxinus

Bithynia
et Pontus

Galatia

Mysia

Asia

Lydia

Caria

Lycia

Cilicia

Cappadocia

Armenia

Mesopotamia

Syria

Phoenicia

Cyprus

Judaea

Creta

Arabia

Cyrene

Aegyptus

Hans Dieter Stöver DIE PRÄTORIANER

Hans Dieter Stöver

DIE PRÄTORIANER

Kaisermacher – Kaisermörder

**Mit 31 Abbildungen
und Karten**

LANGEN MÜLLER

Bildnachweis

Alle Abbildungen aus der Sammlung C. Weber,
außer: S. 174, 175 (Archiv für Kunst u. Geschichte, Berlin),
Vorderes und hinteres Vorsatz (Archiv der Buchverlage Ullstein Langen
Müller) u. Stadtpläne S. 70–71, 108–109 u. S. 199 (aus »Roma urbs
imperatorum aetate« von Franciscus Scagnetti)

Umschlagmotiv:
Nach einem Relief aus dem Louvre, Paris
(Bildarchiv Foto Marburg, Marburg)

1. Auflage 1994
2. Auflage 2001 – Sonderproduktion

© 1994 by Langen Müller
in der F. A. Herbig Verlagsbuchhandlung GmbH, München
Alle Rechte vorbehalten
Umschlaggestaltung: Adolf Bachmann
Satz: Fotosatz Völkl, Puchheim
Gesetzt aus der Times Ten Roman
Druck und Binden: Wiener Verlag, Himberg
Printed in Austria
ISBN 3-7844-2519-4

Inhalt

Zu diesem Buch 9

─────────────── **I** ───────────────

Größenwahnsinnig, grausam, pervers: Ein Scheusal auf dem Thron
19

Auf des Messers Schneide:
Germanicus rettet die Rheingrenze 19
Liebling der Soldaten:
»Stiefelchen« 23
Vorschußlorbeeren:
Ein hoffnungsvoller Beginn 26
»Denke daran, daß mir alles erlaubt ist ...« –
Caligula der Despot 32

─────────────── **II** ───────────────

Die Garde greift ein: Szenen einer Verschwörung
39

Zwischen Scham, Zorn und Haß:
Der Tribun Cassius Chaerea 39
Ein Emporkömmling an den Schaltstellen der Macht:
Callistus 42
Exkurs: Cursus Praetorianus 49
Verschiedene Motive – ein Ziel:
Wie sich Verschwörer finden 51
Männlichkeitskult, Sendungsbewußtsein, Staatsideologie:
Die Argumente des Tribunen Cassius Chaerea 54

»Statt Kriegsdienst Henkersdienste!« –
Die Pervertierung der Garde 56
Offene Rechnungen –
Wiederherstellung der Ehre 61
Exkurs: Sacramentum – Der Fahneneid 65
»Heute wird das Schauspiel vom Tyrannenmord
aufgeführt!« – Der 24. Januar 41 67
Exkurs: Die Quellen des Flavius Josephus 78

III

Der Präzedenzfall:
Die Garde bringt Claudius auf den Thron
83

»Diese Germanen neigen sehr zum Jähzorn ...« –
Die Ausschaltung der Leibwache 83
Exkurs: Die Ausrüstung der Prätorianer 94
»Als ob die oberste Gewalt schon in ihren Händen wäre ...« –
Die Stunde des Senats 98
»Das ist Germanicus! Wohlan, laßt uns ihn zum Caesar
ausrufen!« – Ein Kaisermärchen 112
»Eingelullt in süße Ruhe ...« – Des Sentius Saturninus
letzte freie Rede im Senat 117
Parole »Libertas« –
Die Ausrufung der Republik 120
Ein Freundschaftsdienst? –
Herodes Agrippa vermittelt 128
Das »Claudius-Kartell« –
Die Drahtzieher im Hintergrund 138
Der Sündenbock –
Chaerea bezahlt die Rechnung 145

IV

Ein Gardepräfekt geht zu weit:
Verschwörung gegen einen Verschwörer
156

Große alte Dame und Ersatzkaiserin:
Antonia 156
Angst, Mitleid oder Verantwortung? –
Antonia warnt Tiberius 164
Kaltblütigkeit und Umsicht – Die Überrumpelung des
Seianus durch Tiberius am 18. Oktober 31 169
Exkurs: Antonia und die »leitenden Angestellten«
der DOMUS CAESARIS 179

V

Kaiser ohne Purpur:
Die Karriere des Lucius Aelius Seianus
187

»Cum ira et studio« – Die Voreingenommenheiten des
Tacitus gegenüber Seianus 187
»Es sollen die zwei Besten deine Leibwache befehligen« –
Ursprung und Geschichte der »Praetoriae Cohortes«
bis zu ihrer Kasernierung 190
Exkurs: Das Leben der Prätorianer 202
»Tief unsittlich, tyrannisch, rücksichtslos, hingebungsvoll,
treu ...« – Das widersprüchliche Seianus-Bild in der
Geschichtsschreibung 205
Ohne Tiberius kein Seianus –
Über die Unmöglichkeit, den frühen Seian zu fassen 209
Das Schicksalsjahr 23:
Die »Ermordung« des Drusus 216
Seianus überspannt den Bogen:
Die Liaison mit Livilla 224
Ein »Gang ins Kloster«? –
Tiberius geht in die innere Emigration nach Capri 235

Seianus vernichtet Agrippina und zwei ihrer Söhne 240
Exkurs: Noch einmal Antonia 259

VI

Die Krise des Reichs –
Die Emanzipation der Prätorianer
266

Nero und das Ende des Germanicus-Mythos 266
Die Garde in den Wirren des Vierkaiserjahres 68/69 278
»Bereichert die Soldaten, verachtet alles andere!« –
Die Prätorianer unter den Severern 291
Exkurs: Die Reichskrise des 3. Jahrhunderts 306
»In hoc signo vinces!« – Der Neuanfang Konstantins
bringt das Ende der Garde 312

Anhang

CAESAR, IMPERATOR, PRINCEPS ...
Was ist eigentlich ein römischer Kaiser?
316

Eine Szene im Circus 316
Republik ohne Republikaner –
Die Entmündigung des Volkes begann früh 320
Warum Caesar scheiterte 329
»Von Fürsten erzeugt zu werden, ist eine Zufalls-
erscheinung ...« 333
Der Principat des Augustus –
Eine verfassungsrechtliche Gratwanderung 335

Anmerkungen 342
Die römischen Kaiser und ihre Prätorianerpräfekten 357
Bibliographie 362
Personenregister 366

Zu diesem Buch

Marcel Durry stellt seiner großangelegten Monographie *Les Cohortes Prétoriennes* folgende Überlegungen voran: »Welche Empfindungen ruft das Wort ›Prätorianer‹ bei einem gebildeten Menschen hervor, der noch seinen Tacitus liest, oder bei einem Polemiker, der seine Beredsamkeit mit Gemeinplätzen anreichert? Eine mit fettem Sold bedachte Soldateska, die servil den Befehlen der Tyrannen gehorcht oder Krisen provoziert, um dann selbst die erste Rolle zu spielen, bluttriefend, manchmal auch lächerlich; eine Soldateska, die einen Kaiser macht und ihn dann beseitigt, um ihn durch einen schlimmeren zu ersetzen. Die Prätorianer, mal feige Sklaven, mal Herrenmenschen, immer verhaßt. Der Begriff ›Prätorianer‹ ist für immer mit negativen Vorstellungen behaftet; man verachtet ihre Bataillone, hinter denen gewisse Regimes ihre Ideologien und ihre Ängste verstecken. Aber haben die Prätorianer einen so schlechten Ruf verdient? Was die antike Geschichtsschreibung über unglückliche und gewalttätige Zeiten berichtet hat – auch ich kann ja nicht umhin, gewisse berühmt-berüchtigte Szenen entsprechend wieder aufleben zu lassen –, daraus hat die Überlieferung eine düstere Aura gemacht, die sich über die gesamte Geschichte des Prätoriums ausgebreitet hat. Es war mein Wunsch, das Prätorium auch so zu beschreiben, wie es sich in den schönen Tagen der *Pax Romana* darstellte, und dabei nicht zu vergessen, seine Normalität aufzuzeigen, die fast keiner kennt. Es gibt ein blutiges Bild, es gibt aber auch ein alltägliches, friedlicheres …«[1]
Vermutlich würde Durry heute, nach dem Untergang der faschistischen und kommunistischen Diktaturen, ein anderes Vorwort schreiben, mehr noch, er würde sich in seinem Werk vorwiegend mit der »image sanglante« und weniger mit der »image quoti-

dienne et plus calme«, also mehr mit dem blutigen als mit dem alltäglichen und ruhigeren Bild auseinandersetzen. Denn inzwischen sind, bedingt durch die schrecklichen Erfahrungen des 20. Jahrhunderts, verstärkt jene machtpolitischen Zusammenhänge drohend ins Blickfeld gerückt, die in unregelmäßigen Abständen immer wieder die zivilisierte Menschheit heimsuchen: Es geht um die unkontrollierte, absolute Machtausübung eines einzelnen oder einer Gruppe, die sich zum Erhalt ihrer angemaßten Herrschaft einen Apparat der Gewalt schaffen, um damit die Beherrschten tyrannisieren zu können. Hinzu kommt, daß wir heute dank der modernen Kommunikationstechnik innerhalb kürzester Zeit über dramatische politische und militärische Ereignisse unterrichtet werden, die sich an jedem x-beliebigen Punkt des Globus zugetragen haben. Wir besitzen mittlerweile ein feines, wenn man will, ein demokratisches Gespür für die Gefährdung oder Verletzung von Menschenrechten, das die Antike so nicht kannte.

Das französische Verb *garder*, von dem *Garde* sich ableitet, hat ein breites Bedeutungsfeld: aufbewahren, erhalten, bewachen, beaufsichtigen, hüten, beibehalten, pflegen, bewahren. Von all dem steckt etwas in der Garde, bezogen auf ihre Pflichten gegenüber demjenigen, dem sie durch einen heiligen Eid versprochen hat, ihn, seinen Körper, seine Unversehrtheit, sein Leben zu schützen.

In diesem Zusammenhang ist es interessant, daß das Deutsche, wie auch andere Sprachen, einen Unterschied zwischen »Wache« und »Garde« macht. Das Englische benutzt zwar in beiden Fällen dasselbe Wort, doch *bodyguards* (»Leibwächter«) sind etwas ganz anderes als *the Guards* (»die Garde«). Eine Wache kann sich jede Firma zulegen; wir alle kennen die mehr oder weniger rüstigen Rentner, die sich als Wachmann ein paar Mark dazuverdienen. Niemals aber würden wir die Wachmannschaft eines Unternehmens, einer Bank oder Behörde »Garde« nennen; eine Garde steht nur einem Souverän zu.

Schon immer hat es sich bei einer Garde um eine Elitetruppe gehandelt, die nach strengen Kriterien aus der regulären Armee »auserlesen« wurde: Eine bestimmte Mindestgröße, körperliche Fitneß, Kraft, männliches Erscheinungsbild, gutes Aussehen, Wendigkeit,

Intelligenz, Disziplin, Pflichterfüllung bis zur Hingabe, Treue dem Herrscher und Loyalität dem System gegenüber, das waren die Anforderungen, die seit jeher an einen Gardisten gestellt wurden. Nur die Besten avancierten. Doch diese Voraussetzungen allein genügen nicht; der ideologische Überbau muß auch ein Gefühl der Zusammengehörigkeit, ja der gegenseitigen Abhängigkeit von Herrscher und Garde schaffen, das, was wir »Korpsgeist« nennen. So wurde die Garde zum besten Machtinstrument des Herrschers. Sie stand ihm jederzeit zur Verfügung, war sichtbares Symbol seiner Herrschaft, und er konnte, wenn es ihm notwendig erschien, mit ihr drohen und erpressen.

Heutige Garden in konstitutionellen Monarchien – etwa in Großbritannien oder den Niederlanden – haben, wie die Monarchen selbst, nur noch Repräsentationsaufgaben. Allenfalls kann man noch niedere polizeiliche Ordnungsfunktionen ausmachen, wie etwa bei den Angehörigen der päpstlichen »Schweizer Garde«. Dasselbe gilt für die großen Demokratien, sofern sie sich, wie etwa Frankreich oder Italien, eine Garde leisten. Aber auch in diesen Fällen symbolisiert die Garde immer noch die überkommene verfassungsmäßige Ordnung des jeweiligen Staates. Ihre glänzende militärische, ja martialische Erscheinung soll den Eindruck erwecken, alles im Land sei so wohlgeordnet, saturiert und tadellos wie die auf Hochglanz polierten Kürasse, Helme, Stiefel und Waffen der Truppe. Ja, gerade ihr anachronistisches Erscheinungsbild soll den Bürgern deutlich machen, daß ihr Staat in einer langen Tradition steht, wobei klammheimlich daran erinnert wird, daß es – etwa in Frankreich – große Zeiten gab, in denen man sich der übrigen Welt überlegen fühlen konnte: Habit, Ausrüstung und Reglement der französischen Garde gehen auf Napoleon zurück.

Deutschland hat auf eine solche glänzende Selbstdarstellung seines demokratischen Staats nach dem Zweiten Weltkrieg verzichtet. Das Wachbataillon, das beim Empfang von Staatsgästen in Aktion tritt, ist keine Garde, sondern eher ein militärisches Empfangskomitee, dessen Mitglieder keine ideologische Schulung hinter sich haben. Sie sind aus der regulären Truppe abkommandiert und jederzeit austauschbar. Ihr Erscheinungsbild ist nicht glänzend, sondern zurückhaltend und bescheiden. Und das wiederum ist Programm: Alle Welt soll sehen, daß dieses Land seiner militaristischen Vergangenheit abgeschworen hat.

Autokratische Herrschaftssysteme wie das NS-Regime, die kommunistische Parteiendiktatur der UdSSR und ihrer Satellitenstaaten oder die rund um den Erdball verteilten Militärdiktaturen schufen sich dagegen besondere Einheiten, die neben der herrscherlichen Machtdemonstration vor allem als brutales Gewaltinstrument gegen Opponenten eingesetzt wurden und werden; SS, Gestapo, SD, NKWD, Securitate – um die berüchtigtsten Namen zu nennen – sind weltweit zu Symbolen für die Pervertierung der Macht in den Händen weniger geworden. Im Unterschied zu den alten Garden agieren sie oft im Dunkel, unsichtbar, aber allgegenwärtig.

Ur- und Vorbild aller Garden der Neuzeit sind die *Praetoriae Cohortes*, die Prätorianergarde der römischen Kaiser. Von Augustus geschaffen, von Tiberius in Rom kaserniert, bestanden sie bis zum 28. Oktober 312. An jenem Tage siegte Konstantin der Große über Maxentius an der Milvischen Brücke bei Rom. Nach der Entscheidungsschlacht löste der neue Herrscher die alte Garde, die auf seiten seines Gegners gekämpft hatte, auf und ließ ihre Kaserne im Nordosten der Stadt schleifen. Damit symbolisiert das Ende der Prätorianer zugleich das Ende des alten Römischen Reiches, denn Konstantin verlegte die Residenz bald nach Byzanz, das als Konstantinopel bis in die Neuzeit seinen Namen trug.

Mein Interesse an den Prätorianern wurde schon vor Jahren bei der Lektüre von Tacitus' *Annalen* und *Historien* geweckt: Immer wenn der große Historiker sich dem politischen Geschehen in Rom zuwendet, taucht alle paar Seiten die Garde auf. Als ich mich dann, neugierig geworden, auf die Suche nach einer Monographie über die Geschichte der Prätorianer machte, stellte ich mit Erstaunen fest, daß das letzte Buch zu diesem Thema im Jahre 1939 erschienen war: Alfredo Passerinis *Le Coorti Pretorie*, nachdem Marcel Durry ein Jahr zuvor in Paris *Les Cohortes Prétoriennes* veröffentlicht hatte. Beide Werke liegen nicht in deutscher Übersetzung vor.

Panzerstatue des Augustus aus der Villa der Livia bei Prima Porta. Marmorkopie nach dem bronzenen Original.

Statue Konstantins d. Gr. in der Pose des Imperators.

Seltsamerweise hat sich auch nie ein deutscher Historiker im großen Rahmen für das Thema interessiert. Es gab und gibt kein Buch
Die Prätorianer, lediglich Einzeluntersuchungen zu Teilproblemen
(z. B. dem Dreikaiserjahr nach Neros Tod) oder bestimmten Persönlichkeiten (wie dem berüchtigten Prätorianerpraefekten Aelius
Seianus). Zwar werden in allen großen Darstellungen zur Geschichte der römischen Kaiserzeit – von Hermann Schiller bis
zu Karl Christ – die Prätorianer gewürdigt, doch die Urteile der
Autoren über die Brennpunkte, an denen die Garde ins machtpolitische Geschehen eingriff, sind äußerst widersprüchlich. Methoden, Wissen und Fragestellungen haben sich im Laufe der vergangenen 100 Jahre verändert, und auch die beiden Weltkriege haben
hier ihre Spuren hinterlassen.
So reifte in mir allmählich der Entschluß, mich selbst mit dem Thema auseinanderzusetzen. Der ursprüngliche Plan war, in chronologischer Folge das Auf und Ab der Garde über die drei Jahrhunderte ihrer Existenz nachzuzeichnen. Doch schon bald zeigte sich, daß
dies auf eine monotone Aneinanderreihung von Fakten hinausgelaufen wäre. Erschwerend kam hinzu, daß die Quellen zum 3. Jahrhundert bei weitem nicht mehr die historische, politische und
psychologische Aussagekraft und literarische Qualität etwa eines
Tacitus haben.
Nach intensivem Studium der antiken Schriften kam ich deshalb
zu der Überzeugung, daß der Schwerpunkt meiner Darstellung im
1. Jahrhundert n. Chr. liegen müsse: Neben der ausgezeichneten
Quellenlage – außer Tacitus berichten Flavius Josephus, Sueton,
Cassius Dio und Velleius Paterculus über jene Zeit – gab es dafür
didaktisch-dramaturgische Gründe: Zwei Ereignisse im 1. Jahrhundert lassen exemplarisch die beiden Konstellationen aufschei-
nen, unter denen die Prätorianer entweder selbst aktiv in einen
Machtkampf eingriffen oder aber von höherer Stelle als Machtinstrument benutzt wurden.
Der erste Fall trat ein, als eine Gruppe von Offizieren der Garde
es überdrüssig war, für Caligula »Henkersdienst statt Kriegsdienst« zu verrichten. Getragen von einer Welle wachsender Unzufriedenheit und Angst um Leib, Leben und Besitz, die weite Tei-

le der führenden Schichten der damaligen Zeit ergriffen hatte, scharten sich zu allem entschlossene Verschwörer um den Prätorianertribunen Cassius Chaerea, und es gelang ihnen tatsächlich, das Scheusal Caligula am 24. Januar 41 zu beseitigen. Doch während sich noch am gleichen Tag eine republikanisch gesinnte Fraktion des Senats daranmachte, die Republik wiederherzustellen, war die Entscheidung für den Fortbestand der Monarchie bereits gefallen – und zwar im Lager der Prätorianer: Claudius, der Onkel Caligulas und letzte männliche Angehörige des julisch-claudischen Hauses, wurde von der Garde zum neuen Kaiser ausgerufen, nachdem er den Soldaten eine ungeheure Summe Geldes versprochen hatte.

Der zweite Fall zeigt die andere Konstellation: Der Prätorianerpräfekt Lucius Aelius Seianus, rechte Hand und Stellvertreter von Tiberius, der die letzten zehn Jahre seines Lebens im selbstgewählten Exil auf Capri verbrachte, scheint selbst nach dem kaiserlichen Purpur gestrebt zu haben. Doch seine hochverräterischen Ambitionen wurden bekannt, und der Kaiser schlug in einer Blitzaktion unbarmherzig zu.

Diese beiden Spielarten des Machtkampfes wurden quasi zu Präzedenzfällen, denn ähnliches wiederholte sich im Laufe der folgenden Jahrzehnte und Jahrhunderte immer dann, wenn das Herrschaftssystem, das ja letztlich eine Militärmonarchie war, in eine Krise geriet. Kaisermörder – Kaisermacher ... Die Prätorianer hielten ihren Anspruch, bei der Inthronisation eines Herrschers mitzureden, bis zu Constantinus aufrecht. Zwar waren ihre Kommandeure direkt dem Kaiser unterstellt, aber es hing von dessen Persönlichkeit ab – von seiner Autorität, seinem Durchsetzungsvermögen, seiner Intelligenz, seinem militärischen Sachverstand, seinem Machtwillen, seiner charakterlichen Geradlinigkeit, also letztlich seinem Charisma –, ob er der Garde seinen Willen aufzwingen konnte.

Es ist verständlich, daß Herrscher, die einst ihre Karriere als Soldaten begonnen hatten, geradezu einen Instinkt dafür entwickelten, wie mit Männern umzugehen war, die 20 und mehr Jahre Dienst taten und ihre Knochen im Kampf gegen die Feinde des

Imperiums hinhielten. In diese Gruppe der römischen Caesaren gehören neben dem zum Mythos gewordenen Ur- und Vorbild Caesar die großen, richtungweisenden Kaiser Tiberius, Vespasianus, Titus, Traianus, Septimius Severus, Decius, Maximinus Thrax, Aurelianus, Diocletianus und natürlich der große Constantinus. Zu Krisen kam es, wenn ein Herrscher die genannten Qualitäten nicht besaß, was immer dann der Fall war, wenn er allein aufgrund der Erbfolge auf den Thron gekommen war; Beispiele sind Caligula, Nero, Commodus.

Natürlich sind Krisen für den Betrachter stets interessanter als ruhige, saturierte Zeiten; unsere modernen Medien profitieren davon. Bei der Geschichtsschreibung ist das nicht anders. Und im Kern der politischen Auseinandersetzungen – seien sie auch noch so sehr mit Ideologien verbrämt – geht es letztlich immer um Macht und Geld. So auch und gerade in Rom, wo Machtkämpfe sehr offen ausgetragen wurden. Um aber das komplizierte und weithin fremdartige Geschehen einer römischen Staatskrise einem historisch nicht vorgebildeten Leser des späten 20. Jahrhunderts verständlich zu machen, mußte ich im ersten Teil des Buches auf die römischen Besonderheiten eingehen. Denn natürlich agierte die Garde nie allein. Labile, gestörte Herrscher, oft Opfer frühkindlicher Schädigungen (wie z. B. Caligula) oder Spielball herrschsüchtiger Mütter (wie z. B. Nero), mißbrauchten die Prätorianer als brutale Schlägertruppe, Sicherheitsdienst, geheime Staatspolizei, Folterer und Henker. Hinter ihnen aber intrigierte stets ein Familienclan von wechselnden Gattinnen, von Müttern, Vettern und rivalisierenden Schwägern, von denen keiner auf seinen Anteil an der Macht, an Geld und Einfluß verzichten wollte. Jeder hatte seine Verbindungen zu potenten adligen oder ritterlichen Familien, die sich wiederum gegenseitig auszustechen versuchten. Und dazwischen die mächtigen *liberti*, die Freigelassenen des Palastes, Fachleute, denen die Verwaltung des Riesenreiches anvertraut war. Auch sie verstanden es als Kenner der Verhältnisse, der Menschen wie der komplizierten Materie, große Stücke aus dem Kuchen für sich herauszuschneiden.

Es gehört zum Interessantesten der römischen Geschichte, den

Verästelungen dieser Machtkämpfe bis in die letzten Details nachzugehen, und immer wieder glaubt man, in einen Spiegel zu
blicken. Dabei zeige ich die Garde nicht als Staat im Staat – das
kam erst später, nach dem Ende des Germanicus-Mythos –, sondern als wichtigen Faktor im allgemeinen Machtspiel, oft in der
Gefahr, von den Mächtigen mißbraucht zu werden, dann wieder
selbst die Initiative ergreifend.

Auf diese Weise entstand im ersten Teil des Buches eine umfassende Darstellung dessen, was sich später noch oft wiederholen sollte:
Die Garde im Spannungsfeld zwischen ihrem Treueid gegenüber
dem Herrscher und der Versuchung – manchmal Notwendigkeit –,
diesen Eid zu brechen. Um dies aus einem Abstand von 2000 Jahren nachvollziehen zu können, mußte das gesamte Spektrum
römischer Politik in den Blick genommen werden, so daß indirekt
auch eine Geschichte der römischen Kaiserzeit entstanden ist.

Beim Studium der Quellen stieß ich immer wieder auf Ungereimtheiten, Vorurteile, geradezu Mythen, die seit Generationen durch
die Geschichtsbücher geistern und die näherer Überprüfung nicht
standhielten. Manchmal hatte man ein lateinisches Wort in der
Übersetzung in einen falschen Bezug gestellt oder sich nicht die
Mühe gemacht, bei einem bestimmten Vorfall das personale Umfeld genau zu klären, und manchmal war es schlicht der gesunde
Menschenverstand, der, angewendet auf eine gelehrte Interpretation, diese plötzlich höchst zweifelhaft erscheinen ließ. In solchen
Fällen hatte ich bisweilen den Eindruck, daß da ein Fachmann den
Wald vor Bäumen nicht gesehen hatte.

Es mag sein, daß ich hier und da den Widerspruch der Forschung
provoziere; das wäre nicht übel, wenn es der Klärung noch offener
Fragen diente. Um dem, was wir die historische Wahrheit nennen,
so nahe wie möglich zu kommen, bin ich stets von den antiken
Quellen ausgegangen. Dabei habe ich es mehr und mehr bedauert,
daß sich die Kluft zwischen Althistorikern und Altphilologen noch
immer nicht geschlossen hat, obwohl doch beide den gleichen
Wagen ziehen.

Im Sommer 1994   *Hans Dieter Stöver*

I

Größenwahnsinnig, grausam, pervers: Ein Scheusal auf dem Thron

Auf des Messers Schneide: Germanicus rettet die Rheingrenze

Der Kaiser – geboren am 31. August 12 n. Chr. in Antium – war jetzt 28 und trug seit drei Jahren den kaiserlichen Purpur. Sein offizieller Name lautete GAIUS IULIUS CAESAR GER-MANICUS, doch »Iulius« oder »Germanicus« wurde er nie genannt. Man sagte einfach »Gaius Caesar« oder »Gaius«, meist aber nur »Caligula«, wenn man den Herrscher meinte. Dieser Spitzname hing ihm seit frühester Kindheit an: »Den Beinamen Caligula«, schreibt Sueton, »verdankte Gaius einem Soldatenscherz, da er in ihrer Mitte erzogen wurde und die Uniform eines gewöhnlichen Soldaten trug.«[2]

Seine Mutter, die ältere Agrippina, weilte damals bei ihrem Gatten Germanicus am Rhein. Nach dem Tode des Augustus (14. August 14) war es im Spätsommer dieses Jahres bei den niedergermanischen Legionen zu gefährlichen Meutereien gekommen. Zu diesem Zeitpunkt war Germanicus in Gallien mit dem *Census,* der Aufstellung von Bürgerlisten zum Zwecke der Vermögensschätzung und Musterung, beschäftigt. Nachdem er dort vom Tod des Princeps in Kenntnis gesetzt worden war, leistete er sofort den Eid auf Tiberius und wurde vom neuen Kaiser mit dem prokonsularischen Oberkommando über die Heere am Rhein betraut. Unverzüglich brach er zu den revoltierenden Truppen auf.

Die Lage, die ihn erwartete, war brisant. Es war erst fünf Jahre her, daß der Cheruskerfürst Arminius die drei Legionen des Quinctilius Varus im *Saltus Teutoburgiensis*[3] vernichtend geschlagen hatte. Der Schock wirkte immer noch nach: Arminius lag nun auf der Lauer, bereit, erneut zuzuschlagen. Zwischen dem Oberrhein und *Vetera*, dem heutigen Xanten, standen zwar insgesamt acht Legionen – rund ein Drittel des stehenden Heeres! –, aber eine Ausbreitung der Meuterei konnte die gesamte Rheingrenze gefährden. Für Germanicus wurde die Bewältigung der Aufgabe sehr heikel, als Teile der Armee ihn schon zum Gegenkaiser ausriefen. Er war damals 29 Jahre alt. Die Soldaten liebten den schneidigen General und ebenso liebenswürdigen wie gutaussehenden Sohn des Drusus mehr als den von Augustus adoptierten und zum Nachfolger erklärten düsteren Tiberius. Doch Germanicus verhielt sich Tiberius gegenüber loyal und machte sich mit ganzer Kraft daran, die Disziplin wiederherzustellen.

Tacitus hat den Ereignissen einen großen analytischen Abschnitt zu Beginn seiner Annalen[4] gewidmet. Seine Schilderung wirft ein bezeichnendes Licht auf die zum Teil menschenunwürdigen Verhältnisse, unter denen die Legionäre ihren Dienst zu verrichten hatten; zum anderen wird hier sehr deutlich, wie hoch Ansehen, Rang, Ethos und Menschlichkeit von Germanicus, dem Vater Caligulas, anzusiedeln sind. Als Kaiser hat Caligula aus der Verehrung des Vaters geradezu einen Kult gemacht. Aber auch sein späterer Hochmut gegenüber der *faex* , der »Hefe des Volkes«, dürfte durch die Erinnerung an das anarchische Chaos in und außerhalb der Legionslager am Rhein immer wieder Nahrung gefunden haben.

Erst kürzlich hatte eine Truppenaushebung in Rom stattgefunden, um die Lücken, die durch den Verlust der Varus-Legionen entstanden waren, so schnell wie möglich wieder zu schließen. Dabei hatte man auf das Proletariat der Großstadt zurückgreifen müssen, dessen Angehörige sonst nicht zum Heeresdienst herangezogen wurden. Hier nun setzt Tacitus' farbiger Bericht ein:

»Als nun die Kunde von Augustus' Ende (zu den Legionen am Rhein) kam, begann die Masse der Großstädter, die an Müßiggang gewöhnt war und nichts leisten konnte, auf ihre unerfahrenen Kameraden einzureden: Jetzt sei die Zeit da, wo die Veteranen frühe-

re Entlassung, die jüngeren Soldaten höhere Löhnung und alle beide Erleichterung ihres elenden Daseins fordern und an den grausamen Centurionen ihr Mütchen kühlen könnten ...«
Die Centurionen waren das Rückgrat der römischen Armee. Jede der zehn Cohorten einer Legion hatte sechs Centurionen – außer der 1. Cohorte, die nur fünf kannte. Ihre Disziplinargewalt über die ihnen unterstellten Soldaten kannte fast keine Grenzen: Schon für eine kleine Missetat wurden dem Soldaten zusätzliche Wachstunden auferlegt; er konnte ins Gefängnis gesteckt werden oder mußte außerhalb des Lagers übernachten; die Essensportionen konnten verringert werden. Ein Centurio hatte sogar das Recht, Soldaten – und das waren römische Bürger! – mit der *vitis,* dem Befehlsstock aus dem biegsamen Holz der Weinrebe, zu schlagen. Und die Centurionen machten reichlich Gebrauch davon. Andere Strafen hatten ökonomischen Charakter: Abzüge vom Sold, Bußgelder, Degradierungen, Versetzungen – etwa zu nichtrömischen Hilfstruppen – führten zur Verminderung des Einkommens.[5]
Die ganze Wut der Meuternden wandte sich gegen die Centurionen:
»... Ganz von Sinnen stürzten sie sich plötzlich mit bloßem Schwert auf die Centurionen, die ja von jeher die Zielscheibe des Soldatenhasses und der Anstoß zu Meutereien gewesen sind. Sie schlugen sie nieder und mißhandelten sie, je 60 einen, so daß es zu der Zahl der Centurionen stimmte.[6] Zuckend, zerfleischt, zum Teil tot, wurden die Körper vor den Wall oder in den Rhein geworfen ... Kein Tribun, kein Lagerpräfekt war von da ab noch im Besitz seiner Kommandogewalt ...«
In dieser Situation trifft Germanicus ein: »Sie kamen ihm vor dem Lager entgegen, den Blick zur Erde gesenkt, als ob sie ihre Ausschreitungen bereuten. Als er in die Umwallung einzog, schlugen ihm verworrene Klagen entgegen. Einige ergriffen seine Hand, als wollten sie sie küssen, und steckten seine Finger in ihren Mund, damit er ihre zahnlosen Kinnladen fühle. Andere wiesen ihre vom Alter gekrümmten Glieder vor ...« Als er sie zur Rede stellte und fragte, wohin die Tribunen und Centurionen gekommen seien, »... da entblößten sie ihren Körper und zeigten auf ihre Wundnar-

Statue des Germanicus. Um 20 n. Chr.

ben und Stockstriemen hin. Dann tönte es wirr durcheinander von dem hohen Preis (den sie als Bestechungssumme an die Centurionen zu zahlen hatten) des Urlaubs, von dem kargen Sold, von dem harten Dienst, wobei besonders auf die Wall- und Grabenarbeiten, auf das Heranholen von Lebensmitteln, von Bau- und Brennholz hingewiesen wurde, überhaupt auf alle Arbeiten, die sich aus der jeweiligen Lage ergeben und ausgedacht werden, um die Leute nicht müßiggehen zu lassen. Den gewaltigsten Lärm erhoben die Veteranen. Sie zählten ihre 30 und mehr Dienstjahre her und forderten, er solle den Erschöpften zu Hilfe kommen, damit sie nicht bis zum Tode in diesem Hundeleben aushalten müßten, sondern noch das Ende ihres Dienstes erlebten und eine auskömmliche Ruhe fänden. Es gab auch einige, die die Auszahlung des von Augustus vermachten Geldes verlangten, wobei sie Germanicus Glück und Heil wünschten und sich ihm offen anboten, falls er Kaiser würde ...«

Germanicus machte Anstalten, sich aus Scham und Zorn ins eigene Schwert zu stürzen, wurde aber von Freunden daran gehindert. Wie weit die Moral gesunken war, zeigt das Ende der Szene: »Ein Soldat namens Calusidius bot ihm sein Schwert an mit der Bemerkung, es sei schärfer. Das war selbst den Wütenden zu toll und zu frech. Es entstand eine Pause, in der Germanicus von seinen Freunden ins Zelt geführt wurde ...«

Es gelang ihm schließlich, teils durch Entgegenkommen, teils durch Strafen, hier und in anderen Lagern Disziplin und Kommandostrukturen so weit wiederherzustellen, daß die Legionen in ihre Winterquartiere geführt werden konnten.

Liebling der Soldaten: »Stiefelchen«

In diesen turbulenten Tagen wohnte die Familie des Oberbefehlshabers in einem festen Haus im *oppidum Ubiorum,* dem späteren Köln. Eines Nachts erschienen meuternde Einheiten vor dem Haus und verlangten die Herausgabe der dort aufbewahrten Feldzeichen der Legion. Als man sich weigerte zu öffnen, brachen sie die Tür auf und bemächtigten sich gewaltsam der Standarten. Da man sich unter diesen Umständen in der Stadt nicht mehr sicher genug fühlte, siedelte Germanicus mit Agrippina – sie war hochschwanger – und dem kleinen Gaius Caesar ins Legionslager über.

Die in den Kleinen vernarrten Soldaten betrachteten ihn geradezu als Maskottchen und machten sich einen Spaß daraus, den Dreikäsehoch in einen militärischen Habit zu stecken. Sie hatten ihm von den Heereshandwerkern die komplette Ausrüstung eines Legionärs anfertigen lassen, mit Kettenhemd, Helm, Tunika, Schild, Dolch, Schwert und den *caligae,* den genagelten Schuhen des römischen Soldaten. Ob es sich dabei um die schwerere Form – Sohle mit Oberleder aus einem Stück – oder um die leichtere Sandale – deren Sohle mit acht Lederstreifen am Fuß befestigt ist – handelte, ist unerheblich; liebevoll verniedlichend nannten sie den martialisch gekleideten Wicht nach seinem militärischen Schuhwerk Caligula, »Stiefelchen«. Man könnte daraus ableiten, daß ihm die Schuhe zu groß waren. – Zeit seines Lebens nahm der ansonsten so empfindliche Autokrator keinen Anstoß an dieser Nomenklatur.

Bei Sueton heißt es dazu: »Wie sehr er *(Caligula)* durch diese Gewöhnung von klein auf deren Liebe und Gunst gewann, zeigte sich besonders, als er nach Augustus' Tod die meuternden und sich wie rasend gebärdenden Soldaten ganz allein – darüber besteht kein Zweifel – und durch sein bloßes Erscheinen zur Vernunft brachte. Sie beruhigten sich nämlich nicht früher, als bis sie bemerkt hatten, daß er, um den Gefahren des Aufruhrs zu entgehen, entfernt und dem Schutz der nächsten Stadt anvertraut werden sollte.«[7]

Vorausgegangen war dies: Germanicus hatte sich dann doch entschlossen, Gemahlin und Sohn ins sichere Hinterland zu den Treverern an die Mosel zu bringen. »Der traurige Zug« – so Tacitus – »setzte sich in Bewegung, die flüchtende Gemahlin des Feldherrn mit dem kleinen Knaben auf dem Arm, umringt von den klagenden Frauen der Freunde, die sich ebenfalls zur Abreise hatten entschließen müssen. Die Zurückbleibenden waren nicht weniger betrübt als die Scheidenden … Die Klagen und Seufzer machten sogar die Soldaten aufmerksam. Sie kamen aus ihren Zelten hervor:

– Was sind das für traurige Töne? Warum die Klagen?
– Hohe Frauen sind's!
– Kein Centurio geleitet sie, kein Soldat; man sieht nichts, was man beim Zuge einer Feldherrngemahlin zu sehen gewohnt ist.
– Sie gehen zu den Treverern! Suchen bei den Fremden Schutz![8]
Da schämten sie sich; das Mitleid erwachte ... Und der Knabe war im Lager geboren, in den Soldatenzelten aufgewachsen; sie nannten ihn mit soldatischem Ausdruck Caligula, weil er, um die Liebe der Soldaten zu gewinnen, an den Füßen meist die *caligae* trug ... Sie baten, sie vertraten ihr den Weg, sie solle umkehren, solle bleiben. Ein Teil hielt Agrippina zurück, ein größerer wandte sich an Germanicus ...«

Germanicus nutzt die Gelegenheit und appelliert in einer langen Rede an ihr soldatisches Ethos. Mit Erfolg:»Sie bekannten demütig, daß seine Vorwürfe berechtigt seien, und baten, er möge die Schuldigen bestrafen, den Verführten vergeben und sie gegen die Feinde führen. Seine Gemahlin möge zurückgeholt werden und der Soldatenliebling bei ihnen bleiben und nicht den Galliern (d. h. den Treverern) als Geisel ausgeliefert werden. Agrippinas Rückkehr gab er wegen der bevorstehenden Entbindung und des nahen Winters nicht zu. Aber sein Sohn werde wiederkommen. Das weitere sei ihre Sache ...«[9]

Sie gaben sich damit zufrieden. Die Rädelsführer wurden bestraft, der ausstehende Sold bezahlt, die Kommandostellen neu besetzt. Die Lage beruhigte sich, und die Winterquartiere konnten bezogen werden. Die Rheingrenze war wieder sicher.

Wir haben die Ereignisse vom Sommer und Herbst des Jahres 14 so breit geschildert, weil es sich hier um die frühesten Eindrücke handelt, von denen der mittlerweile zweieinhalbjährige Caligula geprägt wurde. Einerseits spürt er täglich die Sympathie dieser hartgesottenen, durch viele Schlachten gegangenen Soldaten, die ihn – das wird deutlich – geradezu vergöttern; andererseits sieht er schlimme Szenen, wird er Zeuge der Erniedrigung seines Vaters, leidet er mit unter der Trauer seiner Mutter, die in diesen Tagen oft Tränen vergossen haben wird. Ihm werden auch die abfälligen Urteile der Eltern über die Insurrektion der »Proleten« nicht entgangen sein. Ein gefährlicher Zwiespalt wird in ihm zurückbleiben: Es ist schön, von diesen einfachen Gemütern geliebt zu werden; aber es ist gefährlich, auf ihre Wünsche einzugehen, denn das führt zum Chaos. Sein Leben lang sucht er die Liebe anderer – und vergreift sich immer wieder in den Mitteln, sie zu bekommen.

Vorschußlorbeeren: Ein hoffnungsvoller Beginn

Caligula stammte in direkter Linie von den Familien ab, aus denen bisher die Caesaren Roms hervorgegangen waren, den Juliern und den Claudiern: Urenkel sowohl des Augustus (über dessen Tochter Julia) wie der Livia (über deren Sohn Drusus); Großneffe des Kaisers Tiberius und Enkel von dessen Bruder Drusus; Sohn des großen Germanicus. Darüber hinaus war Marcus Antonius (über dessen Tochter Antonia) sein Urgroßvater. Zwei seiner Ahnen waren nach ihrem Tode zu Göttern erklärt worden als *Divus Augustus* und *Divus Julius* (= Caesar). Daß der unter Augustus hochgekommene Marcus Agrippa[10] sein Großvater mütterlicherseits war, suchte er zu verdrängen.

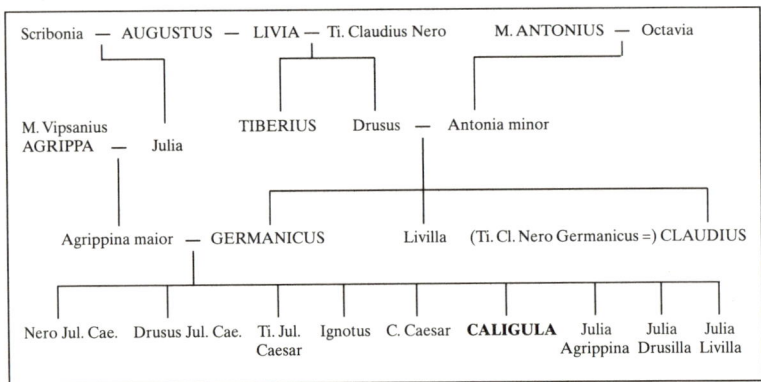

Caligulas Abstammung

26

Porträtkopf des Caligula, zwischen 37 und 41 n. Chr.

Der bei den Claudiern ohnehin ausgeprägte Stolz darauf, von einer der ältesten Patrizierfamilien Roms abzustammen, steigerte sich bei Caligula zu einer Arroganz, die sich immer realitätsferner gerierte. »Das signifikanteste Merkmal seines Wesens«, urteilte vor 100 Jahren Hermann Schiller, »ist ein Omnipotenzschwindel, der ins Maßlose ging ...«[11]

Seine Abstammung sollte ganz und gar von göttlichem Blute sein. Das ging so weit, daß er sich nicht scheute zu behaupten, seine Mutter Agrippina sei in Blutschande von Augustus und Julia erzeugt; damit wollte er den Flecken, den der *homo novus* Marcus Vipsanius Agrippa in den kaiserlichen Stammbaum gebracht hatte, tilgen. Und da sein göttliches Blut selbstverständlich keine würdige Gemahlin finden konnte, lebte er gleich Jupiter mit seiner Schwester Drusilla in blutschänderischer Verbindung und erhob sie zur *dea*, zur Göttin; nur ihr früher Tod, heißt es, habe eine förmliche Ehe verhindert.

All dies beruht auf einer oft zitierten Stelle bei Sueton:[12] »Mit all seinen Schwestern trieb Caligula Unzucht und ließ sie vor aller Welt beim Essen eine nach der andern neben sich sitzen, während seine Gattin auf einer anderen Seite ihren Platz hatte. Man nimmt an, daß er, noch im Knabenalter, Drusilla, eine seiner Schwestern, verführt hat und einmal von seiner Großmutter Antonia, bei der sie beide erzogen wurden, ertappt worden ist.«

Caligula ist, mehr noch als Nero und Domitian, für viele der Inbegriff für römischen Caesarenwahn. Dabei hatte es so hoffnungsfroh begonnen ...

Ganz Italien atmete auf, als aus Capri, wo Tiberius die letzten Jahre in zunehmender Einsamkeit verbracht hatte, die Nachricht vom Tode des zweiten Princeps in Rom eintraf. Man begrüßte den 24jährigen Erben der Macht als Bringer einer besseren Zeit. War er doch der Sohn des geliebten, zu früh verstorbenen Germanicus! Ohne zu zögern umgab man ihn mit dem Schimmer der Verklärung, mit dem man schon seinen Vater umgeben hatte. Auf seinem Zug nach Rom wurde er gefeiert, als sei ein Gott auf die Erde herniedergestiegen. Zu Tausenden drängte sich die Menge auf den Straßen. Aus allen umliegenden Landstädten war man in die

Hauptstadt geeilt und begrüßte ihn mit Segenswünschen. Überall flammten die Altäre, Opferwolken stiegen auf, das Gefühl der Befreiung ging durch alle Stände – als ob soeben ein neues goldenes Zeitalter angebrochen wäre: Mit enthusiastischem Jubel wurde der junge Fürst empfangen, als er am 28. März seinen Einzug in Rom hielt – und selten war er so wenig gerechtfertigt.

Anders als Augustus hatte Tiberius keine Vorsorge für die Nachfolge getroffen. Es gab zwei Prätendenten auf den Thron, Gemellus, den Enkel des Tiberius, und dessen Großneffen Caligula. Zwar hatte der greise Princeps beide Vettern zu Erben gleichen Rechts erklärt, doch Gemellus war minderjährig; und eine vormundschaftliche Regentschaft wie in einer königlichen Dynastie kannte die römische Verfassungspraxis nicht. Caligula löste für den Augenblick das Problem, indem er Gemellus adoptierte und ihn zum *princeps iuventutis* ernannte, dem »Ersten der adligen Jugend«, was nichts mehr als ein belangloses Ruhmesprädikat bedeutete.

Die Übernahme der Macht war keineswegs gesichert, denn seit dem Tode des Vaters waren fast 20 Jahre vergangen, und von der einst starken »Germanicus-Klientel«[13] im Senat waren nur noch wenige übriggeblieben. Caligula konnte weder militärische noch administrative Erfahrungen vorweisen; das höchste Amt, das er erreicht hatte, war die Quästur gewesen. Unter diesen Umständen war nicht sicher mit einer mehrheitlichen Akklamation des Senats zu rechnen.

Doch Caligula hatte vorgesorgt: Schon zu Lebzeiten des Tiberius hatte er mit Ennia, der Frau des Gardekommandanten Macro, mit Wissen und Einverständnis ihres Mannes eine Liaison angeknüpft und ihr – wenn man der Nachricht trauen darf – sogar die Ehe versprochen. Macro, durch und durch Opportunist, erwartete als Gegengabe die beherrschende Stellung, die er unter Tiberius als dessen Statthalter in Rom eingenommen hatte, nicht nur zu behalten, sondern weiter auszubauen. Durch Botschaften an die Heere hatte Macro den Regierungsantritt von Gaius vorbereitet. Unmittelbar nach dem Tode des alten Princeps (16. März 37) hatten die in Misenum anwesenden Prätorianer Caligula zum Imperator ausgerufen. Er hatte mit Geld nachgeholfen: Der Garde erhöhte er das

Legat – ein Drittel des Jahressoldes – auf das Doppelte. Tiberius, dem eine solche Vergeudung von Staatsgeldern ein Greuel war, hatte seine Mildtätigkeit lieber in Fällen wahrer Not geübt. Sogar die Bevölkerung Italiens leistete dem Thronanwärter den Treueid. »Auch hier« – so Karl Christ – »handelte es sich um einen eindeutigen Gefolgschaftseid für C. Caesar Germanicus – so lautete der offizielle Name des neuen *princeps* –, aber gerade Gaius hat die Eidesleistung später alljährlich wiederholen lassen und aus dem Gefolgschaftseid damit einen lediglich formellen Loyalitätsakt gemacht.«[14]

So blieb dem Senat nichts übrig, als sich in die geschaffenen Verhältnisse zu schicken. In einer Sitzung vom 29.3.37 wurden alle Kompetenzen und Ehrenrechte, die Augustus und Tiberius besessen hatten, auf Gaius übertragen. Etwas Erstaunliches war geschehen, wenn es vielleicht auch nur wenigen Zeitgenossen bewußt geworden ist: Der von Augustus konzipierte Principat, unter Tiberius schrittweise fortentwickelt, war zur festen Verfassungsinstitution geworden.

Besonders im Osten des Reiches wurde die Inthronisierung des Germanicus-Sohnes überschwenglich gefeiert. In einer zufällig in Assos (Kleinasien) gefundenen Inschrift aus dem Jahre 37 heißt es: »Beschluß der Assier nach dem Antrag des Volkes: Da die von allen Menschen nach Wunsch erhoffte Thronbesteigung des C. Caesar Germanicus Augustus verkündet ist, die Welt aber kein Maß und Ziel in ihrer Freude gefunden hat, da ferner jede Stadt und jedes Volk sich beeilt hat, den Gott zu sehen, weil ja das Goldene Zeitalter für die Menschheit jetzt angebrochen ist, so beschlossen der Rat, die römischen Kaufleute bei uns und das Volk der Assier, man solle eine Gesandtschaft aus den vornehmsten und besten Römern und Griechen bilden, die ihn aufsuchen, ihn beglückwünschen und bitten solle, er möge der Stadt gedenken und für sie Sorge tragen, so wie er es selbst, als er mit seinem Vater Germanicus zum erstenmal die Provinz betrat, unserer Stadt versprach.«[15]

In Rom folgte eine Generalamnestie für politische Gefangene; die schrecklichen Majestätsprozesse, die in den letzten Jahren das Klima vergiftet hatten, wurden abgeschafft. »Pressefreiheit« wurde gewährt: Zuvor verbotene oppositionelle Schriften, darunter auch solche, die von den alten republikanischen Zeiten träumten, durften wieder veröffentlicht werden.[16] Tiberius hatte durch seine weise Finanzverwaltung kolossale Mittel im Staatsschatz angehäuft. Caligula fand dafür rasch Verwendung. Er veranstaltete verschwenderisch ausgestattete Spiele (Rennen, Tierhetzen, Gladiatorenkämpfe), ließ bei öffentlichen Opferszenen Hekatomben von Blut fließen – es sollen in drei Monaten 160 000 Opfertiere gewesen sein –, bewirtete das Volk mit opulenten Festessen aller Art und gab jedem, der etwas verlangte, mit vollen Händen.

Der gutinformierte Sueton nennt weitere Einzelheiten: »Für Italien verzichtete er auf die bei Versteigerungen übliche Steuer von einem halben Prozent. Vielen Brandgeschädigten ersetzte er die Verluste« – es gab ja keine Feuerversicherungen –, »... und als er einigen Königen wieder zu ihrem Reich verhalf, erstattete er ihnen den in der Zwischenzeit eingegangenen vollen Steuerbetrag sowie die Zinsen ihres persönlichen Besitzes zurück, wie zum Beispiel dem Antiochus von Kommagene 100 Millionen Sesterzen, die beschlagnahmt worden waren. – Um deutlich zu zeigen, daß er gute Taten zu belohnen wisse, beschenkte er eine Freigelassene mit 800 000 Sesterzen, weil sie sich trotz schwerster Folterungen keine Aussagen über ein Verbrechen ihres Patrons hatte entreißen lassen.«[17]

Die Freude war allgemein und groß, aber nur kurz – dann fiel sie wie ein Strohfeuer in sich zusammen. In wenigen Monaten waren die von Tiberius angesammelten Reserven verschleudert, der Beglücker der Menschheit stand vor leeren Kassen. Und jetzt zeigte sich, wie wenig das ganze bisherige Regiment wert gewesen war. Er hatte ja nicht nur das Vorhandene in verantwortungslosem Leichtsinn bedenkenlos verschleudert, sondern auch die laufenden Einkünfte reduziert: Neben der erwähnten Steuersenkung waren auch die Abgaben der Getreideempfänger abgeschafft worden, und gerade diese Maßnahme riß ein gewaltiges Loch in den öffentlichen Haushalt.

»Denke daran, daß mir alles erlaubt ist, und das gegen alle!«[18] – Caligula der Despot

Im 22. Buch seiner Caligula-Biographie, etwa in der Mitte, macht Sueton eine Zäsur: »*Hactenus de principe, reliqua ut de monstro narranda sunt*« – »Bis hierher vom Herrscher, im folgenden haben wir vom Scheusal zu berichten.«

Was der Hofbibliothekar Hadrians dann vor dem Leser ausbreitet, liest sich in der Tat wie das Protokoll über die Taten eines Monsters. Wenn man Suetons Bericht unvoreingenommen liest, ist die erste Reaktion: Krank! Geisteskrank! Schizophren! Ein Herrscher, der solch abartige, menschenfeindliche, abnorme, bösartige, ja perverse Taten begeht, kann nur krank sein!

Die Kassen waren leer, aber der Kaiser hatte nicht die Absicht, sich nach der Decke zu strecken. Im Gegenteil: Caligula war entschlossen, die Rolle des Glücksbringers, die er vor dem Volk zu spielen gedachte, fortzuführen; das Bisherige war nur das Vorspiel gewesen: »Seine Verschwendungssucht übertraf alles bisher Dagewesene. Er erfand eine neue Art Bäder, die verrücktesten Gerichte und Speisen. So badete er zum Beispiel in warmem und kaltem Parfüm, trank die wertvollsten Perlen in Essig aufgelöst, ließ seinen Gästen vergoldete Brote und Speisen vorsetzen, wobei er nicht müde wurde zu sagen, man müsse entweder ein sparsamer Mann oder Kaiser sein. Während mehrerer Tage warf er eine nicht unbeträchtliche Menge Geld vom Dach der Julischen Basilika unter das Volk.

Auch ließ er sich Jachten mit zehn Ruderbänken bauen, die am Heck mit Edelsteinen geschmückt und mit farbig schillernden Segeln versehen waren. In ihrem Innern waren große Bäder, Säulenhallen und Speisesäle und alle Sorten von Obstbäumen und Reben. Auf diesen Schiffen gab er am hellichten Tag Gelage und fuhr unter Ballettaufführungen und Musikklängen an der Küste Campaniens entlang.«[19]

Wir scheinen uns in einer Art kaiserlichen Disneylands zu befinden: Ein Kind, dem alle materiellen Mittel zur Verfügung stehen, baut um sich herum eine gigantische, schillernde Spielzeugwelt auf.

Und das »Kind« will alles sofort besitzen, um damit spielen zu können: »Alles mußte mit unwahrscheinlicher Schnelligkeit geschehen, da auf Verzögerungen die Todesstrafe stand.«[20]
Aber die Mittel sind nicht unerschöpflich: Was Wunder, »... daß er neben anderen ungeheuren Summen noch den ganzen Kronschatz des Kaisers Tiberius, der sich auf zwei Milliarden 700 Millionen Sesterzen belief, in nicht ganz einem Jahr durchgebracht hatte«.[21]
Es ist unmöglich, diese Summe in eine heutige Währung umzurechnen, weil wir nicht wissen, wie hoch der Wert von Waren und Dienstleistungen im einzelnen war; doch unabhängig davon handelt es sich um eine Summe, die auch heute in die Milliarden ginge.
Da Caligula nicht gewillt ist, seinen bisherigen Lebensstil aufzugeben, muß er sich nach neuen Geldquellen umschauen: »... verlegte er sich mit Hilfe verschiedener ausgeklügelter Arten von Rechtsverdrehungen, Versteigerungen und Steuern auf offensichtlichen Raub. So sprach er denjenigen das römische Bürgerrecht ab, deren Vorfahren dieses für sich und ihre Nachkommen erworben hatten, außer es handelte sich um ihre direkten Söhne, denn man dürfe den Ausdruck ›Nachkommen‹ nicht weiter als über die erste Generation ausdehnen ... Wenn sich das Vermögen einer Person seit der letzten Schätzung auf irgendeine Art vergrößert hatte, so verdächtigte er sie falscher Angaben bei der letzten Veranlagung.«
Er scheute sich nicht einmal, Angehörige der Armee zu schröpfen – einer seiner größten Fehler: »Die Testamente von Primipilaren[22], die seit Tiberius' Thronbesteigung weder diesen noch ihn selbst zum Erben eingesetzt hatten, bezeichnete er als ungültig, weil er darin einen Akt der Undankbarkeit sah; ebenso galten solche (Testamente) als null und nichtig, von denen jemand behauptete, es habe beim Verstorbenen eigentlich die Absicht bestanden, den Kaiser als Erben einzusetzen ...«
So schlägt schon bald die anfängliche Begeisterung für den neuen Glücksbringer in allgemeine Angst um: »Deshalb wurde Caligula aus Furcht sogar von gänzlich Unbekannten neben ihren Freunden und von Eltern neben ihren Kindern öffentlich zum Erben erklärt. Wenn sie nach einer solchen Erklärung noch längere Zeit lebten,

so nannte er sie ›schlechte Spaßvögel‹ und schickte vielen vergiftete Leckerbissen. Er selbst führte in solchen Fällen die Gerichtsverhandlungen, wobei er vorher die Summe, die er aus der Sache herausziehen wollte, festsetzte und nicht eher den Gerichtssaal verließ, als bis er sein Ziel erreicht hatte. Nachher rühmte er sich beim Erwachen (seiner Gemahlin) Caesonia, was er alles getan hätte, während sie ihr Mittagsschläfchen gehalten habe.«[23]

Aus allen geschäftlichen Vorgängen sucht er Kapital zu schlagen: »Keine Art von Gegenständen oder Menschen gab es, die nicht durch irgendeine Steuer erfaßt worden wäre. Für alle Lebensmittel, die man in der Stadt verkaufte, wurde ein ganz bestimmter Tarif erhoben; bei allen Streitsachen und Prozessen, die irgendwo im Reich stattfanden, fiel ein Vierzigstel der Streitsumme an den Staat, und es stand eine Strafe darauf, einen Fall gütlich beizulegen oder ganz aufzugeben. Die Lastträger hatten ein Achtel ihres täglichen Verdienstes abzugeben und die Dirnen pro Tag den Gewinn aus einem Beischlaf, wobei zu diesem Gesetz ein Artikel hinzugefügt wurde, der auch frühere Dirnen und Kuppler, ja sogar verheiratete Personen dieser Vorschrift unterwarf.

Steuern dieser Art wurden einfach verkündet, aber nicht schriftlich angeschlagen, und so gab es viele Übertretungen, da man den genauen Wortlaut nicht kannte …«[24]

Nun wäre ja gegen eine solche Abschöpfung nichts zu sagen – ein moderner Staat von heute verhält sich da nicht anders –, wenn die so gewonnenen Gelder zum öffentlichen Wohl eingesetzt worden wären. Aber Caligula benutzte sie ausschließlich zur Befriedigung seiner triebhaften Wünsche und kindischen Aktivitäten. Das Tollste aber ist die folgende Nachricht – und man weiß nicht, ob man darüber staunen oder nur lachen soll: »Um keine Art von Einnahmequelle unversucht zu lassen, richtete er auf dem Palatin – dem Ort, an dem die Kaiserpaläste standen! – ein Bordell ein, wo in mehreren abgetrennten und der Würde des Ortes entsprechend eingerichteten Kammern vornehme verheiratete Frauen und freigeborene Knaben sich prostituieren mußten. Dann schickte er einen *Nomenclator* (Ausrufer) auf alle Märkte und in alle *Basiliken* (Gerichtshallen), um junge und alte Männer zur Befriedigung ihrer

Lust aufzufordern. Den Besuchern wurde auf Zins Geld geborgt, und es waren Leute angestellt, die ihre Namen öffentlich aufschrieben, weil sie halfen, die Einkünfte des Kaisers zu mehren.«[25]
Das klingt so aberwitzig, daß es einer römischen Satire entnommen sein könnte. Sicherlich hat Sueton auch aus dem großen Fundus des Hofklatsches geschöpft, weiß er doch, was seine Leser interessiert – und der Vergleich mit heutigen Berichten über die Aktivitäten gewisser Royalties ist nicht zu gewagt: Hätte es damals schon Boulevardblätter gegeben, wäre unser Chronist ein erfolgreicher und hochdotierter Berichterstatter gewesen. Und selbst wenn die Bordellstory nur erfunden wäre, paßt sie gut zu den aberwitzigen Einfällen von »Stiefelchen«.

Überhaupt ließ sich Caligula die Laune nicht verderben, sondern spielte weiter, und im Erfinden neuer Einnahmequellen schlug seine Phantasie immer neue Kapriolen. Er entwickelt geradezu ein System. Jetzt entstand die bequeme Theorie jedes schrankenlosen Despotismus, daß der Privatbesitz überhaupt nur geduldet ist und das Vermögen der Untertanen lediglich zur Füllung der kaiserlichen Kassen zu dienen hat. Private Anhäufung von Reichtum ist nach Caligula unproduktiv und muß verhindert werden.

In tollstem Wechsel folgten jetzt aufgrund neuer Majestätsgesetze Justizmorde, meist mit feiger Grausamkeit gepaart, Konfiskationen mit und ohne Hinrichtungen, Auktionen, bei denen der Käufer gezwungen wurde, die Ehre, in den Besitz kaiserlicher Eigentumsobjekte zu kommen, weit über Wert zu bezahlen. Nachdem Rom und Italien ausgesogen waren, griff Caligula nach den Schätzen Galliens.

Jedes Mittel war ihm jetzt recht, um an Geld zu kommen. Dabei schreckte er nicht davor zurück, den als sein Gast in Rom weilenden König Ptolemaios von Numidien umbringen zu lassen. Numidien, westlich des heutigen Tunesien gelegen, hatte unter tüchtigen Herrschern in den letzten 100 Jahren eine gewisse Selbständigkeit bewahren können. Zwischen Caligula und Ptolemaios bestanden enge verwandtschaftliche Beziehungen: Marcus Antonius war der Großvater des Königs, Caligulas Vater Germanicus und Ptolemaios waren Vettern.

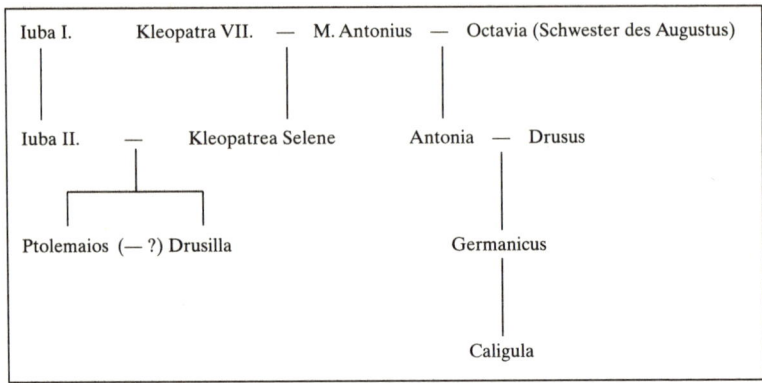

Caligulas Verwandtschaft mit den Ptolemäern

Caligula hatte den Verwandten nach Rom eingeladen.²⁶ Der Kaiser gab ihm zu Ehren Spiele, außerdem feierte man – für den Ptolemäer besonders wichtig – das Fest der Göttin Isis. Plötzlich wurde der König festgenommen, gefangengesetzt und als »Hochverräter« hingerichtet. Sueton erklärt den Vorfall so: »Ptolemaios hatte er aus seinem Reich kommen lassen und mit großen Ehren empfangen. Er ließ ihn dann aber plötzlich umbringen, und zwar einzig und allein deshalb, weil er bemerkt hatte, wie dieser beim Eintritt ins Amphitheater – Caligula führte den Vorsitz über die Spiele – durch den Glanz seines Purpurmantels aller Augen auf sich zog.«²⁷ Cassius Dio weiß noch mehr: »… ließ Gaius den Ptolemaios, den Sohn des Iuba, kommen, und als er von seinem Reichtum erfuhr, hinrichten und … «²⁸ Leider bricht der Text hier ab; wir hätten noch sehr Interessantes erfahren.

Die rechtliche Schranke dieser angemaßten Allmacht lag beim Senat, doch im Hohen Hause hatten sich Charakterlosigkeit und Servilität breitgemacht. Sah man doch, wie menschenverachtend der Despot zu Werke ging: Während einer schweren Erkrankung des Princeps hatte sich sein Vetter, der Tiberius-Enkel Gemellus, Hoffnungen auf die Nachfolge gemacht; er wurde darum Ende des Jahres 37 beseitigt. Macro, der ihm auf den Thron verholfen hatte, konnte als Mitwisser und Kollaborateur gefährlich werden;

darum mußte er zusammen mit seiner Frau und den beiden Kindern sterben.

Seine Großmutter Antonia, die wohl dem Wüten des Enkels entgegengetreten war, wurde allen Einflusses beraubt, ja es heißt, sie starb auf Befehl des Kaisers. Nach Cassius Dio zwang er sie, selbst Hand an sich zu legen.[29]

Waren seine Plünderungen bisher auf die Aristokratie beschränkt gewesen, so wandte er sich nun gegen jene Kreise, die eine natürliche Stütze der Caesaren waren: die Masse und das Militär. Eine Reihe von neuen Abgaben wurde im Jahre 41 eingeführt, die den armen Mann am härtesten trafen: eine Schlacht- und Mahlsteuer, eine allgemeine Einkommensteuer von 12,5 Prozent – wobei auch Tagelöhner veranschlagt wurden –, die schon erwähnte Dirnensteuer. Schließlich wurden die Schätze der Heiligtümer eingezogen.

Den größten Fehler beging er, als er den Soldaten den Sold kürzte und die üblichen Donative zurücknahm. Auch bei der Besetzung der Offiziersstellen herrschte die pure Willkür. Der Gipfel wurde erreicht, als er die Absicht verkündete, jene Legionen, die einst gegen seinen Vater Germanicus gemeutert hatten, zusammenhauen zu lassen. Nur mit Mühe konnte er davon abgehalten werden.

So begann es nun auch in den unteren Schichten zu rumoren, und die Szene im Circus Maximus (im Anhang) zeigt, welches Maß die Unzufriedenheit der Massen mittlerweile erreicht hatte.

Niemand war mehr seines Lebens und seines Besitzes sicher. Dieses wahnwitzige Treiben mußte Verschwörungen geradezu herausfordern. Es scheinen auch in kurzer Zeit mehrere aufeinander gefolgt zu sein. Wir brauchen hier nicht näher darauf einzugehen, weil sie erfolglos blieben. Freilich stieg bei denen, die davongekommen waren, der Haß auf den Despoten. Mit blutigem Terror hatte Caligula die Revolten niedergeschlagen, hatte anschließend auch seine beiden Schwestern Agrippina und Livilla, denen er Beziehungen zu den Verschwörern anhängte, in die Verbannung geschickt. Die heißgeliebte Drusilla war schon 37 gestorben.

Seine Maßnahmen wurden immer grausamer, seine Reden, mit denen er sie kommentierte, immer zynischer. Aus der Fülle der Verbrechen einige Beispiele: Ein Mann im Rang eines Prätors, der sich zu einer Kur nach Antikyra begeben hatte, suchte um eine Verlängerung seines Urlaubs nach. Caligula gab darauf Befehl, ihn zu töten, und fügte hinzu, er scheine einen Aderlaß nötig zu haben, da ihm nach so langer Zeit die Nieswurz nicht geholfen habe. – Der zynische Witz: Auf Antikyra wuchs eine besonders starke Gattung dieser Pflanze, die gegen Geistesschwäche gebraucht wurde.

»Sozusagen nie ließ er jemand auf andere Weise hinrichten als durch viele kleine Streiche (des Schwertes), wobei er immer wieder die berühmt gewordene Mahnung anbrachte: ›Triff so, daß er fühlt, wie er stirbt!‹«[30]

Wütend über die Menge, die bei einem Rennen eine andere Partei begünstigte als er, rief er aus: »Hätte doch das römische Volk nur *einen* Hals!«[31]

Während eines Festessens brach er plötzlich in Lachen aus. Als die beiden neben ihm sitzenden Konsuln ihn freundlich fragten, worüber er denn lache, erwiderte er: »Worüber sonst, als daß ich euch beiden auf einen Wink von mir den Kopf abhauen lassen kann!«[32]

Jedesmal wenn er den Hals seiner Frau oder einer Mätresse küßte, fügte er die Worte hinzu: »Dieser schöne Kopf wird fallen, sobald ich es befehle.«[33]

Genug! – Schließen wir uns dem Resümee Suetons an: »Es konnte nicht anders sein, als daß viele Leute den Plan faßten, einen Menschen, der sich zu solchen Verrücktheiten und Verbrechen verstieg, auf die Seite zu schaffen …«[34]

II

Die Garde greift ein:
Szenen einer Verschwörung

Zwischen Scham, Zorn und Haß:
Der Tribun Cassius Chaerea

Der Tag, an dem Cassius Chaerea sich entschloß, den Kaiser in den Hades zu schicken, ist unbekannt; es wird in der ersten Hälfte des Januar 41 gewesen sein, denn Caligula wurde am 24. Januar ermordet, und der Bericht von Flavius Josephus, der erstaunlich viele Details enthält, macht den Eindruck, als sei dem Entschluß, den Despoten zu beseitigen, die Tat sehr schnell gefolgt. Cassius war Militärtribun der Prätorianerkohorte. Als solcher hatte er, wie auch seine Offizierskameraden, an bestimmten Tagen Dienst im Palast und war für die Sicherheit des Herrschers verantwortlich.[35] Als erstes hatte er morgens die Parole für den Tag und die folgende Nacht abzuholen. Der Kaiser selbst bestimmte die Losung. Ein routinemäßiger Vorgang – sollte man meinen. Nicht so für Caligula. Wie auch bei anderen Gelegenheiten, muß er seinen zynischen Witz an den Mann bringen. Wo genau und in welchen Räumen des Palastes sich die Szene abgespielt hat, wissen wir nicht – es ist auch unerheblich.[36]
Cassius Chaerea war ein gestandener Offizier, der die Ochsentour hinter sich hatte. Später wird ihn Tacitus ausdrücklich im Zusammenhang mit der Meuterei der Rheinarmee erwähnen: »Cassius Chaerea, der sich später durch die Ermordung des Kaisers Caligula einen Namen gemacht hat, damals jung und kühn, bahnte sich mit dem Schwert einen Weg durch die bewaffneten Meuterer« zu Germanicus.[37]

Szenen wie die folgende dürften sich damals öfter abgespielt haben. Cassius Chaerea hatte von seinem Kameraden, dessen Nachtdienst endete, die Meldung erhalten, daß es keine besonderen Vorkommnisse gegeben habe – außer daß Caligula in der Nacht wieder einmal schlaflos durch die Gänge und Hallen des Palastes gegeistert sei.

Das kam in letzter Zeit öfter vor. Der Kaiser litt zunehmend an Schlaflosigkeit: »Er konnte nämlich nicht länger als drei Stunden schlafen und genoß auch während dieser keinen ruhigen Schlaf, sondern wurde durch merkwürdige Traumgesichte beunruhigt.«[38] Da er nicht mit sich allein sein konnte, verfiel er auf die abstrusesten Ideen, wie Sueton berichtet: »Gerade nachts tanzte er auch bisweilen. Einmal ließ er drei ehemalige Konsuln kurz vor Mitternacht in seinen Palast rufen und sie in großer Angst und das Schlimmste befürchtend auf einem Podium Platz nehmen. Darauf sprang er plötzlich unter lautem Getön von Flöten und Fußklappern in langem Mantel und Tunika hervor, tanzte zur Musik und verschwand wieder.«[39]

Solche Verrücktheiten sprachen sich herum, besonders unter den wachhabenden Prätorianern und ihren Offizieren. Es hieß auch, der Kaiser gehe mit dem Plan um, seinen Regierungssitz nach Antium und später nach Alexandria in Ägypten zu verlegen. Cassius traute ihm ohne weiteres zu, mitten in der Nacht mit dem Umzug zu beginnen.

Cassius Chaerea machte sich auf den Weg in die Privatgemächer des Kaisers, um die Parole für den Tag und die kommende Nacht zu empfangen. Als Offizier vom Dienst hatte er überall Zugang. Er fand Caligula, der schon lange auf den Beinen war, in seinem Arbeitszimmer. Nach seiner Meldung blieb er vor dem Tisch stehen, und da der Kaiser immer noch keine Notiz von ihm nahm – er studierte mit Ausdauer einige Papyrusblätter –, konnte er ihn in Ruhe studieren: den bleichen Teint, den außergewöhnlich dicken Leib, die breite, finstere Stirn. Haare hatte er wenig, auf dem Scheitel gar keine, während alle anderen Körperteile stark behaart waren. Unlängst hatte der Wirrkopf die Order herausgegeben, daß das Betrachten der herrscherlichen Gestalt von Fenstern, Balustraden und Balkonen unter Strafe gestellt werde. Zuvor war ein Befehl herausgegangen, daß mit Strafe zu rechnen habe, wer in Gegenwart des Herrschers das Wort »Ziege« ausspreche.

Cassius Chaerea tat lieber einen Monat Dienst in der Kaserne als einen Tag hier im Palast. Der Grund: Caligula trieb seinen Spott mit ihm. Flavius Josephus berichtet:

»Sooft er sich für den Tag, an dem er sein Amt als Tribun wahrnehmen mußte, die Losung holte, stand auf derselben ein gemeines und ehrverletzendes Schimpfwort. Das tat der Caesar, obwohl er selbst bei gewissen geheimnisvollen Zusammenkünften, die er angeordnet hatte, sich einfand, wo er Weiberkleider anlegte, sich das Haar auf eine besondere, von ihm ersonnene Art kräuselte und auch in allem übrigen das Gebaren eines Weibes nachahmte. Gleichwohl scheute er sich nicht, ein gleiches dem Chaerea vorzuwerfen.

Jedesmal nun, wenn Chaerea die Losung empfing, geriet er in Erbitterung, besonders da er dieselbe anderen aushändigen mußte und dann von diesen ausgelacht wurde. So wurde er bald für alle übrigen Tribunen eine Zielscheibe des Spotts; denn sooft er die Parole Caligulas vorzuzeigen hatte, freuten sie sich schon im voraus, daß sie wieder etwas zu bespötteln bekamen.«[40]

Sueton nennt weitere Einzelheiten: »Gaius (Caligula) pflegte diesen schon älteren Offizier als schlaffen Weichling zu bezeichnen und ihm allen möglichen Schimpf anzutun. So gab er ihm zum Beispiel als Losungsworte ›Priapus‹ oder ›Venus‹, oder er reichte dem Tribun, wenn dieser ihm aus irgendeinem Grund dankte, in unzüchtiger Form und Bewegung die Hand zum Kuß.«[41] Priapus, Sohn des Bacchus und der Venus, war der Gott der Fruchtbarkeit und wurde stets mit einem übergroßen Zeugungsglied dargestellt.

Caligula genoß es, die ihm Nahestehenden mit seinem bösartigen Spott im Kern zu treffen und sie zu demütigen.

Da aber Caligula zunehmend in Geldnöten war, benutzte er den gleichen Mann als Eintreiber von Geldern: »Chaerea hatte schon lange Zeit Kriegsdienste geleistet, und als sein Unwille durch den Verkehr mit Gaius immer mehr gestiegen war, übertrug dieser ihm die Erhebung der gewöhnlichen Steuern und die Eintreibung der rückständigen Abgaben. Da diese aufs Doppelte erhöht worden waren, machte er sich mit ihrer Einziehung keine besondere Mühe und folgte dabei mehr seinem eigenen guten Herzen als den Befehlen des Gaius. Dadurch erregte er den Zorn des Kaisers, der ihm seine Saumseligkeit im Eintreiben der Steuern beständig vorwarf und ihn deshalb einen feigen Menschen nannte. Auch noch andere Schmähungen mußte er hören …«[42]

War Chaerea schon durch das brutale Vorgehen des Princeps gegen das Volk im Circus Maximus aufgebracht, so nun noch mehr durch die ununterbrochenen persönlichen Kränkungen. Noch nie hatte ihn jemand einen Feigling nennen dürfen. Gerade wegen seiner oft bewiesenen Tapferkeit und klugen Umsicht war er Stufe um Stufe aufgestiegen, hatte den Sprung zu den Prätorianern geschafft und gehörte jetzt zu deren angesehensten Offizieren.

»Um so mehr« – schreibt Flavius – »stieg Chaereas Verlangen, den Caesar umzubringen. Öfters schon hatte er daran gedacht, ihn beim Mahl zu überfallen, und nur eine Erwägung hielt ihn noch davon zurück: nicht daß sein Entschluß ins Wanken geraten wäre, sondern weil er den rechten Augenblick abwarten wollte, wo er mit Erfolg ans Werk gehen könnte.«[43]

Und er wußte, er brauchte Verbündete. Allerdings war er überrascht, von einem Mann Unterstützung zu erhalten, den er bisher für den engsten Verbündeten Caligulas gehalten hatte: Callistus.

Callistus, kaiserlicher Freigelassener, stand an der Spitze der kaiserlichen Kanzlei und war, nach dem Herrscher, der wichtigste Mann am Hof. Man hätte ihn Kabinettchef nennen können. Irgendwann in diesen Tagen muß er Cassius ins Vertrauen gezogen haben. Wir kommen gleich auf ihn zurück.

Ein Emporkömmling an den Schaltstellen der Macht: Callistus

Cassius Chaerea hatte noch andere Gründe, die ihn gegen seinen Herrscher, dessen Leben er zu schützen geschworen hatte, aufbrachten. Er brauchte sich nur jene schreckliche Szene in Erinnerung zu rufen, als er auf Befehl des Kaisers eine Frau auf der Folter auszuhorchen hatte.

Dies war geschehen: Zu Chaereas Freunden zählte der Senator Pompedius,»... ein Mann, der schon alle Ehrenämter bekleidet hatte, im übrigen aber ein Epikureer war und deshalb Ruhe und Bequemlichkeit liebte«[44] – mit anderen Worten: ein Mann, den man zu jener stets schweigenden Mehrheit rechnen darf, die angesichts öffentlich begangener Verbrechen der Regierung den Mund hält und sich feige und bequem ins Private zurückzieht.

»Ihn«, fährt Flavius fort, »verklagte sein Feind Timidius: Er habe grobe Schmähungen gegen Gaius (Caligula) ausgestoßen, und berief sich dabei auf das Zeugnis einer gewissen Quintilia, die auf der Bühne auftrat und infolge ihrer Schönheit eine Menge Liebhaber hatte – darunter auch den Pompedius.«

Was nun folgt, ist ein weiteres schreckliches Beispiel für Herrscherwillkür und jene Art von Majestätsprozessen, die schon die letzten Jahre des Tiberius vergiftet hatten.

»Als Quintilia sich aber weigerte, falsches Zeugnis abzulegen und dadurch ihren Liebhaber dem Tode zu überantworten, drang Timidius darauf, daß sie der Folter unterworfen werde.

Gaius gab auch wirklich in seiner Erbitterung dem Chaerea Befehl, unverzüglich die Quintilia zu foltern. Er pflegte nämlich alle Hinrichtungen und Folterungen dem Chaerea zu übertragen, weil er glaubte, dieser werde mit größter Härte verfahren, um den Vorwurf der Weichlichkeit von sich abzuwälzen.

Als nun Quintilia zur Folter abgeführt wurde, trat sie einem ihrer Vertrauten auf den Fuß, um ihm anzudeuten, er solle Mut fassen und bei ihrer Qual nicht erzittern, da sie dieselbe standhaft ertragen werde.

Chaerea ließ sie darauf grausam foltern, allerdings nicht mit Willen, sondern nur aus Gehorsam gegen den ihm erteilten Befehl.

Da aber die Qualen der Folter sie nicht zu überwältigen vermochten, führte Chaerea sie dem Caesar so entstellt vor, daß niemand sie ohne Mitleid ansehen konnte. Auch Gaius vermochte sich beim Anblick ihres zermarterten Körpers der Rührung nicht zu erwehren und ließ sie wie auch Pompedius frei ausgehen. Ja, er machte der Quintilia sogar noch ein Geldgeschenk, um sie für die ausgestandenen Qualen zu entschädigen und für ihre Standhaftigkeit zu belohnen.

Hierüber geriet Chaerea in gewaltige Angst, gleichsam als hätte er so großes Leid über eine Person gebracht, die selbst ein Gaius zu trösten sich herabgelassen hatte.«[45]

In diesen Tagen ging ihm vieles durch den Kopf: Mehr und mehr wurde der Ehrendienst der Prätorianer entwürdigt durch den Einsatz als Büttel, Spitzel, Folterknechte, ja Henker! Waren es doch Prätorianer gewesen, die neulich bei dem Zwischenfall im Circus Maximus, als das Volk um Nachlaß der Steuern geschrien hatte, mit gezogenem Schwert gegen es vorgegangen waren und die Rädelsführer festgenommen hatten!

Dazu die fortwährenden Demütigungen durch den Despoten! Immer, wenn Cassius die Losung abholte, stand auf der *tessera* ein gemeines, anzügliches und ehrverletzendes Schimpfwort! – Dabei trug der Kaiser selbst bei gewissen geheimnisvollen Zusammenkünften Weiberkleider, kräuselte das Haar und ahmte das Gebaren eines Weibes nach. Oft trug er sogar in der Öffentlichkeit buntbestickte, mit Edelsteinen besetzte Mäntel, eine Tunika mit langen Ärmeln und dazu Armbänder. Bald kam er in Sandalen oder Kothurnen daher, bald in Soldatenstiefeln, bisweilen sogar in Damenschuhen. Und seine Neigung zu schönen Knaben war stadtbekannt ... Dieser perverse Sadist und schrankenlose Lüstling hatte kein Recht, ihn und seine Soldatenehre in den Schmutz zu ziehen!

Mehr und mehr beschlich Cassius die böse Ahnung, daß sein eigenes Leben in Gefahr sei. Wenn der Despot nicht vor Senatoren haltmachte, weder privaten Besitz noch die Tempelschätze der Götter achtete, das Volk im Circus zusammenschlagen und dessen Sprecher ohne Gerichtsurteil töten ließ, dann würde er nicht zögern, ihn, einen Tribun der kaiserlichen Garde, beim geringsten Anlaß beseitigen zu lassen. Konnte er doch nicht wie einige seiner Kameraden Ritter und Senatoren zu seinen Vorfahren zählen. Seine Karriere hatte er sich selbst erarbeitet, war von ganz unten bis an die Spitze der Garde gestiegen. Darum war er verwundbar!

Aber Callistus! – Der Freigelassene war zu höchstem Einfluß im

Palast gelangt und besaß beinahe dieselbe Macht wie der Caesar. Er war allgemein gefürchtet und – so schien es bislang – völlig unabhängig, weil er einen ungeheuren Reichtum sein eigen nannte. Und mit Geld war in dieser Stadt vieles, wenn nicht alles zu haben. Freilich wußten alle Eingeweihten bei Hofe: Callistus hatte sich seine vielfältigen Ämter und Zuständigkeiten auf alle mögliche Weise erschlichen und schreckte vor keinem Unrecht zurück; wenn es um seinen eigenen Vorteil ging, schaltete er wider Gesetz und Recht ganz nach Willkür. Fürchtete er nun die Rache derer, die er ins Unglück gestürzt hatte?

Mit gemischten Gefühlen machte sich Cassius am nächsten Abend auf den Weg zum vereinbarten Treffpunkt. Wie abgesprochen, hatte er seinen militärischen Habit mit ziviler Kleidung vertauscht. Niemand durfte ihn als Offizier der Garde erkennen. Zur Sicherheit hatte er sich die Kapuze seines Mantels über den Kopf gezogen. Im übrigen war es sehr kalt, ein eisiger Wind wehte in Böen durch die Straßen, und die wenigen Passanten, die noch unterwegs waren, hatten sich ebenfalls tief in ihre Kleidung vermummt.

Vor dem Tor, bei den Standplätzen und Unterständen der Gespanne an der Mauer, warteten die Lieferanten auf die Freigabe der Durchfahrt in die Innenstadt. Am Tage war es ja seit alters her verboten, mit Wagen durch die Stadt zu fahren. Die Bauern und Händler waren darum – notgedrungen – nachts unterwegs. Gleich würde das Rumpeln, Scheppern, Klappern und Lärmen der Wagen auf dem harten Pflaster beginnen. Er war froh, daß von diesem nächtlichen Lärm nichts bis in seine Unterkunft drang. Die *Castra Praetoria* lagen abseits der ruhelosen Innenstadt im Nordosten der Urbs.[46] Als er aus dem Tor trat, näherte sich ihm ein vermummter Mann und forderte ihn leise auf, ihm zu folgen. Das abendliche Licht reichte gerade noch aus, die Umrisse der Wagen und Tiere zu erkennen. Der Mann ging auf ein abseits stehendes Gefährt zu, blieb stehen, schaute sich nach allen Seiten sichernd um und öffnete dann den Schlag. Ohne zu zögern stieg Cassius ein. Natürlich wissen wir nicht, was die beiden im einzelnen besprochen haben, aber aus dem wenigen, was Flavius Josephus notiert hat, läßt sich einiges ableiten.

Callistus wird zunächst dem Cassius sein Mitgefühl ausgedrückt haben: Er beobachte schon seit langem, wie der Caesar den ehrenhaften Offizier demütige und ihn auf seine zynische, jedes menschliche Maß übersteigende Weise lächerlich mache. Zugleich wird er ihm zu verstehen gegeben haben, daß er nicht der einzige sei, der unter den unberechenbaren Launen des Herrschers zu leiden habe. Das gleiche böse Spiel treibe er auch mit ihm, Callistus – freilich mit dem Unterschied, daß er seine Ausbrüche täglich über sich ergehen lassen müsse. Aber sie säßen ja nun im gleichen Boot. Er wisse auch, daß Caligula ihn einen Feigling genannt habe.

Cassius Chaerea wunderte sich nicht über die Detailkenntnisse des Freigelassenen, denn dieser hatte unter den Sklaven des Palastes seine Spitzel.

Irgendwann wird Callistus damit herausgerückt sein, daß sein Leben in Gefahr sei, ja daß er Angst habe, es in Kürze zu verlieren. Er stehe selbst auf der Liste jener, die der Autokrator auspressen wolle. Und in seinem Fall werde er nicht die geringsten Skrupel haben, seinen Besitz anzutasten. Er werde gegebenenfalls auch nicht zögern, ihn zu liquidieren, um danach alles an sich reißen zu können.

Das war sehr glaubwürdig. Niemand würde Callistus eine Träne nachweinen, wenn er plötzlich von der Bildfläche verschwand. Der kaiserliche Kabinettchef hatte zu viele Feinde und keine Freunde! Er gehörte keiner mächtigen alten aristokratischen Familie an, auf deren Potenz und Reputation selbst ein Caligula Rücksicht zu nehmen hatte. Callistus war nicht einmal römischer Bürger, unterlag also nicht dem Schutz der *Civitas Romana*. Der Kaiser konnte nach Belieben mit ihm umspringen: Callistus war *libertus*, ein Freigelassener, der nur aufgrund seiner hohen Intelligenz, seiner organisatorischen Fähigkeiten und seines kalten, skrupellosen Willens zur Macht Karriere gemacht hatte, wie auch andere *liberti* am Hof.

Es bleibe ihm nur eine Galgenfrist, ließ er verlauten. Das Schwert hänge bereits über ihm. Er spüre es. Aber vor seinem endgültigen Abtreten von der Bühne solle er dem Verbrecher auf dem Thron noch einen letzten Henkersdienst erweisen: Er solle Claudius beseitigen!

Eine Ungeheuerlichkeit! Claudius, Bruder des Germanicus, war

46

als Onkel der nächste männliche Verwandte des Kaisers. Er war der letzte aus der julisch-claudischen Sippe. Claudius galt in der Öffentlichkeit als verschrobener Trottel, als gestörter Mensch, der stotterte und sich beim Reden verhaspelte. Er brachte seine Tage hin in den Bibliotheken der Stadt. Es hieß, er arbeite an einer großangelegten Darstellung der Sprache und der Geschichte der Etrusker.

Hatte sich Callistus im geheimen Claudius angenähert, in der Hoffnung, daß er, wenn Caligula aus dem Wege geräumt wäre und Claudius den Thron bestieg, seinen Platz an den Schalthebeln der Macht behalten würde? Mehr noch, glaubte er, über einen Caesar Claudius nach eigenem Gutdünken verfügen zu können?

Claudius' Auftreten in der Öffentlichkeit war linkisch. Das alles war stadtbekannt. Wenn dieser angeschlagene Mann plötzlich nicht mehr aufwachte, würde man es eben im Zusammenhang mit seiner naturgegebenen Krankheit sehen. Andererseits ... Caligula hätte, wenn er den Claudius umbringen wollte, sich gewiß nicht um des Callistus Vorstellungen gekümmert, und umgekehrt würde Callistus sich den Befehlen des Kaisers nicht zu widersetzen wagen, indem er dessen Aufträge mißachtete oder die Ausführung hinauszögerte. Es sei denn, Callistus plante von langer Hand! Er, der die Stimmung in der Stadt, die Ängste der Besitzenden, die Unzufriedenheit der Truppenführer, Beamten und Statthalter kannte wie kein zweiter, er wäre geradezu prädestiniert, den richtigen Zeitpunkt für die Beseitigung des Despoten zu erkennen.

Wenn Callistus sich vorsichtig dem Cassius Chaerea eröffnete, mußte er davon ausgehen, daß Chaerea seine Vorgesetzten, die beiden *Praefecti Praetorio*, unterrichten würde. Oder hatte er am Ende schon selbst Verbindungen zu ihnen aufgenommen? Chaerea fragte sich, ob und wieweit seine Vorgesetzten in die sich abzeichnende Verschwörung bereits hineingezogen waren. In diesem Punkt hielt sich Callistus bedeckt. In Chaerea aber hinterließ die geheime Unterredung das Gefühl, daß er in Callistus einen wichtigen Verbündeten hatte.

Bei Flavius Josephus klingt das alles so:

»Selbst Callistus gehörte dazu, ein Freigelassener des Gaius, der zu hohem Einfluß gelangt war und beinahe dieselbe Macht wie der Caesar besaß, weil er allseits gefürchtet war und einen ungeheuren Reichtum sein eigen nannte. Er hatte sich Ämter auf alle mögliche Weise erschlichen und schreckte vor keinem Unrecht zurück, sondern schaltete wider Recht und Gesetz ganz nach Willkür. Da er aber des Gaius unversöhnliches Gemüt, das niemals von dem einmal gefaßten Entschluß abging, kannte und wohl wußte, daß er sowohl aus vielen anderen Ursachen, besonders aber wegen seines unermeßlichen Reichtums in steter Lebensgefahr schwebet, schloß er sich an Claudius an in der Hoffnung, daß, wenn Gaius aus dem Wege geräumt sei und Claudius den Thron bestiegen habe, er dann auch bei diesem zu Ansehen kommen werde, besonders da er sich schon vorher durch treue Dienste ihm unentbehrlich gemacht habe. Er wagte sogar zu behaupten, er habe von Gaius Befehl erhalten, den Claudius zu vergiften, dies aber auf mancherlei Weise hintertrieben.«

Anschließend kommentiert Flavius seine Mitteilungen so: »Ich glaube indes, daß diese Behauptung von Callistus nur erfunden war, um sich bei Claudius in Gunst zu setzen. Denn Gaius hätte, wenn er den Claudius umbringen wollte, sich gewiß um des Callistus Vorstellungen nicht gekümmert, und andererseits würde Callistus den Befehlen des Gaius sich nicht zu widersetzen gewagt oder, wenn er dessen Aufträge mißachtet hätte, sogleich seine Strafe erhalten haben. Ich bin vielmehr der Meinung, daß Claudius durch göttliche Fügung der sinnlosen Wut des Gaius entgangen ist, daß aber Callistus sich ein Verdienst zugeschrieben hat, auf das er nicht den mindesten Anspruch erheben konnte.«[47]

Wie wir später sehen werden, spielte Callistus beim Wechsel von Caligula zu Claudius eine wichtige Rolle. Chaereas Entschluß aber stand fest: Es mußte etwas geschehen.

Exkurs:
Cursus Praetorianus

In eckige Klammern [ ] sind die Grade und Funktionen gesetzt, die im Praetorium nicht enthalten sind, die von den Praetorianern jedoch gelegentlich durchlaufen werden. – Quellen: Marcel Durry, Les Cohortes Prétoriennes, a.a.O. S. 191, und ders. RE XXII, 2 (1954) Sp. 1607 s. v. Praetoriae Cohortes. – Kromayer-Veith, Heerwesen u. Kriegführung der Griechen und Römer a.a.O. – M.Junkelmann, Die Legionen des Augustus a.a.O – Die einschlägigen Artikel in Paulys Realencyclopädie der classischen Altertumswissenschaft

---

[miles cohortis vigilum] oder im 3. Jh. n. Chr. [miles legionis]
[miles cohortis urbanae]

---

miles cohortis praetoriae (Soldat einer Prätorianer-Kohorte)

---

immunis (vom allgemeinen Dienst befreiter Soldat):
Im 5. Dienstjahr kann der Praetorianer übergehen zu den
  equites (Reitern) oder den
  aeneatores (Musikern: Trompeter und Hornisten) oder den
  speculatores (Elite der Praetorianer, die in der nächsten Umgebung des Kaisers dienten)

---

principalis, im 8. Dienstjahr:
  tesserarius (der die Parole, die tessera, erhält und weitergibt)
  optio (Stellvertreter des Centurio, besonders in der Verwaltung tätig, »Feldwebel«)
  signifer (Standartenträger)
ferner: fisci curator peditum vel equitum (Zahlmeister der Fußtruppen und der Reiterei); cornicularius tribuni (Kanzleichef des Tribunen); beneficiarius praefectorum (Ordonnanz der beiden Präfekten); cornicularius praefectorum (Kanzleichef der Präfekten)

evocatus (Wiedereinberufener, im 16. Dienstjahr; vor allem als Ausbilder tätig)

centurio: Direkt in die praetorianische Laufbahn eintreten können mit diesem Dienstgrad die ex equite Romano (aus dem römischen Ritterstand) stammenden Offiziere.
[centurio legionis]
[centurio cohortis vigilum]
[centurio statorum: Gerichts- und Polizeidienst]
[centurio cohortis urbanae]
centurio cohortis praetoriae
exercitator equitum praetorianorum (Lehrmeister und Ausbilder im Reiten)
princeps praetorii (Chef des kaiserlichen Stabes)
trecenarius (Centurio der speculatores)

tribunus:
[tribunus militum legionis]
[tribunus cohortis vigilum]
[tribunus cohortis urbanae]
tribunus cohortis praetoriae
[primus pilus II (= iterum, in einer Legion als Generalstabschef)]
[procurator: ritterlicher Statthalter einer Provinz]

praefectus:
[praefectus vigilum]
[praefectus annonae, zuständig für die Getreideversorgung Roms]
[praefectus Aegypti]
praefectus praetoriae

Verschiedene Motive – ein Ziel:
Wie sich Verschwörer finden

In diesen naßkalten Januartagen des Jahres 41 trafen sich Männer verschiedener Herkunft, die sich lange kannten, an geheimen Orten, um im vertraulichen Gespräch etwas von dem Druck, der auf ihrer Seele lastete, loszuwerden.

Flavius Josephus, dem wir die meisten Einzelheiten des konspirativen Geschehens verdanken, zeigt sich in der Zusammenfassung der Stimmung als Kenner des Menschen in Ausnahmesituationen: »Denn für alle, die in Rang und Namen standen, war Gaius ein Gegenstand des Schreckens, weil er gegen alle ohne Unterschied wütete. Freilich hatten die Unzufriedenen die gleiche Angst auch voreinander und wagten aus Furcht vor Verrat weder ihre Meinung offen auszusprechen noch ihren Haß gegen Gaius zur Schau zu tragen, was sie indessen nicht hinderte, miteinander in freundschaftlichem Verkehr zu bleiben, da sie sich ihres gemeinsamen Hasses gegen den Caesar wohl bewußt waren.«[48]

Ordnet man alle von den antiken Autoren[49] genannten Verschwörer nach Herkunft und Zuständigkeiten, so ergibt sich dieses Szenario:

- Überlebende vorausgegangener Fronden, die es dem Zufall verdankten, unentdeckt geblieben zu sein, wollten der Schreckensherrschaft ein Ende setzen.
- Freunde von Opfern, meist Angehörige der senatorischen Aristokratie, fühlten sich gegenüber den Familien der Betroffenen in der Pflicht.
- Die zu Reichtum und Einfluß aufgestiegenen Freigelassenen am Hof, an ihrer Spitze Callistus, befürchteten den Verlust von Besitz und Leben. Heißt es doch bei Sueton[50] eindeutig: »Die einflußreichsten kaiserlichen Freigelassenen waren ebenfalls (in die Verschwörung) eingeweiht.«
- Mehrere namentlich genannte hohe Offiziere der Garde – darunter auch Arrecinus Clemens, einer der beiden *praefecti praetorio*, und die Tribunen Cassius Chaerea, Sabinus und Papinius – ergriffen die Initiative.

Dies fällt auf: Kein Wort über die Kommandeure der Legionen und die prokonsularischen und proprätorischen Statthalter in den Provinzen.

Warum? Kürzlich (1992) wurden die wiedergefundenen Mitschriften von Theodor Mommsens Vorlesungen zur »Römischen Kaisergeschichte« veröffentlicht.[51] Der Reiz dieser Aufzeichnungen besteht vor allem in der gedrängten Kürze und Konzentration auf das Wesentliche, die alles Überflüssige wegläßt. Mommsen, ohnehin ein Meister der farbigen, temperamentvollen Formulierung, fällt im Zusammenhang der Verschwörung gegen Caligula drei prägnante Urteile:

1. »Im ganzen zeigte sich das Publikum ihm gegenüber genauso elend servil wie gegen Tiberius, namentlich bleibt der Gehorsam der Statthalter merkwürdig ...«

2. »Gaius fand sein Ende durch eine Palastverschwörung. Einige untergeordnete Gardeoffiziere führten das aus, woran die kaiserliche Familie gescheitert war ...«

3. »Es war eigentlich eine Moritat ...«[52]

Mit dem »Scheitern der kaiserlichen Familie« spricht Mommsen das Versäumnis des Tiberius an, die Nachfolge klar geregelt zu haben.

Die Passivität der Statthalter ist in der Tat merkwürdig, waren sie doch zugleich Oberbefehlshaber der in ihren Provinzen stationierten Truppen. Freilich muß man ihre Position im Zusammenhang der kontinuierlich betriebenen Entmachtung des Senats sehen: Der von Augustus geschaffene *Principat* erhob den *Ersten* an der Spitze aufgrund seiner prokonsularischen Gewalt zum Oberbefehlshaber aller Truppen. Augustus hatte dem Senat ein militärisches Kommando eigentlich nur noch in Afrika belassen, wo eine Legion stand. Mommsen bringt es auf den Punkt: »Schon Tiberius sah dies nicht gern, es gab Reibereien. Gaius löste die Provinz in zwei Distrikte auf, von denen Numidien, der Kriegsdistrikt, dem senatorischen Statthalter entzogen und dem kaiserlichen Legaten übertragen wurde. Von da ab hatte der Senat keine Truppen mehr.«[53]

Das hatte Folgen: »Senatorische« Provinzherrscher, ausgestattet mit der Machtfülle eines »Vizekönigs«, wie wir sie am Ende der Republik kennen – etwa Caesar in Gallien, Sulla und Pompeius im Osten –, gibt es nicht mehr. Die kaiserlichen Legaten *(legati Augusti)* sind nun vom *Princeps*, nicht mehr vom Senat abhängig. Dem Kaiser verdanken sie ihren Aufstieg, nicht den Machenschaften senatorischer Interessengruppen. Da sie bestrebt sind, ihren Status, Einfluß und Besitzstand zu wahren, verhalten sie sich still, solange ihre Position nicht gefährdet wird.

Anders die Garde. Mommsen spricht von »Palastverschwörung« und nennt die Revolte eine »Moritat«, also eine Schauergeschichte. Diese Sprachregelung drängt sich gewiß als erstes nach der Lektüre der entsprechenden Stellen bei Sueton und Flavius Josephus auf. Geht man freilich unvoreingenommen neugierig an die Lektüre der Texte, kommt man zu einem anderen Ergebnis.

Alle Interpreten des Geschehens sind sich darin einig, daß dem Tribunen Cassius Chaerea die Schlüsselrolle bei der Planung und Durchführung des Tyrannenmordes zufiel. »Diese Bewegung«, faßt schon Matthias Gelzer 1918 zusammen, »war ungleich gefährlicher als die frühere, weil Gaius es durch seine zynische Respektlosigkeit gegenüber allem, was den Menschen heilig und teuer sein kann, verstanden hatte, sich auch der treuesten Stützen seiner Herrschaft zu berauben: des Offizierskorps und der Freigelassenen. Die beiden wichtigsten Mitglieder der Verschwörung waren die beiden Prätorianertribunen Cassius Chaerea und Cornelius Sabinus. Aber auch die beiden Praefecti praetorio waren im Einverständnis und noch weitere Tribunen, und was ebenso wichtig war, der Freigelassene Callistus, der maßgebende Mann des kaiserlichen Kabinetts ...«[54]

Das ist sicherlich richtig – bis auf die Formulierung »Offizierskorps«. Dieser moderne Terminus weckt Erinnerungen an neuzeitliche Armeen preußischen Zuschnitts; er ist zu allgemein, ungenau und darum unzulässig. Es sind eben nicht die Kommandeure der in den Provinzen stationierten Legionen, die die Initiative ergreifen! Offiziere der Garde wurden aktiv, und es ist bezeichnend, daß sie sich mit der Spitze der kaiserlichen Kanzlei konspirativ verbinden – mit Callistus!

Männlichkeitskult, Sendungsbewußtsein, Staatsideologie: Die Argumente des Tribunen Cassius Chaerea

In diesen Tagen – nach dem Gedankenaustausch mit Callistus – muß Cassius Chaerea lange mit sich gerungen haben; doch schließlich faßte er den Entschluß, mit seinem obersten militärischen Vorgesetzten, dem *praefectus praetorio* Arrecinus Clemens, zu reden. Wenn wir sagen *mit dem Vorgesetzten*, so stimmt das nicht ganz: Eigentlich stehen an der Spitze der Garde zwei Kommandeure, aber wir kennen nur den Namen des einen, eben des Arrecinus Clemens. Hätten wir die verlorenen Bücher des Tacitus, wüßten wir mehr.

Wie dem auch sei, Flavius Josephus bringt eine Szene, in der sich Chaerea dem Clemens eröffnet. Dabei mit anwesend ist ein Tribun namens Papinius: »Er sprach«, so Flavius, »zu Clemens und Papinius, von denen der letztere ebenfalls Tribun, der erstere aber Befehlshaber der Prätorianer war.« Daraus können wir wohl ableiten, daß die Stimmung in der Garde bei der Mehrheit der Stabsoffiziere endgültig gegen den Despoten umgeschlagen war, daß es aber bisher niemand außer Cassius Chaerea gewagt hatte, dem Präfekten gegenüber die Dinge beim Namen zu nennen.

Über Marcus Arrecinus Clemens, den einen der beiden *praefecti praetorio*, liegen keine biographischen Details vor. Er muß einen Kollegen im Amt gehabt haben, denn Sueton sagt klar: »Die einflußreichen kaiserlichen Freigelassenen *und die Gardepräfekten* waren ebenfalls (in die Verschwörung) eingeweiht.«[55] Das Gentilnomen *Clemens* taucht nur bei Flavius Josephus auf. Seine Familie machte dann in der zweiten Hälfte des 1. Jahrhunderts eine steile Karriere, denn sein gleichnamiger Sohn wurde 70 n. Chr. *praefectus praetorio* unter Vespasian und unter Domitian *curator aquarum* (städtischer Wasserbaudirektor), während seine Tochter Arrecina als Gemahlin von Titus zur Kaiserin aufstieg. Aus diesen kargen Notizen läßt sich schließen, daß Clemens ein ebenso fähiger wie vorsichtig wägender Mann gewesen sein muß, der vor allem darauf bedacht war, die Stürme der Zeit unter dem unberechenbaren

Caligula zu überleben. Dafür finden wir gleich bei Flavius eine Bestätigung.

Cassius Chaerea läßt sich also bei seinem Kommandeur melden, trifft dort den erwähnten Tribun Papinius, und es kommt zu dem folgenden Dialog. Chaerea beginnt mit einer Anspielung auf eine frühere erfolglose Verschwörung. Wir geben den flavischen Text, auch in den Erzählpassagen zwischen der direkten Rede, wörtlich wieder:

»»Wir haben gewiß nichts außer acht gelassen, was zum Wohle des Caesars erforderlich war. Denn von denen, die sich gegen ihn verschworen haben, sind die einen durch unser Eingreifen dem Tode verfallen, und die anderen sind so sehr gefoltert worden, daß selbst Gaius bei ihrem Anblick Mitleid empfand. – Aber haben wir nicht früher mit Ehren Kriegsdienste getan?!‹

Als nun Clemens hierauf schwieg und durch sein Erröten verriet, wie sehr er sich der Befehle des Kaisers schämte, es aber gleichwohl nicht für ratsam hielt, den Wahnsinn des Gaius offen zu tadeln, da wurde Chaerea zuversichtlicher und sprach freier und unbefangener von dem Elend der Stadt und des Reiches.

›Allgemein ist man der Ansicht‹, führte er aus, ›Gaius sei schuld daran. Geht man aber der Sache auf den Grund, so bin ich es, mein Clemens, und Papinius hier ist es, und noch mehr als wir beide bist du es, der den Römern und dem ganzen Menschengeschlecht diese Qualen bereitet! Denn wir haben dabei nicht so sehr die Befehle des Kaisers, als vielmehr auch unseren eigenen Willen vollzogen. Obwohl es an uns wäre, diesen Quälereien der Bürger und Untertanen ein Ende zu machen, sind wir ihm überall und jederzeit zu Willen! Anstelle von Kriegsdiensten verrichten wir Henkersarbeit! Wir führen unsere Waffen nicht für die Freiheit und das Vaterland, sondern für einen Menschen, der die Römer an Leib und Seele knechtet! Tagtäglich beflecken wir uns mit dem Blut derer, die wir foltern und töten – bis wir auf sein Geheiß von anderen in gleicher Weise behandelt werden. Denn er weiß uns für unsere Dienste ja keinen anderen Dank, sondern verfolgt uns mit seinem Argwohn und Haß.

Und wenn auch noch so viele Menschen hingeschlachtet werden –

seine Wut wird sich deshalb doch niemals legen, weil er sich bei seinem Zorn nicht von der Rücksicht auf Recht und Gerechtigkeit, sondern nur von seiner eigenen Lust leiten läßt.
Und diese Wut wird auch uns treffen! Uns, deren Pflicht es doch ist, für die allgemeine Sicherheit und Freiheit zu sorgen und Gefahren vom Volke abzuwenden!‹
Diese Ausführungen Chaereas«, fährt Flavius Josephus fort, »billigte Clemens voll und ganz, riet aber zu Stillschweigen, damit nichts davon unters Volk komme. Denn wenn der Anschlag vorzeitig verraten werde, seien sie alle Kinder des Todes. Man müsse vielmehr alles der Zeit überlassen und alle Hoffnung auf die Zukunft setzen, weil das Glück ihnen gewiß auf ungeahnte Weise zu Hilfe kommen werde. Er sei zwar selbst schon zu alt, um so etwas zu unternehmen, aber er müsse gestehen, daß er wohl etwas weniger Gefährliches, indessen nichts Ehrenvolleres den Plänen und Vorschlägen Chaereas entgegenzustellen wisse.
Clemens begab sich hierauf nach Hause und überlegte, uneins mit sich selbst, das, was er gehört und selbst gesagt hatte ...«[56]

»Statt Kriegsdienst Henkersdienste!« – Die Pervertierung der Garde

»Denn für alle, die in Rang und Würden standen, war Gaius ein Gegenstand des Schreckens, weil er gegen alle ohne Unterschied wütete. Freilich hatten die Unzufriedenen die gleiche Angst auch voreinander und wagten aus Furcht vor Verrat weder ihre Meinung offen auszusprechen noch ihren Haß gegen Gaius zur Schau zu tragen, was sie indessen nicht hinderte, miteinander in freundschaftlichem Verkehr zu bleiben, da sie sich ihres gemeinsamen Hasses gegen den Caesar wohl bewußt waren.«[57]
Haß auf den Despoten, Furcht vor dem Zugriff des Herrschers, Angst voreinander: die klassische Situation von Menschen, die unter der permanenten Bedrohung eines vollkommen unberechenbaren Tyrannen leben. Wir kennen nur die Namen einiger weniger, die schließlich aktiv wurden, um sich mit einer verzweifelten Tat von

dem tödlichen Druck zu befreien. Hunderte, wenn nicht Tausende, fühlen sich genauso bedroht und befürchten täglich Verhaftung, Folter, Enteignung ihres Besitzes, Sippenhaft, Exilierung und Tod. Uns interessieren in diesem Zusammenhang besonders die Argumente, mit denen der Prätorianertribun Cassius Chaerea seine Freunde und Vorgesetzten zu überzeugen sucht. Wie wir mittlerweile wissen, sind die Kernsätze der Anklage, die Flavius dem Chaerea in den Mund legt, ursprünglich von einem erfahrenen und leidenden Zeitgenossen, dem Historiker Cluvius, notiert worden: »Geht man aber der Sache auf den Grund, so bin ich es, mein Clemens, und Papinius hier ist es, und noch mehr als wir beide bist du es, der den Römern und dem ganzen Menschengeschlecht diese Qualen bereitet. Denn nicht so sehr des Gaius Befehle, als vielmehr unseren eigenen Willen haben wir vollzogen… Wir verrichten anstelle von Kriegsdiensten Henkersarbeit, führen unsere Waffen nicht für die Freiheit und das Vaterland, sondern für einen Menschen, der die Römer an Leib und Seele knechtet, und beflecken uns tagtäglich mit dem Blute derer, die wir töten und foltern, bis wir auf sein Geheiß von anderen in gleicher Weise behandelt werden.«[58]
Es handelt sich bei dieser Stelle um den ersten Fall in der kaiserzeitlichen Geschichtsschreibung, der von der tiefen Kluft berichtet, die sich zwischen dem Herrscher und seiner Garde aufgetan hat. Etwas Unglaubliches ist geschehen: Die Männer, die einen Eid geleistet haben, das Leben ihres Herrn mit dem Einsatz des eigenen zu schützen, treffen sich zu konspirativen Gesprächen und spielen die Möglichkeiten durch, wie sie den Herrscher mit einem Gewaltstreich beseitigen können. Chaereas Argumentation spitzt sich zu auf diesen Gegensatz: Wir sind angetreten, Kriegsdienst für die Freiheit und das Vaterland zu leisten – aber wir verrichten Henkersdienste für einen Menschen, der die Römer an Leib und Seele knechtet! Dahinter steckt mehr, als wir nach der flüchtigen Lektüre vermuten: Der Herrscher selbst hat das geltende Herrschaftssystem verraten! Dies waren die von Augustus postulierten – und vorgelebten! – Tugenden des Machthabers: *virtus* (Mannhaftigkeit), *clementia* (Milde), *iustitia* (Gerechtigkeit), *pietas* (Frömmigkeit). Ca-

ligula hat sie alle in ihr Gegenteil gekehrt: Er ist feige, grausam, ungerecht – und seine Religiosität bezieht sich nur auf die egomanische Steigerung eines wahnwitzigen Kultes um die eigene Person. Die Normen der ungeschriebenen Principatsverfassung gelten nicht mehr. Das mühsam ausbalancierte Gleichgewicht zwischen den Gruppeninteressen von Adel und Ritterschaft und dem politischen Gestaltungswillen des Princeps ist zerstört. Es herrschen Willkür, Rechtsunsicherheit, Angst. Statt Pragmatismus in der Kunst des Möglichen macht sich an der Staatsspitze skrupelloser Opportunismus breit, der alles nur noch danach bemißt: Was habe ich selbst davon! Von »Gemeinwohl« – das war und ist die eigentliche Bedeutung von *res publica* – keine Spur mehr.

»Statt Kriegsdienst Henkersdienste …« Was Flavius hier dem Chaerea in den Mund legt, trifft in der Tat den Kern des Problems. Wenn wir auch später in einem eigenen systematischen Kapitel auf Entstehung und Geschichte der Prätorianer eingehen, müssen wir, um die innere Not der Verschwörer besser verstehen zu können, schon hier kurz auf das eingehen, was man in der Neuzeit den soldatischen Ehrenkodex nennen wird.

Die Garde ist von ihrem Ursprung her eine soldatische Elitetruppe. Die *cohors praetoria* ist schon in den Kriegen der Republik die Kohorte des Praetors, also des Befehlshabers. Der Amtstitel »Praetor« ist ja viel älter als der des »Konsuls« und reicht bis in die Anfänge der Königszeit zurück. Das Zelt des Feldherrn heißt *praetorium*, auch wenn er als gewesener Konsul mit dem *imperium proconsulare* ausgestattet ist. Die *cohors praetoria* ist das Leibregiment des Befehlshabers. Mehr als alle anderen Einheiten ist es auf den Kommandeur eingeschworen und siegt oder fällt mit ihm in der Schlacht. Indem Augustus den um Rom stationierten Garden den Namen Prätorianer gab, benutzte er auch in diesem Fall listig einen in der Republik entstandenen Begriff, um etwas im Grunde revolutionär Neues zu kaschieren: Die Gefolgschaftstreue gegenüber dem Feldherrn wurde erweitert auf die absolute Loyalität gegenüber dem Princeps. Damit wurde indirekt zugegeben, daß es sich bei der neuen Staatsverfassung um eine Militärmonarchie handelte, mochte Augustus auch noch so großen Wert auf die republikanische Terminologie legen.

Für die Truppe selbst war damit von Anfang an der stetige Bezug zum Geschehen auf dem Schlachtfeld gegeben. Wir müssen es uns immer wieder ins Bewußtsein rufen: Kein zweiter Staat der Antike lebt so aus den Traditionen der Vergangenheit wie Rom. Und keine andere Einheit fühlt sich der Sitte der Väter so verpflichtet wie die Leibgarde des Herrschers. Hinzu kommt, daß die Führungsstellen mit Angehörigen der Ritterschaft besetzt wurden, die, je geringer der Einfluß des Senats wurde, mehr und mehr zu Trägern der Herrschaftsideologie wurden. Das Bewußtsein, Garant des Systems zu sein, muß diese Männer völlig durchdrungen haben. Rom hatte die Welt durch Krieg erobert! Soldaten sicherten die Grenzen der Provinzen. Die bewaffnete Macht, ruhend auf soldatischer Disziplin, war Voraussetzung für den Fortbestand des Friedens, eben der PAX ROMANA.

Nur die besten Soldaten aus den Legionen erhielten die Möglichkeit, in die Elitetruppe der Prätorianer aufzusteigen, und nur die besten Offiziere avancierten als Centurionen oder Tribunen in der Garde. Ihre Bedeutung schlug sich auch nieder in den erhöhten Gehältern – übrigens, wie wir uns erinnern, auch ein Punkt, den die meuternden Legionen 14 n. Chr. am Rhein und in Pannonien zur Sprache brachten. Der Princeps selbst behielt sich ihre Ernennung und Beförderung vor. Sie waren sich bewußt, daß der Herrscher Ungewöhnliches von ihnen fordern konnte. Es ist in diesem Zusammenhang bezeichnend, daß Tiberius im Jahre 14 seinen Sohn Drusus mit den Prätorianer-Kohorten nach Pannonien geschickt hatte, um die Meuterei der dortigen Legionen niederzuschlagen. Wer sonst, außer der Garde, hätte es wagen dürfen, die eigenen Leute zusammenzuschlagen!

Damit aber beginnt das Dilemma der Garde! Damals wurde sie zum erstenmal sozusagen als staatliche Polizeitruppe eingesetzt. Für die Zukunft war also denkbar, daß ein weniger von Skrupeln gepeinigter Herrscher als Tiberius die Garde mit Scheinargumenten auch innenpolitisch benutzen könnte. Und genau das hat Caligula getan.

»Statt Kriegsdienst Henkersdienste …« – Chaerea (oder Flavius) trifft den Kern des Problems! Heute würde er argumentieren: »Wir sind eine Elitetruppe – keine Polizei!« Aber Rom kannte keine Polizei im modernen Sinn als innere Ordnungsmacht. Nachdem Tiberius die Garde in Rom kaserniert hatte, war es nur eine Frage der Zeit, daß ein Herrscher, der sich in Schwierigkeiten befand, sich der Prätorianer zu staatspolizeilichen Aktionen bediente. Caligula tat es. Damit aber schuf er sich den größten Feind selbst, denn die verantwortlichen Offiziere waren nicht mehr bereit, als »geheime Staatspolizei« tätig zu werden.

Im übrigen hatte er damit die geheiligte Kaiserfamilie, die sich auf einen vergöttlichten Caesar als Ahnherrn berief und einen *Divus Augustus* verehrte, vom Sockel gestoßen! Zurück blieben Enttäuschung, Trauer, Abscheu, Angst vor der ungewissen Zukunft – und all dies schlug um in Haß und den Willen, die Verhältnisse im alten Sinne neu zu ordnen. Man wollte wieder sichere Verhältnisse.

Es ist durchaus denkbar, daß sich Chaerea als ein zweiter, nein dritter Brutus vorkam.[59] Denn in diesen Zusammenhang paßt sehr gut eine Notiz von Flavius/Cluvius:

»Man sagt auch, Chaerea habe seine Zuversicht noch auf folgende Weise gestärkt. Als er sich eines Tages auf dem Weg zur Curia (Versammlungsort des Senats) befand, soll eine Stimme aus der Volksmenge ihn aufgefordert haben, das Erforderliche durchzuführen und auf den Beistand der Götter zu vertrauen. Im ersten Augenblick sei darauf Chaerea in Schrecken geraten und habe geglaubt, er sei von einem der Verschworenen verraten worden und werde nun festgenommen werden. Bald indessen habe er eingesehen, daß die Worte eine Aufmunterung bedeuteten, die entweder von einem seiner Mitverschworenen oder von der Gottheit, die alle menschlichen Verhältnisse durchschaut, ausgegangen sei.«[60]

Offene Rechnungen –
Wiederherstellung der Ehre

Zurück zum dramatischen Geschehen im Januar des Jahres 41. Es kommt zu einer zweiten Zusammenkunft. Daran nimmt außer Sabinus, dem Kollegen und Freund Chaereas, der Senator Minucianus teil. Auch er hat gute Gründe, dem Leben Caligulas ein vorzeitiges Ende zu bereiten, da sein Freund Lepidus ein Opfer des Tyrannen wurde. Eigentlich heißt er Lucius Annius Vinicianus; Flavius hat ihn mit einem Minucianus verwechselt.[61]

Daß dieser Vinicianus unter den Namen der Verschwörer auftaucht, ist kein Zufall. Die *Gens Annia* war eines der ältesten römischen Adelsgeschlechter. Der Name Annius kommt schon in etruskischen und oskischen Inschriften *(Anniei)* vor. Nach dem Etruskerkönig Annius soll sogar der Fluß Anio genannt worden sein, was sicher eine Legende ist. Seit dem 3. Jahrhundert v. Chr. stellt die Familie immer wieder Praetoren und Konsuln. In der Kaiserzeit ist der Name weit verbreitet. Ein Annius ist der Großvater des Philosophen auf dem Thron, Marcus Aurelius, und dessen Mitkaiser ist M. Annius Verus (161–180). Noch am Ende des 3. Jahrhunderts (276) trägt ein M. Annius Flavianus kurze Zeit den Purpur.

Von L. Annius Vinicianus (Minucianus) wissen wir nicht viel, aber das wenige reicht aus, uns ein Bild von ihm zu machen. Es ist bekannt, daß er, zusammen mit anderen, unter Tiberius (32 n. Chr.) in einen Majestätsprozeß verwickelt war. Tacitus spricht in diesem Zusammenhang von den »berühmten Geschlechtern« und den »höchsten Ehrenämtern«, die die Angeklagten bekleidet hatten.[62] Das heißt, alle außer Vinicianus waren Konsulare (gewesene Konsuln). Vinicianus selbst muß dann unter Caligula das Konsulat erreicht haben. Der spätere Despot war ja zunächst bewußt auf Gegenkurs zu seinem Vorgänger gegangen, und viele Angehörige der alten Familien hatten, wie wir gesehen haben, große Hoffnungen auf den Sohn des Germanicus gesetzt.

Vinicianus muß ein erzkonservativer, dem Erbe der Ahnen verpflichteter Mann gewesen sein. Das kann man daraus ableiten, daß er seit dem 24. Mai 38 Mitglied der Arvalbrüderschaft war.[63] Die *Fratres Arvales* (wörtlich: »Ackerbrüder«) waren eine römische Priesterschaft mit zwölf Mitgliedern, die den Kult der *Dea Dia*, einer alten Saatgottheit, verrichteten. Augustus hatte das Kollegium nach dessen Niedergang in der späten Republik wiederhergestellt. Das jährliche Fest im Mai sollte die Fruchtbarkeit der Äcker erhöhen. Bei den Feierlichkeiten wurde von den Priestern das uralte *carmen* gesungen, dessen Ursprung sich in den Zeiten der Romulus verliert und dessen Sinn in der Kaiserzeit nicht mehr verstanden wurde. Die *Fratres Arvales* unterstützten den Kaiserkult und legten für den Princeps und dessen Familie Gelübde ab.

Wenn Senatoren wie Vinicianus zum innersten Kreis der Verschwörer stoßen, kann das nur bedeuten, daß es mittlerweile um mehr als nur um die Beseitigung des Tyrannen geht. Vinicianus war ein tief in den patrizischen Vorstellungen und Traditionen seiner Ahnen wurzelnder Mann. Seine Mitgliedschaft in der Bruderschaft der *Fratres Arvales*, einem der konservativsten Clubs in Rom, wird ihn – wie seine Kollegen – in große Gewissenskonflikte gebracht haben. Wir dürfen ihn uns als einen rechtschaffenen, frommen Mann vorstellen, für den es bisher selbstverständlich war, bei den vorgeschriebenen rituellen Handlungen, Gebeten und Opfern den Segen der Götter auch für das Wohlergehen des Princeps zu erbitten. Tiberius wie auch Augustus hatten aus innerer Überzeugung großen Wert auf die gewissenhafte Durchführung der staatsreligiösen Rituale gelegt. Besonders Augustus hatte sich um eine Wiederbelebung der alten Kulte bemüht, hatte zahlreiche Heiligtümer in und um Rom mit großen Kosten restaurieren lassen und neue Priesterkollegien eingesetzt. Caligula dagegen vollzog religiöse Handlungen in der Öffentlichkeit stets als große Personality Show, um sich selbst in Szene setzen zu können.

Schließlich wird von Flavius Josephus noch ein gewisser Asprenas genannt, »der auch zu den Verschworenen gehörte«.[64] Auch er Senator und ehemaliger Konsul (38 n. Chr.). Er taucht nur zweimal und fast beiläufig auf – in dem eben genannten Nebensatz und am Mordtag in der unmittelbaren Umgebung des Kaisers, wo er dann während des Handgemenges mit der germanischen Leibwache des

Kaisers im Anschluß an die Tat sein Leben verliert. Sonst sind im Zusammenhang mit der Verschwörung keine Einzelheiten über ihn bekannt.

Dennoch könnte gerade er einer der interessantesten Männer im Hintergrund sein. Warum? Wir müssen etwas ausholen ...

Sein *cognomen* (Beiname) »Asprenas« läßt vermuten, daß er mit jenem Lucius Nonius Asprenas verwandt ist, der 9 n. Chr. nach der Niederlage des Varus als ranghöchster Offizier für kurze Zeit das Kommando über alle Legionen am Rhein hatte. Was ist daran so besonders? – Nun, Quinctilia, die Mutter dieses Lucius Nonius Asprenas, war die ältere Schwester des unglücklichen Varus, der sich am dritten Tag der »Schlacht im Teutoburger Wald«[65] in aussichtsloser Lage in sein Schwert stürzte. Arminius hatte die drei Legionen des Varus in einen Hinterhalt gelockt und sie, bis auf eine Handvoll Männer, vernichtet. Es war die größte Niederlage der römischen Geschichte nach Cannae. Varus verfiel auf der Stelle der *damnatio memoriae*, und sein Name durfte in Gegenwart des Augustus nicht mehr genannt werden.

Damit war das familiäre Desaster aber nicht zu Ende. Unter Tiberius wurde der Sohn des Varus (27 n. Chr.) wegen Majestätsbeleidigung belangt und trotz Einspruchs des Senats später verurteilt und hingerichtet. Zuvor war schon seine Mutter, Claudia Pulchra, angeklagt und verurteilt worden. Das Strafmaß ist nicht bekannt; es kann sein, daß sie in die Verbannung geschickt, wenn nicht gar zum Tode verurteilt wurde. Claudia Pulchra war eine Enkelin von Octavia, der Schwester des Augustus, und sie war eng befreundet mit der älteren Agrippina, die zu Tiberius in einem äußerst gespannten Verhältnis stand. Noch Caligula schämte sich der Verwandtschaft zu dem *homo novus* Agrippa.

Warum wir diese Einzelheiten ausbreiten: Römische Politik ist immer auch Familienpolitik. Das gilt für die julisch-claudische Sippe ebenso wie – auf der darunterliegenden Ebene – für die senatorischen Familien. Wenn wir also einen Nonius Asprenas unter den Verschwörern finden, könnte das bedeuten, daß neben dem aktuellen Haß auf Caligula noch die alte offene Rechnung zu begleichen war: im Namen der Familie stellvertretend am Nachfolger des

Tiberius Rache zu nehmen für die aus kalter Machtpolitik liquidierten Verwandten.

Wie dem auch sei, die Beteiligung all dieser Männer aus den ersten senatorischen Familien zeigt, wie tief die Ehre des Standes und wie tödlich der aristokratische Stolz der patrizischen Familien getroffen worden waren. In diesem Zusammenhang müssen wir uns einmal bewußt machen, daß diese *gentes* (Familien) in Rang, Potenz, Ansehen und Anspruch durchaus territorialen Fürstenhäusern des Mittelalters und der Neuzeit vergleichbar sind. Sie haben in Italien und in den Provinzen riesigen Landbesitz, betreiben in großwirtschaftlichem Rahmen Landwirtschaft auf ihren Latifundien und tragen Verantwortung für eine Klientel von Hintersassen und Abhängigen, die in die Tausende geht. Sie sind untereinander verschwägert, haben die gleichen Interessen, und so können wir ohne weiteres davon ausgehen, daß neben den wenigen namentlich genannten weitere Senatoren gute Gründe hatten, die Beseitigung des Despoten gutzuheißen.

In letzter Zeit war es zu immer schamloseren Ausfällen des Kaisers gekommen. Was sich Caligula in den vergangenen Wochen an gemeinsten Zynismen und menschenverachtenden Ausfällen geleistet hatte, nur um sich an der Verlegenheit der Gedemütigten zu weiden, überstieg alle Grenzen. Das Tollste war dies: Bei einer Galatafel im Palast rief er seinem Günstling Valerius Asiaticus laut zu, daß dessen Gemahlin, mit der er eben Ehebruch getrieben hatte, seinen Erwartungen nicht entsprochen habe.[66]

Exkurs:
Sacramentum – Der Fahneneid

Kurz vor der Schilderung der Schlacht bei Cannae (216 v. Chr.), in der Hannibal Rom die größte Niederlage seiner Geschichte beibringen sollte, notiert Livius eine wichtige Information über die Rekrutierung und Vereidigung der frisch aufgestellten Truppen:
»Nach Abschluß der Aufstellung der neuen Truppen blieben die Konsuln noch einige Tage, bis die Truppen der Bundesgenossen und der Latiner kamen. Darauf wurden die Soldaten, was bisher nie vorgekommen war, von den Kriegstribunen vereidigt (iure iurando adacti). *Denn bisher hatte es nur den allgemeinen Militäreid gegeben, die Soldaten würden auf Befehl der Konsuln zusammenkommen und nicht ohne Befehl auseinandergehen. Trafen sie zur Einteilung in einer Dekurie oder Centurie zusammen, leisteten sie freiwillig untereinander, zu je zehn Mann bei der Reiterei, zu je 100 Mann bei der Infantrie, den Eid, die Fahnen nie zur Flucht oder aus Angst zu verlassen, nicht aus Reihe und Glied zu treten, außer, um eine Waffe zu holen, sich kampfbereit zu machen, einen Feind zu treffen oder einen Mitbürger zu retten. Diese freiwillige Vereinbarung untereinander übertrug man auf die Tribunen und machte sie zu einer gesetzmäßigen eidlichen Verpflichtung.«*[67]
Es gibt nur ganz wenige antike Autoren, die die Einzelheiten der eidlichen Verpflichtung nennen; Livius ist einer von ihnen.
Juristisch ist das sacramentum *der Eid im Zivilprozeß, militärisch der Fahneneid. Durch ihn erhielt der Kriegsdienst die gesetzliche Basis. War er anfangs nur eine Verpflichtung zum Gehorsam, bekam er erst 216 v. Chr. durch den Zusatz »die Fahnen nie zur Flucht oder aus Angst zu verlassen« (vgl. o.) den militärischen Charakter.*
In der Republik wurde der Fahneneid dem Feldherrn geleistet, im Kaiserreich dem Princeps. Er ist dann mit einem donativum, *einem Geldgeschenk des Kaisers, verbunden. Die Vereidigung ist eine* sacratio, *eine Weihung, und erst durch den Eid wird der Dienst des Soldaten zu einem gesetzlich erlaubten Kriegshandwerk, in dessen Ausübung die Tötung des Feindes gestattet ist. Der Bruch des Fah-*

*neneids war eine Sünde (*nefas*), und als Strafe trifft den Eidbrüchigen die Ächtung: Er ist den Göttern verfallen und vogelfrei.*

*In der republikanischen Zeit wurde der Eid bei den Feldzeichen (*signa*) und auf den Namen des gegenwärtigen Feldherrn geleistet, in der Kaiserzeit auf den Namen des Princeps. Es wurde üblich, die Eidesleistung für den Kaiser jährlich zu wiederholen, entweder an den Kalenden des Januar oder am Jahrestag des Regierungsantritts. Beispiel: »... ließen sich die Legionen Untergermaniens zu dem am 1. Januar üblichen Eid auf Galba verpflichten.«*[68]

Dasselbe galt für die Prätorianer.

»Heute wird das Schauspiel vom Tyrannenmord aufgeführt!« – Der 24. Januar 41

Was Wunder, daß trotz der großen Zahl der Mitwisser kein Mensch mehr an Verrat dachte. Dennoch »zog sich Chaereas Unternehmen durch die Unschlüssigkeit der meisten Mitverschworenen immer mehr in die Länge. Er selbst sah die Verzögerung sehr ungern, da er jeden Augenblick für günstig hielt.«[69]
Chaerea spielt sogar mit dem Gedanken, Caligula in einem Alleingang zu töten: »Wenn nämlich Gaius sich aufs Capitol begab, um dort für das Wohlergehen seiner Tochter Opfer darzubringen, bot sich oft Gelegenheit, ihn von der Höhe des auf das Forum niederschauenden Tempeldaches hinabzustürzen, wenn er von dort aus Gold- und Silbermünzen unter das Volk warf, oder ihn bei der Feier der von ihm eingerichteten Mysterien niederzustoßen.«[70]
Eine seltsame Situation: Während der Kreis der Verschwörer immer größer wird, die Beteiligten sich täglich Mut zusprechen und die Entscheidung für die Tat schon längst gefallen ist, ahnt das Objekt ihres Zorns und Hasses nichts davon. »Er selbst nämlich«, so Flavius, »hatte nicht die geringste Besorgnis und war nur darauf bedacht, daß bei den Mysterien alles regelrecht zuging. Daß jemand etwas gegen ihn im Schilde führen könne, ahnte er nicht im entferntesten.«[71]
Wieder ein Hinweis auf das »böse egoistische Kind«, dessen ganzes Streben darauf gerichtet ist, ungestört in seiner göttergleichen Phantasiewelt spielen zu können?
Nachdem der Entschluß zur Tat vom innersten Kreis um Chaerea gefaßt war, ging es nun um den günstigsten Zeitpunkt für den tödlichen Schlag. Der Draufgänger Chaerea mußte freilich von den senatorischen Genossen gebremst werden. Hatte er doch immer wieder verlauten lassen, daß er sich stark genug fühlte, »den Gaius selbst ohne Waffen umzubringen«.[72] Chaerea hat etwas von der Art eines Georg von Frundsberg, und seine tollkühne, unbedenkliche Landsknechtsnatur versetzt die adligen Mitverschworenen in Angst: »Er war deshalb über die anderen Verschworenen höchst är-

gerlich, da er befürchtete, der günstige Augenblick möchte verpaßt werden. Diese sahen nun zwar ein, daß er mit Recht aufgebracht sei und ebenso gerechten Grund habe, mit der Tat zu eilen; doch baten sie trotzdem um Aufschub, damit nicht, falls die Sache schiefgehe, die ganze Stadt bei der Suche nach den Schuldigen in Aufruhr gerate und Gaius den Verschworenen trotz deren Tapferkeit unerreichbar werde, weil dann die Wachen verstärkt würden ...«[73]

Mit den »Wachen« kann zweierlei gemeint sein: a) die germanische Leibwache, die Tag und Nacht in unmittelbarer Nähe des Herrschers war, b) die an den verschiedenen Plätzen des Palastes postierte Wacheinheit der Prätorianer. Das folgende Geschehen läßt die Vermutung zu, daß damit die direkte Leibwache, nämlich die germanischen »Body Guards« gemeint sind, die sich am Tage des Attentats wie die Stiere auf die Mörder ihres Herrn stürzten.

Anders als Chaerea wollen die an der Verschwörung beteiligten Senatoren auf größtmögliche Sicherheit gehen. Chaerea hat ja außer seinem Leben nichts zu verlieren – von seinen privaten Verhältnissen ist nichts bekannt. Männer wie Asprenas und Vinicianus, erst recht der Aufsteiger Callistus, sie alle bangen um ihren Besitzstand. Welche Gespräche müssen in ihren Häusern geführt worden sein! Ahnten ihre Frauen etwas? Waren sie zum Teil eingeweiht? Wurden die Söhne auf die Folgen eines Fehlschlags hingewiesen? Brachte man den beweglichen Besitz vorsorglich irgendwo in abgelegenen Höfen oder Villen in Sicherheit? Vor allem aber: Wurden schon zu diesem Zeitpunkt Überlegungen angestellt und Fäden gesponnen im Zusammenhang mit der grundsätzlichen Frage, wie es denn nach einem erfolgreichen Anschlag auf den Despoten weitergehen sollte? Sollte der Principat beibehalten werden? Könnte man vielleicht eine Restauration der Republik versuchen?

Diese Frage wurde von der Forschung bislang vernachlässigt – wir kommen unmittelbar nach der Tat zwangsläufig darauf zu sprechen. Doch es ist nur natürlich, daß die Beteiligten in den entscheidenden Stunden vor dem Attentat Überlegungen dieser Art anstellen. Undenkbar auch, daß ein Vinicianus, ein Nonius Asprenas, ein Callistus nicht an den Tag danach gedacht hätten!

Wie wir später sehen werden, ist es wohl Callistus gewesen – von
allen Verschwörern der am kühlsten und kühnsten Wägende –, der
zielgerichtet seine Pläne schmiedete, die auf die Inthronisierung
des Claudius hinausliefen. Im Augenblick muß er sich freilich den
Gesichtspunkten der adligen Herren scheinbar beugen, die dem alten Traum der Adelsrepublik anhängen und an eine Restauration
der *res publica* glauben. Leider schweigen alle, wirklich alle Quellen zu diesem entscheidenden Punkt. Der Grund ist einfach: Die
weitere Geschichte Roms wurde vom Principat bestimmt, wie ihn
Augustus konzipiert hatte. Nur für zwei, drei Stunden bot die Geschichte nach der Beseitigung des Scheusals Caligula die Möglichkeit an, einen anderen Weg zu beschreiten. Aber zu diesem Zeitpunkt hatten zwei Akteure die Weichen schon anders – und wie
sich zeigte, unwiderruflich – gestellt: Callistus und die Garde.
Für die Verschwörer war eine taktische Überlegung ausschlagge-
bend: Der Mord sollte zu einer Zeit und an einem Ort geschehen,
da die germanische Leibwache sich nicht entfalten könnte. Man
entschied sich für die Palatinischen Spiele: »Diese Spiele werden
zu Ehren des Caesars gefeiert, der zuerst die dem Volke zustehen-
de Gewalt auf seine Person übertragen hat« – damit ist Augustus
gemeint –, »und die römischen Patrizier finden sich mit Weib und
Kind wie auch der (jeweilige) Caesar selbst ein, um von eigens dazu errichteten Zelten aus den Spielen zuzuschauen.«
Die *Ludi Palatini*, im Jahre 14 n. Chr. von Livia zu Ehren des eben
verstorbenen Augustus eingesetzt, wurden jährlich zum ehrenvollen Angedenken des ersten Princeps von allen Nachfolgern veranstaltet. Im Unterschied zu den anderen »Spielen« waren sie nur
szenisch, d. h., es kam nur zu Theateraufführungen auf dem Gelän-
de des Palatins, wo Gerüste, Zelte und Tribünen errichtet wurden.
Sie begannen am 17. Januar, dem Jahrestag der Hochzeit Livias mit
Augustus. Ursprünglich dauerten sie drei, später sechs Tage. Caligula hatte noch drei Tage hinzugefügt.
»Die Verschworenen meinten also, es sei leicht, in einer Versammlung von so vielen tausend Menschen den Caesar gleich beim Eintritt zu überfallen, da dann sogar seine Leibwache ihm keine Hilfe
leisten könne.«[74]

69

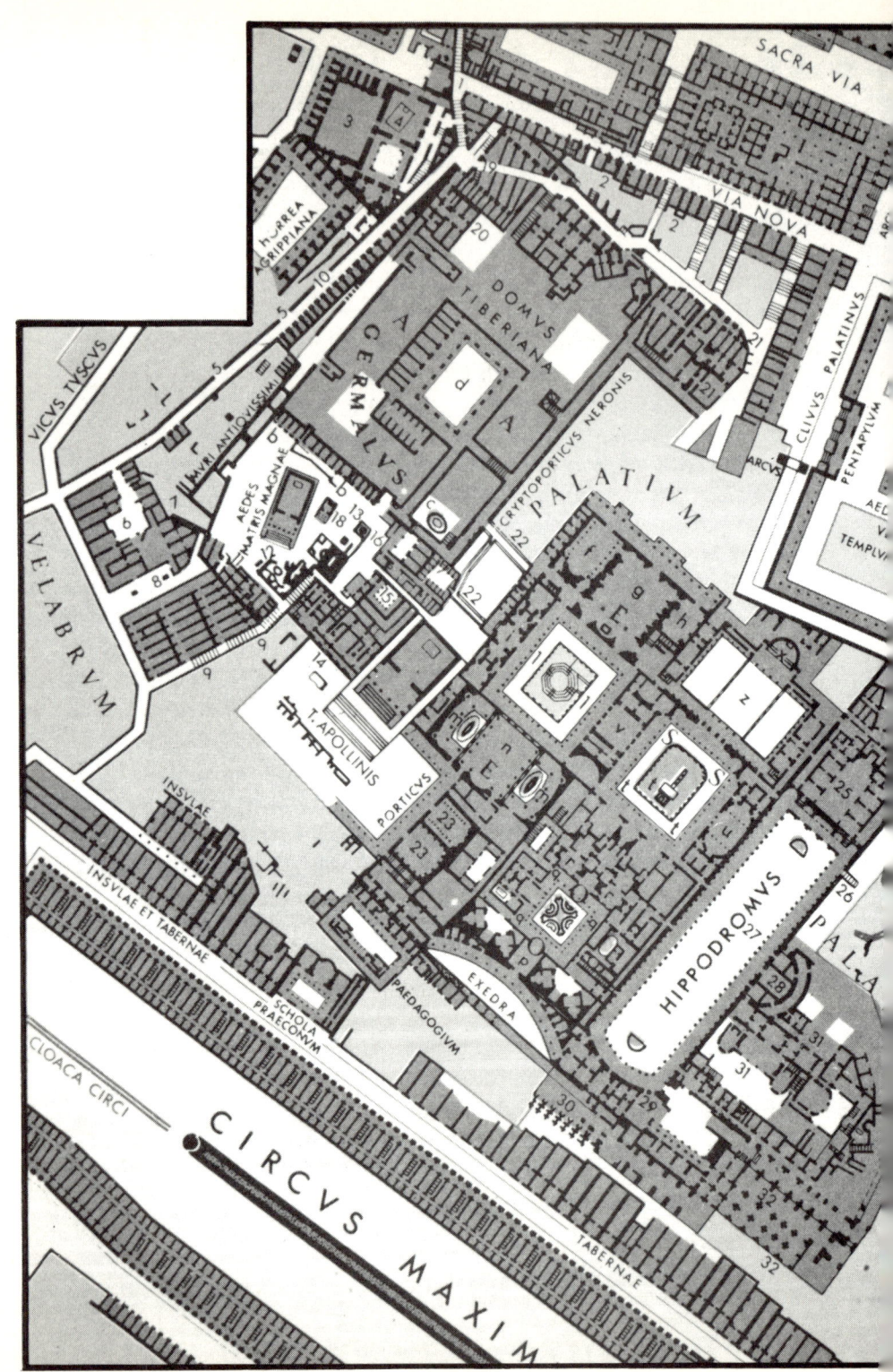

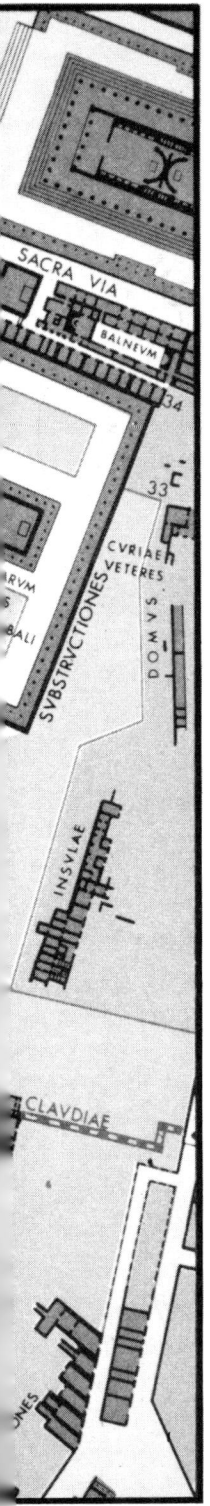

PALATIVM

m. 0   50   100   150

1 ARA AII LOCVTII
2 INSVLAE
3 VESTIBVLVM DOMVS
  PALATINAE
4 ATRIVM GAI
5 CLIVVS QVI DICITVR
  VICTORIAE
6 INSVLAE
7 LVPERCAL
8 ARA SIVE DEO
  SIVE DIVAE DICATA
9 SCALAE CACI
10 DOMVS AETATIS
  LIBERAE REI PVBLICAE
11 TABERNAE
12 CASAE ANTIQVISSIMAE
13 PVTEVS ANTIQVISSIMVS
14 PARS DOMVS AVGVSTI ?
15 PERISTYLIVM
16 DOMVS QVAE DICITVR
  LIVIAE
17 PISCINA ET PORTICVS
18 AVGVRATORIVM ?
A DOMVS TIBERIANA
b EXCVBITORIA
c VIVARIVM
d PERISTYLIVM
19 SVBSTRVCTIONES
20 DOMVS GAI
21 AEDIFICIA AETATIS
  DOMITIANI
22 CRYPTAE
E DOMVS FLAVIORVM
f BASILICA
g AVLA REGIA
h LARARIVM
i VESTIBVLVM
l PERISTYLIVM
m NYMPHAEA
n TRICLINIVM
23 BIBLIOTHECAE

O DOMVS AVGVSTANA
  (PARS INFERIOR)
p VESTIBVLVM
q PERISTYLIVM
r TABLINVM
S DOMVS AVGVSTANA
  (PARS SVPERIOR)
t PERISTYLIVM ET
  AEDICVLA
u NYMPHAEVM
v TABLINVM
z PERISTYLIVM
x EXEDRA
24 PISCINAE
25 NYMPHAEVM
26 SCALAE
27 ARA XII DEORVM
28 EXEDRA SIVE
  PVLVINAR IMPERATORIS
29 ADITVS VEHICVLIS APTVS
30 PVLVINAR IMPERATORIS
  AD CIRCVM MAXIMVM
31 THERMAE SEPTIMII
  SEVERI
32 SVBSTRVCTIONES
  SEPTIMII SEVERI
33 AD CAPITA BVBVLA
34 TABERNAE AETATIS
  DOMITIANI
35 TEMPLVM

Geben wir nun der zeitgenössischen Quelle (Flavius Josephus/ Cluvius) das Wort, denn ihre Schilderung der Ereignisse ist ebenso reich an interessanten Details und genauen Angaben wie an »Action«, Spannung, Farbigkeit und Atmosphäre, wobei der Reiz besonders in der auf uns archaisch wirkenden Dramaturgie und der Sprache liegt, die in ihrer zupackenden, knappen Diktion zugleich höchst modern wirkt. Dieser Teil der »Antiquitates« ist ein Höhepunkt des ganzen Werkes. Wir ergänzen an den entscheidenden Stellen mit dem Material, das Sueton zur Verfügung stand.

»Chaerea wartete demgemäß einen Tag um den andern, und als die Spiele begannen, war er gleich am ersten Tag zur Tat entschlossen. Doch das Geschick, das noch Aufschub bestimmt hatte, erwies sich als mächtiger als die Kühnheit der Verschworenen; denn drei der festlichen Tage mußten erst vergehen, bevor endlich am vierten die Tat ausgeführt werden konnte.

An diesem Tage berief Chaerea seine Mitverschworenen zusammen und sprach zu ihnen: ›Schon ist eine lange Zeit verstrichen, und wir müssen es uns zum Vorwurf anrechnen, daß wir so lässig in der Ausführung dieses ehrenvollen Unternehmens gewesen sind. Wie verhängnisvoll aber wäre es, wenn jetzt noch der Plan durch Verrat vereitelt würde und des Gaius Wut dann ins Unermeßliche stiege! Sehen wir nicht, daß wir uns mit allen unseren Mitbürgern die Freiheit vorenthalten und des Gaius Tyrannei in den Himmel wachsen lassen, während wir doch verpflichtet sind, unsere Zukunft zu sichern, und uns in der Lage befinden, allgemeines Glück zu stiften und uns dadurch ewigen Ruhm zu erwerben?‹

Da die anderen hierauf nichts zu entgegnen wußten und auch noch nicht in die Ausführung der Tat einzuwilligen schienen, sondern den Chaerea wortlos anstarrten, fuhr dieser fort:

›Wenn ihr wackere Männer seid, wozu zaudern wir denn noch? Bedenkt ihr nicht, daß heute der letzte Tag der Spiele ist und daß Gaius von hier sogleich in See gehen will? Hat er doch schon Vorbereitungen getroffen, um nach Alexandria zu reisen und Ägypten zu besuchen. Das wäre fürwahr eine nette Sache, dieses Scheusal von einem Menschen entschlüpfen zu lassen, damit er sich unter dem Beifall der Römer zu Lande wie zu Wasser breitmachen kann!

Welche Schande für uns, wenn ihn in Ägypten jemand nieder-
macht, der die Ertragung so sinnloser Grausamkeit eines freien
Mannes für unwürdig hält! – Ich habe nun meinerseits keine Lust
mehr, euer Zaudern noch mitanzusehen, sondern ich werde die Tat
heute wagen und mit Freuden alles, was daraus folgen könnte, auf
mich nehmen. Was könnte auch einen tapferen und edel denkenden Mann wie mich mehr ärgern, als wenn ein anderer vor meinen
Augen den Gaius niederstieße und mich um den Ruhm der Tat
brächte?‹

Mit diesen Worten stärkte Chaerea ebenso den Mut seiner Genossen wie seine eigene Entschlossenheit, und so drangen denn nun
alle auf die unverzügliche Ausführung des Plans.

Gleich in der Morgenfrühe fand sich Chaerea, mit dem Reiter-
schwert umgürtet, im Palaste ein. Es war nämlich Sitte, daß die Tribunen sich in dieser Bewaffnung die Parole (für den Tag) vom
Caesar erbaten, und an diesem Tage war Chaerea gerade an der
Reihe, dieselbe in Empfang zu nehmen.

Schon strömte die Menge mit Ungestüm zum Palatium, und einer
stieß und drängte den andern, um den besten Platz zum Zuschau-
en zu erhalten. Gaius hatte an diesem Drängen immer seine besondere Freude und ließ deshalb auch weder den Senatoren noch
den Rittern bestimmte Plätze freihalten. Vielmehr mußten alle
durcheinander sitzen, Männer wie Frauen, Sklaven wie Freie. Für
Gaius aber wurde ein besonderer Weg offengehalten, und nun opferte er zunächst den *Manen* (den Totengöttern) des Caesar Augustus, zu dessen Ehre die Spiele veranstaltet wurden.

Beim Hinfallen des Opfertieres geschah es, daß die Toga des Senators Asprenas mit Blut besprizt wurde. Das gab dem Gaius Anlaß
zum Lachen; für Asprenas aber war es eine böse Vorbedeutung,
weil er gleichzeitig mit Gaius umkam. Gaius soll sich übrigens an
diesem Tage zugänglicher als sonst gezeigt und so freundlich gesprochen haben, daß man sich allseitig darüber verwunderte. Als
nun das Opfer dargebracht war, nahm er, umgeben von seinen ver-
trautesten Freunden, seinen Platz im Theater ein.

Das Theater wurde jedes Jahr von neuem aufgeschlagen und war
mit folgender Einrichtung versehen. Es hatte zwei Tore, von denen

das eine ins Freie führte und das andere den Ein- und Ausgang zu einer Säulenhalle offenließ, damit die innen Befindlichen nicht gestört würden, die Schauspieler und Musiker aber sich aus demselben Raum, innerhalb dessen noch ein anderer abgeschlossen war, ungehindert zurückziehen könnten.

Als nun das Volk ruhig geworden war und Chaerea mit den übrigen Tribunen nicht weit vom Caesar, der auf der rechten Seite des Theaters saß, Platz genommen hatte, fragte Vatinius, ein Mann von Senatorenrang und gewesener Praetor, den neben ihm sitzenden Cluvius (!), einen ehemaligen Konsul, ob er nichts Neues gehört habe. Doch er sprach so vorsichtig, daß ihn sonst niemand verstehen konnte.

Cluvius entgegnete ihm, er habe nichts vernommen, und nun flüsterte ihm Vatinius zu:

›Heute, lieber Cluvius, wird das Schauspiel vom Tyrannenmord aufgeführt!‹

›Schweig‹, erwiderte dieser, ›damit kein anderer Achiver die Rede vernehme!‹[75]

Nun wurden ganze Ladungen von Früchten und Vögeln, die wegen ihrer Seltenheit hochgeschätzt waren, unter die Zuschauer geworfen, und Gaius hatte seine helle Freude daran, den darüber entstandenen Streitigkeiten zuzusehen.

Alsdann ereignete sich zweierlei, das als Vorbedeutung aufgefaßt werden mußte. Man führte nämlich ein Schauspiel auf, in welchem ein Räuberhauptmann ans Kreuz geschlagen wurde, und die Pantomime[76] stellte die Kinyrische Fabel[77] dar, in der Kinyras nebst seiner Tochter Myrrha umkommt. Sowohl bei der Kreuzigung nun wie bei der Tötung des Kinyras floß künstliches Blut in Menge.

Während nun Gaius im Zweifel war, ob er, weil dies der letzte Tag, bis zum Ende des Spiels bleiben oder, wie er sonst tat, erst baden und speisen und dann wiederkommen sollte, sah Minucianus (= Vinicianus), der oberhalb des Caesars saß, den Chaereas hinausgehen und stand aus Besorgnis, die Zeit möchte unbenutzt verstreichen, schnell auf, um ihm Mut zu machen.

Gaius aber ergriff ihn freundlich bei einem Zipfel seiner Toga und sagte zu ihm: ›Wo willst du hin, mein Lieber?‹ Darauf setzte sich

Minucianus, dem Anschein nach aus Ehrfurcht vor dem Caesar, in Wirklichkeit aber aus Angst, wieder hin. Nach einer Weile jedoch erhob er sich abermals, und nun hielt Gaius ihn nicht auf, weil er glaubte, es rufe ihn ein Bedürfnis ab.

Asprenas aber, der auch zu den Verschworenen gehörte, riet dem Caesar, er möge sich seiner früheren Gewohnheit gemäß, ohne Aufsehen zu erregen, entfernen, baden, speisen und dann zurückkehren. Dadurch hoffte er die Ausführung des Anschlags beschleunigen zu können.

Unterdessen hatte sich Chaerea mit seinen Genossen an geeigneten Punkten aufgestellt, und jeder war angewiesen, seinen Platz sorgfältig zu behaupten. Die Verzögerung fing allmählich an, ihnen unerträglich zu werden. Und da es schon um die neunte Stunde des Tages war (also 15 Uhr, bei Sueton ist es die siebte Stunde, 13 Uhr) und Gaius noch immer keine Anstalten machte, hinauszugehen, beschloß Chaerea, zurückzukehren und ihn auf seinem Sitz zu überfallen. Freilich konnte das, wie er wohl wußte, nicht geschehen, ohne daß vorher auch viele der anwesenden Senatoren und Ritter getötet wurden.

Gleichwohl brannte er vor Verlangen, zur Tat zu schreiten, weil er glaubte, daß ein solches Blutbad gegenüber der allgemeinen Sicherheit und Freiheit nicht ins Gewicht fallen könne. Schon war er nebst seinen Genossen im Begriff, ins Theater zurückzukehren, als ein plötzliches Geräusch ankündigte, daß Gaius sich erhoben hatte. Nun eilten die Verschworenen herzu und drängten die Menge zurück, dem Scheine nach, damit Gaius nicht belästigt würde, in der Tat aber, um sich sicher zu stellen, weil sie ihn erst von allem Schutz entblößen wollten, ehe sie die Tat wagten.

Vor Gaius her schritten sein Oheim Claudius, sein Schwager Marcus Vinicius und Valerius Asiaticus, die ebenfalls von ihm zu trennen ihres Ranges wegen nicht angängig war. Dann folgte Gaius selbst mit Paulus Arruntius, und als er im Palast angelangt war, bog er aus dem Hauptgange, wo die zu seiner Bedienung befohlenen Sklaven standen und durch den Claudius und die anderen vorausgegangen waren, in einen engen Seitengang ein, um die Badegemächer zu erreichen und zugleich um die Knaben zu sehen, die

75

aus Asien gekommen waren, um teils in den von ihm veranstalteten Mysterien Hymnen zu singen, teils im Theater als Waffentänzer aufzutreten ...«

Sueton ergänzt hier: »Er blieb bei ihnen stehen, um ihnen zuzuschauen und sie aufzumuntern, und wenn der Chef der Truppe nicht über die Kälte geklagt hätte, wäre Caligula wieder an seinen Platz zurückgekehrt und hätte sogleich die Schaustellung beginnen lassen.«[78]

Flavius fährt fort: »Hier nun kam ihm Chaerea entgegen und bat um die Losung. Als er dann wieder ein Schimpfwort vernahm, stieß er Schmähungen gegen den Caesar aus, zog sein Schwert und brachte ihm eine tiefe, aber nicht tödliche Wunde bei. Einige behaupten nun, Chaerea habe absichtlich so gehandelt, um Gaius nicht beim ersten Streich zu töten und ihn durch mehrere Verwundungen zu quälen. Doch scheint mir dies wenig glaubhaft, weil bei solchen Unternehmungen die Furcht kalte Berechnung nicht aufkommen läßt. Hätte Chaerea wirklich so gedacht, so würde ich ihn für den törichtesten Menschen halten, der lieber seine Rachgier befriedigen, als sich und seine Mitverschworenen rasch aus der Gefahr befreien wollte. Dann aber gab es auch noch Mittel und Wege, um dem Gaius Hilfe zu leisten, wenn er nicht sogleich seinen Geist aufgab. Chaerea müßte also die Absicht gehabt haben, sich und seinen Freunden ebensosehr wie Gaius zu schaden, wenn er törichterweise sich selbst hätte verderben wollen; bei günstigem Erfolg konnte er sich ja leicht allen Verfolgungen entziehen, während es von vorneherein doch noch ungewiß war, ob alles nach Wunsch ablaufen würde. Doch mag hierüber jeder seine eigene Meinung haben ...«

Zum Vergleich der Hergang bei Sueton: »Über das, was folgt, liegen zwei verschiedene Berichte vor: Die einen erzählen, daß ihn Chaerea während des Gesprächs mit den Knaben von hinten mit einem Schwerthieb am Hals schwer verletzte; vorher habe dieser noch gesagt: ›Tu es!‹ Darauf durchbohrte der Tribun Cornelius Sabinus, der zweite Mitverschworene, von vorne Caligulas Brust. Der andere Bericht lautet: Sabinus habe, nachdem die Menge durch mitverschworene Offiziere entfernt worden sei, dienstlich um Bekanntgabe der Losung gebeten. Als Caligula ›Iuppiter‹ sagte, habe Chaerea ausgerufen: ›So sei's denn erfüllt!‹ und dem Kaiser, der sich nach ihm umwandte, das Kinn gespalten. Während dieser schmerzverkrümmt am Boden lag und rief, er lebe noch, wurde er von den übrigen Verschworenen durch 30 Hiebe erledigt. Ihre Parole war nämlich ›Noch einmal!‹ gewesen. Einige stießen ihm sogar das Schwert durch die Schamteile.«[79]

Zurück zu Flavius:»Gaius nun, dem die Wunde heftigen Schmerz verursachte, da das Schwert zwischen Hals und Schulter eingedrungen und vom Schlüsselbein aufgehalten war, schrie in seiner Bestürzung weder auf, noch rief er die Hilfe eines seiner Freunde an, sei es, weil er niemandem so recht traute, sei es, daß er gar nicht daran dachte. Doch stöhnte er einmal in ungeheurem Schmerz auf und versuchte dann zu entfliehen. In diesem Augenblick aber warf sich ihm Cornelius Sabinus entgegen, der schon darauf vorbereitet war und ihn zu Boden drückte. Und nun drangen auch die übrigen Verschworenen mit Schwertern auf ihn ein, indem sie sich gegenseitig zuriefen: ›Stoß zu! Stoß zu!‹

Wie allgemein angenommen wird, war es Aquilas, der ihm den letzten Stoß versetzte, worauf er verschied …«

Flavius hängt dann noch eine Würdigung Chaereas an:»Chaerea aber ist mit vollem Recht als der Urheber des Mordes anzusehen. Denn obwohl er die Tat mit einer Anzahl Genossen zusammen verübte, war er es doch, der den ersten Gedanken daran faßte. Ebenso hatte er die Art der Ausführung ersonnen und zuerst den Plan mit anderen beraten. Und als die übrigen seinem Vorschlag zustimmten, war er es wieder, der sie zu dem Komplott vereinigte, die besten Mittel und Wege ausklügelte und so geschickt zu sprechen wußte, daß er seine Genossen schließlich zur Tat beredete. Sobald dann der Augenblick zum Handeln gekommen war, feuerte Chaerea die anderen Verschworenen zu entschlossenem Vorgehen an und machte ihnen die Ermordung des Gaius leicht, nachdem er diesem eine fast tödliche Wunde beigebracht hatte. Mit Recht muß also auch das, was seine Mitverschworenen getan haben, Chaereas Überlegung, Entschlossenheit und Tapferkeit zugeschrieben werden …«[80]

Dem haben wir nichts hinzuzufügen.

Exkurs:
Die Quellen des Flavius Josephus

Immer dann, wenn die dramatischen Ereignisse sich zuspitzen, liebt es Flavius Josephus, die Argumente der Handelnden im Dialog zu bündeln und die jeweilige Stimmungslage mit wenigen Sätzen einzufangen. Er ähnelt darin Tacitus, vermeidet freilich dessen pessimistische Weltschau und besitzt weder dessen Tiefe noch Sprachgewalt. Nun sind diese in wörtlicher Rede vorgebrachten Anklagen – wie immer bei antiken Autoren – ein Produkt des nachgeborenen Historikers, denn er war ja nicht anwesend und kann sich nur auf die schriftlichen oder mündlichen Zeugnisse von Zeitgenossen stützen. Allerdings fallen bei Flavius' Beschreibung der Verschwörung die zahlreichen, sehr genau wiedergegebenen Details und präzisen Angaben auf. Es ist darum an der Zeit zu fragen: Woher hat er sein Wissen? Was waren seine Quellen?

Josephus wurde 37/38 n. Chr. in Jerusalem geboren und entstammte dem jüdischen Priesteradel. Seine Erziehung war eine rein jüdische, d. h., sie galt der Kenntnis der Gesetze und der Auslegung der heiligen Schriften. Im Alter von 26 Jahren machte er 64 n. Chr. in diplomatischer Mission eine Reise nach Rom, um die Befreiung einiger ihm befreundeter Priester zu erwirken, die der Prokurator Felix (52–60 n. Chr.) wegen geringfügiger Ursache hatte verhaften und vor das kaiserliche Gericht in Rom stellen lassen. Dort wurde er – durch Vermittlung des jüdischen Schauspielers Alityros – mit Neros einflußreicher Gattin Poppaea bekannt. Die Kaiserin hatte große Sympathien für den Monotheismus der Juden und redete damals Nero den Plan aus, die römischen Juden für den Brand Roms verantwortlich zu machen. Man erklärte dann bequemerweise die Christen Roms zum Sündenbock, und in der Folge kam es zur ersten Christenverfolgung, bei der einige tausend Gläubige das Leben verloren.

Flavius kehrte nach Jerusalem zurück und spielte während Vespasians Jüdischen Krieges eine dubiose Rolle als Befehlshaber in Galiläa. Er geriet in Gefangenschaft, und vor Vespasian geführt, spielte er sich als Prophet auf und weissagte dem Feldherrn und dessen Sohn

Titus ihre künftige Erhebung auf den Kaiserthron. Infolgedessen wurde er, wie er selbst angibt, während der folgenden zweijährigen Kriegsgefangenschaft schonend behandelt.[81] *Er erhielt von Vespasian aus der Zahl der Kriegsgefangenen ein jüdisches Mädchen zur Frau, nachdem er seine erste Frau in Jerusalem zurückgelassen hatte. Im Jahre 69 wurde Vespasian von den Legionen in Ägypten und Judäa zum Kaiser ausgerufen. Nun erinnerte sich Vespasian des jüdischen Gefangenen, der ihm diesen Aufstieg geweissagt hatte, und schenkte ihm die Freiheit. Von diesem Zeitpunkt an führte er als libertus (Freigelassener) des Flaviers, wie es Sitte war, das nomen gentile (Geschlechtsname) seines Herrn Flavius. Er begleitete den zum Kaiser Ausgerufenen nach Alexandria und heiratete dort, nachdem die zweite ihn verlassen hatte, seine dritte Frau. Im Gefolge des Titus, den der Vater mit der Belagerung Jerusalems betraut hatte, kehrte er nach Judäa zurück und blieb während der Belagerung der Hauptstadt und bis zum Ende des Krieges in der nächsten Umgebung des jungen Feldherrn. Dabei setzte er sich voll und ganz für die römischen Interessen ein und galt seitdem bei den Juden als Verräter. Über die entscheidende Wende in seinem Leben schreibt er in seiner Autobiographie:* »*Nachdem Titus den Unruhen in Judäa ein Ende gemacht hatte, wies er mir in der großen Ebene Ländereien an, als Ersatz für die Güter, die ich in der Nähe von Jerusalem besaß und die, wie er wohl sah, (für mich) keinen Wert mehr hatten, weil eine römische Besatzung dort zurückgelassen wurde. Auf der Rückreise nach Rom nahm er mich als Begleiter mit und erwies mir alle Ehre. Als wir angelangt waren, hatte ich mich der besonderen Gunst des Vespasianus zu erfreuen: Er gewährte mir Unterkunft in dem Hause, das er vor seiner Thronbesteigung bewohnt hatte, beschenkte mich mit dem römischen Bürgerrecht und wies mir ein Jahresgehalt an. Bis an sein Lebensende (79 n. Chr.) dauerte diese Gnade gegen mich ununterbrochen fort ... Titus, der nach dem Tode des Vespasianus zur Regierung kam (79–81), hielt mich ebenso in Ehren wie sein Vater, und auch er wollte von den Anklagen, die des öfteren (von Juden) gegen mich erhoben wurden, nichts wissen. Sein (Bruder und) Nachfolger Domitianus überhäufte mich gleichfalls mit Gunstbezeugungen ... Er gewährte mir für meine Besitzungen in Judäa Steuerfreiheit ...*«

Er schließt dann seinen 65 Seiten langen Lebensbericht mit einer persönlichen Bemerkung:»Dies ist meine ganze Lebensgeschichte; meinen Charakter mögen andere beurteilen, wenn sie es für gut finden.«[82] – Darauf wollen wir hier verzichten. Uns interessiert etwas anderes: In seinen Antiquitates (Jüdischen Altertümern), einer Geschichte des jüdischen Volkes bis auf seine Zeit, behandelt er in breitester Darstellung die römische Kaisergeschichte vom Tode des Caligula bis zum Regierungsantritt des Claudius. Wir haben schon längere Abschnitte daraus kennengelernt. Besonders die Verschwörung gegen Caligula nimmt darin einen breiten Raum ein. Liest man das ganze Werk in einem Zug, stutzt man: Das ganze Buch XIX – unsere Hauptquelle – fällt vollkommen aus dem Rahmen der Antiquitates. Es ist, wie Altphilologe und Flavius-Kenner Gustav Hölscher 1916 schrieb,»in den allgemeinen Zusammenhang sehr unordentlich eingeordnet«.[83]

Nachdem man die Fülle der Details in Flavius’ Bericht über die beginnende Verschwörung zur Kenntnis genommen hat, fragt man sich: Woher kann ein Mann, der kein geborener Römer ist und nicht zur römischen Führungsschicht gehört, das alles wissen?

Zum Vergleich Sueton und Tacitus: Ersterer hatte als Hofbibliothekar Kaiser Hadrians täglichen Zugang zu den Akten und Chroniken des Staats- und Kanzleiarchivs und konnte aus dem vollen schöpfen. Tacitus hatte den cursus honorum durchlaufen und es bis zum Konsul gebracht; er war ein voll in die Gesellschaft und Politik seiner Zeit integrierter Mann, der dennoch aus seiner Sympathie für die alte res publica kein Hehl machte. Im übrigen lassen beide Autoren immer wieder verlauten, daß sie diese und jene Quelle von Gewährsleuten benutzt haben; hin und wieder nennen sie auch deren Namen.

Nichts von alledem bei Flavius. Er kommt als der scheinbar allwissende Autor daher. Trotzdem macht seine Darstellung den Eindruck, als ob hier ein großer Kenner der spezifisch römischen Verhältnisse – eben ein Insider! – schreibt. Dafür gibt es nur eine Erklärung: Flavius Josephus hat die Aufzeichnungen eines anderen, eines römischen Autors benutzt!

Geben wir einem Fachmann das Wort:»Der Verfasser dieser ›römi-

schen Geschichte‹ ist über die Verhältnisse in Rom vorzüglich unterrichtet. Er ist ein römischer Patrizier, republikanisch und kaiserfeindlich gesinnt; er teilt nicht die Meinung der ›Weiber, Kinder, Sklaven und einiger Soldaten‹, sondern die der ευπατριδεσ *(eupatrides = Patrizier) ... Mit dem Schrifttum über die älteste römische Geschichte ist er vertraut. Aber er kennt auch griechische Geschichte und weiß den Homer zu zitieren. Überhaupt ist ihm an gelehrter Bildung gelegen, wie er diese auch bei Gaius und bei Claudius rühmt. Der Verfasser der ›römischen Geschichte‹ (in Buch XVIII und XIX, d. V.) ist also ein mit lateinischem wie griechischem Schrifttum vertrauter römischer Patrizier. Mommsen hat die ansprechende Vermutung ausgesprochen, daß es kein anderer als Cluvius Rufus ist.*[84] *Dieser lateinische Geschichtsschreiber ... ist es eben, der bei der Ermordung des Gaius (Caligula, d. V.) einen Homer-Vers zitiert; der Vorgang ist an sich so nebensächlich, daß man ihn nur als persönliche Erinnerung des Schriftstellers begreifen kann. Trotz der Bearbeitung, in der der Abschnitt vorliegt, schimmert die römisch-heidnische Denkweise der Quelle noch deutlich durch ... Es ist zu vermuten, daß auch in anderen Abschnitten dieser Bücher dieselbe ›römische Geschichte‹ verwertet worden ist ...«*[85]
Cluvius Rufus war Senator und muß vor 41 das Consulat bekleidet haben, denn am Tage von Caligulas Ermordung, dem 24. Januar 41, befindet er sich als Konsular (gewesener Konsul) unter den am Tatort Anwesenden. Wir werden gleich Zeuge des Ereignisses werden. Wir begegnen ihm dann wieder im Jahre 65 als Höfling Neros. Reich und durch seine Beredsamkeit berühmt, galt er viel in Neros Kreis, hat aber seinen gewiß großen Einfluß nie zum Verderben seiner Standesgenossen ausgenutzt.[86] *Seine Stellung mag der des Petronius, des elegantiae arbiter*[87] *Neros, ähnlich gewesen sein, nur daß Cluvius es verstanden hat, Nero zu überleben.*
Während des chaotischen Dreikaiserjahres 68/69 pendelt Cluvius zwischen den verschiedenen Fronten hin und her und widmet sich schließlich unter Vespasian ganz seiner schriftstellerischen Tätigkeit. Tacitus nennt ihn einmal einen »redegewandten Mann, mit Fähigkeiten für Friedenszeiten, aber in Kriegen noch nicht erprobt« (vir facundus et pacis artibus, bellis inexpertus).[88]

Fest steht, daß der große Tacitus aus den Schriften des Cluvius Rufus geschöpft hat; daß er unter den Vorlagen des Tacitus einen hervorragenden Rang einnimmt, beweist schon die Art, wie er von diesem zitiert wird. Auch Sueton hat ihn als »Steinbruch« benutzt. Das Werk von Cluvius war eine Zeitgeschichte, die ausgezeichnet war von der hohen Stellung des Verfassers, seiner politischen und gesellschaftlichen Erfahrung und seiner bei aller eloquenten Geschmeidigkeit vornehmen Art. Den Mittelpunkt der Schrift bildete wohl die Hofgeschichte, die er aus eigenem Erleben kannte.[89]

Man nimmt heute allgemein an, daß der äußerst lebendige Bericht, den Flavius im Buch XIX seiner Antiquitates bringt, aus der Feder des Cluvius Rufus stammt. Anders als sonst bei Flavius ist die Erzählung sehr detailliert, Reden sind eingeflochten, die geschilderte Gesinnung ist durchweg monarchisch. Trotzdem kommen die senatorischen Standesgenossen keineswegs gut weg. Caligulas Despotismus wird offen geschildert – etwa in der Szene im Circus –, während Chaereas Probleme mit warmer Anteilnahme erörtert werden.

Fazit: Was Flavius vor uns ausbreitet, ist in jeder Beziehung glaubwürdig. Ihm den Vorwurf zu machen, er habe seine Quelle nicht beim Namen genannt, geht vom Urheberrecht des 20. Jahrhunderts aus. Antike Autoren nennen ihre Vorgänger nur dann beim Namen, wenn sie sich besonders absichern oder mit dem Glanz eines berühmten Namens schmücken wollen.

III

Der Präzedenzfall:
Die Garde bringt Claudius auf den Thron

»Diese Germanen neigen sehr zum Jähzorn ...« –
Die Ausschaltung der Leibwache

Die Tat ist im Verborgenen geschehen; Mörder, Opfer und zufällig Anwesende befinden sich in einem düsteren Gang, abgeschlossen von der Welt da draußen. Keine 50 Schritt entfernt im
hellen Licht des Tages Hunderte fröhlicher Menschen, die über die
Späße der Komödianten und Pantomimen lachen und im Augenblick nur an das Nächstliegende, ihr Vergnügen, denken, nicht ah-
nend, daß gerade das Herrschaftssystem aus den Angeln gehoben
wurde. Situationen wie diese haben etwas Unwirkliches, ja Absur-
des an sich.

Wie anders die Ermordung Caesars: Vor den Augen des versammelten Senats – im »Parlament«! – wurde er niedergemacht, und
blitzartig verbreitete sich die Nachricht in der Stadt.

Wir sehen sie vor uns, wie sie einen Moment lang im fahlen Licht einiger Lampen auf den am Boden liegenden Toten starren. Allmählich atmen sie ruhiger. Es ist vollbracht. Doch ihre Gefühle sind
zwiespältig: »Das Geschehene flößte ihnen doch Entsetzen ein,
denn es war keine Kleinigkeit, einen Caesar getötet zu haben ...«[90]
– In der Tat. Es war dies überhaupt das erste Mal, daß ein Nachfolger des erhabenen Augustus gewaltsam und auf die denkbar bru-
talste Weise vom Leben zum Tode gebracht wurde – und nicht vorab von Standesgenossen, sondern von jenen, die geschworen hatten, sein Leben mit ihrem eigenen zu schützen; »... einen Caesar«,

fügt Flavius an, »der dem sinnlosen Pöbel immerhin lieb und angenehm war und den die Soldaten gewiß blutig zu rächen suchen würden«. – Mit den »Soldaten« ist nicht die reguläre Armee gemeint, sondern die germanische Palastwache der Bodyguards.

Nun heißt es, die eigene Haut zu retten: »Chaerea und seine Genossen sahen nach vollbrachter Mordtat wohl ein, daß sie unmöglich auf dem Wege, den sie gekommen, unbehelligt zurückkehren konnten. Zudem war der Gang, auf dem der Mord geschehen war, sehr eng und von zahlreicher Dienerschaft sowie von Soldaten der Palastwache besetzt.«

Nebenbei erfahren wir an dieser Stelle einige interessante Einzelheiten über die Baulichkeiten auf dem Palatin zur Zeit Caligulas, worüber wir sonst nichts wissen: »Die Verschworenen schlugen daher einen anderen Weg ein und begaben sich in die Wohnung des Germanicus, dessen Sohn der ermordete Gaius war. Diese Wohnung war mit dem Palast verbunden, der ein einziges Gebäude bildete und von den einzelnen Machthabern immer erweitert worden war. Aus diesem Grunde führte er auch verschiedene Namen, entweder nach dem, der einen Teil des Gebäudes fertiggestellt, oder nach dem, der einen anderen zu bauen angefangen hatte.«[91]

Es gelang den Mördern, unbehelligt aus der Falle des engen Ganges zu entkommen, und aus dem vorherigen ist zu schließen, daß sie sich in das »Haus des Germanicus« retteten.

Dann überschlagen sich die Ereignisse. Was in den hektischen Stunden dieses und des folgenden Tages geschieht, gehört zum Atemberaubendsten und Spannendsten, was die ohnehin an dramatischen Ereignissen nicht arme römische Geschichte zu bieten hat. Und wie immer, wenn sich in einer vollkommen chaotischen Lage verfeindete Machtgruppen gegenüberstehen, ist der Ablauf des Geschehens nicht mehr beherrschbar; da spielen Zufälle eine Rolle, wer sich wann wo befindet, wenn er in den Strudel gerissen wird, und völlig Unbeteiligte verlieren ihr Leben. Dennoch können wir schon an dieser Stelle die Behauptung wagen, daß zwei Akteure im Hintergrund kühl ihre Fäden spinnen: Callistus und Herodes Agrippa. Darüber gleich mehr.

Zunächst ist es die Stunde der germanischen Leibwache: »Die

Germanen waren die ersten, die von Gaius' Ende erfuhren. Es waren dies die Soldaten der Leibwache, die den Namen des Volkes führten, aus welchem die keltische Legion genommen war.«[92] Wir haben diese Truppe soeben mit dem modernen Begriff »Bodyguards« bezeichnet, und das moderne Wort trifft den Kern: *corporis custodes* (des Leibes Wächter) heißt die Truppe, die in unmittelbarer Nähe des Herrschers für dessen leiblichen Schutz zuständig ist. Daß Germanien und vornehmlich das Land der Bataver (in den heutigen Niederlanden) die Heimat der *corporis custodes* war, wissen wir von vielen Inschriften.[93] Daraus geht auch hervor, daß es sich bei diesen Leibwächtern durchweg um Sklaven des kaiserlichen Hauses handelte; nur vereinzelt finden sich unter ihnen Freigelassene. Wenn sie auch rechtlich als unfrei gelten, werden sie doch tatsächlich als eine Soldatengruppe betrachtet.

Wie fast alle Institutionen der Kaiserzeit haben auch die *corporis custodes* ihren Ursprung in der späten Republik. Seit Sulla war im Zeitalter der Bürgerkriege die Sitte aufgekommen, daß sich Heerführer und Politiker neben der offiziellen *cohors praetoria* noch eine zuverlässigere persönliche Leibwache von Sklaven und Ausländern hielten. Das konnten, wie im Fall des Clodius und des Milo[94] – sogar Gladiatoren sein.

Ihr Dienst ergibt sich schon aus ihrem Namen: Sie hatten über Leib und Leben des Kaisers oder Prinzen, ihres jeweiligen Herrn, zu wachen und ihn auch im Feld zu begleiten.[95] Im Kaiserpalast oder am jeweiligen Aufenthaltsort ihres Herrn stellten sie – neben der Prätorianergarde – in unmittelbarer Nähe des Kaisers die Wachtposten. Erst Galba löste sie auf, und Sueton findet lobende Worte für die Männer: »… entließ er (Galba) die germanische Kohorte, die einst von den Kaisern als ihre Leibgarde gebildet worden war und die bei vielen Gelegenheiten Beweise ihrer großen Treue geliefert hatte, wieder in ihre Heimat, und zwar ohne jede Entschädigung.«[96] Als Grund dafür werden Kabalen und Machtkämpfe am Hof genannt: Galba war sich ihrer Ergebenheit nicht mehr sicher.

Als ihre unmittelbaren Vorläufer sind die Germanen zu betrachten, die Augustus bis zur Niederlage des Varus 9 n. Chr. als Leibwächter um sich hatte. Die Angst vor dem *furor Teutonicus* steigerte sich damals bis zur Hysterie, alles »Germanische« war für einige Zeit, doch nicht für immer, verfemt, denn schon unter Tiberius tauchen sie wieder auf. – Tatsächlich aber war es schon Caesar gewesen, der sich während des Krieges in Gallien mit einer germanischen Leibwache umgeben hatte, so daß Augustus auch hier wieder an Gepflogenheiten seines Adoptivvaters anknüpfte.

Cohortes praetoriae und *corporis custodes* – was ist der Unterschied zwischen beiden Truppen? Wenn wir das römische Kaisertum einmal unter unternehmerischen Gesichtspunkten betrachten – was durchaus erlaubt ist –, bietet sich dieser Vergleich an: Der Chef eines milliardenschweren Industriekonzerns läßt sich persönlich von seinen Bodyguards bewachen, die ihn auf Schritt und Tritt begleiten; für die Sicherheit und das Funktionieren der Firma aber ist seine Werkspolizei zuständig. Freilich fehlt bei letzterer der ideologisch elitäre Hintergrund, wie wir ihn bei der Garde ausmachten. Die *cohortes praetoriae* sind das wichtigste machtpolitische Instrument des Herrschers im Innern, tief verwurzelt in altrömischen Traditionen, sich immer und überall bewußt, daß sie »das Feinste vom Feinen in der römischen Armee«[97] darstellen. Die *corporis custodes* dagegen stehen abseits von Ideologie und Politik, sie haben nicht nur keinen Einfluß auf die Geschäfte des Herrschers – sie verstehen sie nicht! Das einzige, was man von ihnen erwartet, ist körperliche Kraft, Wendigkeit und die absolute Zuverlässigkeit, im Augenblick der Gefahr zuzuschlagen. Das setzt eine Art hündischer Treue voraus, sich um nichts anderes als die körperliche Unversehrtheit ihres Herrn zu kümmern.

Und wehe denen, die sie daran hindern wollen! In diesem Zusammenhang folgt bei Flavius eine köstliche Beschreibung unserer Vorfahren. »Diese Germanen«, stellt er fest, »neigen sehr zum Jähzorn und gleichen darin anderen barbarischen Völkern, die wenig Überlegung bei ihren Handlungen beweisen, aber kräftig dreinhauen und deshalb gern zum ersten Angriff verwendet werden, wobei sie so gut wie immer siegreich sind.«[98]

Diese klischeehafte Beurteilung der Germanen steht in einer langen Tradition, die ihren Anfang in der Konfrontation mit den Cim-

bern und Teutonen hat. In Appians Buch über die »Bürgerkriege«
heißt es im Zusammenhang mit der Plünderung der Stadt Gomphi
(Nordgriechenland) durch Caesars Truppen:»Sie füllten sich hung-
rig mit allem übermäßig an und berauschten sich unanständig, und
besonders die Germanen (in Caesars Heer) waren in ihrer Be-
trunkenheit sehr lächerlich.«[99] Und noch Tacitus wird sich über den
germanischen Hang zum Alkohol auslassen.

Hinter all dem steht der gedankenlose Hochmut der mediterranen
Zivilisation gegenüber den »Barbaren«, den »Stammlern«, in den
nördlichen Breiten des Erdkreises. Ihn zu verurteilen, steht uns
nicht an, denn wir verhalten uns in vielem nicht anders gegenüber
den Angehörigen der sogenannten Dritten und Vierten Welt.

Zurück zu den Ereignissen. Als die germanische Leibwache von
der Ermordung Caligulas erfuhr, geriet sie außer sich vor Zorn; die
Begründung, die Flavius dazu gibt, ist indirekt eine feine Unterscheidung zwischen der Selbsteinschätzung dieser Söldner und der
Elitetruppe der Garde:»… nicht so sehr aus Liebe zum Caesar, als
vielmehr in ihrem eigenen Interesse, da Gaius ihr Wohlwollen mit
reichen Geschenken zu erkaufen pflegte.«[100] Dazu paßt auch, daß
der Kommandeur der *corporis custodes*, Sabinus, ein ehemaliger
Gladiator war,»der nicht durch seine oder seiner Vorfahren Tüchtigkeit, sondern nur aufgrund seiner Körperkraft zu dieser Be-
fehlshaberstelle gelangt war«.

Unter seiner Führung stürmten die Germanen mit gezückten
Schwertern durch den Palast, und wer ihnen in den Weg trat, war
des Todes.»Zuerst stießen sie auf (Nonius) Asprenas, dessen Toga,
wie schon oben erwähnt, mit dem Blute des Opfertieres bespritzt
und ihm so zu böser Vorbedeutung geworden war, und hieben ihn
in Stücke. Alsdann begegnete ihnen Norbanus, einer von den vornehmsten Bürgern, der zu seinen Vorfahren viele Feldherren zählte; indes vermochte seine Würde den Rasenden keine Scheu ein-
zuflößen. Weil er aber eine ansehnliche Körperkraft besaß, griff er
den ersten Soldaten, der ihm entgegentrat, an, entwand ihm sein
Schwert und schien sein Leben teuer verkaufen zu wollen, bis er
endlich, von der Überzahl erdrückt und mit Wunden bedeckt, seinen Geist aufgab.«

Als nächsten schickten sie einen Senator mit Namen Anteius in den Hades, der aus purer Neugier am Ort war, um »durch den Anblick des ermordeten Gaius seinen Haß zu befriedigen«.

Sie durchstöberten alle Winkel und machten ausnahmslos Schuldige wie Unschuldige mit gleicher Erbitterung nieder.

Währenddessen sind die Leute draußen immer noch im Theater, und es droht ein furchtbares Gemetzel: »Als nun das Gerücht von Gaius' Ermordung ins Theater drang, bemächtigte sich Entsetzen der gesamten Volksmenge, die an die Wahrheit der Nachricht kaum glauben wollte. Die einen hörten zwar die Kunde mit Freuden und hätten wer weiß was darum gegeben, wenn sie so glücklich gewesen wären, waren aber zu furchtsam, um daran zu glauben. Andere dagegen wollten schlechterdings die Nachricht nicht für wahr halten, da sie dem Caesar ein solches Unglück nicht wünschten und auch die Tat als für menschliche Kräfte unausführbar erachteten.

Das waren aber nur die Frauen, die jungen Leute, die Sklaven und allenfalls auch einige Soldaten. Gerade sie, die vom Caesar ihren Sold erhielten und seiner tyrannischen Grausamkeit gedient hatten, waren durch die Hinrichtung aller edel denkenden Bürger zu Ansehen und Reichtum gelangt. Die Frauen und die jungen Leute aber waren, wie das stets der Fall ist, für die Schaustellungen, Gladiatorenkämpfe und blutigen Szenen ganz gewaltig eingenommen. Geschah doch das alles dem Namen nach zur Ergötzung des Volkes, obgleich es in der Tat zur Sättigung der sinnlosen Grausamkeit des Caesars diente.«[101]

Hier scheint wieder der originale Cluvius Rufus zu Wort zu kommen, ein Nobilis, der persönlich vom Niedergang der gesellschaftlichen und politischen Kultur betroffen ist. Interessant ist in diesem Zusammenhang, daß er besonders die Frauen als Zuschauer bei Gladiatorenkämpfen nennt. Warum wir das erwähnen: Es gibt unter den Althistorikern einige, die ihre Anwesenheit bei den blutigen »Spielen« bezweifeln; dieses Zitat von Flavius/Cluvius ist ein eindeutiger Beleg dafür, daß sie sehr wohl dabei waren.

Doch etwas anderes ist wichtiger. Die folgende Analyse des Gemütszustandes der Betroffenen ist ein psychologischer Höhepunkt des Textes, der unter dem Namen des Flavius Josephus tradiert

wird; doch nur ein »Insider« wie Cluvius Rufus – wir sagten es
schon einmal – kann, aus eigener leidvoller Erfahrung und Kenntnis, auf so überzeugende Weise mit wenigen scharf konturierten
Strichen die Skrupel der Betroffenen nachzeichnen. Fast zwangsläufig wird man an die spannungsgeladene Atmosphäre in der
Bendlerstraße am Abend des 20. Juli 1944 erinnert:

»Die Patrizier endlich hielten das Gerücht für glaubwürdig, da sie
teils um den Mordanschlag wußten, teils des Gaius Tod von Herzen wünschten. Gleichwohl verstanden sie nicht nur ihre Freude zu
verbergen, sondern taten so, als hätten sie überhaupt nichts gehört.
Die einen nämlich fürchteten, sie möchten sich getäuscht haben
und bestraft werden, weil sie ihre Gesinnung zu früh bekannt hätten; andere, die als Mitverschworene in die Sache eingeweiht waren, hatten um so mehr Grund, mit ihrer Meinung zurückzuhalten;
wieder andere endlich kannten die übrigen Verschwörer nicht und
mußten daher befürchten, wenn sie an jemanden ein Wort richteten, der an dem Fortbestand der Tyrannei Interesse hatte, verraten
und hingerichtet zu werden, falls Gaius noch lebte.
Wirklich besagte auch ein anderes Gerücht, Gaius sei zwar verwundet, aber nicht tot und befinde sich in ärztlicher Behandlung.
Niemanden aber gab es, dem man seine Meinung hätte anvertrau-
en können. War nämlich jemand des Gaius Freund, so traute man
ihm nicht, weil er auf seiten des Tyrannen stand; haßte er ihn aber,
so schenkte man eben um dieses Hasses willen seinen Worten keinen Glauben.
Ein drittes Gerücht endlich, das den Patriziern alle Hoffnung
nahm, meldete: Gaius sei trotz der Gefahr und ohne auf seine
Wunden Rücksicht zu nehmen, blutüberströmt aufs Forum gekommen und rede dort zum Volk.
Das war indes nichts als eine leere Erfindung solcher Menschen,
die Unruhen stiften wollten und jedermann das sagten, was er gern
hörte. Niemand aber verließ seinen Sitz (im Theater), um nicht
beim Hinausgehen falsch angeklagt zu werden. Denn es war vor-
auszusehen, daß jeder, der das Theater verließ, nicht nach seiner
wirklichen Gesinnung, sondern nur nach der Willkür der Angeber
und Richter beurteilt werden würde.«[102]

Die Germanen umzingelten mit gezückten Schwertern das Theater. Es wird keine Zahl genannt, doch dürfte es sich um einige hundert Mann gehandelt haben. Panik brach aus: »Als die Soldaten nun sämtlich eindrangen, hallte das Theater vom Geschrei der Zuschauer wider, die den Germanen kniefällig versicherten, sie wüßten weder etwas von einem beabsichtigten Aufruhr, falls man einen solchen wirklich geplant habe, noch von dem, was geschehen sei. Man solle sie also schonen und sie nicht für fremde Schuld büßen lassen, sondern ihnen gestatten, die Urheber dessen, was sich zugetragen habe, ausfindig zu machen. In dieser und ähnlicher Weise jammerten sie und riefen wehklagend und schluchzend die Götter an, wie die drohende Gefahr es eingab und wie man nur angesichts des Todes flehen kann. Das brach denn auch die Erbitterung der Soldaten, und ihr Vorhaben gegen die Zuschauer fing an sie zu reuen.«[103]

Mittlerweile hatten die Rasenden die Köpfe der mit Nonius Asprenas Gefallenen »auf dem Altar« aufgestellt. (Wir erinnern uns: Die Palatinischen Spiele waren ja dem Gedenken des *Divus Augustus*, des vergöttlichten ersten Princeps, gewidmet und mit einer kultischen Zeremonie eröffnet worden.) Dies trug nicht dazu bei, die Menschen zu beruhigen, »weil sie an den hohen Rang der Ermordeten dachten und Mitleid mit ihrem Geschick hatten und weil ihnen aufs neue ihre eigene angstvolle Lage zum Bewußtsein kam, aus der es augenscheinlich kein Entrinnen gab«.[104]

In diesem Augenblick größter Spannung, als alles auf des Messers Schneide steht, taucht unvermittelt ein mutiger Mann auf, der sich in den Hexenkessel begibt: »Dieser Ungewißheit machte der mit gewaltiger Stimme begabte Ausrufer Euaristus Arruntius ein Ende, der einer der reichsten Römer war und sowohl damals als auch später noch einen bedeutenden Einfluß in manchen Angelegenheiten besaß. Obgleich dieser Mann den Gaius mehr als alle anderen haßte, so hielt er doch, anstatt Freude über das Vorgefallene zu bezeugen, es für geratener, mit schlauer Vorsicht aufzutreten, wie die Furcht und die unsichere Lage dies geboten. Er gab sich daher ein so kläglisches Aussehen wie möglich, legte Trauerkleider an, wie es bei dem Verlust der teuersten Angehörigen Sitte ist, begab sich ins Theater und verkündete dort den Tod des Gaius, womit sich dann endlich die allgemeine Spannung löste.«[105]

»Damit vollzog sich dann auch die Errettung der im Theater Versammelten und überhaupt aller, die den Germanen in die Hände gefallen wären.«[106]

Plötzlich ist auch Chaerea wieder da:»Mittlerweile war Chaerea in großer Besorgnis, Minucianus (= Vinicianus, vgl. o.) möchte den wütenden Germanen in die Hände gefallen sein. Er wandte sich daher an jeden einzelnen Soldaten mit der eindringlichen Bitte, auf seine (des Vinicianus) Schonung bedacht zu sein, erkundigte sich auch eingehend, ob er vielleicht umgekommen sei.«[107]

Und unvermittelt erscheint nun auch Clemens, der eine der beiden Prätorianerpräfekten, auf der Bildfläche:»Daraufhin ließ Clemens den Minucianus, der vor ihn geführt wurde, frei.«[108]

Dieser unmittelbare Anschluß mit »daraufhin ...« fordert zu einigen Fragen heraus: War der *praefectus praetorio* Clemens in unmittelbarer Nähe, als der Anschlag geschah? Hatte man ihn erst nach der gelungenen Mordtat auf den Palatin geholt? Wußte er, daß der Anschlag an diesem Tag geschehen sollte? Hatte er in der letzten Phase der Vorbereitungen Anteil an der Planung gehabt – oder hatte man ihn einfach vor vollendete Tatsachen gestellt?

Vieles spricht für das letztere, denn er gibt nun eine höchst lasche Erklärung von sich:»Clemens gab damit« – d. h. mit der Freilassung des Verschwörers Vinicianus – »ebenso wie viele andere Senatoren für die Rechtmäßigkeit und Billigung des Geschehenen sowie für den Edelmut derjenigen, die den gleichen Entschluß gefaßt, ihn aber nicht hatten ausführen können, sein Zeugnis ab. Ein Tyrann könne nämlich wohl an seiner willkürlichen Grausamkeit für kurze Zeit sein Vergnügen finden, wie Clemens erklärte, aber kein glückliches Lebensende haben, weil er infolge des Hasses aller Gutgesinnten schließlich doch dem Schicksal verfalle, welches den Gaius ereilt habe, der noch vor der Bildung jener Verschwörung sein eigener Feind geworden sei und durch nicht zu ertragende Beleidigungen wie auch durch seine Mißachtung der Gesetze es selbst verschuldet habe, daß seine besten Freunde sich in seine bittersten Feinde verwandelt hätten. Seien diese also auch die Werkzeuge zur Vollbringung der Mordtat gewesen, so habe doch in Wirklichkeit Gaius selbst sich den Tod gegeben.«[109] Wir sehen ihn vor uns, wie er laviert und nach den richtigen, salbungsvollen Worten sucht. Was Clemens hier macht, ist nichts anderes als der Versuch, noch auf den bereits fahrenden Zug zu springen. Wir erinnern uns genau: Er hatte sich in den Gesprächen mit Chaerea zurückgehalten, um andere die Kastanien aus dem Feuer holen zu lassen. Wenn die Sache schiefgegangen wäre, hätte er sich immer noch auf die Seite eines überlebenden Caligula schlagen können. Das aber ist reinster, feiger Opportunismus, denn andere, mutigere Männer als er selbst haben ihr eigenes Leben in die Waagschale geworfen und vollendete Tatsachen geschaffen: Das Scheusal ist tot. – Seltsam ist allerdings, daß auch an dieser Stelle der Ereignisse wieder nicht der zweite Präfekt der Garde genannt wird.

Endlich löst sich die Spannung bei den im Theater Eingeschlossenen, und nur ein Gedanke ist wichtig: Raus hier! Nichts wie weg! »Im Theater aber erhob man sich nun von den Sitzen, und es entstand unter den Zuschauern ein gewaltiges Gedränge, weil jeder möglichst schnell hinauszukommen suchte.«

Dazu bringt Flavius eine hübsche Notiz am Rande, die wohl wieder auf den ursprünglichen Text des Cluvius Rufus zurückgeht: »Den Anlaß dazu gab der Arzt Halkyon, der fortstürzte, als habe er den Verwundeten (unter den Soldaten und den Verschwörern) beizustehen, und seine Gehilfen wegschickte, dem Anschein nach, als wenn sie alles zum Verbinden der Verwundeten Nötige herbeiholen sollten, in Wirklichkeit aber, um sie aus der drohenden Gefahr zu retten.« Dieser Halkyon könnte identisch sein mit einem Alco oder Alkon, einem berühmten Wunderarzt in Rom zur Zeit des Claudius. Ihm soll der Kaiser einmal zur Strafe – wohl wegen überhöhter Honorare bei schlechter Therapie und Behandlung – zehn Millionen Sesterzen auferlegt und ihn nach Gallien verbannt haben; doch heißt es ergänzend bei Plinius: »Es ist bekannt, daß der Wunderarzt Alkon während seiner Verbannung in Gallien und nach seiner Rückberufung innerhalb weniger Jahre nicht weniger wieder erwarb.«[110]

Damit war die Situation fürs erste gerettet, und die Menschen eilten nach Hause, um ihren Angehörigen und Nachbarn von dem grausigen Geschehen zu berichten.

Nun teilt sich die Handlung in mehrere Akte auf, die an verschiedenen Plätzen spielen. Die Mitteilungen der Quellen sind, besonders im Hinblick auf die Rolle des Claudius, verwirrend, doch es wird uns gelingen, ihre Angaben in eine glaubwürdige Ordnung zu bringen. Dabei werden nicht nur inhaltliche, sondern auch quellenkritische und, wenn man will, dramaturgische Gesichtspunkte eine Rolle spielen.

Exkurs:
Die Ausrüstung der Prätorianer

1. Abzeichen:

Es wird vermutet, daß die Prätorianer unterscheidende Abzeichen an ihrer Uniform getragen haben, aber wir kennen diese insignia nicht.[111] *Anders die Feldzeichen, die signa: Sie sind auf dem Grabrelief des Pompeius Asper dargestellt, und auf einem Schildchen ist die Aufschrift COH. III. PR. angebracht. Auf diesen rechts und links dargestellten Feldzeichen sind von unten nach oben auf dem Schaft aneinandergereiht:*

Corona (Krone), imago (Bildnis des Kaisers), corona, Schildchen mit der Angabe der Abteilung, Skorpion, imago, corona muralis (Mauerkrone, für die Ersteresteigung einer Stadtmauer), Victoria (Siegesgöttin), corona, Adler in einem torques (Halsschmuck und Ehrenzeichen), Querholz und Bändchen, corona, Spitze. Anders als bei den Legionen waren die signa mit dem Bild des Kaisers (imago)

Grabrelief des Pompeius Asperg

*geschmückt, coronae und imagines sind vereint; darum gab es bei ih-
nen auch nicht wie bei den Legionen einen eigenen imaginifer (Träger der Kaiserstandarte mit dem Bild des Kaisers).
Interessant ist, daß die Cohortes Praetoriae – und nur sie – den Skorpion als Emblem auf ihrer Standarte tragen. Bei den Legionen waren Steinbock (leg. I Adiutrix), Eber und Stier (leg. I Italica), Widder
(leg. I Minervia), Wölfin und Storch (leg. II Italica) oder der Löwe
(leg. IV Flavia) beliebte Wappentiere. Der Grund könnte sein, daß
der Skorpion das Sternzeichen von Tiberius war und daß die Garde
es nach ihrer Kasernierung huldigend übernommen hat.
Marcus Junkelmann über die Standarten: »In keiner früheren oder
späteren Armee kam den Feldzeichen eine so außerordentliche Bedeutung zu wie in der römischen. Sie symbolisierten die staatlich-
religiöse Bindung, die Tradition, die militärischen Tugenden und das
Kriegsglück einer Einheit und genossen kultische Verehrung. Die
Soldaten wurden auf ihre Feldzeichen vereidigt, und das Fahnenheiligtum (sacellum), in dem sie aufbewahrt wurden, war der ideelle
Mittelpunkt eines jeden festen Lagers.«[112] Dies gilt in besonderer
Weise für die Castra Praetoria, die Prätorianerkaserne in Rom.
2. Uniformen:
Die Prätorianer hatten vier Uniformen: die Ziviluniform, die Para-
deuniform, die Kleine Uniform und die Felduniform.
Die Ziviluniform: In Rom trug der Prätorianer in der Regel die
Toga ohne sichtbare Waffe. Selbst die Palastwachen zogen in der Toga auf, und es durfte keine Waffe offen getragen werden. Sie zu zeigen galt als ungesetzliche Gewaltandrohung. Ein Beispiel dafür bei
Tacitus: »... besetzten zwei Prätorianerkohorten in voller Rüstung
den Tempel der Venus Genetrix. Den Zugang zum Senat hatte ein
Haufen Soldaten in der Toga gesperrt, die offen ihre Waffen sehen
ließen.«[113]
Die Paradeuniform erscheint in einer Schilderung Herodians, als Severus die alte Garde ausschalten will: »... wandte Severus eine List
an, um die Mörder des Pertinax gefangen in seine Hände zu bekommen. Er schreibt nämlich heimlich an die Tribunen und Centurionen und macht ihnen große Versprechungen, wenn sie die in Rom
stehenden Soldaten dazu bewögen, sich gehorsam den Befehlen des*

Das Cancelleria-Relief aus den Vatikanischen Museen in Rom zeigt Prätorianer-Soldaten in ihrer Dienstuniform. Um 90 n. Chr.

Severus zu unterwerfen. Zugleich erläßt er ein allgemeines Schrei-
ben an das gesamte Prätorianerkorps, worin er ihm befiehlt, unter
Zurücklassung des gesamten Gepäcks und der Waffenrüstung in
friedlichem Aufzug aus dem Lager auszurücken, wie es dem Kaiser,
wenn er ein Opfer oder einen Festzug hält, vorauszugehen pflegt.
Dann sollte es dem Severus den Huldigungseid leisten ... Die Sol-
daten vertrauten dieser Botschaft. Sie ließen ihre Waffen sämtlich
zurück und zogen, nur mit ihren Festkleidern angetan und mit Lor-
beerzweigen in den Händen, eiligst hinaus ...«[114] – Severus ließ sie
von seinen eigenen Truppen umstellen und die Waffenlosen gefan-
gennehmen.
Die Kleine Uniform kennen wir von Grabreliefs. Sie besteht aus der
tunica, dem sagum (einem Kriegsmantel, der auf der Schulter mit
einer Spange befestigt und über dem Panzer getragen wird) oder der
paenula (dem bis zu den Knien reichenden Mantel), dem pugio
(einem Dolch als Hieb- und Stichwaffe) mit gladius (Schwert) und
cingulum (Wehrgehenk).
Die Felduniform ist auf den großen trajanischen Reliefs des Kon-
stantinsbogens dargestellt, kenntlich durch den Skorpion, das Em-
blem der Prätorianer. Der Helm hat Backenstützen und einen von
vorn nach hinten verlaufenden Helmbusch mit langen Federn, die
tunica kurze Ärmel. Dazu gehören das focale (Halstuch), die lorica
(Panzer), das cingulum (Gehenk), der gladius, ein rechteckiger
Schild, und die caligae (Sandalen).

»Als ob die oberste Gewalt schon in ihren Händen wäre ...« – Die Stunde des Senats

Die Leiche Caligulas wurde heimlich in die Gärten des Lamia gebracht[115], auf einem hastig errichteten Scheiterhaufen nur halb verbrannt und dann mit einer leichten Rasenschicht zugedeckt. Leider verrät uns Sueton nicht, wer das erledigt hat. Später ließen die aus dem Exil heimgekehrten Schwestern des Kaisers, Agrippina und Livilla, die Reste ausgraben, verbrennen und beisetzen. Wo, wissen wir nicht. Wohl kaum im Mausoleum des Augustus.[116]

Für Sueton – wie die meisten Römer überzeugt von nächtlichem Zauber und dem Erscheinen der Jenseitigen im Diesseits – ist dies wichtiger:»Es ist glaubhaft überliefert, daß vor dieser endgültigen Bestattung die Parkwächter durch Gespenster erschreckt wurden; auch in dem Raum, in dem er ums Leben kam, verging keine Nacht ohne irgendeinen Spuk, bis dieser durch einen Brand zerstört wurde.«[117]

»Unterdessen versammelte sich der Senat in der Curia und das Volk auf dem Forum, wo in der Regel die Komitien gehalten wurden ...«[118] »Unterdessen« – das heißt am frühen Nachmittag des 24. Januar, denn Gaius war gegen Mittag ermordet worden. Die *Curia* ist jenes äußerlich schmucklose Gebäude in der Nordostecke des Forums, das die Zeiten bis in unsere Tage weithin unbeschädigt überstanden hat. Freilich ist das, was wir heute noch sehen, die letzte Form aus der Spätantike. Doch an gleicher Stelle stand die *Curia Iulia*, benannt nach Julius Caesar. Der Diktator hatte sie nach dem Brand von 52 v. Chr.[119] prächtiger wiederaufbauen und besonders im Innern die teuersten Materialien, u. a. Marmorintarsien im Fußboden, verarbeiten lassen. Die Mittel für diese aufwendige Renovierung wie auch für die Errichtung seines neuen *Forum Caesaris* und den Umbau der baufällig gewordenen Sempronischen Gerichtshalle zur *Basilica Iulia* nahm er aus der riesigen Beute, die er während seiner Feldzüge in Gallien gemacht hatte. Gleich neben der *Curia Iulia* befand sich das *Comitium*, der Platz, auf dem sich das Volk seit den frühesten Zeiten der Republik zu politischen Veranstaltungen zu versammeln pflegte.

Mausoleum des Augustus, 27 v. Chr. auf sein Geheiß errichtet und als Grabanlage für seine Familie gedacht. Stich aus dem 17. Jhdt.

Wie viele Senatoren sich zwischen 14 und 15 Uhr in der Kurie einfanden, können wir nur schätzen. Im Januar standen normalerweise keine großen politischen Aktionen an. Die neuen Konsuln, ohnehin vom Kaiser designiert und vom Hohen Hause durch Akklamation in ihr Amt berufen, traten ihr Amt schon Anfang Januar an. Allerdings machten die *Ludi Palatini* zu Ehren des *Divus Augustus* die Anwesenheit der Senatoren während der Opferhandlungen zwingend notwendig. Doch seit der Eröffnung der Spiele auf dem Palatin waren sechs Tage vergangen. Viele Angehörige des Hohen Hauses haben es vorgezogen, sich nach und nach in ihre Privathäuser zurückzuziehen. Vergessen wir nicht, daß der Januar auch in Rom der kälteste Monat des Jahres ist. Von den 900 Senatoren dürften es an die 200 gewesen sein, die sich in kürzester Zeit nach Erhalt der Todesnachricht des Kaisers in der Kurie zusammenfanden. Die Häuser des Adels lagen durchweg in den Randbezirken der Urbs auf den Hügeln der Stadt, so daß die Herren erst nach und nach in der Kurie eintrafen. Und jene, die sich auf ihren Gütern im näheren oder weiteren Umkreis der Stadt aufhielten, werden erst gegen Abend oder am nächsten Morgen in die Stadt gekommen sein.

Als die Herren, begleitet von ihren Sklaven und ihren Klienten, sich der Kurie näherten, hatten sie eine große, höchst beunruhigte, ja aufgebrachte Menge zu passieren, die den Platz besetzt hatte und rechts und links ein Spalier bildete. Tausende hatten sich auf dem Forum und dem *Comitium* versammelt. Die 100 Schritt bis zu den riesigen, offenstehenden Bronzetüren der Kurie kamen einem Spießrutenlauf gleich. Schmähungen hallten denen entgegen, die als Feinde des Gemordeten bekannt waren. Schreier verlangten lauthals, die Mörder zur Rechenschaft zu ziehen. »Die Volksmenge«, so Flavius, »lärmte, aufs äußerste darüber erbittert, daß man die Mörder noch nicht entdeckt habe.«[120]

Es stand zu befürchten, daß die aufgebrachte Menge, wie schon einmal vor 100 Jahren, die Kurie stürmen und sie mit Hilfe der Bänke in Brand setzen könnte. Die erste und drängendste Aufgabe der höchsten Beamten bestand also darin, diese Menschen, denen man ihren Spender von »Brot und Spielen« genommen hatte, so weit zu beruhigen, daß sie von gewalttätigen Aktionen Abstand nahmen. Zwar hatten die amtierenden Konsuln Gnaeus Sentius Saturninus und Quintus Pomponius Secundus es verstanden, die vier *Cohortes Urbanae* und deren Offiziere auf ihre Seite zu ziehen und auf diese Weise eine Bannmeile zwischen Senat und Volk zu legen, doch nach wie vor stand zu befürchten, daß die aufgebrachten Bürger mit der Truppe handgemein wurden und es dabei zu einem fürchterlichen Blutbad kam.

Diese vier »Städtischen Kohorten« kann man im weitesten Sinne als innere Sicherheitspolizei der Stadt Rom bezeichnen. Sie unterstanden dem *Praefectus Urbi*, dem Stadtpräfekten. Man könnte diesen Beamten modern als Polizeipräsidenten bezeichnen, aber seine Befugnisse gingen weit darüber hinaus. Der Stadtpräfekt war – seit Augustus – während der Abwesenheit des Princeps dessen Stellvertreter in Rom und in Italien. Im Laufe der Zeit schien es geraten, das Amt auch während der Anwesenheit des Kaisers in Rom beizubehalten, um permanent Ruhe und Ordnung in der Millionenstadt aufrechterhalten zu können, deren Proletariat nach Hunderttausenden zählte. Doch erst Tiberius machte die Städtische Präfektur zu einer ständigen Einrichtung.[121]

Die Städtische Präfektur war das einzige der hohen kaiserlichen Verwaltungsämter, das nur von Konsularen, also ehemaligen Konsuln und Senatoren, besetzt wurde – während die beiden *Praefecti Praetorio*, die Kommandeure der Prätorianer, aus dem Ritterstand kamen.

Gerade diese Besonderheit der ständisch geordneten Verwaltungspraxis ist im Zusammenhang mit den Ereignissen des 24./25. Januar von erheblicher Bedeutung: Es mußte für die ratlosen, ängstlichen und verwirrten Senatoren leichter sein, den *Praefectus Urbi* auf ihre Seite zu ziehen – einen Adligen, der ihrem eigenen Stand angehörte –, als die in der magistralen Hierarchie konkurrierenden ritterlichen Gardepräfekten. Das gelang ohne weiteres, denn unverzüglich wurden die vier *Cohortes Urbanae* – sozusagen als die »Truppen des Innenministeriums« – dem Senat als Schutztruppe unterstellt. Es dürfte sich dabei um 4000 Mann gehandelt haben.[122] Dennoch blieb die Lage gespannt. Draußen auf dem

Platz standen einige tausend zu allem entschlossene Bürger und forderten leidenschaftlich Aufklärung und Rechenschaft über den Mord an ihrem Brotgeber.

So raffte sich endlich der gewesene Konsul Valerius Asiaticus auf, verließ die Kurie und trat vor die Leute.»Und als er von vielen Seiten mit der Frage bestürmt wurde, wer der Täter sei, erwiderte er: ›Ich wünschte sehr, daß ich selbst es gewesen wäre!‹«

Auch Decimus Valerius Asiaticus hatte mit Caligula eine Rechnung zu begleichen gehabt, da er von ihm während eines Gelages tödlich beleidigt worden war. Valerius Asiaticus, geboren um 5 v. Chr., stammte aus Vienna in der südgallischen Narbonensis und hatte sich als *homo novus* hochgearbeitet. Als erster Bürger von Vienna war er bis zum *consul suffectus*[123] aufgestiegen, gehörte also zu jenem Teil der Senatoren, die, dem Provinzadel entstammend, in zunehmendem Maße das außeritalische Reich repräsentierten. Männer seines Schlages waren ehrgeizig, selbstsicher, machtbewußt und stolz auf das Erreichte. Sie beurteilten ein Fehlverhalten des Herrschers kritischer als die Abkömmlinge der alten römischen Familien. Seine starke Persönlichkeit und seine Beziehungen zu den gallischen Notabeln machten ihn später noch Claudius verdächtig, und sein großer Reichtum, vor allem die von ihm erworbenen Gärten des Lucullus auf dem Pincio, erregten schließlich die Habgier der Claudius-Gattin Messalina und waren 47 n. Chr. Anlaß zu einem Prozeß, in dessen Verlauf er sich die Adern öffnete.

Im Zusammenhang mit diesem Prozeß führt Tacitus, in indirekter Rede referierend, über ihn aus:»Asiaticus, der die Hauptrolle bei der Ermordung des Gaius Caesar (Caligula) spielte, habe sich nicht gescheut, vor dem versammelten römischen Volk sich dazu zu bekennen und zudem noch für diese Tat ehrenvolle Anerkennung für sich zu fordern. Damit habe er sich in Rom einen Namen gemacht.«[124]

Leider liegen uns keine weiteren Einzelheiten über die Hintergründe vor. Allerdings wird bei seinem Auftritt am 24. Januar 41 vor der Menge auf dem *Comitium* deutlich, daß wir es mit einem ebenso kühn zupackenden wie fintenreichen Mann zu tun haben: »Ich wünschte sehr, daß ich selbst es gewesen wäre!«

Dieser Satz genügte offensichtlich, die Menge zu beruhigen, denn
ohne Übergang folgt bei Flavius die Mitteilung: »Übrigens er-
ließen die Konsuln ein Edikt, in welchem sie gegen Gaius schwere
Anklagen erhoben und das Volk wie auch die Soldaten nach Hause gehen hießen. Weiterhin versprachen sie darin dem Volk einen
bedeutenden Steuernachlaß, den Soldaten aber eine Belohnung,
wenn sie die gewohnte Ruhe beobachten und sich aller Übergriffe
enthalten wollten. Es stand nämlich zu befürchten, daß bei einem
Aufruhr die Stadt durch Plünderung und Tempelraub sehr zu leiden haben würde.«
Und dann heißt es: »Bald aber trugen die gesamten (!) Senatoren
und besonders die Verschworenen die größte Kühnheit und Zuversicht zur Schau, als wenn die oberste Gewalt schon in ihren
Händen wäre.«[125]
Im weiteren Verlauf dieser Sitzung des Senats muß es hoch herge-
gangen sein. Die spärlichen Einzelheiten, die Flavius und Sueton
festgehalten haben, lassen dennoch ganz deutlich erkennen, daß es
eine starke Fraktion gab, die sich vehement für eine *restitutio rei
publicae*, die Wiederherstellung der alten Adelsrepublik, einsetzte.
Diese Männer hatten sehr schnell begriffen, daß ihnen – ohne ihr
Zutun – eine einmalige Gelegenheit in den Schoß gefallen war, die
Staatsform in ihrem Sinne neu zu ordnen. Zunächst aber herrschten Angst, Verwirrung, Ratlosigkeit. Bezeichnend diese Notiz Suetons: »Aus folgenden Geschehnissen kann man die Verhältnisse zu
jener Zeit ebenfalls zur Genüge beurteilen: Die Nachricht von seiner (Caligulas) Ermordung fand nämlich nicht sofort Glauben,
und es entstand der Verdacht, daß von Gaius selbst das Gerücht erfunden und verbreitet worden sei, um dadurch die Gesinnung der
Leute ihm gegenüber zu erfahren …«[126] Immer wieder muß man
Neuankömmlingen, die von weit her kommen, versichern, daß es
sich um kein Gerücht, sondern um die Wahrheit handelt. Sie können es erst allmählich fassen.
Schon bald schlägt die Stimmung bei einigen Übereifrigen in Eu-
phorie um: »Einige stellten sogar den Antrag, die Erinnerung an
die Caesaren zu tilgen und ihre Tempel zu zerstören …« Und altes
magisches Denken schlägt durch: »Vor allem aber wurde bemerkt

und für beachtenswert gehalten, daß alle Caesaren mit dem Namen Gaius durchs Schwert umgekommen seien.«[127]

Von Sueton erfahren wir außerdem, daß »der Senat so sehr geneigt war, die wiedergewonnene Freiheit zu behalten, daß zum Beispiel die Konsuln den Senat zuerst nicht in die Kurie, da sie nach Caesar die Julische hieß, sondern aufs Capitol (in den Tempel des Jupiter) einberiefen«.[128] Später ist man also in die Julische Kurie beim *Forum Romanum* umgezogen. Wahrscheinlich fühlten sie sich zunächst auf dem leicht zu verteidigenden Tempelberg sicherer als in der von allen Seiten leicht zugänglichen Kurie. Inzwischen war auch der Staatsschatz, der in den Gewölben des Saturntempels am Forum aufbewahrt wurde, unter starker Bewachung in den Tempel des Jupiter gebracht worden.

In diesem Zusammenhang folgt bei Sueton ein entlarvender Satz: »Auch hatten die Verschworenen niemanden zur Übernahme der Regierung bestimmt.«[129] Damit weist Sueton schon voraus auf das Scheitern aller senatorisch-republikanischen Träume. Im übrigen ist es die einzige Stelle in seinem Text, in der er sich auf die politischen Dinge einläßt. Sie belegt einmal mehr, wie dem braven Hofbibliothekar und Archivar Hadrians jedes tiefere Verständnis für das, was hier schicksalhaft abläuft, fehlt. Leider fehlt es in dieser Beziehung auch bei Flavius. Hinzu kommt, daß es im XIX. Buch seiner »Antiquitates« einige Ungereimtheiten gibt, auf die wir noch zurückkommen.

All das wirft Fragen auf: Warum beschäftigen sich beide Autoren nicht ausgiebig und ernsthaft mit dem, was in der Senatssitzung besprochen wurde? Warum werden – außer Valerius Asiaticus und später Sentius Saturninus – keine Namen von Diskutanten genannt? Lagen dazu keine Aufzeichnungen von Cluvius Rufus vor?

Nun, es ist kaum denkbar, daß Cluvius, der bisher sehr detailliert über alle möglichen Details der Verschwörung berichtet hat, sich die Gelegenheit hätte entgehen lassen, diese entscheidende Senatssitzung zu einem rhetorischen Drama mit Rede und Gegenrede zu gestalten. – Warum also verzichtet Flavius – wie Sueton, der ja ebenfalls aus dem Cluvius-Text schöpfte – auf eine solch dramatische Gelegenheit, die ein Höhepunkt seines Buches hätte sein können?

Die Antwort ist einfach: Beide Autoren sind in ihrer Gesinnung monarchisch. Flavius hat unter den flavischen Kaisern Karriere gemacht, Sueton unter Hadrian. Mögen die Flavier wie auch die Adoptivkaiser des 2. Jahrhunderts die Perversitäten und Verbrechen der julisch-claudischen Herrscher verurteilen, so sind sie doch die Erben von deren Macht und immer noch Repräsentanten des augusteischen Principates! Diese Haltung schlägt sich folgerichtig, ja zwangsläufig in der Geschichtsschreibung nieder: Die monarchisch gleichgeschalteten Autoren übergehen durch Verschweigen all das, was als Kritik, als Angriff auf die mittlerweile fest etablierte monarchische Ordnung gedeutet werden könnte. Denn alles, was in der Senatssitzung des 24. Januar 41 zur Sprache kam und mit revolutionärem Eifer gefordert wurde, war ja nichts anderes als die Infragestellung des gesamten Herrschaftssystems seit Augustus. Dafür aber konnte in der offiziösen kaiserlichen Historiographie eines Flavius oder Sueton kein Raum sein. Nur in der Rede des Sentius Saturninus macht Flavius einen Versuch in diese Richtung; doch bleibt er, wie wir noch sehen werden, auf halbem Wege stecken.

Wie ganz anders wird wohl Tacitus seine Fäden gesponnen haben! Auch er schöpfte, wie wir ja von ihm selbst wissen, immer wieder aus der zeitgeschichtlichen Geschichtsschreibung des Cluvius Rufus und anderer Autoren. So ist die Annahme geradezu zwingend, daß er sich ausführlich mit den Rededuellen dieses Nachmittags beschäftigte und – wie wir es von ähnlichen Passagen seines Riesenwerkes kennen – die Gelegenheit zu blendenden psychologischen Studien der einzelnen Kontrahenten benutzte.

Fazit: Es muß eine ausführliche Darstellung der Senatssitzung vom Nachmittag des 24. Januar gegeben haben, mit großer Wahrscheinlichkeit aus der Feder des Cluvius Rufus, der an vielen Stellen selbst als Augen- und Ohrenzeuge dabei war. Es hat von anderen Senatoren ähnliche Aufzeichnungen gegeben. Seit dem älteren Cato drängte es viele, die hohe Staatsämter innegehabt hatten, nach ihrer Amtszeit einen persönlichen Rechenschaftsbericht vorzulegen, einmal, um ihr eigenes Handeln in ein besseres Licht zu stellen, zum andern auch, um der Nachwelt einen Spiegel vorzuhalten.

Herausragende Publikationen dieser Art stammen aus der Feder von Sallust, Cicero, Caesar. Aber auch weniger prominente Autoren versuchten sich in diesem Genre. Der absolute Höhepunkt römischer Geschichtsschreibung wurde schließlich mit Tacitus erreicht; und wenn er auch keine Stellung zu seiner eigenen politischen Arbeit für den Staat nimmt, ist doch gerade seine Integration in das politische Geschehen – er erreichte das Konsulat – die Voraussetzung für seinen kritischen Durchblick.

Fast alle Kaiser griffen selbst zur Feder. Sogar Livia, machtbesessene Gattin des Augustus, hat eine autobiographische Schrift verfaßt. Und Claudius, der bis zu seiner Thronbesteigung als Privatgelehrter in innerer Emigration seine Tage verbrachte, hat neben einer profunden Geschichte der Etrusker und ihrer Sprache eine Autobiographie geschrieben. Beide Werke sind nicht auf uns gekommen – und das ist nicht nur für die Etruskologen ein großer Verlust. Immerhin ist es denkbar, daß er auch auf die entscheidenden Stunden des 24./25. Januar eingegangen ist, freilich aus einer anderen Perspektive als etwa Cluvius oder Tacitus.

Wie interessant wäre es, diese verschiedenen Sichtweisen vergleichen zu können. Hier klafft eine schmerzliche Lücke, die wohl nie zu schließen sein wird. Was uns am Ende bei Flavius und Sueton vorliegt, ist ja nur ein einseitiger, oberflächlicher Extrakt des Geschehens, gleichsam im romantischen Rückblick betrachtet, geschrieben in einer Zeit, die sich weit von den Ereignissen der julisch-claudischen Epoche entfernt hatte. Man hatte später andere Probleme.

Auch Cassius Dio, der Anfang des 3. Jahrhunderts eine »Römische Geschichte« bis in seine Zeit schrieb, bringt keine neuen Aspekte, da auch er sich auf der monarchischen Linie bewegt. Außerdem sind gerade die Stellen seines Werkes, die sich mit dem 24. Januar befaßten, verloren und liegen nur in der Kompilation späterer Bearbeiter vor.[130] Dort heißt es recht vage: »Alle, die *irgendwie* auf seiten des Senats standen, blieben ihren Eiden treu und hielten Ruhe. Während sich aber die erwähnten Ereignisse um Gaius abspielten, ließen die Konsuln sogleich die Gelder aus den Schatzkammern zum Capitol hinaufbringen. Zu ihrer Bewachung bestellten sie die Mehrzahl der Senatoren und auch eine entsprechende Anzahl Soldaten (*Urbanae Cohortes*), um so einer Plünderung durch den Pöbel zuvorzukommen. Und diese Männer überlegten gemeinschaftlich mit den Präfekten sowie den Anhängern des Sabinus und Chaerea, was nun weiter zu geschehen habe.«[131]

Die Präfekten ... In Frage kommen drei: der *Praefectus Urbi*, dem auch die *Urbanae Cohortes* unterstanden, und die beiden *Praefecti Praetorio*, wobei wir nur den Namen des einen, Clemens, kennen. Nun konnte die Städtische Präfektur, als einzige der hohen Magistraturen, nur von einem Konsular, also einem ehemaligen Konsul, bekleidet werden. Somit konnte der *Praefectus Urbi* an den Besprechungen des Senats teilnehmen, während die beiden Präfekten der Prätorianer – sie kamen aus dem Ritterstand – offiziell nicht zugelassen waren.

Diese auf den ersten Blick belanglose Kleinigkeit – ein durch das althergebrachte Standesreglement praktiziertes Verfahren des Protokolls – sollte sich schon bald gegen die Interessen der Senatoren, die auf eine konservative Revolution hinarbeiteten, auswirken.

Warum? Die praktische Handhabung römischer Politik war seit jeher an das *mos maiorum*, die Sitte der Väter, gebunden. Bis ins kleinste Detail richtete man sich in Verfahrensfragen nach dem geheiligten Brauch der Vorfahren, seien es nun zeremonielle Fragen des Staatskultes oder protokollarische Abläufe bei Sitzungen des Staatsrates. So endete eine Senatssitzung stets bei Sonnenuntergang, und es war in der Republik immer wieder vorgekommen, daß Senatoren ihre Redezeit bis zur Neige des Tages ausdehnten, um eine ihnen unangenehme Beschlußfassung des Hohen Hauses zu verhindern.

Im vorliegenden Fall würde das bedeuten: Der *Praefectus Urbi* sitzt bei den Senatoren in der Kurie, die beiden Kommandeure der Garde bleiben draußen!

Nun wissen wir aber von Flavius, daß auch die Gardepräfekten und andere Ritter, ferner Tribunen der Garde – darunter Cassius Chaerea – an der Notsitzung des Senats teilnahmen. Das kam einem Bruch der Verfassungsnorm gleich. Die Tatsache, daß man sich an

FORVM ROMANVM
CVM FINITIMIS AEDIFICIIS

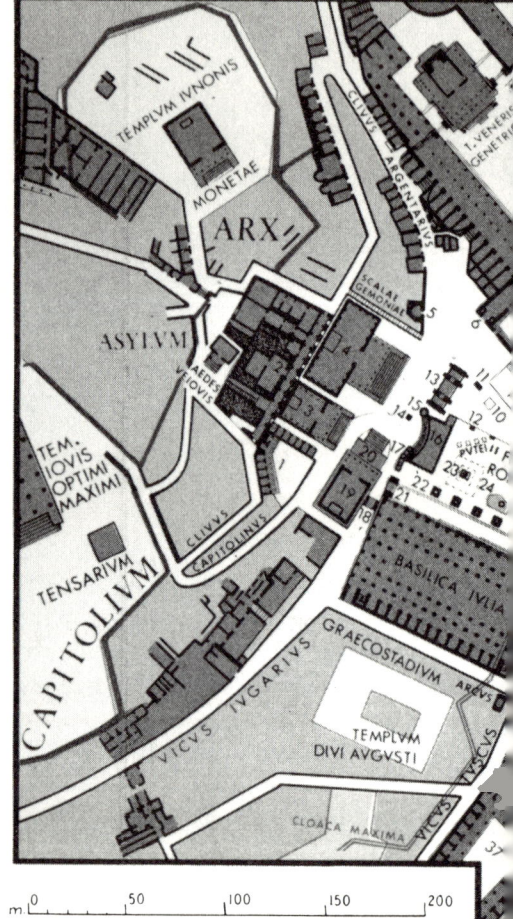

29 TEMPLVM DIVI IVLII
30 TEMPLVM CASTORVM
31 ARCVS AVGVSTI
32 STATIO AQVARVM
33 LACVS IVTVRNAE
34 AEDICVLA IVTVRNAE
35 VESTIBVLVM DOMVS
     PALATINAE

36 ATRIVM GAI
37 HORREA AGRIPPIANA
38 CLIVVS QVI DICITVR VICTORIAE
39 ARA AII LOCVTII
40 DOMVS VESTALIVM
41 AEDES VESTAE
42 REGIA
43 TEMPLVM ANTONINI PII
     ET FAVSTINAE
44 FORMA VRBIS
45 BIBLIOTHECA PACIS

1 PORTICVS DEORVM CONSENTIVM
2 TABVLARIVM
3 TEMPLVM DIVI VESPASIANI
4 TEMPLVM CONCORDIAE
5 CARCER TVLLIANVM (MAMERTINVM)
6 SECRETARIVM SENATVS
7 ATRIVM MINERVAE
8 CVRIA
9 COMITIVM
10 LAPIS NIGER
11 EQVVS CONSTANTII
12 DECENNALIA DIOCLETIANI
13 ARCVS SEPTIMII SEVERI
14 VOLCANAL (ARA SATVRNI ?)
15 VMBILICVS VRBIS ROMAE
16 ROSTRA
17 MILIARIVM AVREVM
18 ARCVS
19 AEDES SATVRNI
20 AERARIVM SATVRNI
21 ARCVS TIBERII
22 COLVMNAE HONORARIAE
23 COLVMNA FOCAE
24 LACVS CVRTIVS
25 EQVVS DOMITIANI
26 EQVVS CONSTANTINI
27 SACELLVM VENERIS CLOACINAE
28 TRIBVNAL

Map labels:
SVBVRA
FORVM AVGVSTI
TEMPLVM MARTIS VLTORIS
FORVM NERVAE (TRANSITORIVM)
TEMPLVM MINERVAE
PORTICVS ABSIDATA
ARGILETVM
VICVS CVPRIVS
FORVM PACIS
BASILICA AEMILIA
AEDES PACIS
BASILICA CONSTANTINI (MAXENTII)
SACRA VIA
VIA NOVA
CARINAE
FAGVTAL
VICVS SANDALARIVS
TIGILLVM SORORIVM
COMPITVM ACILI
SACELLVM STRENIAE
VELIA
TEM. VENERIS ET ROMAE
COLOSSVS NERONIS
AMPH. FLAVIVM
META SVDANS
CLIVVS PALATINVS

46 SEPVLCRETVM ANTIQVISSIMVM
47 CARCER QVI DICITVR
48 TEMPLVM QVOD DICITVR
   DIVI ROMVLI
49 TEMPLVM BACCHI
50 PORTICVS MARGARITARIA
51 INSVLAE
52 ARCVS TITI
53 CLIVVS PALATINVS
54 TEMPLVM
55 PORTICVS DOMVS AVREAE
56 SVBSTRVCTIONES AETATIS
   NERONIANAE
57 TABERNAE AETATIS DOMITIANI

diesem Tag über uralte Verfahrensregeln hinwegsetzte, zeigt, wie das ganze System in Gefahr war, auseinanderzubrechen.

Hinzu kommt dies: Der Nachrichtenaustausch zwischen den entscheidenden Machtzentren – dem Senat, der Städtischen Präfektur und dem Stab der Prätorianer – ist gestört. Da müssen Boten hin und her geschickt werden – es gibt ja kein Telefon! Und die Entfernung zwischen der Kurie und der Prätorianerkaserne – Luftlinie: drei Kilometer – verzögert immer wieder eine schnelle Abstimmung.

Wir müssen uns einmal die Situation klarmachen: 9000 Mann der Elitetruppe stehen auf dem Sprung einzugreifen. Die meisten von ihnen sind Soldaten vom Schlag eines Cassius Chaerea. Sie haben die Ochsentour hinter sich. Bevor sie in die Garde übernommen wurden, haben sie harte, entbehrungsreiche Dienstjahre in den Legionen verbracht. Sie sind Aufsteiger, die schon oft für *SENATUS POPULUSQUE ROMANUS*, für Senat und Volk von Rom, ihr Leben aufs Spiel gesetzt haben. Sie fühlen sich als die Erben der legendären Armeen Caesars, vor denen nicht nur Gallien, Ägypten, Afrika und der Osten, sondern – während der Bürgerkriege – auch Rom und Italien zitterten. Ihr Ehrenkodex wird von ihnen selbstherrlich eine Stufe höher angesetzt als jener der »Marianischen Maulesel«[132], der Legionen. Sie sind stolz bis zur Blasiertheit und besitzen einen ausgeprägten Korpsgeist. Es schmeichelt ihrer Eitelkeit, und sie genießen es, daß die schönsten Mädchen Roms ihnen nachschauen, wenn sie als gestandene Mannsbilder in voller Montur durch die Stadt stolzieren.

Und nun dämmert ihnen allmählich, daß vielleicht sie – sonst keiner – das Heft in der Hand halten. Zunächst ist es noch eine Ahnung, daß ihnen heute zum erstenmal die Gelegenheit geboten wird, in das Rad der Geschichte eingreifen zu können. All das Palavern der »Parlamentarier« da unten in der Kurie widert sie an. Von diesen eingebildeten Senatoren, diesen Feiglingen, Heuchlern, Opportunisten und Großmäulern, die ihren Einfluß in Staat und Politik längst verspielt haben, wollen sie sich nichts mehr sagen lassen. Deren Zeit ist abgelaufen. Wissen sie doch nur zu gut, wie diese feinen, in der Öffentlichkeit hochnäsig stolzierenden Herren noch bis zum heutigen Morgen vor dem Autokrator katzbuckelten, ihm nach dem Munde redeten, sich nicht scheuten, sogar Standesgenossen ans Messer zu liefern, wenn sie sich davon den Erhalt ihres Einflusses und Besitzstandes erhofften. Im übrigen ist nicht der Senat ihr Vorgesetzter, nicht die Konsuln, kein Praetor, und erst recht nicht der *Praefectus Urbi*! Bis zum Tode des Caligula unterstanden sie, wie schon seit den großen Zeiten des vergöttlichten Augustus, direkt dem Princeps. Niemandem sonst!

Auf dem Areal der *Castra Praetoria*, dem großen Exerzierplatz des Lagers, stehen sie in Gruppen beisammen und diskutieren darüber, wer ihnen in der gegebenen Situation überhaupt Befehle zu erteilen habe. Etwa die Konsuln? Der Senat? Wird es, wie in den Zeiten der Republik, zu einem *Senatus Consultum Ultimum* kommen? Wird der Senat die Konsuln beauftragen, dafür zu sorgen, daß der Staat keinen Schaden nehme: *Videant consules ne quid res publica detrimenti caperet?* Sie kennen die uralte Formel aus den späten Jahren der Republik nur noch vom Hörensagen. – Was ist, wenn sie, sollte es dazu kommen, die Befehle des Senats ignorieren? Und was ist, wenn sich ihre beiden Kommandeure auf die Seite des Staatsrats schlagen? Sollen sie meutern? Sollen sie sich aus ihrer Mitte andere Führer wählen? Worum geht es überhaupt?

Eigentlich haben sie keinen Grund, ihre Verhältnisse zu beklagen, wie sie sich seit dem vergöttlichten Augustus ergeben haben. Jeder Princeps hat sie verhätschelt. Gut, Tiberius hat sie an der kurzen Leine gehalten, er war sehr zurückhaltend mit Dotationen. Aber Caligula ließ nie etwas auf sie kommen! Der Mann war ein Spinner, gewiß, und er hatte auch Hunderte unschuldiger Menschen aus fadenscheinigen Gründen in den Hades geschickt; aber ihnen gegenüber war er stets sehr nachsichtig und langmütig gewesen. Er brauchte sie ja – und sie brauchten ihn: *Do ut des!* – Ich gebe, damit du gibst! Das klappte immer. Sicher, was Gaius mit dem Tribunen Cassius Chaerea an bösen Spielchen getrieben hat, das war geschmacklos, schlimmer: es war dumm! Wahrscheinlich hätten sie ebenso gehandelt wie Chaerea. Und daß sie in letzter Zeit immer öfter zu Sonderkommandos befohlen wurden, wenn es darum ging, widerspenstige Bürger, auch Senatoren oder Ritter mit Gewalt zur

Räson zu bringen, das alles hat ihnen immer weniger gepaßt. Und schließlich war es ja einer der Ihren, dieser Haudegen Chaerea, der dem Spuk ein Ende gesetzt hat! – Aber was haben sie von einem Senatsregiment zu erwarten? Mit Sicherheit größere öffentliche Kontrolle! Geringere Zuwendungen! Am Ende gar eine Verkleinerung der Garde! Also weniger Geld! Entlassungen? Dabei wäre der Knoten, so meinen sie, ganz einfach zu lösen: Ein klarer Befehl der Präfekten! Schnelle Ausführung! Ruhe und Ordnung!

Aber die Kommandeure halten sich bedeckt. Clemens hat zwar Alarm ausgelöst, aber er läßt sich nicht blicken. Dabei steckt er doch selbst bis über beide Ohren mit drin! Es hat sich herumgesprochen. Es heißt auch, man habe ihn mit dem Kabinettchef Callistus zusammen gesehen. Was hat das alles zu bedeuten?

Mehr und mehr braut sich in diesen Stunden des Nachmittags in der Prätorianerkaserne eine gefährliche Stimmung zusammen, die sich beim geringsten Anlaß gegen die in der Kurie versammelten Senatoren wenden kann. Und die Stabsoffiziere wissen darum. Clemens, darauf bedacht, seinen Posten zu behalten, streckt nach allen Seiten seine Fühler aus, um auszumachen, in welche Richtung der Wind sich endgültig drehen wird. – Aber er hat vorgesorgt. Und er hat Verbündete. Nur ist das, was er mit diesen im geheimen Absprachen vorgesehen hat, niemandem bekannt.

So waren die Weichen in den turbulenten Stunden am Nachmittag des 24. Januars schon gestellt, während die Senatoren in der Kurie noch glaubten, Herren des Geschehens zu sein.

»Das ist Germanicus! Wohlan, laßt uns ihn zum Caesar ausrufen!« – Ein Kaisermärchen …

Seit 19 Jahrhunderten geistert eine berühmte Anekdote durch die Geschichtsbücher – und somit durch die Köpfe. Jeder, der schon einmal etwas mit römischer Geschichte zu tun hatte, kennt sie. Sie steht im 10. Kapitel von Suetons Claudius-Biographie, und sie lautet:

»Da die Verschworenen ihn (Claudius) wie auch alle übrigen unter

dem Vorwand, Caligula wünsche allein zu sein, vom Kaiser fern-
hielten, hatte er sich in einen – Hermaeum genannten – Pavillon
begeben. Wenig später schlich er sich, durch das Gerücht von des
Kaisers Ermordung erschreckt, auf eine nahe Terrasse und verbarg
sich dort hinter den Türvorhängen.

Ein zufällig herumrennender Soldat sah seine Füße, wollte wissen,
wer das sei, erkannte ihn, zog ihn aus seinem Versteck, und als sich
Claudius voll Furcht vor ihm auf die Knie warf, begrüßte er ihn als
Kaiser.

Darauf führte er ihn zu seinen Kameraden, die noch unentschlos-
sen waren und nichts anderes taten, als Drohungen auszustoßen.
Von ihnen wurde er in eine Sänfte gesetzt und abwechselnd auf
ihren Schultern bis zum Lager getragen, da seine Sklaven geflohen
waren. Claudius selbst war traurig und ängstlich, während die Leute, die ihnen begegneten, ihn beklagten, wie wenn man ihn, einen
Unschuldigen, zur Hinrichtung führte.

Im Lager angekommen, verbrachte er die Nacht unter den Wachen, immer noch kaum auf den Thron hoffend, aber wenigstens
nicht mehr für sein Leben fürchtend; die Konsuln hatten nämlich,
in der Absicht, allgemeine Freiheit auszurufen, mit dem Senat und
den Stadtkohorten Forum und Capitol besetzt.

Er selbst wurde durch die Volkstribunen ins Rathaus zitiert, um zu
raten, wie es weitergehen solle. Seine Antwort lautete: Er werde
durch Gewalt und zwingende Umstände zurückgehalten.

Am folgenden Tag aber, als der Senat einer gewissen Verstimmung
wegen, die sich aus Meinungsverschiedenheiten ergeben hatte, bei
der Durchführung seiner Pläne allzu langsam vorging und die
Menge, die die Kurie umgab, schon einen Herrscher verlangte und
ihn mit Namen nannte, duldete es Claudius, daß die in Waffen versammelten Soldaten auf seinen Namen schworen, und versprach
jedem 15 000 Sesterzen. Er war somit der erste Kaiser, der sich die
Treue der Soldaten mit einer Belohnung erkaufte.«[133]

Bevor wir auf einige Besonderheiten des Textes eingehen, hier die
Version bei Flavius:

»Während dies (in der Kurie) vor sich ging, wurde Claudius auf
einmal aus seinem Haus hervorgeholt. Die Soldaten nämlich ver-

sammelten sich, berieten über die zu ergreifenden Maßnahmen und fanden, daß eine Volksherrschaft für so ausgedehnte Regierungsgeschäfte nicht genüge und auch nicht in ihrem Interesse liege. Wenn aber (vom Senat) einer der Mächtigsten zum Alleinherrscher ausgerufen werde, würden sie erheblich dadurch benachteiligt sein, weil sie hierzu in keiner Weise ihre Hilfe gewährten. Da also noch keine bestimmte Entscheidung getroffen sei, werde es sich wohl am besten machen, wenn sie den Claudius zum Herrscher erwählten, der als Oheim des verstorbenen Caesars keinem Senator an edler Abstammung wie an Bildung etwas nachgebe. Von ihm könnten sie auch erwarten, daß er, wenn er den Thron bestiegen habe, sie für ihre Verdienste belohnen und beschenken werde. Kaum hatten sie diesen Beschluß gefaßt, als sie auch sogleich zur Ausführung schritten, *und so wurde Claudius von den Soldaten hervorgeholt.*«[134]

Nun gibt es bei Flavius noch eine zweite Version des Hergangs, die zur ersten in einigen Punkten widersprüchlich ist. Der Vergleich der verschiedenen Aussagen wird es vielleicht möglich machen, den tatsächlichen Ablauf zu rekonstruieren.

Der Anfang ist gleich: Nach dem Mord versteckt sich Claudius, diesmal »in einem engen Gang, denn nichts konnte ihn nämlich nach seiner Meinung jetzt mehr in Gefahr bringen als seine hohe Abstammung«.[135]

Unvermittelt folgt der Satz: »In der nächsten Zeit führte er ein zurückgezogenes Leben als Privatmann und beschäftigte sich in äußerster Genügsamkeit mit dem Studium der Literatur, besonders der griechischen, stets nur darauf bedacht, wie er den draußen tobenden Stürmen entgehen könnte.«

Hier hat Flavius offensichtlich den Abschnitt aus einer zeitgenössischen Quelle – vielleicht Cluvius? – an die falsche Stelle gesetzt; der Text bezieht sich auf des Claudius' Leben vor der Ermordung Caligulas; ähnliche Aussagen finden sich bekanntlich bei Sueton, der aus der gleichen Quelle geschöpft hat.

Flavius fährt dann fort: »Während sich nun im Volk allgemeine Bestürzung breitmachte, der ganze Palast von wütenden Soldaten wimmelte und die Leibwachen die Angst und Verwirrung der Bür-

ger zu teilen schienen, traten die sogenannten Prätorianer, die den
Kern des Heeres bildeten, zu einer Beratung zusammen …«
Wir haben somit zwei Überlieferungen vor uns:
- Nach der einen (Sueton) stoßen »Soldaten«, bei denen es sich
  offensichtlich um plündernde Prätorianer handelt, zufällig auf
  Claudius, der sich, um sein Leben fürchtend, versteckt hat.
- Nach der anderen liegt der Erhebung des Claudius durch die
  Prätorianer ein überlegter, vorausschauender Plan zugrunde.
Damit haben wir den Kern des Problems erreicht und wagen –
gegen Suetons Anekdote – diese Thesen:
1. Die Prätorianer haben sich bereits vor dem Zusammentreffen
   mit Claudius Gedanken über ihre Zukunft gemacht.
2. Sie haben sich gegen die Pläne des Senats und für die Beibehal-
   tung des bisherigen Herrschaftssystems, eben des augusteischen
   Principats, entschieden.
3. Als einziger männlicher Thronprätendent aus dem julisch-claudischen Hause lebt noch Claudius:»… und so wurde Claudius
   von den Soldaten hervorgeholt.«
Die zweite Variante des Flavius, die sich mit Sueton deckt, bringt
viele ausmalende Details; freilich beginnt der Text mit einem Ana-
chronismus:»Eines Abends nun stand Claudius im Schutz der
Dämmerung auf einer Anhöhe von einigen Stufen, als ihn Gratus,
ein Mann der Palastwache, bemerkte …«[136] – Hier hat sich die mär-
chenhafte Form der Überlieferung niedergeschlagen, wie sie wohl
im Volk umging. Weiter unten heißt es:»Claudius hatte sich ja sein
ganzes Leben lang von allem Unrecht ferngehalten …« Er ist der
»gute Mensch« aus dem Märchen, der gegen alle Machenschaften
böser Mächte am Ende »Kaiser« wird. Bezeichnend die Szene, als
er durch Rom getragen wird und die Bürger, um sein Leben fürchtend, Mitleid mit ihm haben.
Bei Flavius heißt es dann :»… und da Gratus ihn in der Dämmerung nicht erkannte, ging er in der Meinung, einen gefährlichen
Menschen vor sich zu haben, auf ihn zu. Claudius bat ihn, nicht
näher zu treten; doch der Soldat scherte sich nicht darum. Als Gratus nun die Hand nach ihm ausstrecken wollte, erkannte er ihn und
rief seinen herbeigelaufenen Kameraden zu:

›Das ist Germanicus! Wohlan, laßt uns ihn zum Caesar ausrufen!‹« Uns interessiert hier der »Germanicus«. Eigentlich müßte es heißen: »Das ist *ein* Germanicus!« – einer *aus dem Stamme des Germanicus*! Gratus spricht hier den wesentlichen Grund dafür aus, warum Claudius und kein anderer neuer Princeps werden soll: »Germanicus« war dem Drusus und seinen Nachkommen vom Senat als Beiname zuerkannt worden; aber »Germanicus« war mittlerweile zu einem Mythos geworden.

Als Claudius sich gegen die bevorstehende Erhöhung wehrte, »da ergriff Gratus ihn bei der Rechten und sagte zu ihm: ›Sprich doch nicht so dummes Zeug, sondern blicke auf und denke daran, daß die Götter zum Heile des Erdkreises die Herrscherwürde von Gaius genommen und deiner Tugend zum Lohn gegeben haben. Komm also und besteige den Thron deiner Vorfahren!‹«

Wenige Zeilen später bringt die Quelle eine Erklärung für die scheinbar überraschende Erhebung: »… lief noch eine weit größere Menge Soldaten zusammen, die Claudius sehen und ihn aus Anhänglichkeit an Germanicus zum Caesar ausrufen wollten. Er war nämlich der Bruder des Helden, dessen gewaltiger Ruhm auf alle Mitglieder der Familie seinen Abglanz warf.«[137]

Dies alles erweckt den Eindruck, als ob der pure Zufall bei der Nachfolgeregelung die entscheidende Rolle gespielt habe:

– Caligula wurde von hohen Offizieren der Garde, im Einvernehmen mit einer starken Gruppe Senatoren, liquidiert.

– Der Senat diskutiert in der Kurie über das Für und Wider der bestehenden konstitutionellen Ordnung. Eine klare Entscheidung liegt noch nicht vor.

– »Soldaten« – also eine anarchisch ohne Führung agierende Truppe – sind aus Gründen der Besitzstandswahrung für den Fortbestand des Principates.

– Sie stoßen »zufällig« auf Claudius und rufen ihn zum neuen Princeps aus.

Diese Kausalkette ist zu schön, zu einfach, zu märchenhaft, als daß sie dem tatsächlichen Hergang entsprechen könnte.

»Eingelullt in süße Ruhe ...« – Des Sentius Saturninus letzte freie Rede im Senat

Es muß am späten Nachmittag des Mordtages gewesen sein, als sich der angesehene Konsular Gnaeus Sentius Saturninus erhob und vor dem Senat in der Kurie eine Rede hielt. Sie ist deswegen so bemerkenswert, weil hier – auf Jahrhunderte! – zum letztenmal ein überzeugter Republikaner frei das Wort ergreift und in einer schonungslosen Abrechnung die Schattenseiten jedweder Art von Alleinherrschaft geißelt, gleich ob es sich dabei um eine Diktatur nach der Art Caesars, eine Tyrannei wie die Caligulas oder überhaupt um den von Augustus eingeführten Principat handelt. Saturninus geht ins Grundsätzliche. Und wenn man genau hinhört, spürt man etwas von der resignativen Trauer, die sich durch seine Klagen und Anklagen zieht: als ob er schon wüßte, daß er zu den Verlierern gehören wird – daß alles umsonst ist.

Saturninus ist keiner jener Erfolgreichen im hellen Licht der Überlieferung, die selbst Geschichte machten. Er hat faktisch nichts bewirkt, weil die historische Entscheidung bereits gefallen war. Aber Männer wie er ließen sich – trotz oder gerade wegen ihrer leidvollen Erfahrungen im Umgang mit den Mächtigen – nicht den Glauben an ein besseres Zusammenleben der Bürger unter dem Dach einer gerechteren Ordnung nehmen.

Anlaß dieser Rede ist die soeben eingetroffene Nachricht von der Ausrufung des Claudius zum Princeps. Ganz nebenbei erfahren wir dabei, daß Claudius keineswegs, wie Sueton glauben machen will, in eine Falle der Prätorianer getappt ist:

»Im Senat aber« – weiß Flavius – »erhob sich Gnaeus Sentius Saturninus, der schon von dem Vorgang mit Claudius gehört und erfahren hatte, daß er die Herrscherwürde *anscheinend ungern, in Wirklichkeit aber mit größter Bereitwilligkeit übernehmen wolle.* Mit großem Freimut hielt er dann die folgende, eines wackeren und edlen Mannes würdige Rede.«

Fast zwangsläufig drängt sich der Vergleich zur Sitzung des deutschen Parlaments am 23.3.1933 auf, als es um die Ratifizierung des »Ermächtigungsgesetzes« ging. Damals ergriff zum letztenmal ein mutiger Abgeordneter, Otto Wels von der SPD-Fraktion, das freie Wort und sprach sich gegen die Übertragung einer nicht mehr zu kontrollierenden totalen Macht auf die Regierung aus. Von gleichem Ethos getrieben und im Bewußtsein, daß die Entscheidungen dieses Tages für sehr lange das Schicksal der Menschen bestimmen werden, fordert Sentius Saturninus von den Senatoren eine klare Entscheidung.

Wir sollten uns nicht am Pathos der Rede stoßen, auch nicht an der für unsere Ohren altertümlichen Sprache. Beides gehört zum Kanon einer antiken Rede. Wichtig ist dies: Das Anliegen dieses Mannes ist von zeitloser Aktualität!

»Römer!« beginnt Sentius seine Rede. Er sagt nicht »Patres« – »Väter«. Schon die Anrede der Versammelten drückt aus, daß er sich nicht nur an den Senat, sondern an alle Bürger wendet. »Römer! Obwohl uns jetzt erst nach so langer Zeit und gegen alle Erwartung die Freiheit wieder zuteil wird, so ist es doch eine Tatsache, daß wir sie besitzen. Wie lange sie freilich dauern wird, ist unsicher und steht bei den Göttern, die sie uns geschenkt haben. Doch dürfen wir uns ihrer freuen, und selbst wenn wir sie wieder verlieren sollten, wird sie zu unserem Glück beitragen.

Eine einzige Stunde ist ja schon für alle guten und edlen Männer kostbar, wenn sie mit reinem Sinn in einem freien Lande und nach den Gesetzen, die dessen Ruhm begründet haben, verlebt wird.

Nicht sprechen will ich hier von der früheren Freiheit, weil sie schon verlorenging, ehe ich das Licht der Welt erblickte. Der jetzigen aber will ich mich mit unersättlicher Lust hingeben und diejenigen seligpreisen, denen es vergönnt ist, in dieser Stunde geboren zu werden …«

Kein Zwischenruf unterbricht diese in großem Ernst vorgetragene Einleitung. Dann kommt er zu seinem eigentlichen Anliegen:

»Aus der Geschichte der Vergangenheit und aus meinen eigenen Erfahrungen weiß ich heute, wie großes Unheil dem Reich aus der Herrschaft eines einzelnen erwächst. Sie erstickt alle Tüchtigkeit! Sie beeinträchtigt jeden in seiner Freiheit! Sie zieht sich beides, Schmeichelei und Furcht, groß, weil der Staat nicht nach der weisen Vorschrift der Gesetze, sondern nach der Willkür eines einzelnen verwaltet wird! Denn seitdem es sich Julius Caesar einfallen ließ, dem Volk seine Macht zu nehmen, seit er durch Nichtbeachtung der Verfassung den Staat erschütterte, das Recht mit Füßen trat und nur seine eigenen Interessen zum Maßstab nahm, seit damals existiert kein Leid, von dem das Reich nicht heimgesucht worden wäre. Warum? – Weil alle seine Nachfolger darin wetteiferten, die Sitte der Väter abzuschaffen und die Hauptstadt, soweit sie das vermochten, von allen rechtschaffenen und charakterfesten Bürgern zu entvölkern. Glaubten seine Adepten doch darin ihre Sicherheit zu finden, daß sie sich mit verbrecherischen und lasterhaften Menschen umgaben und alle integren Männer nicht bloß unterdrückten, sondern ins Verderben stürzten ...«

Es folgt die Rechtfertigung für den Tyrannenmord:

»Einem Tyrannen genügt es ja nicht, seine Leidenschaft in gesetzlosem Wüten zu befriedigen und anderen Gut und Ehre zu rauben. Nein, seine höchste Lust ist es, all seine Feinde vom Erdboden zu vertilgen! Jeder Freie aber ist des Tyrannen Feind! Und nicht einmal diejenigen können sich sein Wohlwollen sichern, die seinen Übermut geduldig ertragen. Denn da sich der Tyrann sehr wohl des Unrechts bewußt ist, das er so vielen Menschen zugefügt hat, und da seine Opfer ihr Unglück mit Ergebung und Selbstverleugnung ertragen, so glaubt er erst dann ganz sicher zu sein, wenn er jene Unglücklichen vollständig aus dem Wege geräumt hat ...«

Immer wieder registriert er beifälliges Nicken bei denen, die wie er selbst gebrannte Kinder sind. Aber er weiß ebenso, daß die Kriecherei der letzten Jahrzehnte – sie begann ja schon unter Tiberius – beinahe zur zweiten Natur des degenerierten Hohen Hauses geworden ist. Leidenschaftlich ruft er den Senatoren entgegen: »Davon seid ihr jetzt frei! Und keine andere Gewalt braucht ihr nun anzuerkennen als euren eigenen Willen!«

Er fordert jeden auf, seine freie Meinung zu äußern. Ohne alle Scheu! Denn es gibt keinen Herrscher mehr, der ungestraft die Bürgerschaft beleidigen und die, die frei von der Leber weg reden, willkürlich hinrichten lassen könnte.

»Nichts aber hat der Tyrannei größeren Vorschub geleistet als die Feigheit derer, die gegen den Willen des Machthabers auch nicht den leisesten Widerspruch zu erheben wagten. Eingelullt in süße Ruhe und an ein sklavisches Leben gewöhnt, haben wir aus Furcht vor dem Tode die größte Schmach still ertragen und auch den Kränkungen der Freunde ruhig zugesehen.«

Er redet lange. Am Ende kommt er auf Cassius Chaerea zu sprechen – der Tribun ist anwesend – und fordert von den Versammelten höchste Anerkennung für dessen Tat: »… und zwar muß der Anstoß dazu von euch, ihr Senatoren, ausgehen!«

Flavius fügt an die Rede an: »So sprach Sentius und erregte damit den Beifall der Anwesenden …«[138]

Parole »Libertas« – Die Ausrufung der Republik

An dieser Stelle erwarten wir nun Vorschläge, was konkret zu tun sei. Doch nichts dergleichen geschieht. Statt dessen bringt Flavius einen Vorfall, der die Anwesenden in Erstaunen versetzt:

»Nun sprang ein gewisser Trebellius Maximus auf und zog von Sentius' Hand einen Ring, der einen Stein mit dem Bild des Gaius einschloß. Diesen Ring hatte Sentius offenbar in dem Eifer, mit dem er die Rednertribüne bestieg, um seine Gedanken in Worte zu setzen, abzulegen vergessen. In diesem Augenblick zerbrach der Ring mit dem Bildnis.«[139]

Die Stelle belegt nicht nur einmal mehr, wie sehr die Zeitgenossen an wundersame Zeichen – *omina* – glauben, sondern sie verrät, daß selbst ein Sentius Saturninus von Caligula kleine Geschenke angenommen hat, und er hat den Ring bis zu diesem Zeitpunkt sozusagen als »Parteiabzeichen« getragen. Die Sache dürfte ihm peinlich gewesen sein. Doch Flavius setzt sie mit etwas anderem in Beziehung:

»Als nun endlich in tiefer Nacht die Verhandlungen ihr Ende erreichten, erbat sich Chaerea von den Konsuln die Losung, und es lautete dieselbe *libertas* (Freiheit). Diese beiden Vorfälle setzten alle Anwesenden in Erstaunen, und fast niemand konnte sich das seltsame Zusammentreffen erklären. Jetzt nämlich, 100 Jahre nachdem ihnen ihre Selbständigkeit (von Caesar) genommen worden war, stand den Konsuln zuerst wieder die Ausgabe der Losung zu, wie sie denn auch vor Einführung der Alleinherrschaft das Heer unter ihrem Befehl hatten.«[140]

Zwischen den Zeilen erfahren wir hier, daß sich zu diesem Zeitpunkt – in den späten Abendstunden des 24. Januar – eine Mehrheit der Senatoren für die *restitutio rei publicae*, die Wiederherstellung der Republik, ausgesprochen hat. Das aber war nur möglich, weil sich der *Praefectus Urbi*, der Stadtpräfekt, mit seinen vier *Cohortes Urbanae* ganz auf die Seite der »Republikaner« geschlagen hatte. Dasselbe gilt für Cassius Chaerea:

»Als Chaerea die Losung erhalten hatte, gab er sie den Soldaten, die vor dem Sitzungssaal des Senates standen. Es waren dies im ganzen vier Kohorten, die lieber auf einen (neuen) Caesar verzichten als einem Tyrannen dienen wollten. Die Soldaten rückten darauf mit ihren Tribunen ab, und alsbald zerstreute sich auch das Volk in heller Freude und voll Zuversicht, weil es nun wieder im Besitz der Gewalt und keinem Machthaber mehr unterworfen sei. Chaerea aber stand jetzt beim Volk in hohem Ansehen.«[141]

Auf welch schwachem Boden die neue alte Konstitution stand, sollte sich noch im weiteren Verlauf des Abends zeigen. Seltsamerweise kein Wort über die Gardepräfekten, was eigentlich zu erwarten wäre. Wir erinnern uns, daß sie noch zu Beginn der Sitzung ausdrücklich zusammen mit dem *Praefectus Urbi* genannt wurden. Wo ist zu diesem Zeitpunkt Clemens? Hat er sich schon von den Republikanern abgesetzt?

Dafür rückt nun Cassius Chaerea in den Vordergrund. Das, was Flavius hier einschiebt und zu einer auffallend langen Erzählung gestaltet, wirft ein Licht auf den Haß Chaereas – nicht nur gegen Caligula, sondern gegen alle Angehörigen des julisch-claudischen Hauses:

»Übrigens störte es Chaerea gewaltig, daß Gaius' Gattin und Tochter sowie dessen ganze Familie nicht zugleich mit dem Caesar dem Verderben anheimgefallen waren. Er war nämlich der Meinung, daß jeder, der aus diesem Hause am Leben bleibe, dem Staat und den Gesetzen nur von Nachteil sein könne, und da es ihn drängte, das angefangene Werk zu vollenden und damit seinen Haß gegen Gaius zu sättigen, schickte er den Tribunen Julius Lupus mit dem Auftrag ab, des Gaius Gattin und Tochter umzubringen.«[142]

Es folgt der Zusatz: »Lupus, ein Verwandter des Clemens, wurde mit dieser Tat betraut, damit auch er als Teilnehmer am Tyrannenmord auf die Anerkennung der Bürger in gleicher Weise Anspruch habe, als wenn er an der Verschwörung beteiligt gewesen wäre.«

Für beide, Chaerea wie Lupus, wird dies schon am nächsten Tag tödliche Folgen haben. – Doch da ist die andere Frage: Was treibt Clemens selbst zu dieser Stunde? Der Text erweckt den Eindruck, als ob Clemens zu diesem Zeitpunkt noch zu den Verschwörern gezählt wird.

Und dies: Chaerea kann offensichtlich einem Tribun der Städtischen Kohorten Befehle erteilen! Das alles erweckt den Eindruck, als ob die Notstandsregierung ihn zu einem Befehlshaber mit Sondervollmachten ernannt hat. Freilich geht dem Mord eine hitzige Debatte voraus: »Einigen der Verschworenen jedoch erschien es unmenschlich, ein Weib hinzumorden, zumal da Gaius mehr aus eigenem Antrieb als auf Anstiften seiner Gattin jene Fehler begangen habe. Andere hingegen wollten alle diesbezüglichen Beschlüsse der Gattin des Caesars zur Last legen und ihr die Initiative zu allen Freveltaten, die Gaius begangen, zuschieben, indem sie dieselbe verdächtigten, sie habe ihm einen Zaubertrank eingegeben, um ihn sich willfährig und geneigt zu machen… Trotz aller Bemühungen der Gemäßigten drang diese Ansicht durch, und so wurde Lupus damit beauftragt, die Gattin des Caesars zu töten.«[143]

Sie stirbt durch das Schwert des Lupus, und mit ihr die kleine Tochter, die nach Sueton »gegen eine Wand geschmettert wurde«.[144]

Welch ein Haß muß in den Köpfen der Verschwörer gewesen sein! Einschübe dieser Art bringt Flavius öfter. So informativ sie auch sind, stören sie doch den komplizierten Gang der Ereignisse sehr. Ja, man meint zu spüren, daß der Autor selbst Mühe hat, den Faden nicht zu verlieren. An solchen Stellen versucht er mit »Übrigens …«, »Aber dann …« oder »Als nun endlich …« den Bogen zum Vorherigen zurück zu schlagen, und wir sehen ihn vor uns, wie er sich in die Textrollen der verschiedenen Autoren vertieft, die er auf seinem Tisch liegen hat.

Um den Fortgang des komplexen Geschehens besser erkennen und deuten zu können, müssen wir noch einmal auf die Abordnung zurückkommen, die der Senat zu Claudius ins Lager der Prätorianer geschickt hatte. Bei Sueton hieß es dazu lakonisch: »Claudius wurde durch die Volkstribunen in die Kurie zitiert, um zu raten, wie es weitergehen sollte.« Und seine Antwort lautete: Er werde durch Gewalt und zwingende Umstände zurückgehalten.[145] Sueton, der die Ereignisse ja aus der Perspektive des Claudius erzählt, hält sich nicht lange mit den Vorstellungen der in der Kurie versammelten Republikaner auf – für deren Intentionen ihm ohnehin jedes tiefere Interesse abgeht.

Ganz anders Flavius Josephus! Und die Genauigkeit, mit der bei ihm die Argumente vorgetragen werden, läßt wiederum auf Cluvius oder eine andere zeitgenössische Quelle schließen, aus der er abgeschrieben hat. Unklar bleibt allerdings, ob die senatorische Gesandtschaft noch am Nachmittag oder erst am Abend des 24. Januars ins Lager der Garde geschickt wurde, aber das ist zweitrangig. Es spricht einiges dafür, daß dies noch am Abend des Mordtages geschah.[146]

Als erstes erfahren wir, daß die immer noch vor der Curie ausharrende »Volksmenge« keineswegs geschlossen hinter jener starken Senatsfraktion steht, die die Republik in ihrer alten Form wieder institutionalisieren will:

»Unterdessen war zwischen dem Volk und den Senatoren Streit ausgebrochen, da die letzteren ihre frühere Macht wieder an sich reißen und das Tyrannenjoch abschütteln wollten, wozu ihnen jetzt die Gelegenheit geboten schien, während das Volk, das den Adel stets gehaßt hatte und in der Caesarengewalt den besten Zügel gegen die Willkür desselben sowie seinen eigenen Rückhalt erkannte, der Erhebung des Claudius zujubelte. Durfte es doch von diesem, wenn er auf den Thron gelangte, die Verhütung des Bürgerkrieges erhoffen, der ebenso wie unter Pompeius (in dessen Auseinandersetzung mit Caesar 49 v. Chr.) hereinzubrechen drohte.«[147]

*Die Togastatue zeigt Claudius im traditionellen Förmmigkeitsgestus mit demütig ver-
hülltem Haupt bei einer Opferhandlung. Zwischen 38 und 45 n. Chr.*

Die republikanischen Revolutionäre überlegen also, wie sie einem zweiten »Rubikon« – der Erhebung des Claudius – zuvorkommen können. Zu diesem Zeitpunkt hat die offizielle Inthronisation von Claudius zum Princeps noch nicht stattgefunden. Aber die Gerüchte verdichten sich, daß sie unmittelbar bevorstehe; heißt es doch: »Als nun der Senat Kunde davon erhielt, daß die Soldaten den Claudius in die Kaserne gebracht hatten, sandte er die Vornehmsten aus seiner Mitte zu ihm mit dem Ersuchen, keine Schritte zur Erlangung der Herrschaft zu unternehmen, sondern sich dem Senat zu fügen, da er doch nur einer so vielen gegenüber sei und später auch zu ihnen gehören werde.«[148]

Mit anderen Worten wird hier zugegeben, daß man den Mann, der von Sueton als Trottel beschrieben wird, durchaus für fähig hält, »eigene Schritte« zur Erlangung der Herrschaft zu unternehmen, was voraussetzt, daß Claudius sehr wohl die intellektuellen Voraussetzungen besitzt, alle persönlichen und politischen Folgen seines Handelns abschätzen zu können. Wir kommen auf das suetonische Claudius-Bild noch zurück.

Daß man zwei *tribuni plebis*, zwei Volkstribunen, schickt, ist in diesem Zusammenhang von eminent programmatischer Bedeutung. Für Claudius – wie für die praetorianischen Kaisermacher – ist diese Gesandtschaft eine Provokation, mehr noch, ein Affront: Seht her! Hier stehen die Inhaber des heiligsten Amtes, das Rom kennt! Vor Zeiten wurde es vom Volk den Mächtigen abgetrotzt, mit dem Recht, gegen jede Maßnahme der Regierung ein »Veto« einlegen zu können. Augustus und seine Nachfolger haben es sich widerrechtlich angemaßt. Nun hat das Volk sich zurückgeholt, was ihm immer schon gehörte. Und wehe, ihr wagt es, euch an den Repräsentanten des Volkes zu vergreifen! Ihr Amt ist sakrosankt, unverletzlich, heilig! Die Volkstribunen stehen unter dem Schutz der Götter.

Nun sind Rechtspositionen eine Sache, eine andere die Macht der Verhältnisse. Mit gemischten Gefühlen betreten Veranius und Brocchus das Lager der Prätorianer. Man ist bemüht, die Formen der Konvention zu wahren, und nimmt ihre Bitte, den Wunschkandidaten der Truppe sprechen zu können, mit diplomatischer

Freundlichkeit entgegen. Wir wissen nicht, wer sie empfängt und zu Claudius geleitet. Clemens? Wäre er zu diesem Zeitpunkt im Lager, schriebe das Protokoll fraglos vor, daß er oder sein Kollege den Tribunen die Honneurs machte. Das ist durchaus denkbar, denn wir haben den *Praefectus Praetorio* Arrecinus Clemens anfangs als jemanden kennengelernt, der äußerlich die Formen wahrt und sich doch immer nach den für ihn günstigsten Opportunitäten richtet. Doch nun sitzt er zwischen allen Stühlen: Er war noch am Mittag, als der Schock über den Kaisermord für totale Verwirrung im Hohen Hause sorgte, der scheinbar gelassene Mann, der die Herren mit der Versicherung beruhigte, er habe die Lage militärisch im Griff. Mittlerweile aber haben sich die Verhältnisse grundlegend geändert. Seine 9000 Mann der Garde haben ihm die Zügel aus der Hand genommen. – Es sei denn, er treibt ein doppeltes Spiel. Es würde zu ihm passen. Nun ist er vor allem bemüht, vor den Abgesandten des Senats das Gesicht zu wahren.

Nach der Begrüßung – sie wird auf beiden Seiten recht steif ausgefallen sein – kommen die Gesandten sofort zur Sache (um die Szene lebendiger zu machen, setzen wir den folgenden Dialog in direkte Rede um):

»Überlaß die Fürsorge für den Staat der gesetzlichen Behörde! Und mach dir vor allem klar, welches Unheil die früheren Alleinherrscher für das Gemeinwohl gebracht haben!«

Claudius, er ist 50, wird dazu mit leicht zitterndem Haupt genickt haben. Natürlich ist er innerlich erregt, und immer wenn er erregt ist, beginnt sein Kopf zu zittern.

Sie nehmen es mit Genugtuung zur Kenntnis, weil sie glauben, der Mann da vor ihnen, der in den vergangenen Jahrzehnten nie in irgendeiner Weise eine Rolle in der Öffentlichkeit gespielt hat, sei leicht zu beeinflussen. Sie vergessen, daß er ein Meister des Überlebens ist. Er hat seine machtbesessene Großmutter Livia ebenso überlebt wie Tiberius in dessen schlimmsten Jahren, und zum Schluß das unberechenbare Scheusal Caligula, seinen Neffen.

Die Tribunen spielen darauf an: »Hast du vergessen, welche Gefahren du in den Zeiten des Gaius mit uns allen hast teilen müssen?!«

Vielleicht sagt er leise, sehr leise: »Ich habe es nicht vergessen ...«
Und laut: »Weiter! Sprecht weiter!« Er hebt, mit einem freundlichen Lächeln, ermunternd die Hand.

Und sie: »Wenn du also über das grausame Wüten der Tyrannei entrüstet bist, das andere sich haben zuschulden kommen lassen, dann zieh daraus die einzig richtige Konsequenz und verzichte auf die dir angetragene Macht, denn der Vorgang käme einem Verbrechen gegen das Vaterland gleich!«

Sie erwarten an dieser Stelle eine Entgegnung. Doch er schweigt. Blickt ruhig von einem zum andern. Auch das Zittern des Kopfes hat aufgehört. Er steht ganz ruhig vor ihnen, mitten auf dem großen Antreteplatz der Kaserne. Erstaunt finden sie bestätigt, was sie bisher nur von anderen gehört haben: Seiner Gestalt fehlt es nicht an imponierender Würde, ob er, wie jetzt, steht, ob er sitzt oder geht. Er ist schlank, ohne mager zu sein, hat ein schönes, sehr ausgeglichenes Gesicht, dem seines Bruders Germanicus nicht unähnlich, und volles weißes Haar schmückt den Kopf, der auf einem vollen Hals sitzt. Im übrigen – auch das widerspricht ihren Erwartungen – sieht er blühend aus und scheint kerngesund zu sein.

»Fahrt fort! Bi-bit-te f-fahrt fort!« Es ist das erste Mal, daß er stottert, seit sie mit ihm reden. Dabei hieß es, er stottere ununterbrochen.

Und sie fahren fort, so wie sie es mit den Freunden im Senat abgesprochen haben – man will ihm eine goldene Brücke bauen:
»Du solltest dich dem Senat fügen und dich mit der ehrenvollen Ruhe deines früheren Lebens begnügen. Wenn du das tust, wirst du von deinen freien Mitbürgern« – sie betonten das Attribut – »mit Ehrenbezeugungen überhäuft werden! Du wirst dir den Ruhm eines wahrhaft edlen Mannes erwerben, der innerhalb der gesetzlichen Schranken ebenso zu herrschen wie zu dienen bereit ist.«

Wieder nickt Claudius. Dann huscht ein kleines, spitzbübisches Lächeln über seinen Mund. Ruhig schaut er sie an und fragt:
»Und wenn n-nicht?«

Die Tribunen werfen sich einen schnellen Blick zu: Diese Gegenfrage enthält bereits die Antwort. Also hebt Veranius die Stimme, um der folgenden Drohung mehr Gewicht zu verleihen:

»Wenn du dir nicht raten lassen willst und auch durch des Gaius Ende noch nicht klug geworden bist, so wisse: Senat und Volk von Rom verfügen sehr wohl über die Mittel, um dem, was hier noch als Bitte vorgetragen wird, Geltung zu verschaffen: Ein bedeutender Teil des Heeres ist auf unserer Seite! Waffen stehen in Menge zur Verfügung! Wir haben auch keinen Mangel an Sklaven, die wir entsprechend verwenden können!«

Vornehmlich aber, fährt Veranius fort, beruhe ihre Hoffnung darauf, daß das Geschick und die Götter nur den unterstützten, der für Recht und Billigkeit streite, und solche Männer seien die, welche für die Freiheit des Vaterlandes den Kampf nicht scheuten.

Des Claudius Antwort kennen wir schon: Er werde durch Gewalt und zwingende Umstände zurückgehalten.[149] Er hebt die Hand und weist gleichsam entschuldigend über den Platz. Längst sind sie von einigen hundert Soldaten umringt, deren grimmig entschlossene Gesichter nichts Gutes ahnen lassen.

Spätestens jetzt muß den Tribunen aufgegangen sein, daß sie vor verschlossenen Türen stehen. Also machen sie einen letzten verzweifelten Versuch und retten sich in eine Demutsgeste:

»Da wandten sich die Abgesandten des Senates an Claudius und baten ihn kniefällig (!), er möge über die Stadt nicht das Elend des Bürgerkrieges heraufbeschwören. Als sie aber die gewaltige Menge der Soldaten sahen, die ihn umringten und gegen die das Heer der Konsuln kaum in Betracht kommen konnte, fügten sie die weitere Bitte hinzu: Er möge, wenn er durchaus nach der Caesarenwürde verlange, sich dieselbe wenigstens vom Senat übertragen lassen.«[150]

Ein Freundschaftsdienst? –
Herodes Agrippa vermittelt

Wir haben den Kulminationspunkt erreicht. Bis zu diesem Zeitpunkt war in gewisser Weise auf beiden Seiten noch alles in der Schwebe. Nun klären sich die Fronten:

»Claudius« – notiert Flavius nach dem Treffen mit den Volkstribunen –, »Claudius, der sehr wohl wußte, mit welcher Zuversicht man diese Boten gesandt hatte, ließ sich durch ihre Worte für den Augenblick zu milderem Verhalten bewegen; von Furcht war indes keine Spur mehr bei ihm vorhanden.«[151]

Den entscheidenden Anstoß, nun selbst die Initiative zu ergreifen, erhielt Claudius von zwei Seiten:
– von den Prätorianern,
– von Julius Herodes Agrippa: »… weil der König ihn aufforderte, die gewaltige ihm übertragene Macht nicht aus den Händen zu geben.«[152]

Dieser und der vorhergehende Satz von Flavius enthalten wichtige Aussagen zum Geschehen, vor allem zu Claudius selbst: »… ließ sich zu milderem Verhalten bewegen … von Furcht keine Spur … die gewaltige Macht nicht aus den Händen zu geben …«

In der Sprache unserer Zeit heißt das: Claudius war zunächst entschlossen, eine harte Linie zu verfolgen; die allgemeinen Erwartungen – mit dem Mann können wir nach Belieben umspringen – entpuppten sich als Vorurteile; Claudius war sich voll der ungeheuren Macht bewußt, die er bereit war zu übernehmen. Um dies zu erreichen, beugte er sich den Argumenten seines Freundes Herodes Agrippa, klug zu taktieren und von einer Hauruck-Aktion Abstand zu nehmen.

Aber wer war Herodes Agrippa?

Nun, dieser Mann ist eine der interessantesten Gestalten dieses an farbigen Figuren nicht armen 1. Jahrhunderts n. Chr.

Die Fakten: Marcus Julius Agrippa (10 v. Chr. – 44 n. Chr.) war ein Enkel Herodes des Großen. Das *praenomen* (der Vorname) Marcus ist nicht überliefert, aber sein Sohn, König Marcus Julius Agrippa II., hat es ohne Zweifel gemäß dem Brauch der Zeit vom Vater übernommen. In den Inschriften, auf den Münzen und bei den Schriftstellern heißt er in der Regel Αγριππασ, ohne weitere Zusätze. Den Namen »Herodes«, unter dem ihn die Apostelgeschichte (Kap. 12) nennt, hat er nicht geführt.

Von seinem Großvater hatte er das römische Bürgerrecht und das römische *nomen gentile* »Julius« geerbt. Sein *cognomen* (Beinamen) »Agrippa« führte er nach dessen Freund Marcus Agrippa.[153]

Agrippa wuchs in Rom heran – im Hause der Antonia! – und verkehrte mit den Prinzen des Kaiserhauses, so mit Drusus, dem Sohn des Tiberius, mit dem er befreundet war, besonders aber mit Claudius, dessen Busenfreund er wurde. Er muß in Rom das Leben eines Playboys geführt haben, wobei die ihm zur Verfügung stehenden Mittel freilich seine Ausgaben nicht deckten, denn nach dem Tod des Drusus (23 n. Chr.) verließ er, von Gläubigern arg bedrängt, Italien und begab sich nach Palästina, wo er mittellos ankam. Sein Schwager Herodes Antipas – Tetrarch von Galiläa und Peraia und Landesherr Jesu von Nazareth[154] – rettete ihn vor dem Äußersten und verschaffte ihm ein Munizipalamt in Tiberias. Nachdem er sich in der Folge mit Antipas überworfen und eine Reihe peinlicher Abenteuer bestanden hatte, kehrte er im Jahre 36 nach Italien zurück.

Flavius Josephus, der sich in seinen »Jüdischen Altertümern« immer wieder mit den Aktivitäten Agrippas beschäftigt, bringt in diesem Zusammenhang einen längeren Abschnitt, der u. a. auch die Erklärung für das spätere Einvernehmen mit der kaiserlichen Familie enthält:

»In Puteoli (am Golf von Neapel) angelangt, schrieb Agrippa einen Brief an den Caesar Tiberius, der damals (schon neun Jahre) in Capri zurückgezogen lebte, teilte ihm mit, er sei gekommen, um ihm pflichtgemäß seine Aufwartung zu machen, und bat ihn um die Erlaubnis, sich in Capri einfinden zu dürfen.

Tiberius antwortete ihm mit größter Freundlichkeit und gab seiner Freude darüber Ausdruck, daß er ihn in Capri sehen werde.

Als Agrippa nun ankam, fand er eine so ehrenvolle Aufnahme und glänzende Bewirtung, wie er dem Brief gemäß erwarten konnte.

Am folgenden Tag jedoch erhielt der Kaiser von Herennius Capito die schriftliche Anzeige, Agrippa habe (sich bei ihm) 300 000 Sesterzen entliehen, sie aber am Verfallstag nicht zurückgezahlt. Und als er ihn (noch in Palästina) an die Rückzahlung erinnert habe, sei er aus seinem Lande geflohen, so daß er jetzt gar keine Hoffnung mehr habe, das Geld von ihm einzutreiben ...«

Dieser Herennius Capito war kaiserlicher *procurator* der Stadt Iammia und ihres Gebietes, die seit dem Tode der Salome, der

Schwester Herodes' des Großen, kaiserlicher Hausbesitz war. Daß er ein strenger Finanzbeamter war, zeigt sein Vorgehen gegen Herodes Agrippa: Er hatte ihn, als er sich in Anthedon einschiffen wollte, aufgehalten, weil er der kaiserlichen Kasse noch die 300 000 Sesterzen schuldete. Als dann Agrippa heimlich absegelte und vom Kaiser in Capri freundlich empfangen wurde, erstattete Herennius dem Princeps schriftliche Anzeige des Vorfalls.

Tiberius reagierte prompt: »Als der Kaiser diesen Brief gelesen hatte, wurde er sehr unwillig und ließ Agrippa den Zutritt zum Hof untersagen, bis er die Schuld bezahlt habe.

Dieser aber ließ sich durch den Zorn des Caesars nicht im mindesten aus der Fassung bringen, sondern erbat sich von Antonia, der Mutter des Germanicus und des nachmaligen Caesars Claudius, 300 000 Sesterzen, damit er die Freundschaft des Tiberius nicht verlöre. Antonia gab ihm das Geld, teils im Andenken an seine Mutter Berenike, mit der sie in sehr vertrautem Verkehr gestanden hatte, teils weil er mit Claudius erzogen worden war.

Sobald nun Agrippa seine Schuld abgetragen hatte, war sein gutes Einvernehmen mit Tiberius wiederhergestellt, und der Caesar vertraute ihm sogar seinen Enkel an, damit er ihn auf seinen Ausgängen begleite. Aus Dankbarkeit für das freundliche Entgegenkommen der Antonia widmete alsdann Agrippa seine ganze Sorgfalt dem Gaius (Caligula), welcher der Enkel der Antonia war und wegen der allgemeinen Beliebtheit seines Vaters (Germanicus) überall in hoher Achtung stand. Es befand sich aber damals ein gewisser Samariter Thallus, ein Freigelassener des Caesars, am Hofe. Von diesem lieh sich Agrippa eine Million Sesterzen, bezahlte der Antonia seine Schuld und verwendete den Rest dazu, Aufwendungen für Gaius zu machen, um seine Gunst zu erlangen, so daß er in dessen Ansehen gewaltig stieg.«[155]

Diese Episode aus dem Leben des Agrippa enthält wichtige Details, die etwas über ihn und seinen Charakter wie auch über seine Beziehungen zur julisch-claudischen Familie aussagen.

Er ist zusammen mit Claudius am Hofe aufgewachsen. Dessen Mutter, Antonia, hat ihn seit damals in ihr Herz geschlossen. Agrippa muß etwas ungemein Gewinnendes in seinem Wesen gehabt haben, wenn er es verstand, zugleich Claudius, Caligula, Antonia und den grimmigen alten Tiberius sich geneigt zu erhalten. Zugleich wird in dieser Episode seine Spielernatur sichtbar. Bedenkenlos wagt er sehr hohe Einsätze, doch hat er dabei immer die Möglichkeiten im Auge, die ihm der wohlüberlegte nächste Schritt bringen wird.

Doch schon bald fällt er bei dem alten Einsiedler von Capri erneut in Ungnade, weil er Caligula gegenüber der Hoffnung Ausdruck gegeben hatte, »... Tiberius möge recht bald dem des Thrones viel würdigeren Gaius Platz machen«. Das wurde dem Princeps zugetragen, und Agrippa verschwand für sechs Monate im Gefängnis. Erst des Tiberius Tod brachte ihm die Freiheit wieder.

Gaius verlieh seinem Freund den Königstitel und ein Reich in Palästina, das aus Teilen der alten herodianischen Territorien bestand. Im Jahre 38 trat Agrippa die Heimreise nach Judäa an. Nach zwei Jahren fügte Caligula ein weiteres Gebiet hinzu. Über diese Zeit berichtet Flavius Josephus im XVIII. Buch seiner »Jüdischen Altertümer« sehr ausführlich, doch brauchen wir hier nicht näher darauf einzugehen. Im Jahre 40 kehrt er wieder nach Rom zurück, um Caligula zu bewegen, die Aufstellung seiner Statue im Tempel zu Jerusalem rückgängig zu machen. Damit hatte er Erfolg.

Seit damals, wohl Herbst 40, blieb er in Rom und geriet nun in den Strudel der konspirativen Ereignisse um Caligula. Flavius Josephus behauptet sogar, Agrippa sei es gewesen, der für die Bestattung des toten Caligula gesorgt habe.[156]

Erstaunlich: Agrippa kann sich nach dem Attentat offenbar frei auf dem Areal des Palatins bewegen. Niemand hindert ihn, wenn er zwischen den weitläufig verteilten Gebäuden der Palastanlage hin und her eilt. Dabei ist er als enger Freund der julisch-claudischen Familie bekannt – nicht nur des Caligula, sondern besonders auch des Claudius. Beide sind im gleichen Jahre (10 v. Chr.) geboren. Agrippa ist zusammen mit Claudius in Rom aufgewachsen. Sie kennen sich seit vier Jahrzehnten, und wir dürfen annehmen, daß sie in einem sehr nahen Verhältnis zueinander stehen. Dabei sind kaum größere Gegensätze denkbar: hier der verstörte, körperlich behinderte Sproß der Antonia und des Drusus, der stets im Schatten seines charismatischen Bruders Germanicus stand und als Idiot der Familie böse Scherze über sich ergehen lassen mußte; der zeit seines Lebens stotterte und von der eigenen Mutter als Scheusal betrachtet wurde; dort der weltmännische, flotte, charmante, hochintelligente Herodes-Enkel, überall und nirgends zu Hause, sehr schnell im Denken, nicht weniger im Handeln – der geborene Diplomat.

Die frühe Bindung an die dynastische Familie hat ihn geprägt. Er muß »Tante« Antonia als Ersatzmutter betrachtet haben, während sie ihn als Ersatzsohn ins Herz geschlossen hat. Wie sonst wäre eine Szene wie die oben berichtete denkbar: Sie händigt ihm auf der Stelle 300 000 Sesterzen aus, damit er seine Schulden – beim kaiserlichen Fiskus! – bezahlen kann. Dabei haben sie sich jahrelang nicht gesehen! Vielleicht rechnete sie es ihm auch hoch an, daß er, anders als sie selbst, ihrem von den Göttern geschlagenen Sohn Claudius stets in Treue verbunden war und ihm die Liebe entgegenbrachte, zu der sie selbst nicht fähig war.

Nun aber kommt die große Stunde des Agrippa: »Als er nun hörte, Claudius sei von den Soldaten entführt worden, eilte er sogleich zu ihm und langte in dem Augenblick bei ihm an, als der in seiner Verwirrung geneigt war, dem Senat nachzugeben.«[157]

Wieder können wir nur Vermutungen darüber anstellen, wieso der König eines jüdischen Kleinstaates ohne weiteres in die scharf bewachte Prätorianerkaserne eingelassen wird: Hatte er Clemens gegenüber offen zu erkennen gegeben, auf welcher Seite er stand? Wenn nicht gegenüber Clemens, dann gegenüber anderen hohen Stabsoffizieren der Garde? Gab es zwischen ihm und Clemens ältere Verbindungen, vielleicht gar Absprachen für den Tag X? Gilt das gleiche für Claudius selbst? War er also von Anfang an in die Pläne der Verschwörer eingeweiht? – Wir kommen am Ende darauf zurück.

Zunächst läßt er sich von Claudius detailliert berichten, was die Abgesandten des Senats vorgebracht haben: Sie haben also indirekt mit einem Bürgerkrieg gedroht. Falls Claudius nicht nachgebe, ständen sehr wohl Mittel bereit, ihn dazu zu zwingen. Die vier Städtischen Kohorten warteten nur auf das Kommando

zum Einschreiten. Der *Praefectus Urbi* hat sich dem Senat unterstellt.

Agrippa hört sich das an, denkt nach und bringt seine Gegenargu-
mente: Er habe Teile dieser Truppen gesehen, wie sie den Palast
plünderten. Das sei gegen den ausdrücklichen Befehl des Präfekten geschehen. Es könne also keine Rede davon sein, daß diese
Kohorten geschlossen hinter dem Senat ständen. Auch bei denen
habe sich herumgesprochen, daß Claudius sich hier, bei den Prätorianern, befinde. Und sie verspürten keine große Lust, sich mit der
Garde im Kampf zu messen.

Claudius räumt auf eine entsprechende Frage Agrippas ein, wie die
Abgesandten des Senats von den entschlossen bereitstehenden
Prätorianern zunehmend eingeschüchtert worden seien und wie
sie ihn schließlich kniefällig gebeten hätten, er möge doch keinen
neuen Bürgerkrieg heraufbeschwören. Wenn er denn schon Kaiser
werden wolle, dann solle er sich die Caesarenwürde wenigstens
vom Senat übertragen lassen.

Beide wollen sie kein Blutvergießen. Also gibt ihm Agrippa zu bedenken, daß seine Entscheidung nicht nur für die Stadt, den Senat
und die Rolle der Prätorianer schicksalhafte Bedeutung haben
wird, sondern für das gesamte Reich. Die bestehende Ordnung
dürfe nicht gefährdet werden. Die Provinzen, besonders die im
Osten, haben sich auf den seit Augustus etablierten Zustand ein-
gestellt. Man hat sich arrangiert, weil es für alle Vorteile bringt, besonders für Handel und Wandel, also das Gemeinwohl. Die gesamte Reichsverwaltung sei auf eine monarchische Führung hin
ausgerichtet.

Was würde denn geschehen, wenn diese Ehrenmänner, die sich als
die Erben des Caesarmörders Brutus ausgäben, das Sagen hätten?
Der ganze furchtbare Schlamassel, der die Republik zugrunde gerichtet habe, würde von neuem beginnen, mit Parteienkämpfen,
Fraktionsbildungen, Wahlbestechung, Korruption und Volksver-
hetzung! Dann dies: In den Provinzen würde das Mißregiment senatorischer Statthalter von neuem beginnen, denn da sei niemand,
der gegen die skrupellose Ausbeutung der Bevölkerung einschreiten könne. Das Volk? Es habe sich doch längst bequem und zu-

frieden in der monarchischen Ordnung eingerichtet. Brot und Spiele seien ihm wichtiger geworden als ideologische Auseinandersetzungen.

Der Senat? Es gebe nicht *den* Senat! Es sei das nur eine kleine Gruppe von Senatoren, die meine, weil sie einen Tyrannen in den Hades geschickt habe, stehe ihr nun das Recht zu, die ganze Staatsordnung umzustürzen. Die meisten von ihnen, die den radikalen Wortführern nach dem Munde redeten, seien feige Duckmäuser.

Im übrigen seien die Würfel schon gefallen. Die Garde habe sich eindeutig für Claudius entschieden, den einzigen noch lebenden männlichen Angehörigen des *Gens Claudia-Julia*. Mochten die Motive der Prätorianer auch egoistisch sein, so deckten sie sich doch mit den größeren, staatspolitisch notwendigen Interessen des Imperiums.

Er, Agrippa, werde es einzurichten wissen, daß man ihn vor das Hohe Haus lade, damit er den Hitzköpfen Rede und Antwort stehe. Er wisse schon, was er zu sagen habe. Claudius aber dürfe in der Zeit nicht das Lager verlassen. Oberste Maxime müsse sein: Um jeden Preis Blutvergießen zu vermeiden. Die Garde sei in der Stimmung, alles kurz und klein zu schlagen.

So etwa dürften Agrippas Argumente gelautet haben.

Im folgenden schildert uns Flavius Josephus einen Agrippa, der die senatorischen Revolutionäre elegant an die Wand spielt, und wir wissen nicht, ob wir seine unglaubliche Kühnheit oder seine bedenkenlose Gerissenheit mehr bewundern sollen:

»Als Agrippa nun in den Senat beschieden wurde, erschien er dort mit gesalbtem Haar, als käme er von einem Trinkgelage, und fragte die Senatoren, was Claudius mache ...«[158]

Weshalb er »beschieden« wurde, können wir nur vermuten: Offensichtlich wollte man den jüdischen König, der seit seiner Kindheit mit Claudius befreundet war, aushorchen, in der – richtigen – Annahme, er als Insider sei bezüglich der claudischen Willensbildung der zur Zeit am besten informierte Mann in Rom. Daß Agrippa ihnen eine Komödie vorspielt, indem er vorgibt, man habe ihn gerade von einem Gelage fortgeholt, ahnen sie nicht, sondern nehmen ihm seine diesbezügliche Entschuldigung ohne weiteres ab, woraus wir schließen können, daß er ein dem Lebensgenuß zugewandter Mann war.

Noch kecker seine Eröffnung des Hearings: Er, Agrippa, fragt die Senatoren, was eigentlich Claudius zur Zeit mache! Wahrscheinlich hat er vor seinem Aufbruch einige Becher Wein zu sich genommen und tritt mit der nonchalanten Heiterkeit des leicht angetrunkenen Weltmannes und Playboys auf. »Die Senatoren sagten ihm, wie die Sachen ständen, und befragten ihn alsdann um seine Ansicht über die zweckmäßigste Regierungsform.«

Er wird sich einige Augenblicke besonnen und mit staatsmännischem Ernst seine Erklärung abgegeben haben. Was er dann sagt, ist ein Kabinettstück an diplomatischem Geschick, politischer Manipulation und operativer Taktik:

»Agrippa entgegnete, was ihn betreffe, so sei er bereit, für das Ansehen des Senats sein Leben zu opfern. Doch rate er, einzig das Nützliche zu erwägen und von vorgefaßten Meinungen abzusehen. Wenn sie die Macht behaupten wollten, so bedürften sie der Waffen und der Soldaten, um allen Möglichkeiten die Spitze bieten zu können. Als ihm nun erwidert wurde, der Senat besitze Waffen in Menge, und Geld sei leicht zu beschaffen, außerdem aber habe man nicht nur bereits eine beträchtliche Streitmacht, sondern könne dieselbe auch leicht durch Freilassung der Sklaven vermehren, wandte Agrippa folgendes ein:

›Ich will euch zwar den besten Erfolg wünschen, doch kann ich euch, da es sich um euer eigenes Wohlergehen handelt, meine Meinung nicht vorenthalten. Bedenkt wohl, daß sich auf Claudius' Seite die altgedienten Soldaten befinden, die in der Führung der Waffen höchst erfahren sind, daß dagegen mit unserer (!) Macht, die aus hergelaufenen Fremdlingen und unerwartet freigelassenen Sklaven besteht, nicht viel zu erreichen sein wird. Gegen kriegserfahrene und abgehärtete Soldaten können wir doch keine Rekruten ins Treffen führen, die kaum das Schwert zu ziehen verstehen! Es scheint mir daher am geratensten, bei Claudius durch gütliche Überredung dahin zu wirken, daß er auf den Thron verzichte, und ich selbst erkläre mich bereit, die Botschaft zu übernehmen.‹

Diese Worte fanden den Beifall des Senats, und so wurde Agrippa mit noch einigen anderen zu Claudius geschickt.

Dort angekommen, teilte er diesem heimlich die Verlegenheit des Senats mit und riet ihm, bei Erteilung der Antwort eine der Größe seiner Macht entsprechende Würde zu zeigen.«[159]

Es ist denkbar, daß er in diesem Augenblick Claudius geraten hat, den Prätorianern und auch den in den Provinzen stationierten Legionen eine hohe finanzielle Dotation zu versprechen. Und auf Claudius' Frage, woher er das Geld nehmen solle, wird er geantwortet haben, daß ihm, wenn er erst Princeps sei, alle staatlichen Einkünfte zur Verfügung stehen würden und er, da ja die Garde hinter ihm stehe, über das Gewaltmittel verfüge, das Geld nach Gutdünken und Notwendigkeit zu verteilen. Niemand könne ihm dann mehr in den Arm fallen. Fürs erste aber solle er eine Antwort geben, die den Senat beruhigen und ihm die Angst vor einem neuen Tyrannen nehmen müsse.

»Claudius entgegnete daher (den Abgesandten des Senats), er wundere sich nicht im mindesten, wenn der Senat keinen Herrscher über sich anerkennen wolle, da er durch die Grausamkeiten der früheren Machthaber so viel zu leiden gehabt habe. Jetzt dagegen sollten die Senatoren eine mildere Behandlung erfahren, weil er sich selbst nur den Titel des Herrschers vorbehalten, in der Tat aber die Herrschaft mit ihnen teilen wolle. Da er nun vor ihren Augen schon so viel und so mancherlei getan habe, könne er gewiß auf ihr volles Vertrauen Anspruch erheben.

Mit diesem Bescheid wurden die Abgeordneten entlassen.«[160]

Es wird zwar nicht ausdrücklich gesagt, aber der Menschenkenner Agrippa spekuliert mit sicherem Instinkt darauf, daß es sich auch bei den *Cohortes Urbanae* schnell herumsprechen wird, wenn Claudius sein Füllhorn über die Prätorianer ausschüttet. Also animiert er den Freund, unverzüglich zu handeln:

»Claudius wandte sich hierauf an das um ihn versammelte Heer (der Prätorianer) und verpflichtete es durch den Soldateneid zur Treue. Dann ließ er der Garde Mann für Mann 5000 Drachmen[161] austeilen, gab den Hauptleuten ein ihrem Rang entsprechendes

größeres Geschenk und versprach den übrigen Heeresabteilungen, wo sie auch stehen mochten, dieselbe Spende.«[162]
Eine Hochrechnung ergibt allein für die 9000 Prätorianer schon 135 Millionen Sesterzen. Hinzu kommen die höheren Dotationen für Centurionen und Tribunen, ferner 60 Millionen für die *Cohortes Urbanae*. Macht zusammen über 200 Millionen Sesterzen. Eine ungeheure Summe! Wie wir aus Suetons Claudius-Vita wissen, gehörte der neue Kaiser vor seiner Inthronisation nicht zu den Vermögendsten, denn sowohl Tiberius als auch Caligula hatten ihn kurz gehalten. Bleibt die Frage, woher das Geld kam.

Das »Claudius-Kartell« –
Die Drahtzieher im Hintergrund

Damit haben wir fast schon das Ende des Dramas erreicht und könnten das Kapitel »Claudius« in Kürze abschließen, wenn da nicht eine entscheidende Frage offengeblieben wäre:
Kann es sein, daß Claudius – zusammen mit anderen – seine Machtergreifung von langer Hand vorbereitet hat? Oder umgekehrt: Haben mächtige Männer im Hintergrund die Inthronisation von Claudius gewollt und systematisch Schritt für Schritt darauf hingearbeitet?
Wenn wir uns alles, was an diesem 24. Januar 41 geschehen ist, in Erinnerung rufen, fällt eine ganze Reihe merkwürdiger Dinge auf. Einerseits werden sie von unseren antiken Gewährsleuten mit größter Selbstverständlichkeit genannt, andererseits bleiben sie auf eine seltsame Weise beziehungslos im Raum stehen:
1. Die beiden *Praefecti Praetorio*, die Kommandeure der Garde, nehmen zusammen mit dem *Praefectus Urbi*, dem Stadtpräfekten, an der nachmittäglichen Sitzung des Senats teil. Weder der Stadtpräfekt noch der zweite Prätorianerpräfekt werden namentlich genannt.
2. Der Tribun der Prätorianer, Cassius Chaerea, nimmt ebenfalls an der Sitzung teil, allerdings weniger in seiner Eigenschaft als Stabsoffizier der Garde, sondern als Offizier, der – so scheint

es – ad hoc Kommandogewalt über die vier *Cohortes Urbanae* erhalten hat: Ist er es doch, der ihnen die Parole »libertas« mitteilt und ihnen anschließend befiehlt, sich ruhig und diszipliniert in ihre Quartiere zu begeben.

3. Aus der Vorgeschichte wissen wir, daß Arrecinus Clemens, der eine Gardepräfekt, von Anfang an Mitwisser der Verschwörung war. Freilich wird er von Flavius als ein Mann beschrieben, der sich vorsichtig im Hintergrund hält. Er erklärt sich mit allem, was sein Stabstribun Chaerea vorhat, einverstanden, doch sehen wir ihn nirgendwo selbst agieren. Er taucht nur überraschend an Brennpunkten der Ereignisse auf: so nach der Ermordung Caligulas im Theater auf dem Palatin und danach in der Sitzung des Senats. Ob er sich anschließend in die Prätorianerkaserne begeben hat und an den Gesprächen mit Claudius beteiligt war, wird nicht gesagt.

4. Schließlich Herodes Agrippa: Obwohl überall bekannt ist, daß er in einem recht guten Verhältnis zu Caligula stand und einer der engsten Vertrauten von Claudius ist, kann er sich – offensichtlich gefahrlos – auf dem Palatin und in der Stadt bewegen. Mehr noch: Mit der größten Selbstverständlichkeit erhält er Zutritt zur Prätorianerkaserne. Und dann dies: Er argumentiert vor dem Senat wie jemand, der klar auf der Seite der Revolutionäre steht – und niemand der Anwesenden reagiert argwöhnisch.

5. Am frühen Abend des 24. Januar zahlt Claudius den Prätorianern eine riesige Summe aus. Woher stammt das Geld? Es ist unwahrscheinlich, daß Claudius eine so große Summe aus eigenem Vermögen griffbereit liegen hat.

6. Was ist mit Callistus? Er wird zu Beginn der Konspiration namentlich genannt und vertraut sich Chaerea an. Später taucht er nicht mehr als handelnde Person auf. Doch unter dem neuen Kaiser Claudius avanciert er zum *a libellis*, dem Staatssekretär, der zuständig ist für Bittschriften an den Herrscher, während Arrecinus Clemens als *Praefectus Praetorio* abgelöst wird.

7. Und wie steht es schließlich mit der großen anonymen Gruppe von Rittern und Senatoren, die sich nur mit halbem Herzen oder gar nicht den Revolutionären angeschlossen hatten?

Nach allem, was wir nun über die Verschwörung und die Ereignisse des 24. Januar wissen, können wir das Märchen vom zufällig hinter einem Vorhang entdeckten Claudius vergessen. Versuchen wir statt dessen eine Rekonstruktion des Geschehens, wobei wir notgedrungen auf die genannten Fragen Rücksicht zu nehmen haben.

In den Berichten des Flavius Josephus rückt Herodes Agrippa in auffälliger Weise als wichtigster Verbündeter von Claudius in den Vordergrund, und es wird beim Leser der Eindruck erweckt, als ob am entscheidenden Tag ohne sein Eingreifen für Claudius alles schiefgelaufen wäre.

Doch das ist nur auf den ersten Blick erstaunlich. Geht es doch Flavius darum, seinen Landsmann ins rechte Licht zu rücken, etwa in dem Sinne: »Weiß ich doch nur zu gut, daß wir Juden als das aufsässigste Volk des gesamten Imperiums gelten. Die Versetzung eines Soldaten, Verwaltungsmenschen oder auch eines Prokurators nach Judäa gilt ja mittlerweile fast schon als Strafe! Nun seht her, ihr Römer! Da habt ihr endlich einen Juden, der sich in den gefährlichsten Stunden eures eigenen Staates als kühl wägender, klug und verantwortungsvoll handelnder Staatsmann erwiesen hat! Ohne diesen Agrippa wären Rom und die Provinzen ins Chaos eines Bürgerkriegs gerissen worden, der schlimmer als alle vorherigen gewütet hätte!«

Unter dieser Prämisse wird auch klar, warum Flavius sich in manchen Details so zurückhält: Er will und darf nicht den Eindruck erwecken, als ob Claudius ein Kaiser von Agrippas Gnaden geworden sei. So verschweigt er denn auch, daß es wohl Agrippa gewesen ist, der dem Thronkandidaten die Millionen beschafft hat: Ein Mann, dem es binnen kurzem gelang, aus rein persönlichen Interessen zunächst 300 000 von Antonia und kurz darauf eine Million Sesterzen von einem ritterlichen Banker zu bekommen, muß über hervorragende Beziehungen zur römischen Finanzwelt verfügen.

Agrippa ist ja schon seit dem Herbst 40, also seit einigen Monaten, wieder in Rom. Natürlich geht er im Hause des Claudius ein und aus. Die Freunde haben sich einige Jahre lang nicht gesehen. Claudius vertraut ihm vollkommen und berichtet ihm über die Tollheiten seines Neffen. Es wäre absurd zu glauben, die beiden hätten nicht auch über den wachsenden Unmut bei Volk, Rittern und Senat und über die Möglichkeiten einer Verschwörung gesprochen. Dabei wird Claudius betont haben, daß er sich niemals selbst an einem Mordanschlag gegen seinen Neffen beteiligen werde. Doch die Freunde werden sehr wohl darüber gesprochen haben, daß sich Claudius nach einem solchen Anschlag zur Verfügung zu halten habe.

In diesem Zusammenhang müssen wir auf das Vieraugengespräch zurückkommen, das Callistus mit Cassius Chaerea hatte: Darin teilte Callistus dem Tribunen mit, er habe von Caligula den Auftrag erhalten, Claudius zu vergiften, fügte aber hinzu, er habe den in tödlicher Gefahr Schwebenden bereits davon in Kenntnis gesetzt.

Nehmen wir einmal an, diese Notiz des Flavius würde stimmen, dann wäre es die natürlichste Sache der Welt, daß sich Claudius unverzüglich dem Agrippa anvertraute. Und weiter: Callistus wird Claudius irgendwann darüber informiert haben, daß Chaerea entschlossen sei, den Kaiser zu ermorden. Es gehe nur noch um den günstigsten Zeitpunkt.

All diese heimlich ausgestreuten Informationen werden Agrippa veranlaßt haben, sich kundiger zu machen. In der ihm eigenen weltmännischen Art hört er sich unter seinen zahlreichen Geschäftsfreunden, darunter auch Senatoren und Ritter, um. Und was er dabei erfährt, läßt ihn folgern, daß das Establishment nicht mehr gewillt ist, die unberechenbaren Launen des kaiserlichen Despoten länger zu ertragen.

Am wichtigsten aber ist das, was er von Callistus selbst erfährt. Der mächtige Freigelassene ist als Kabinettchef natürlich auch mit den Dingen befaßt, die sich im fernen Judäa abspielen. So ist es unverfänglich, wenn sich Agrippa hin und wieder in den Palast begibt, um mit seinem »Freund« Caligula zu plaudern und wohl auch das eine oder andere Gelage über sich ergehen zu lassen. Geschickt nutzt er dabei günstige Augenblicke, um sich mit Callistus auszutauschen. Weiß er doch, daß Callistus sich des kaiserlichen Spitzeldienstes bedienen kann, und die Dossiers, die ihm seine Informanten liefern, lassen klar erkennen, daß wichtige Männer aus dem Umfeld der Macht an einem Herrscherwechsel großes Interesse

zeigen. Zugleich hat er aber erfahren, daß eine radikale Senatsfraktion nach der Wiedererrichtung der Republik strebt.

Solche Perspektiven liegen aber weder im Interesse von Callistus
noch in dem von Agrippa. Warum? Für Callistus wären sie das Ende seiner Karriere – der Senat oder die Konsuln brauchen keinen
Kabinettchef! Und für Agrippa könnte eine Neuordnung des Mittleren Ostens, also auch Palästinas, ins Haus stehen. War er doch
König von Caligulas Gnaden!

Auch Callistus ist aus aktuellem Anlaß bedroht: Caligula hat ein Auge auf seine Reichtümer geworfen, und er befürchtet nun den Verlust von Besitz und Leben. So bleibt für ihn nur die Flucht nach vorn:
Einerseits muß die Stimmung gegen das Scheusal kräftig geschürt,
die beginnende Verschwörung mit allen zur Verfügung stehenden
Mitteln unterstützt und vor allem gedeckt werden; andererseits muß
nach der Liquidierung Caligulas unbedingt verhindert werden, daß
die Radikalen unter den Senatoren in die Lage versetzt werden, die
alte Adelsrepublik wieder errichten zu können.

Man muß sich beeilen, denn in den vergangenen Wochen hat sich
der Prätorianertribun Cassius Chaerea als die treibende Kraft der
Konspiration profiliert. Er hat durchblicken lassen, daß er, wenn es
nicht anders zu machen ist, den Tyrannen im Alleingang töten will.
Man weiß auch, daß viele hohe Offiziere und Teile der Truppe es
leid sind, weiterhin zu Henkersdiensten degradiert zu werden.
Doch da gibt es einen Wermutstropfen: Callistus hat auch erfahren, daß Chaerea mit den Radikalrepublikanern sympathisiert.
Und dann dies: Der undurchsichtige Arrecinus Clemens wäre wohl
auch nicht einer *restitutio rei publicae* abgeneigt. Das gleiche gilt
für die amtierenden Konsuln und besonders die Volkstribunen
Veranius und Brocchus. Sie sind zwar alle erst seit Anfang Januar
im Amt, aber gerade zu Beginn einer Amtsperiode pflegen die Magistrate bestrebt zu sein, sich in der Öffentlichkeit zu profilieren.
Und den amtierenden *Praefectus Urbi*, dem die vier Städtischen
Kohorten unterstehen, muß man als Senator und ehemaligen Konsul ohnehin auf die Liste der Reformer setzen, sollte es zum Tag X
kommen. Sein Amt ist älter als die bestehende Staatsform. Die
Radikalrepublikaner werden auf ihn angewiesen sein.

Man muß sich also wappnen! Alle Eventualitäten, die sich nach dem Attentat ergeben können, müssen ins Auge gefaßt werden: Nach dem Mord wird es zu einem Blutbad kommen, wenn die germanische Leibgarde losschlägt. Das muß man, soweit wie möglich, in Grenzen halten, aber es wird nicht zu verhindern sein. Es wird Tote geben.

Der Senat wird unverzüglich einberufen werden, und gewisse Leute werden große Reden halten. Sehr wahrscheinlich werden sich die 4000 Mann der *Cohortes Urbanae* dem Senat unterstellen. Der *Praefectus Urbi* bleibt im Amt, denn er ist der einzige Militärbefehlshaber in der Stadt, auf den sich der Senat verlassen kann. Senatorische Hitzköpfe werden die RES PUBLICA ausrufen.

Damit ist der gefährlichste Punkt erreicht: Die weitere Entwicklung wird davon abhängen, wie die 9000 Mann der Garde reagieren. Callistus und Agrippa sind sich einig, daß sie auf deren Kommandeure nur bedingt zählen können. Clemens ist kein Mann schneller Entschlüsse, und sein Kollege ist eine Null. Clemens wird wie immer zögern, weil er geistig unbeweglich ist, und man muß damit rechnen, daß er sich den Anordnungen des Senats fügen wird: Erhofft er sich doch den Aufstieg aus dem Ritterstand in den erlauchten Kreis der Senatoren. Also wird er sich brav an die Orders der neuen Machthaber halten.

Eine andere Frage wird sein, wie sich die Prätorianer selbst verhalten werden. Niemals, darüber sind sich Callistus und Agrippa einig, werden sie es hinnehmen, etwas von ihrem elitären Sonderstatus innerhalb der gesamten Armee des Reiches zu verlieren. Und dieses Prestige war in der Vergangenheit ausschließlich mit der Person des Princeps verbunden. Der Kaiser, niemand sonst, war ihr Oberbefehlshaber. Nur von ihm nahmen sie Befehle entgegen. Auf seine Person waren sie eingeschworen. Etwas vom göttergleichen Glanz des Herrschers war auf sie herniedergegangen. Eine wiederbelebte RES PUBLICA würde sie überflüssig machen. Die Willensbildung in einer Republik beruht auf Mehrheitsbeschlüssen, die erst nach Fraktionskämpfen zustande kommen. Die exekutive Macht würde also wieder von Jahr zu Jahr wechseln, der ganze Schlamassel der Wahlkämpfe von neuem beginnen. Für die Garde eine Überlebensfrage: Wen hätten sie denn noch zu beschützen? Den Senat? Die Konsuln? Das Volk? Man würde sie abschaffen.

Dabei gab es eine einfache Lösung, die ganz im Sinne der Garde sein mußte: Nach der Beseitigung Caligulas – die sehr wohl von den Prätorianern akzeptiert werden würde – mußte man ihnen einen besseren Kaiser als den vorherigen anbieten: Claudius! Er, der selbst unter den schrecklichen Launen seines Neffen gelitten hatte, wäre die Garantie dafür, daß die Elitetruppe des Imperiums Besitzstand, Ehre, Ansehen und ihren Anspruch, die Besten zu sein, behalten würde. Und Claudius ist der Bruder des legendären Germanicus! Er sieht ihm sogar ähnlich. Er ist der letzte Überlebende aus der Herrscherlinie, die sich über Augustus von Caesar herleitet. Und das – Callistus und Agrippa wissen es – ist nicht in Gold aufzuwiegen, weil es mehr zählt als alles noch so hehre Reden über die großen Helden der republikanischen Zeiten. Die alten Mythen sind vergessen. Ein neuer war entstanden: der des römischen Kaisers! Sind nicht Caesar und Augustus unter die Götter versetzt worden!?

Nach diesen Vorüberlegungen waren sie sich auch im wichtigsten Punkt einig: Seit jeher war es Sitte, daß der neue Herrscher die Truppe mit gewissen monetären Dotationen auszeichnete. Sollte es am Tag X zu Schwierigkeiten kommen, gab es ein probates Mittel, die Sympathie der Soldaten in die gewünschte Richtung zu lenken: Geld! – Viel Geld!

Man würde es bereitlegen. Claudius selbst kam als Spender nicht in Frage. Er war – obgleich Angehöriger der kaiserlichen Familie – verglichen mit seinen senatorischen oder ritterlichen Standesgenossen ein armer Mann. Also streckten Callistus und Agrippa ihre Fühler aus und brachten die Summe zusammen, die sie für angemessen hielten, um die 9000 Mann der Garde und – zu gegebener Zeit – die 4000 der Städtischen Kohorten zu kaufen. Ein großer Teil wird aus der Privatschatulle des Callistus gekommen sein. Er galt als der reichste Privatmann Roms, und wenn er es bleiben wollte, mußte er tief in die Tasche greifen. Er tat es, und es zahlte sich für ihn aus.

Wir sind uns bewußt, daß unsere Überlegungen Spekulation sind, denn sie können durch keinen Satz in den Quellen belegt werden. Doch sie könnten dem tatsächlichen Geschehen sehr nahe kommen, wenn sie – wie wir es versucht haben – die allgemeinen Befindlichkeiten der Menschen nüchtern in Betracht ziehen. Im übrigen wäre es gewiß schwierig, für eine gegenteilige Sicht zu argumentieren.

Doch kehren wir zum Gang der Ereignisse zurück. Der letzte Akt beginnt ...

Der Sündenbock – Chaerea zahlt die Rechnung

Claudius hat also die Garde auf seine Seite gezogen. Als die Konsuln davon erfuhren, beriefen sie »noch in tiefer Nacht den Senat in den Tempel des siegverleihenden Jupiter«.

In Rom endete der lichte Tag bei Sonnenuntergang und begann bei Sonnenaufgang. Unabhängig von der Jahreszeit wurde die Spanne zwischen den beiden Punkten in zwölf gleiche Abschnitte eingeteilt. Das hatte zur Folge, daß die einzelnen Stunden des Tages im Sommer länger als im Winter waren. Ende Dezember/Anfang Januar geht die Sonne etwa um 7.30 Uhr auf und um 16.30 Uhr unter. Man teilte die Nacht in vier *vigiliae* (Nachtwachen) ein, wobei man sich an die militärische Praxis anlehnte. »In tiefer Nacht« kann also ebenso 22.00 Uhr am Abend wie 2.00 Uhr in der Frühe bedeuten.[163]

Praktische Gründe sprechen dafür, daß Claudius die Prätorianer noch bei Tageslicht auf sich vereidigt hat. Das Antreten von 9000 Mann macht nur Sinn, wenn es noch einigermaßen hell ist. Die Truppe muß ihren neuen Oberbefehlshaber noch sehen können! Es gibt ja keine künstliche Beleuchtung, die die Nacht zum Tage macht. Daraus wäre zu schließen, daß die Senatoren sich zwischen 20.00 und 22.00 Uhr im Jupitertempel versammelt haben.

Das sind freilich nur noch die »Hardliner« gewesen, denn mittlerweile hat bei der »schweigenden Mehrheit« einiger hundert Senatoren ein Denkprozeß eingesetzt, der die meisten von ihnen in Panik versetzte: »Einige Senatoren verbargen sich in der Stadt, weil ihnen bei der Nachricht von Claudius' Antwort der Mut entsank. Andere begaben sich auf ihre Landgüter, weil sie in Voraussicht dessen, was kommen werde, an der Freiheit verzweifelten und es für besser hielten, in gefahrloser Unterwürfigkeit ein ruhiges und untätiges Leben zu führen, als im Besitz der früheren Macht für das eigene Leben fürchten zu müssen.«[164]

Es kamen immerhin noch 100 Senatoren zusammen. Darunter Asiaticus und Minucianus. Sentius Saturninus wird zwar nicht namentlich genannt, doch der überzeugte Republikaner wird wohl auch unter den Versammelten gewesen sein.

Warum haben die Konsuln wiederum den Tempel des Jupiter als Treffpunkt gewählt? Wir erinnern uns: Schon am frühen Abend hatte sich das Hohe Haus dort zusammengefunden, und wir vermuteten Sicherheitsgründe für die Wahl des Ortes. Diesmal dürfte der Gedanke eine Rolle gespielt haben, daß man sich programmatisch unter den Schutz des höchsten Staatsgottes stellen wollte.

Die Senatoren, die sich in der Dunkelheit zusammengefunden haben, sind trotzdem nicht das, was man den harten Kern der Radikalrepublikaner nennen kann. Wie wir gleich erfahren, sind auch jene darunter, die die Gunst der Stunde nutzen wollen, um sich selbst als neuen Herrscher an die Spitze des Staates zu bringen.

Doch in den vorausgegangenen Stunden hat sich die Lage grundlegend verändert. Bei den *Cohortes Urbanae* hat sich herumgesprochen, daß sich die Prätorianer geschlossen für einen neuen Princeps Claudius ausgesprochen haben: »Während aber die Versammelten über das einzuschlagende Verfahren berieten, erhoben plötzlich die zu ihnen haltenden Soldaten ein lautes Geschrei und forderten, der Senat solle einen kriegserfahrenen Mann (einen *strategos*) zum Caesar wählen.«

Die *Cohortes Urbanae* haben mittlerweile Kenntnis von der hohen Dotation des Claudius an alle Truppen und haben erfahren, daß die Garde ihr Geld bereits erhalten hat. So übernehmen sie die Argumente der Prätorianer und stellen den noch anwesenden Senatoren ihre Forderung: »Durch die Herrschaft so vieler Männer dürfe der Staat nicht zugrunde gehen, und sie seien durchaus dafür, daß die Regierung nicht dem Senat, sondern einem Alleinherr-

scher übertragen werde. Zu bestimmen aber, wer dieser Ehre würdig sei, komme nur ihnen, den Soldaten, zu.«[165]
Somit war genau das eingetreten, was Claudius und seine Berater eingefädelt hatten: In der sicheren Gardekaserne brauchen sie nur noch zu warten, bis sich auch der Rest des Hohen Hauses total zerstritten hat und auseinandergehen wird. Eine Frage von Stunden: »Nun wurde die Lage des Senats eine noch viel schwierigere, weil er an der gerühmten Freiheit verzweifeln mußte und dazu noch vor Claudius gewaltige Furcht hatte. Es fehlte indessen nicht an solchen, die wegen ihrer vornehmen Herkunft oder Verwandtschaft selbst nach der Krone trachteten.« Dazu gehören Vinicianus und Asiaticus. »Jedoch brachten die Konsuln gegen die Erhebung einen Vorwand nach dem anderen vor.« Auch ihnen dämmert allmählich, »daß es ein ungeheures Blutbad gegeben hätte, wenn denen, die auf den Thron Anspruch erhoben, gestattet worden wäre, sich mit Claudius zu messen.«
Denn schon ist die ganze Stadt in Aufruhr: »Es strömten nämlich sowohl die Gladiatoren in bedeutender Anzahl als auch die *vigiles*, die Soldaten der Nachtwache[166], und die Schiffsruderer kampfbereit in die Kaserne, so daß von den Thronbewerbern die einen, um die Stadt zu schonen, die andern, um sich selbst zu sichern, von ihrem Vorhaben Abstand nahmen.«[167]
So graute allmählich der Morgen. Immer noch harren die Senatoren aus, denn es muß noch eine starke Abteilung der Städtischen Kohorten gegeben haben, die sich noch nicht für Claudius entschieden hatte. Wir können dies aus beiden Hauptquellen, Flavius und Sueton, herauslesen. Zunächst Flavius Josephus:
»Kaum graute der Tag, als Chaerea mit seinen Genossen sich in den Senat begab, um eine Ansprache an die Soldaten zu halten. Da diese aber sahen, daß er mit der Hand Stillschweigen gebot und anfangen wollte zu sprechen, verursachten sie ein lautes Getöse und ließen niemanden zu Wort kommen, weil sie nur einen einzigen Herrscher haben wollten. Mit Ungestüm forderten sie dann einen Caesar, weil sie des Wartens überdrüssig seien.«
Flavius gebraucht das griechische Wort ηγεμων (Hegemon), womit er die Betonung ganz klar auf den militärischen Bezug legt: Ein

Hegemon ist Führer, Feldherr, Befehlshaber, Herrscher, Fürst. Der Übersetzer hat es mit dem lateinischen *Caesar* wiedergegeben.

Bei Sueton heißt es: »Allein als am folgenden Tage der Senat über dem ermüdenden Meinungsstreit der verschiedenen Parteien in der Versammlung sich saumselig im energischen Handeln für das Unternommene zeigte und die umstehende *Volksmenge* ihrerseits ihr Verlangen *nach einem einzigen Regenten, und zwar mit Nennung des Namens*, bereits lebhaft kundgab, da gestattete Claudius, daß die in Waffen versammelten Soldaten ihm den Huldigungseid leisteten, und versprach zugleich jedem einzelnen von ihnen 15 000 Sesterzen – der erste Kaiser, der die Treue seiner Soldaten auch um Geld erkaufte.«[168]

Beide Texte unterscheiden sich an einer Stelle – und zwar scheinbar signifikant. Bei Sueton ist die Rede von einer *multitudo*, und der Übersetzer benutzt dafür das deutsche Wort »Volksmenge«. Er hat sich dazu verleiten lassen, weil diese »Menge« um das Rathaus, also die Curia, steht. Nun heißt *multitudo* sicherlich auch Volksmenge, doch bei den nachklassischen Autoren wird es auch als Bezeichnung für »zahlreiches Heer« oder die »gemeinen Soldaten« benutzt.

Diese »Menge« fordert einen *unum rector*, also einen »einzigen Regenten« – und zwar *nominatim*, also »mit Nennung des Namens«. Nun ist *rector* wiederum bei den nachklassischen Autoren wie Sueton und anderen die Bezeichnung für Statthalter, Befehlshaber, Heerführer.

Welchen Sinn soll es also geben, daß eine Volksmenge nach einem Heerführer und Befehlshaber verlangt? – Wir haben hier ein gutes Beispiel dafür, wie schwierig es oft ist, Texte lateinischer Historiker zu übersetzen, und es zeigt sich wieder einmal die bedauernswerte Kluft zwischen den beiden Wissenschaften, die doch eigentlich eng zusammenarbeiten müßten: Altphilologie und alte Geschichte. Nun kann man dem Übersetzer kaum einen Vorwurf machen, denn er weiß ja das alles nicht, was wir auf den letzten 100 Seiten mit geradezu kriminalistischem Eifer zusammengetragen haben – wohl aber den Historikern, die gedankenlos die »Volksmenge« übernommen haben.

Unter Berücksichtigung aller Details müßte eine sinngemäße Übertragung so lauten:»Die vielen herumstehenden einfachen Soldaten der Städtischen Kohorten verlangten einen Befehlshaber, und sie forderten, daß man ihn beim Namen nenne.« Zurück zu der Szene, die sich nun, am Morgen des 25. Januar, vor der Kurie abspielt. Den Senatoren sind nun alle Felle davongeschwommen:»Der Senat«, notiert Flavius,»wußte nicht ein noch aus: Die Soldaten mochten seine Autorität nicht anerkennen, während die Mörder des Gaius (also Chaerea und seine Freunde) nicht zugeben wollten, daß man sich der Anmaßung der Soldaten willfährig zeige. Bei dieser Lage der Dinge konnte Chaerea seinen Unwillen über das Verlangen der Soldaten nach einem Caesar nicht verhehlen und versprach, ihnen einen Herrscher zu geben, wenn ihm jemand ein Zeichen von Eutychos bringe.«

Das ist ein zynischer Witz Chaereas, und Flavius bringt auch die Erklärung:»Dieser Eutychos war der Wagenlenker der Grünen Faktio, der treueste Diener des Gaius, der beim Bau von dessen Pferdeställen die Soldaten geschunden hatte, indem er sie zu niedrigsten Arbeiten anhielt.«

Chaerea ereifert sich immer mehr. Man spürt deutlich, wie er, der doch eigentlich der Held des Tages sein müßte, zunehmend verbittert reagiert, wie er sich in Rage redet und wütend mit Worten um sich schlägt – und das wird ihn schließlich das Leben kosten:»Dies und anderes warf ihnen Chaerea jetzt vor und drohte, er werde ihnen noch den Kopf des Claudius bringen! Es sei ja erbärmlich, rief er, daß sie statt eines Wahnsinnigen (= Caligula) jetzt einen Narren (= Claudius) zum Herrscher machen wollten. Die Soldaten aber achteten nicht auf seine Worte, sondern eilten mit gezückten Schwertern und erhobenen Feldzeichen zu Claudius, um ihm gleich den anderen Treue zu schwören.«

Die immer noch ausharrenden Senatoren – eine Gruppe von übermüdeten, desillusionierten Männern – müssen tatenlos zusehen; gegen die von Claudius geschaffenen Fakten haben sie nichts mehr in die Waagschale zu legen. Die Entscheidung ist gegen sie gefallen. Endgültig! Unwiderruflich!

Dazu Flavius:»So sah sich denn der Senat seiner Verteidiger beraubt; die Konsuln aber waren nicht viel mehr als bloße Privatleute. Allenthalben herrschte jetzt Bestürzung und Niedergeschlagenheit, weil niemand wußte, wie er sich vor dem Zorn des Claudius schützen solle. Einer schmähte den anderen, und schon fing die Reue an, sie zu quälen.«[169]

Nun wendet sich sogar Sabinus, Chaereas Offizierskamerad und Freund, gegen diesen: »Er werde sich eher selbst das Leben nehmen, als daß er des Claudius Thronbesteigung akzeptiere und den Senat wieder in Knechtschaft gestürzt sähe. Dann warf er dem Chaerea vor, er hänge allzusehr am Leben, wenn er, der doch zuerst den Anschlag gegen Gaius ersonnen habe, es noch der Mühe für wert halte, den Tod zu fürchten, da nicht einmal der eingeschlagene Weg dem Vaterland zur Freiheit verholfen habe. Chaerea entgegnete, nichts liege ihm ferner, als Furcht vor dem Tode zu hegen; doch wolle er erst die Gesinnung des Claudius zu erfahren suchen.«[170]

Mittlerweile aber hat Claudius den entscheidenden Zug gemacht: Der *Praefectus Praetorio* Clemens wird seines Amtes enthoben und durch Rufrius Pollio ersetzt. Mit Clemens verschwindet auch der nicht bekannte zweite Gardepräfekt aus der Geschichte. Später, wir wissen nicht genau wann, wird die zweite Stelle mit Catonius Justus besetzt. Beide sind ritterlicher Herkunft.

Pollio weiß, was zu tun ist: Sein erstes Edikt verbietet den Mördern Caligulas, sich öffentlich zu zeigen. Doch Chaerea und Sabinus »waren unter das Volk gegangen«, wie Flavius sich ausdrückt. Es wird sie nicht vor dem langen Arm der neuen Machthaber schützen.

Die Wut der Prätorianer richtet sich nun gegen die Radikalrepublikaner: »Die Soldaten beschuldigten besonders den einen Konsul, Quintus Pomponius, den Senat zur Einführung der Republik veranlaßt zu haben, drangen deshalb mit gezückten Schwertern auf ihn ein und würden ihn sicher getötet haben, wenn Claudius sie nicht daran gehindert hätte. Er ließ den Konsul, nachdem er der Gefahr entronnen war, neben sich Platz nehmen.«[171]

Wo sich das abgespielt hat, können wir nur vermuten. Aus dem folgenden ließe sich ableiten, daß eine senatorische Abordnung in der

Kolossalstatue des Claudius als Jupiter.

Prätorianerkaserne erschienen ist: »Den Senatoren aber, die mit Quintus (Pomponius) gekommen waren, widerfuhr nicht die gleiche Ehre, sondern einigen von ihnen wurde sogar der Zutritt zu Claudius verwehrt, und (der Senator) Aponius mußte verwundet weggetragen werden, während alle übrigen in Lebensgefahr schwebten.«[172]

Wieder ist der agile Agrippa dabei und mahnt zu Besonnenheit: »Da wandte sich der König Agrippa an Claudius und bat ihn, milder gegen die Senatoren zu verfahren; denn wenn ihnen etwas Schlimmes zustoße, habe er ja niemanden mehr, über den er herrschen könne.« – Wir sehen Agrippa amüsiert lächeln: Diese ironisch vorgebrachte Logik ist entwaffnend!

Anschließend – es ist der Vormittag des 25. Januar – begibt sich Claudius unter dem Schutz »seiner« Prätorianer in den Palast auf dem Palatin. Teile der Bevölkerung, die sich mit dem Gedanken an eine neue Republik angefreundet haben, zeigen dem neuen Herrscher lauthals ihren Unmut, als er in der Sänfte vorbeigetragen wird. Daraufhin »begingen die Soldaten die gröbsten Ausschreitungen gegen die Bürger«.

An dieser Stelle nun bringt Flavius fast beiläufig eine Notiz, die für unsere These – die gezielte Planung der Erhebung des Claudius von langer Hand! – von eminenter Bedeutung ist. Im Palast angekommen, ruft Claudius »seine Räte zusammen«.[173]

Wer sind diese »Räte«? Der folgende Abschnitt enthält versteckt die Antwort: »… berief er seine Räte zusammen und ließ sie über das gegen Chaerea einzuschlagende Verfahren abstimmen. Ihnen allen erschien die Tat zwar eine lobenswerte, den Täter aber beschuldigten sie der Untreue und glaubten die gerechte Strafe über ihn verhängen zu müssen, damit er späteren Übeltätern als warnendes Beispiel diene.«

Bei diesem »Rat« handelt es sich nicht um ein permanent institutionalisiertes *consilium*, wie wir es etwa von den Kaisern Trajan und Hadrian kennen. Man könnte eher – wenn auch mit Einschränkung – von einem ad hoc einberufenen »Runden Tisch« sprechen, an dem die Vertreter jener Kräfte sitzen, die von nun an das Sagen haben – oder es haben wollen:

1. Mächtige Angehörige des Ritterstandes als »Spitzenvertreter aus Wirtschaft und Bankwesen«, die für die restaurativen Ambitionen der senatorischen Radikalrepublikaner kein Verständnis haben, weil eine *restitutio rei publicae* zwangsläufig zu den alten Machtkämpfen führen würde, die ihre Geschäfte nachhaltig stören würden. Wir dürfen annehmen, daß Agrippa gerade von Angehörigen dieser neuen »politischen Klasse« einen Teil jener Millionen aufgetrieben hat, mit denen Claudius sich die Garde kaufte.[174] Nur sie waren in der Lage, kurzfristig solche Summen bereitzustellen.

2. Aus politischen und konstitutionellen Gründen brauchte Claudius die Unterstützung eines mehrheitsfähigen Teils des Senats, denn nur dann, wenn das jahrhundertealte Verfassungsorgan sich hinter ihn stellte, erhielt er nach außen hin den Schein einer Legitimation. Diese Fraktion kann man in zwei Gruppen teilen:

a) Jene Senatoren, die sich unter dem Principat seit Augustus bequem eingerichtet hatten, weil ihr Wohlverhalten vom jeweiligen Herrscher mit prestigebringenden Staatsämtern, Kommandostellen in der Armee und Provinzstatthalterschaften belohnt wurde. Das soll so bleiben.

b) Zu dieser Gruppe dürfen wir all jene rechnen, die sich zwar während der Verschwörung indifferent und abwartend verhalten haben, die sich nun aber eilig auf die Seite des Siegers schlagen, um ja nicht in den Verdacht zu geraten, an der Konspiration beteiligt gewesen zu sein. Sie gehen davon aus, daß der neue Princeps ihre Wende sehr wohl zu schätzen weiß, und hoffen auf sein wohlwollendes Entgegenkommen.

3. Natürlich sitzen am Tisch auch jene Männer, die unmittelbar mit Claudius zusammengearbeitet haben: Agrippa und der neue Präfekt der Garde Rufrius Pollio.

4. Callistus! Seine Anwesenheit wäre nur denkbar, wenn sich Claudius über gewisse Konventionen hinweggesetzt hätte. Callistus ist Freigelassener, also ein ehemaliger Sklave, und nicht standesgemäß. Im Augenblick aber muß der neue Princeps alle protokollarischen Formen wahren, und seien sie noch so fadenscheinig; also wird Callistus nicht mit am Tisch sitzen. Doch das

ist nebensächlich, denn Claudius und Agrippa haben sich mit dem rührigen Mann längst abgesprochen.

Der erste Beschluß dieses Rates ist also das Todesurteil für Chaerea! Begründung: Die Tat ist lobenswert – der Täter ein Verbrecher. Als Warnung für spätere Übeltäter mit ähnlichen Ambitionen muß ein tödliches Exempel statuiert werden.

Wichtig in diesem Zusammenhang ist, daß die Initiative dazu nicht von Claudius, sondern von »den Räten« ausging: Claudius läßt sie über das »einzuschlagende Verfahren« abstimmen. Ist das Feigheit, Taktik oder staatsmännische Notwendigkeit?

Die treffendste Erklärung aller antiken Autoren bringt Cassius Dio, wenn er schreibt:»Den Chaerea und einige andere ließ Claudius, obwohl er sich über den Tod des Gaius sehr freute, dennoch hinrichten; denn was seine eigene Sicherheit betraf, schaute er weit voraus und war darum, statt dem Manne, dessen Tat ihn auf den Thron gebracht hatte, dankbar zu sein, über ihn ungehalten, weil er einen Kaisermord gewagt hatte. Er handelte dabei nicht als Rächer des Gaius, sondern so, als hätte er den Chaerea bei einem Attentatsversuch gegen sich selbst ertappt.«[175]

Bei Sueton heißt es:»Nachdem er seine Herrschaft gesichert hatte, kam es ihm vor allem darauf an, die Erinnerung an diese zwei Tage, da man an einen Verfassungswechsel gedacht hatte, zu tilgen. Er verkündete deshalb vollständige Amnestie für alles, was während dieser Tage getan oder gesagt worden war, und hielt dieses Versprechen auch. Nur wenige Tribunen und Centurionen aus der Reihe der gegen Gaius Verschworenen wurden hingerichtet, einmal, um ein Exempel zu statuieren, und ferner, weil er erfahren hatte, daß diese auch seinen Tod gefordert hatten.«[176]

Was nicht in den Quellen steht: Chaerea wußte zuviel! Er hätte reden können. Und das hätte gewissen Senatoren gefährlich werden können.

Unverzüglich nach dem Urteil wurde Chaerea hingerichtet – auf seine Bitte hin mit dem Schwert, mit dem er Gaius getötet hatte. Mit ihm starb der Centurio Lupus, der Frau und Tochter des Gaius umgebracht hatte. Was nicht erwähnt wird: Kein Prätorianer legte ein Wort für die Kameraden ein.

Es gibt noch einen Epilog:

»Wenige Tage später jedoch, als das Totenfest begangen wurde und jeder Römer den Manen seiner Verstorbenen Totenopfer darbrachte, ehrte man auch Chaerea durch Opferkuchen, die man ins Feuer warf. Und hierbei rief man ihn an, gnädig zu sein und über den ihm bewiesenen Undank nicht zu zürnen. Sabinus dagegen wurde von Claudius nicht nur freigesprochen, sondern erhielt auch die Erlaubnis, sein früheres Amt (als Tribun der Prätorianer) weiterzuführen. Da er es aber für unrecht hielt, sein den Verschworenen gegebenes Wort zu brechen, brachte er sich selbst ums Leben, indem er sich sein Schwert bis ans Heft in den Leib rammte.«[177]

IV

Ein Gardepräfekt geht zu weit: Verschwörung gegen einen Verschwörer

Große alte Dame und Ersatzkaiserin: Antonia

Wir schreiben das Jahr 31 nach Christus. Rom im Oktober. Endlich hat die feuchtschwüle Hitze des latinischen Sommers nachgelassen, und die Menschen verkriechen sich nicht mehr über die Stunden des hohen Mittags bis in die Abenddämmerung im Innern der Häuser. Allmählich kehren die Angehörigen des Establishments von ihren Sommersitzen in den Albaner Bergen und von ihren Villen am Golf von Neapel zurück. Auch die »Gerichtsferien«[178] sind zu Ende, und die zuständigen Prätoren vertiefen sich wieder in die Akten auf ihren Schreibtischen. Die Schulen in den Tabernen am Forum haben ihren Betrieb wiederaufgenommen, und das Geschrei der Lehrer läßt manch einen Passanten in Erinnerung an die eigene Ausbildung schmunzeln, wenn er etwa dies hört: »Wir sind nun alle bemüht, das Ziel dieses Jahres ... ehem ... mit Fleiß und Ausdauer, nicht wahr, zu erreichen! – Gaius, steh auf! Was hast du im Mund? Du hast doch etwas im Mund! Aha!« Dieser Eröffnung folgen eine klatschende Ohrfeige und das Gejammer des Getroffenen.

Auf engstem Raum leben und wohnen in der Innenstadt, nördlich des Forums, einige hunderttausend Menschen zusammen. Hier, in der Subura und im Argiletum, schlägt das Herz der Stadt und des Volkes. Hier pulsiert von Sonnenaufgang bis -untergang ein quirliges, geschäftiges, lautes Leben. Laden reiht sich an Laden, Werkstatt an Werkstatt, denn meist schließt sich – wie auch heute noch im jüdischen Ghetto – an den vorderen Verkaufsraum die Produktionsstätte der Handwerker an. Da gibt es Waffen- und Messerschmiede, Sandalen- und Schuhmacher, Leinwandhändler, Wollspinner, Sockenfabrikanten, Spediteure, Brot- und Kuchenbäcker, Fleischer, Feinkosthändler, Seiler, Korbmacher und Barbiere. Am Nachmittag erreicht das Gedränge zwar nicht mehr das Ausmaß des Vormittags, aber auch jetzt entspricht es durchaus noch dem Getriebe auf Kölns Hoher Straße oder Münchens Marienplatz gegen 17.00 Uhr. In dem Durcheinander von Käufern, Passanten, Flaneuren, Bettlern, Kindern und Fremden kommt man kaum von der Stelle. Damen der besseren Gesellschaft verirren sich natürlich nicht in diese Gegend, die übel beleumundet ist, denn jede Kneipe verfügt über ein Bordell im Obergeschoß, und auf den Straßen wimmelt es von Taschendieben. Kaum zu glauben, daß Julius Caesar in diesem Viertel seine Jugendjahre verbracht hat.

Die teureren, besser ausgestatteten Läden liegen seit einigen Jahrzehnten auf dem Areal des Marsfelds und gehören zur römischen Neustadt außerhalb der Servianischen Mauer. Dort sieht man sie am Spätnachmittag auch flanieren, die Söhne und Töchter der senatorischen und ritterlichen Häuser, die Mädchen begleitet von kräftigen Angehörigen des Hauspersonals, die darauf zu achten haben, daß die Damen nicht belästigt werden.

Rom in diesen Oktobertagen – eine scheinbar ruhige Stadt, die sich von den Strapazen des Sommers erholt. Man ist mit sich selbst und all den Dingen und Problemen des Alltags beschäftigt. Man hat sich auch längst daran gewöhnt, daß die *Urbs* eine kaiserlose Stadt ist, denn Tiberius weilt schon im fünften Jahr in seinem selbstgewählten Exil auf Capri. Bis vor zwei Jahren noch residierte die greise Mutter des Monarchen, die Julia Augusta, wie sie seit dem Tode des Gatten hieß, in ihrem recht bescheidenen Haus auf dem Palatin. Als sie vor zwei Jahren (29) in ihrem 87. Jahr starb, nahm man das mit einem bedächtigen Kopfnicken zur Kenntnis. Es war Zeit für den Tod. Sie war ein Relikt aus einer anderen Zeit gewesen. Gesehen hatte man sie schon lange nicht mehr. Schon zu Lebzeiten war sie zum Mythos erstarrt. Aber daß Tiberius es nicht für nötig gehalten hatte, an den Begräbnisfeierlichkeiten teilzunehmen! Das einfache Volk, das in solchen Dingen großen Wert auf die frommen Konventionen legte, hatte kein Verständnis für die Lieblosigkeit des Sohnes. Selbst wenn es stimmte, was an Gerede und Gerüchten aus dem Palast in der Stadt unten ankam, daß die Alte ihrem kaiserlichen Sohn das Leben vergällt habe, daß sie ihm anfangs in die Regierungsgeschäfte hineingeredet und ihm oft Vorwürfe gemacht habe – selbst dann, so die Leute, wäre es Pflicht des Sohnes gewesen, ihr die Grabrede zu halten.

Nun ruhte sie seit zwei Jahren in dem großen Tumulus, dem Mausoleum Divi Augusti, das der erste Princeps für alle Angehörigen des kaiserlichen Hauses am Nordende des Marsfeldes hatte errichten lassen. Selten sah man – außerhalb der offiziellen Gedenktage – Angehörige der kaiserlichen Familie auf dem Weg zum gewaltigen, runden Grabhügel. Manchmal ihren Enkel Claudius, und das wurde respektvoll vermerkt; ausgerechnet er, der doch allen Grund hatte, sich von seiner strengen Großmutter zu distanzieren, hielt ihr Andenken in Ehren. Von den andern, aus der Sippschaft der Agrippina, sah man nie jemanden.

Regelmäßig aber erschien eine vornehme Sänfte mit großem Gefolge an Dienern. Eine freundliche alte Dame entstieg dem Tragstuhl und bewegte sich trotz ihrer mittlerweile auch schon 67 Jahre sehr rüstig zum Eingangsportal der Grabanlage. Der diensttuende Priester geleitete sie ins Innere. Sie blieb etwa eine halbe Stunde, und man nahm an, daß sie drinnen opferte, betete und sich stumm mit ihrer großen Freundin unterhielt. Mit großer Ehrerbietung neigte die draußen wartende Menge der Neugierigen das Haupt, wenn die alte Dame aus dem Haus der Toten zu den Lebenden zurückkehrte. Sie war fast so etwas wie eine Ersatzkaiserin geworden: Antonia, Tochter des Marcus Antonius und der Augustus-Schwester Octavia. Antonia Minor (= die Jüngere; ihre ältere Schwester Antonia Maior war die Großmutter Kaiser Neros) war mit Drusus, dem jüngeren Bruder des Tiberius, verheiratet. Ihre Mutter Octavia, Schwester des Augustus, war die vierte Frau Marc Antons. Plutarch nennt Antonia eine »wegen ihrer Sittsamkeit und Schönheit berühmte Frau«.[179] Jung zur Witwe geworden, bewahrte sie trotz allen Zuredens von Augustus, eine zweite Ehe einzugehen, dem geliebten

Marcus Antonius auf einem Aureus. Die Goldmünze wurde nach der Aussöhnung zwischen Octavian und Marc Anton im Herbst 40 v. Chr. geprägt. Diese politische Allianz wurde durch die Heirat des Marc Anton und der Schwester des Octavian, Octavia, besiegelt. Auf der Münze wird dies thematisiert durch die Kombination der Porträts beider Gatten: Die Rückseite zeigt Octavia. Ein in der römischen Münzprägung bis dahin einmaliger Vorgang.

Octavia, Schwester des Augustus, Gattin des Marcus Antonius, Mutter der Antonia Minor, als junge Frau.

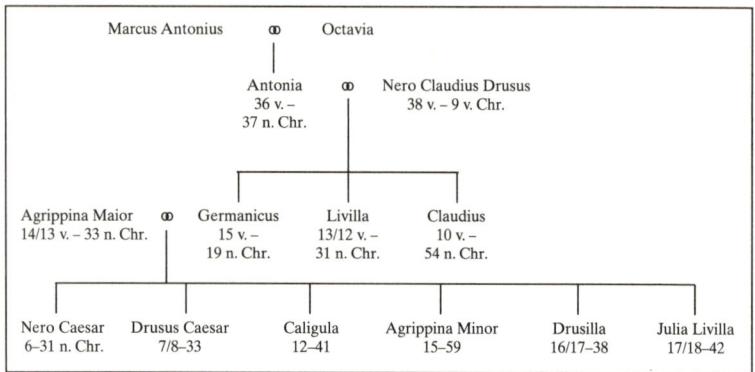

Antonias Stammtafel

Gatten die Treue auch nach seinem Tode. Das muß Tiberius, der seinen Bruder Drusus innig liebte, immer wieder beeindruckt haben, denn er schätzte Antonia sehr und hatte immer ein offenes Ohr für ihre Anliegen.

Wir haben Antonia schon im Zusammenhang mit dem Finanzgebaren des Herodes Agrippa kennengelernt. Agrippa wuchs ja in ihrer Familie zusammen mit Claudius auf, und aus dieser Zeit stammen die vertrauten Beziehungen zwischen den beiden Gleichaltrigen. Überhaupt muß, was die Kinder und Enkel angeht, in ihrem Hause ein reges Leben geherrscht haben, denn auch die Kinder des Germanicus waren ihr nach dem frühen Tode des Vaters anvertraut. Antonia muß etwas vom Urbild der römischen Frau an sich gehabt haben: Sie war eben nicht nur schön, sondern »sittsam«, wie Plutarch vermerkte. Niemals war sie in irgendwelche Skandale verwickelt, wie sie von anderen weiblichen Angehörigen der *domus Caesaris*, des kaiserlichen Hauses, bekannt sind. Mit besonderer Zuneigung – oder Verantwortung? – wandte sie sich dem Enkel Gaius Caligula zu – und konnte doch nicht verhindern, daß aus dem herzigen Kleinen ein unberechenbares Scheusal wurde. Daß sie ihren zweiten Sohn Claudius vernachlässigte, haben wir schon erwähnt. Dafür war sie dem Charme des Agrippa stets erlegen.

Seit dem Tod ihrer kaiserlichen Freundin Livia Augusta galt sie in Rom als oberste Instanz und Hüterin des familiären Erbes. Sie war zwar 67 Jahre alt, aber das Ebenmaß ihrer Züge verband sich nun mit jener Schönheit, die von innen strahlt. In den letzten Jahren und Jahrzehnten hatte sie immer wieder aus nächster Nähe miterlebt, wie die familiär-dynastischen Pläne des Augustus und der Livia Schiffbruch erlitten. Was gäben wir darum, wenn wir den Gesprächen lauschen könnten, die sie darüber mit Livia geführt hat.

Ihr Rang war unbestritten. Sie war die Tochter des großen Marcus Antonius, Nichte des Augustus, Frau des Drusus, Mutter des gleich einem Siegfried strahlenden Germanicus – und nun Schwägerin des Princeps Tiberius. Das Schicksal hatte auch ihr übel mitgespielt. Mit 27 hatte sie ihren Mann verloren. Sie war 21, als ihr ältester Sohn, Germanicus, geboren wurde, und 55, als er starb. Den zweiten Sohn, Claudius, betrachtete sie als Mißgeburt und war nicht imstande, zu dem stotternden, gehemmten, zitternden Jungen eine größere Zuneigung als die aus notwendiger Verantwortung zu entwickeln. Was hätte sie wohl gesagt, wenn sie noch die Inthronisation gerade dieses Unglücksraben erlebt hätte? Sie starb vier Jahre vorher, noch betrübt beobachtend, wie ihr Enkel Caligula zum schrecklichsten Tyrannen degenerierte, den Rom bis dato gekannt hatte.

Rom Anfang Oktober. Es kann sein, daß auch die Fürstin von einem ihrer Sommersitze in die Stadt zurückgekehrt ist. Doch spricht einiges dafür, daß sie, wenn nicht in der Hauptstadt, so doch in deren Nähe geblieben ist. Warum? Weil das, was sie in die Wege leitet, eine genaue Kenntnis von gewissen Ereignissen voraussetzt. Antonia muß eine der am besten informierten Personen dieser Jahre gewesen sein. Die Gründe, die dafür sprechen, werden wir später nennen.

Ob sich das folgende in einem ihrer Stadthäuser oder in der ihr zugewiesenen Wohnung in einem Teil des palatinischen Palastes abspielte, ist unwichtig. Aber es könnte so abgelaufen sein:

Hin und wieder schaut der mittlerweile 41jährige Claudius bei ihr herein, doch meist sitzt er in den verschiedenen Bibliotheken der Stadt und arbeitet an seinen historischen Projekten. Er ist der einzige, an dem die Stürme der letzten Jahre ohne Schaden vorbeigegangen sind. Manchmal hat sie den Eindruck, als ob er seine Gestörtheiten auf die Spitze treibe: Ein Verrückter kann niemandem gefährlich werden. Ist er am Ende der Intelligenteste?

Und Livilla? Ihre einzige Tochter war wie Agrippina in den Sog der familiären Machtpolitik geraten. Man hatte die 16jährige (4 n. Chr.) mit Drusus, dem Sohn des Tiberius, verheiratet. Sie lebte am Hofe in Unfrieden mit ihrer Schwägerin Agrippina. Vor acht Jahren war Drusus »nach langer, schwerer Krankheit«, wie es offiziell hieß, gestorben. Und seit damals wollten die Gerüchte nicht verstummen, daß dabei mit Gift nachgeholfen worden sei. Man nannte in diesem Zusammenhang den Gardepräfekten Seianus, zumal bekannt war, daß er mit Livilla ein intimes Verhältnis hatte. Doch sie war nicht die einzige Dame der höchsten Gesellschaft, die mit dem Gardepräfekten das Bett geteilt hatte. Aber seit damals wußte Antonia, daß Seianus ihre Tochter zu benutzen gedachte, um selbst Mitglied der *domus Caesaris* zu werden. Freilich hatte Tiberius damals dem zweitmächtigsten Mann des Staates die Heirat seiner Nichte abgeschlagen, doch Antonia wußte immer, er würde nicht aufgeben.

Ihre Schwiegertochter Agrippina vegetierte seit zwei Jahren in der Verbannung auf der Insel Pandateria. Es mußte so kommen. Ihre unbändige Herrschsucht und ihre Verachtung gegenüber dem Claudier Tiberius forderten die Gegenmaßnahme geradezu heraus. Auch wenn sie hier im Hause war, kam es immer wieder zu Haßtiraden, denen die Fürstin lieber aus dem Wege ging.

Von den Enkeln waren ihr die beiden Ältesten, Nero und Drusus, die liebsten gewesen. Doch auch Nero wurde ein Opfer der Intrigen seiner Mutter und endete in der Verbannung. Er war vor kurzem gestorben.

Und Drusus verbrachte seit einem Jahr seine Tage unter strengem Hausarrest im Palast. Es hieß, es gehe ihm gesundheitlich sehr schlecht. Auch dahinter – sie wußte es – steckte Seianus, der es systematisch darauf abgesehen hatte, die gesamte Nachkommenschaft Agrippinas von der Nachfolge auszuschalten.

So ist ihr nur Caligula geblieben. Doch auch Stiefelchen wird ihr zunehmend fremd. Besorgt beobachtet sie seine sich immer deutlicher offenbarende Unbeherrschtheit, Verschlagenheit und sexuelle Gier. Einmal hat sie ihn mit seiner Schwester Drusilla in einer eindeutigen Szene überrascht. Auch an der jüngeren Agrippina hat sie vieles auszusetzen, vor allem ihren Stolz, ihre Eitelkeit und Geltungssucht. Sie ist jetzt 16, und sie kommt ganz nach der Mutter.

Bis vor zwei Jahren konnte Antonia sich mit Livia Augusta austauschen, auch und gerade über die familiären Probleme. Nun ist sie allein. Doch sie erträgt ihre Einsamkeit mit der Haltung, die ihr die eigene Mutter immer vorgelebt hat: Octavia, Schwester des Augustus, war von Marc Anton verlassen worden, als er in die Fänge der ägyptischen Königin Cleopatra geraten war.

Antonia hatte ihren Mann geliebt. Und auch Tiberius hatte Drusus geliebt. Doch sie machte sich keine Illusionen über den melancholischen, zunehmend misanthropischen Charakter ihres kaiserlichen Schwagers. Aber sie sah auch die Ursachen: Ein Mensch, der jahrzehntelang wie eine Figur auf dem Spielbrett des allmächtigen Stiefvaters hin und her geschoben, von der eigenen Mutter höchst kritisch beurteilt wird, den man zwingt, sich aus den kalten Gründen der Staatsräson von der geliebten Frau scheiden zu lassen, um die einzige Tochter des Princeps, die nymphomane Julia, zu ehelichen, der, als es ihm zu dumm wird, jahrelang in dem selbstgewählten Exil auf einer griechischen Insel untertaucht, den man schließlich zurückruft, weil er der letzte in Frage kommende Erbe des augusteischen Principats ist, und der dann in einem Alter die Herrschaft antritt, in dem Julius Caesar ermordet wurde – ein solcher Mann ist nicht mit den Maßstäben zu messen, mit denen man einen Caesar, Marc Anton oder Augustus mißt.

Antonia weiß sehr wohl um den Stolz der Claudier. Ihre Schwiegertochter Agrippina hat sich immer leidenschaftlich dagegen aufgelehnt. Agrippina hat Tiberius gehaßt, wie man nur einen Menschen – einen Mann! – hassen kann. Dieser Haß hat sie am Ende ins Elend gebracht. Aber Antonia ist sehr wohl imstande, das Ganze zu sehen: Die Götter haben es nun einmal gewollt, daß diese beiden uralten Familien, die der Julier und die der Claudier, sich zu einem mächtigen Strang vereinten, um Rom und dem Reich ein neues, ein friedliches Zeitalter zu schenken.

Gewiß doch, Augustus war, wenn man den höchsten elitären Anspruch als Maß nahm, ein *homo novus*, ein Emporkömmling, gewesen. Aber er war von Julius Caesar adoptiert worden! Und er hatte sich bewährt. Ihm war gelungen, was keiner der altadligen Politiker am Ende der sich selbst zerfleischenden Republik zustande gebracht hatte: die Versöhnung zwischen den auf den Tod verfeindeten Parteien, den Anhängern der alten Adelsrepublik und jenen, die nur in einer straff geführten Alleinherrschaft eine Chance für die Zukunft des Reiches sahen.

Angst, Mitleid oder Verantwortung? – Antonia warnt Tiberius

Ihr Verhältnis zu Tiberius – sie gestand es sich manchmal ein – entsprach nicht dem, was man als »normal« hätte bezeichnen können. Immerhin hatte er gegen ihre eigenen Blutsverwandten gewütet. Doch sie kannte ihn, den nur sechs Jahre Älteren, seit ihrer Kindheit. Später hatte sie vieles von ihrem Gatten Drusus, dem jüngeren Bruder des Tiberius, über den schwierigen Charakter des Princeps erfahren. Anders als Drusus, gab sich Tiberius stets ernst und gemessen und lachte selten. Zu dieser gewiß ererbten charakterlichen Veranlagung kamen unsichere frühe Jahre, die ihn prägen mußten. Seine Kindheits- und Jugendjahre waren unglücklich und sehr bewegt, da er seine Eltern während der kriegerischen Wirren nach Caesars Ermordung auf ihrer Flucht begleitete. Antonia, die selbst Ähnliches erlebt hatte und ohne Vater aufgewachsen war, wußte, daß ein sensibles Gemüt dabei Schaden nehmen konnte. Sie kannte auch jene Geschichte: Als seine Eltern in Neapel beim Herannahen der Feinde heimlich ein Schiff zu erreichen suchten, hätte der kleine Tiberius sie beinahe durch sein Gewimmer zweimal verraten: einmal, als er von der Brust seiner Amme, das zweite Mal, als er hastig aus den Armen seiner Mutter gerissen wurde, da man in diesem kritischen Augenblick den Frauen ihre Last nehmen wollte. Livia selbst hatte es ihr in späten Jahren erzählt. Für Antonia war gerade diese Geschichte symbolhaft für das ganze

Antonia Minor als Juno, idealisierter Porträtkopf. Um 40 n. Chr.

Leben des Tiberius. Immer wurde er durch schicksalhafte Umstände von denen getrennt, die er liebte, von der Mutter, vom geliebten Bruder, von der geliebten Frau. Den leiblichen Vater verlor er, als der junge Augustus, damals noch Octavianus, die schon mit Drusus schwanger gehende Livia ihrem Mann wegnahm.

Antonia hätte es nie gewagt, darüber mit Livia zu sprechen, aber ihrem weiblichen Instinkt war nicht entgangen, daß die Kaiserin sich – besonders in den späten, einsamen Jahren als Witwe – quälende Vorwürfe machte, als Mutter in den entscheidenden Jugendjahren ihres Ältesten versagt zu haben. Drusus, vier Jahre jünger, war ja in mittlerweile gesicherten familiären Verhältnissen geboren und aufgewachsen. All das, was Tiberius abging, zeichnete ihn aus: Er hatte die Gabe, andere für sich einzunehmen, er konnte fröhlich und laut lachen, er genoß das Leben, ging auf andere Menschen zu; seine Ironie war geistreich und nie verletzend, und es machte ihm Spaß, sich über sich selbst zu mokieren. Und er liebte den schwierigen älteren Bruder von ganzem Herzen.

Als Tiberius ihn, den erst 29jährigen, in Germanien verlor, brach er unverzüglich nach Norden auf und geleitete den toten Bruder nach Rom, wobei er auf dem ganzen Weg dem Zug vorausschritt.

Er heiratete Vipsania Agrippina, älteste Tochter des Feldherrn und Augustusfreundes Agrippa und Stiefschwester der Germanicus-Gattin Agrippina. Die Ehe war glücklich, dauerte aber nur vier Jahre.

Nachdem sie ihm einen Sohn, Drusus, geschenkt hatte, mußte er sich, obschon sie »in gutem Einvernehmen standen und sie wieder schwanger war, von ihr scheiden lassen und gleich darauf Julia, Augustus' Tochter, zur Frau nehmen. Dies bereitete ihm großen Kummer, da er an Agrippina sehr hing und den Lebenswandel Julias verurteilte, besonders seitdem er bemerkt hatte, daß sie sich schon zu Lebzeiten ihres früheren Gatten an ihn heranzumachen versucht hatte, eine Tatsache, die allgemein bekannt war. Nach der Scheidung schmerzte es ihn sehr, Agrippina verstoßen zu haben, und als er ihr einmal begegnete, folgte er ihr mit solch seligen Blicken, aber mit Tränen in den Augen, daß man in Zukunft darauf achtete, sie nie mehr zusammentreffen zu lassen.«[180]

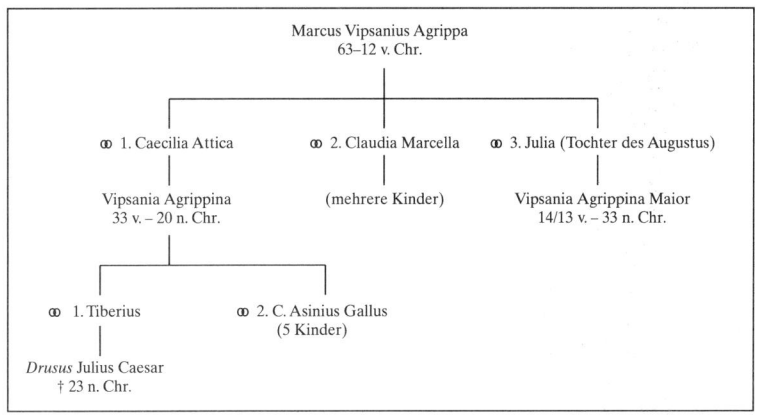

Agrippas Stammtafel

Was Sueton hier notiert, war auch Antonia nicht entgangen. Sie selbst hatte mit Drusus eine glückliche Ehe geführt, beneidet von vielen Damen der Gesellschaft. Sein früher Tod hatte sie dem Schwager Tiberius sehr nahe gebracht. Sie sprachen nicht darüber. Aber von dieser Zeit an betrachtete er sie als eine verläßliche Freundin.

Sie war längst nicht mit allem einverstanden, was in den nächsten Jahren am Hofe geschah. Aber sie respektierte die würdevolle Gravität, den Ernst und das unbestechliche Pflichtbewußtsein ihres kaiserlichen Schwagers. Im übrigen hielt sie selbst Ohren und Augen offen, und was sie hörte und sah, behielt sie für sich, immer darauf bedacht, ihre Kinder aus der Gefahrenzone des höfischen Intrigenspiels so weit herauszuhalten, wie das unter den gegebenen Umständen möglich war.

Von entscheidender Bedeutung für ihr weiteres Leben als Witwe wurde für sie die Sympathie, die Livia Augusta ihr nach dem Tod von Drusus entgegenbrachte. Der zweite Sohn war ja auch ihr Liebling gewesen. Der Generationsunterschied – Livia war 20 Jahre älter – spielte mit zunehmendem Alter auf beiden Seiten eine immer geringere Rolle. Beide – die eine als Gattin, die andere als Nichte und Schwiegertochter des Augustus – entsprachen sehr wohl dem Idealbild, das sich der erste Princeps in romantischer Verklärung von einer römischen Frau gemacht hatte: Sie hatte »sittsam«, keusch, wenn möglich schön, vor allem gebärfreudig zu sein und sich ganz den patriarchalischen Maximen der Zeit unterzuordnen. Tat sie das nicht, war es gerechtfertigt, mit rigorosen Mitteln gegen sie vorzugehen: Julia, des Augustus einzige Tochter, war das erste Opfer dieser Ideologie geworden, dann deren Tochter Agrippina Maior. Beide Frauen beendeten ihr Leben gedemütigt – doch stolz – in der Verbannung auf einsamen Inseln. Man kann sie – aus der aufgeklärten Perspektive unseres Jahrhunderts – durchaus als die ersten emanzipierten Römerinnen bezeichnen.

Solche Überlegungen wären freilich einer Antonia vollkommen fremd gewesen. Sie sah sich ganz selbstverständlich eingebettet im *mos maiorum*, der Sitte der Vorfahren, und sie litt darunter, daß die sittlichen Gebote der Alten mit Füßen getreten wurden.

In diesen Oktobertagen des Jahres 31 muß Antonia von großer Unruhe erfaßt worden sein. Täglich bestellte sie den Marcus Antonius Pallas zu sich und ließ sich berichten. Pallas war so etwas wie der Vorsteher des Hauspersonals. Ursprünglich Sklave, hatte sie ihn schon vor Jahren, zusammen mit seinem Bruder Felix, freigelassen. Beide Brüder blieben im Haushalt. Pallas war hochintelligent, gebildet, sehr erfahren im Umgang mit Geld, und Antonia hatte ihm unbedenklich die gesamte Führung des Haushaltes übertragen. Pallas war etwa so alt wie ihr Sohn Claudius, und beide waren zusammen aufgewachsen. – Ein Ausblick in die Zukunft sei erlaubt: Claudius holte sich den Pallas, als er Kaiser war, als *a rationibus*, d. h. als Staatssekretär für Finanzfragen, an den Hof. Wir werden später noch von ihm zu berichten haben.

Die Gespräche, die Antonia in diesen Tagen mit Pallas führte, fanden unter strengsten Sicherheitsvorkehrungen statt. Niemand sonst war anwesend. Herrin und Diener sprachen leise. Pallas nannte ihr die Namen gewisser Senatoren und Ritter. Mit großem Ernst lauschte sie. Nickte hin und wieder. Stutzte, wenn einer darunter war, den sie nicht in dem Kreis der Verdächtigen vermutet hatte. Doch sie ließ ihn in Ruhe berichten.

Das ging so über Tage. Dann hatte sie ihren Entschluß gefaßt. Um sicherzugehen, weihte sie den Bruder des Pallas und ihre Vertraute Caenis ein. Sie diktierte ihr all das, was sie von Pallas erfahren hatte, und befahl ihr dann, das Geschriebene sofort zu löschen, damit keine Spur davon bleibe. Darauf antwortete Caenis: »Deine Weisung, Herrin, ist vergeblich. Ich trage nicht allein dies, sondern auch alles andere, was du mir diktiert hast, stets in meinem Sinn, und es kann niemals getilgt werden.«[181]

Ob Pallas allein reiste oder in Begleitung von Sklaven, wissen wir nicht. Weil Eile angesagt war, wird er wohl geritten sein.

Capri war nur an einer Stelle zugänglich und besaß nur dort einen kleinen Hafen. Überall sonst fielen die Felsen der Insel steil ins Meer ab. Das war einer der Gründe gewesen, die Tiberius bewogen hatten, hier seinen Wohnsitz zu nehmen. Die Insel ließ sich leicht bewachen und verteidigen.

Pallas muß etwas wie eine Vollmacht Antonias dabeigehabt haben, sonst wäre er nicht bis zum Princeps vorgedrungen. Im übrigen ist denkbar, daß er dem Kaiser aus früheren Jahren persönlich bekannt war und daß dieser die Qualitäten des Antonia-Zöglings sehr gut kannte.

Tiberius vertraute Antonia vollkommen und traf auf der Stelle seine Entscheidung. Das Ende von Seianus war nun nur noch eine Frage von Tagen.

Kaltblütigkeit und Umsicht –
Die Überrumpelung des Seianus durch Tiberius
am 18. Oktober 31

Die Quelle dessen, worüber wir soeben berichtet haben, ist wieder einmal Flavius Josephus, und bis zum heutigen Tag ist die Meinung der Forscher über den Wahrheitsgehalt geteilt: Wie kann es möglich sein, daß Antonia, deren Schwiegertochter und Blutsverwandte den Machtkämpfen am Hof zum Opfer fielen, den Princeps vor einer Verschwörung seines *Praefectus Praetorio* warnt, was diesen – so Flavius – unverzüglich zum Eingreifen veranlaßte?

»Antonia stand nämlich bei Tiberius in hohem Ansehen«, heißt es bei Flavius, »teils weil er mit ihr verwandt war – sie war die Gattin seines verstorbenen Bruders –, teils wegen ihrer Keuschheit, da sie ungeachtet ihres blühenden Alters Witwe blieb, trotz des Augustus Zureden das Eingehen einer zweiten Ehe verweigert hatte und ihren Lebenswandel von jedem Vorwurf rein bewahrte.

Dazu kam noch, daß sie sich den Tiberius durch eine besondere Gefälligkeit zu größtem Dank verpflichtet hatte. Seianus nämlich, ein Freund ihres verstorbenen Gatten und als Befehlshaber der Prätorianer der einflußreichste Mann jener Zeit, hatte eine Verschwörung angestiftet, an der sich viele Senatoren mit ihren Freigelassenen beteiligten und für die auch das Heer gewonnen war. Die Verschwörung hatte also schon weite Kreise ergriffen, und es fehlte nicht viel, so wäre dem Seianus sein Anschlag gelungen, wenn nicht Antonia entschlossen und mit kluger Überlegung denselben vereitelt hätte.

Sobald sie von den Nachstellungen gegen Tiberius Kunde erhielt, schrieb sie diesem alles ausführlich, übergab den Brief dem ergebensten ihrer Sklaven, Pallas, und schickte ihn damit nach Capri zu Tiberius.

Daraufhin ließ der Caesar den Seianus und alle seine Mitverschworenen hinrichten, schätzte von nun an die Antonia um so höher und schenkte ihr sein volles Vertrauen.«[182]

Dieser Text wirft, ähnlich wie die Berichte über die Inthronisation von Claudius, viele Fragen auf, die freilich von den meisten Historikern übergangen werden. Dafür gibt es mehrere Gründe. Im Rahmen einer großkonzipierten Geschichte des römischen Kaiserreichs fehlt der Platz, sich mit solchen Details auseinanderzusetzen. Man übernimmt dann gerne die scheinbar feststehende Version der Vorgänger und begnügt sich mit einigen bestätigenden oder auch kritischen Anmerkungen unter dem Strich. So z. B. Hermann Bengtson, wenn er in seinem mittlerweile klassischen *Grundriß der Römischen Geschichte* lakonisch erklärt: »Durch Antonia Minor und durch Männer aus dem Kreise des Sejan gewarnt, hat Tiberius noch einmal eine bemerkenswerte Energie an den Tag gelegt. Sejan wurde in einer Senatssitzung vom 18. Oktober 31 zum Tode verurteilt und alsbald hingerichtet.«[183]

Nun findet sich der Hinweis auf eine Verschwörung des Seianus nur bei Flavius Josephus. Leider läßt er sich nicht näher darüber

aus. Des Tacitus *Annalen* weisen an dieser Stelle, am Ende des fünften Buches, eine schmerzliche Lücke auf; nur Cassius Dio legt einen größeren zusammenhängenden Bericht vor:
»Seianus war infolge seines beispiellosen Stolzes und seiner gewaltigen Machtfülle eine solch hochmögende Persönlichkeit, daß, kurz gesagt, er selbst Kaiser, Tiberius aber nur der Beherrscher einer Insel zu sein schien, insofern er sich auf der Insel Capri aufhielt. An den Türen des großen Mannes kam es zu Rivalität und Gedränge, da man nicht nur fürchtete, von ihm übersehen zu werden, sondern auch unter den letzten zu erscheinen; wurde doch alles, Worte wie Winke, besonders wenn es um die führenden Männer ging, scharf beobachtet ...«
Wie es sich für antike Tragödien gehört, kündigen böse Omina den bevorstehenden Sturz an: Eine Liege, die im Empfangsraum von Seianus' Haus stand, brach unter der Last der darauf Sitzenden zusammen; und als er das Haus verließ, jagte ein Wiesel mitten durch die Menge. »Wie er dann auf dem Capitol geopfert hatte und zum Forum hin hinabstieg, bogen seine Diener in eine Seitenstraße ein, welche zum *carcer mamertinus* (Gefängnis) führte; infolge des Menschenandrangs konnten sie ihm nämlich nicht mehr folgen. Als sie dann die Treppen, über welche die Verurteilten hinuntergeworfen wurden, herabstiegen, glitten sie aus und kamen zu Fall. Später nahm Seianus die Auspizien vor, aber keiner von den glückverheißenden Vögeln wollte sich zeigen, dagegen umflatterten ihn Schwärme krächzender Raben, die dann alle dichtgedrängt zum Kerker hin wegflogen und sich darauf niederließen.
Indessen nahm sich weder Seianus noch sonst irgend jemand die Vorzeichen zu Herzen ... Und sie schworen endlos bei seiner Fortuna und nannten ihn Amtsgenossen des Tiberius, wobei sie nicht auf sein Konsulat, sondern versteckt auf die oberste Gewalt anspielten.«
Tiberius hatte ab Januar 31 das Konsulat übernommen und Seianus zum Kollegen erhoben. Eine Ungeheuerlichkeit, da Seianus kein Senator, sondern nur Ritter war. Ihm fehlte nur noch die *tribunicia potestas*, und er wäre offiziell als Nachfolger des Princeps designiert gewesen.

»Tiberius war nunmehr schon recht gut über sämtliche Absichten seines Ministers im Bilde und ging mit sich zu Rate, wie er ihn beseitigen könne. Da er aber keinen Weg fand, dies offen und ohne Gefahr zu vollbringen, so verfuhr er mit Seianus selbst und den Römern im allgemeinen auf eine eigenartige Weise, um deren Einstellung genau kennenzulernen: Er schickte andauernd eine Menge verschiedenartiger, seine Person betreffender Botschaften sowohl an Seianus als auch an den Senat, wobei er einmal von seinem schlechten Gesundheitszustand sprach und daß er nunmehr bald sterben werde, dann aber wieder erklärte, er sei ganz gesund und wolle demnächst in Rom eintreffen. Was den Seianus anlangte, so lobte er ihn bald in den höchsten Tönen, bald riß er ihn gehörig herunter und zeichnete die einen seiner Freunde ihm zuliebe aus, während er die anderen seine Ungnade fühlen ließ. Und so war Seianus abwechselnd von höchstem Stolz und höchster Furcht erfüllt und befand sich in dauernder Spannung; denn einerseits kam es ihm niemals in den Sinn, Angst zu haben und deshalb einen Umsturz zu planen – er stand ja weiterhin noch in Ehren –, und andererseits wieder dachte er nicht daran, den Kühnen zu spielen und deshalb ein Wagestück zu unternehmen – wurde er doch wiederholt gedemütigt. So erging es aber auch allen anderen Leuten. Indem sie in kurzen Zeitabständen die widersprechendsten Nachrichten zu hören bekamen und daher Seianus weder länger mit Bewunderung betrachten noch geringschätzen konnten, außerdem, was Tiberius betraf, mit seinem Tod oder seiner Rückkehr rechnen mußten, gerieten sie in einen Zustand der Unsicherheit.«

Es folgen weitere schlechte Vorzeichen. »Diese Vorgänge stimmten das Volk mißtrauisch, doch da es von den Absichten des Tiberius nichts wußte und dazu seine Launenhaftigkeit und die Unsicherheit aller menschlichen Verhältnisse in Rechnung stellte, verfolgte es eine mittlere Linie.«

Nach diesen sehr allgemein und vage gehaltenen Mitteilungen wird Cassius Dio konkreter: »Die Senatoren verliehen ihm die prokonsularische Gewalt und bestimmten außerdem, daß die Konsuln jedes Jahres angewiesen werden sollten, ihm in ihrer Amtsführung nachzueifern.«

Das folgende läßt schon den bevorstehenden Schlag des Herrn ahnen: »Nun zeichnete ihn zwar Tiberius mit den Priesterwürden aus, entbot ihn aber nicht zu sich (nach Capri), ja, als Seianus unter dem Vorwand, daß seine Verlobte erkrankt sei, um Reiseerlaubnis nach Kampanien nachsuchte, befahl ihm der Kaiser, an Ort und Stelle zu bleiben, da er sich ja selbst alsbald in Rom einfinden werde.« Dio nennt weitere Beispiele dieser Hinhaltetechnik, die Seianus als Demütigung empfand. Dann folgt der entscheidende Schlag, dessen Ausführung dem Mann übertragen wird, den wir schon auf Capri kennengelernt haben: Macro.

»Um seinen Gegner möglichst ahnungslos zu treffen, streute der Kaiser zunächst das Gerücht aus, daß er ihm die tribunizische Gewalt übertragen wolle. Hierauf ließ er dem Senat eine Mitteilung gegen ihn durch Naevius Sertorius Macro zugehen, den er schon vorher heimlich zum Befehlshaber der Leibgarde ernannt und über alle nötigen Maßnahmen unterrichtet hatte. Dieser Mann traf (aus Capri kommend), als ginge es um irgendeinen anderen Auftrag, bei Nacht in Rom ein.«

Er setzt einen der beiden Konsuln – der zweite war ein Freund des Seianus – und Graecinius Laco, den Kommandeur der *vigiles,* der Nachtwachen, in Kenntnis.

»Mit Tagesanbruch stieg Macro zum Palatin empor – die Senatssitzung sollte nämlich im Apollotempel stattfinden – und traf dabei Seianus, der das Gebäude noch nicht betreten hatte. Wie er nun sah, daß Seianus in Aufregung war, weil Tiberius ihm noch keine Mitteilung (über die Verleihung der *tribunicia potestas*) hatte zukommen lassen, beruhigte er ihn mit der privaten und vertraulichen Mitteilung, daß er ihm die tribunizische Gewalt überbringe.

Überglücklich ob dieser Nachricht eilte Seianus in den Senat, Macro aber schickte die Prätorianer, die ihn und den Senat bewachen sollten, in ihr Heerlager zurück, nachdem er ihnen seine Bestallung kundgetan und erklärt hatte, daß er ein Schreiben des Tiberius bei sich trage, das ihnen gewisse Belohnungen zukommen lasse. Dann hieß er statt der Prätorianer die Nachtwachen rings um den Tempel Stellung beziehen, betrat hierauf den Versammlungsraum, übergab den Brief den Konsuln und verließ den Tempel, ehe

Seianus wird zur Hinrichtung abgeführt. Zeichnung, 19. Jhdt.

auch nur ein einziges Wort verlesen worden war. Er erteilte nun Laco Befehl, an Ort und Stelle Wache zu halten, und verfügte sich selbst eilends ins Lager (der Prätorianer), um irgendeinem Aufstand zuvorzukommen.

Inzwischen wurde der Brief verlesen. Er war umfangreich und enthielt keine massierte Anklage gegen Seianus, vielmehr am Anfang irgendeine andere Sache, dann einen leichten Tadel an seinem Verhalten, hierauf sonst einen Gegenstand und anschließend eine weitere Rüge für ihn. Am Ende fand sich die Bemerkung, daß zwei von den Senatoren, die zu seinen engsten Vertrauten zählten, bestraft werden müßten und er selbst unter Bewachung zu stellen sei.

Einen unmittelbaren Befehl zu seiner Hinrichtung erteilte nämlich Tiberius nicht, nicht weil er gegen sie war, sondern weil er fürchtete, dies könne zu einer Empörung führen. Jedenfalls tat er so, als könne er ungefährdet nicht einmal die Reise nach Rom unternehmen, und entbot daher den einen Konsul zu sich.

Weitere Angaben enthielt der Brief nicht, man konnte aber mit Auge und Ohr eine Menge verschiedenartiger Wirkungen feststellen, die von ihm ausgingen. Zuerst nämlich, ehe noch das Schreiben verlesen wurde, hatten die Senatoren Seianus, so als werde er nun die tribunizische Gewalt erhalten, mit Lobesworten überschüttet und ihn hochleben lassen, indem sie alle die erwarteten Ehrungen vorwegnahmen und ihm deutlich machten, daß sie auch ihrerseits ihn damit beschenken wollten.

Als sich nun nichts dergleichen fand, die Senatoren vielmehr gerade das Gegenteil von dem, was sie erwarteten, vernehmen mußten, waren sie zunächst fassungslos und dann tief niedergeschlagen. Und einige, die neben Seianus gesessen hatten, standen auf und verließen ihn; denn sie wollten mit dem Mann, den zum Freunde zu haben ihnen zuvor so viel gegolten hatte, jetzt nicht einmal mehr den gleichen Sitz teilen.

Sodann umringten ihn Prätoren und Volkstribunen, damit er nicht wegeile und einen Aufruhr anstifte, was er ganz sicher getan hätte, wenn er gleich zu Beginn eine geballte Anschuldigung gehört hätte und dadurch erschreckt worden wäre. So aber achtete er nicht besonders auf die Anklagen, wie sie nacheinander verlesen wurden, indem er jede als geringfügig und für sich allein stehend ansah, und rechnete bestenfalls mit keiner weiteren oder jedenfalls nicht damit, daß der Brief noch eine ihn betreffende enthalte, die sich nicht abtun lasse. Und so ließ er die Zeit verstreichen und blieb an seinem Platz.

Inzwischen rief ihn Regulus zu sich heran, doch Seianus leistete der Aufforderung nicht Folge, nicht etwa weil er sich darüber hinwegsetzte – er war ja schon ganz gedemütigt –, sondern weil er an Weisungen, die seine Person betrafen, nicht gewöhnt war. Als nun der Konsul zum zweiten und dritten Mal mit erhobener Stimme und zugleich auf ihn deutend rief: ›Seianus, komm her!‹, fragte ihn dieser nur: ›Ja rufst du mich?‹

Nach einer Weile aber erst erhob er sich, und Laco, der zurückgekehrt war, stellte sich neben ihn. Als dann schließlich der Brief zu Ende verlesen war, beschimpften ihn alle einstimmig und schleuderten ihm furchtbare Drohungen entgegen, die einen, weil sie Unrecht erfahren hatten, die anderen aus Angst, wieder andere, um ihre Freundschaft mit ihm zu vertuschen, und weitere, weil sie sich über seinen Sturz freuten.

Regulus aber wandte sich weder mit einem Antrag an den gesamten Senat, noch schlug er gegen ein gewisses Mitglied die Todesstrafe vor. Da nämlich Seianus viele Verwandte und Freunde hatte, fürchtete er Widerstand und dadurch eine Störung. So fragte er nur einen einzigen Senator, und als dieser der Verhaftung zustimmte, führte er Seianus aus dem Senat und brachte ihn zusammen mit den übrigen Amtsträgern und Laco ins Gefängnis.«

Auf dem Weg dorthin – es ging über die erwähnte Treppe abwärts zur Nordostecke des Forums – wird der mittlerweile gefesselte Gardepräfekt verhöhnt: »Den Mann, den sie am Morgen alle wie ein höheres Wesen zum Senatsgebäude geleitet hatten, den schleppten sie jetzt wie den schlechtesten Kerl ins Gefängnis … Ihn, den sie gewohnt waren, als ihren Herrn zu beschützen, bewachten sie nunmehr wie einen entlaufenen Sklaven und enthüllten ihm das Haupt, wenn er es verhüllen wollte. Ihm, den sie mit purpurgesäumter Toga geschmückt hatten, versetzten sie Schläge ins Gesicht. Ihn, dem sie huldigten und gleich einem Gotte opferten, führten sie jetzt zur Hinrichtung weg.

Auch das Volk drang auf Seianus ein und schleuderte ihm viele Schimpfworte ob der von ihm ermordeten Opfer ins Gesicht. Eine Flut von Spott ergoß sich auch über seine Hoffnungen, die er sich gemacht hatte. Sie warfen seine sämtlichen Standbilder um, zertrümmerten sie und schleiften sie weg, gerade als wollten die Leute damit dem Manne selbst Schmach antun, und so konnte er mit eigenen Augen sehen, was ihm widerfahren sollte.

Denn für den Augenblick wurde Seianus zwar nur ins Gefängnis geworfen, doch kurz darauf, noch am gleichen Tage, trat der Senat, als er die Haltung der Bevölkerung bemerkte und sah, daß kein Prätorianer zur Stelle war, nahe dem Gefängnis im Tempel der Concordia zu einer Sitzung zusammen und fällte über ihn das Todesurteil.

Daraufhin wurde er hingerichtet, die Leiche über die Treppen hinuntergeworfen, wo sie der Pöbel drei ganze Tage schändete, und schließlich im Tiber versenkt.

Auch seine Kinder wurden auf Senatsbeschluß hingerichtet, nachdem das Mädchen, das Seianus mit dem Sohn des Claudius verlobt hatte, dem Grundsatz entsprechend, daß es ein Rechtsverstoß sei, eine Jungfrau im Kerker sterben zu lassen, vom Henker zuvor vergewaltigt worden war.«

Nachspiel: »Seine Ehefrau Apicata wurde zwar nicht verurteilt, doch als sie vom Tod ihrer Kinder gehört und ihre Leichen auf den Straßen liegen gesehen hatte, zog sie sich zurück und verfaßte eine Darstellung von Drusus' Tod, die sich gegen seine Gattin Livilla richtete.« – Wir kommen darauf zurück. – »Ihretwegen hatte sie sich ja selbst mit ihrem Mann verfeindet und von ihm getrennt. Sie schickte das Schreiben dem Tiberius. Dann beging sie Selbstmord. Auf diese Weise kam der Bericht Tiberius vor Augen. Er prüfte die Angaben und ließ neben all den anderen Personen, die darin erwähnt waren, Livilla hinrichten. Ich habe indessen auch schon gehört, daß der Kaiser sie mit Rücksicht auf ihre Mutter Antonia schonte, Antonia aber von sich aus ihre Tochter verhungern ließ. Diese Dinge spielten freilich erst in späterer Zeit.«[184]

Exkurs:
Antonia und die »leitenden Angestellten« der DOMUS CAESARIS

Herodes Agrippa, Pallas, Felix, Caenis ... und immer wieder Antonia! Seltsam, daß ihr Name immer dann auftaucht, wenn die Dinge sich zuspitzen. Ist das Zufall – oder haben wir sie ungerechtfertigt in den Vordergrund geschoben?

Antonia war, wie wir sahen, eine Art »Ersatzkaiserin«. Sie war Tochter des Marcus Antonius, Frau des Livia-Sohnes Drusus, Schwägerin des Tiberius, Schwiegertochter der Livia und des Augustus, zugleich dessen Nichte. Ihre Tochter Livilla war Seians Gefährtin. Ihr Sohn Claudius wird 41 Kaiser werden. Ihren Enkel Caligula sieht sie noch auf dem Thron des Augustus. Sie war eng befreundet mit Livia Augusta.

Allein diese verwandtschaftlichen Beziehungen zeigen schon, daß sie mitten im machtpolitischen Spiel des Hofes plaziert war. Doch von nicht minderer, vielleicht sogar entschieden größerer Bedeutung ist etwas anderes. Angehörige ihres Haushalts sind es, die in den nächsten drei Jahrzehnten einen Platz im nächsten Umfeld der Macht am Hof einnehmen:

– Pallas wird unter Claudius Finanzminister und wirkt noch in den ersten Jahren Neros.

– Sein Bruder M. Antonius Felix avanciert 52 n. Chr. zum Prokurator von Judäa und amtiert bis 60. Sueton über ihn: »Von Claudius' Freigelassenen war ihm (Claudius) nicht weniger beliebt Felix, der zum Kohorten- und Schwadronkommandanten, ja sogar zum Statthalter von Judäa aufstieg und mit drei Königinnen verheiratet war.«[185]

Gemeint sind Drusilla (Enkelin Cleopatras und des Antonius), Drusilla (Tochter unseres Herodes Agrippa), die dritte kennen wir nicht. Des Tacitus Urteil über ihn ist hart: »... überließ Claudius die Provinz Judäa römischen Rittern und Freigelassenen, unter denen Antonius Felix mit aller Grausamkeit und Willkür Königsrecht in Sklavengesinnung ausübte.«[186] *Es war übrigens der Prokurator Felix, vor dem sich der Apostel Paulus zu verantworten hatte.*

- *Die erwähnte Caenis wird später unter Vespasian Karriere machen; nach Sueton[187] rief Vespasian »seine frühere Mätresse Caenis, Freigelassene und Sekretärin (!) Antonias, wieder zu sich ins Haus, und sie nahm, auch als er (69) auf den Thron gelangt war, fast die Stelle einer rechtmäßigen Gattin ein«.*
- *Und nicht zuletzt Herodes Agrippa! Er wuchs in Antonias Haus auf und blieb bis zu seinem Tod der beste Freund von Claudius.*

Warum wir all diese personalen Details erwähnen: Sie stehen in unmittelbarem Zusammenhang mit der Frage, ob – und wenn ja, inwieweit – Antonia von einer Verschwörung des Seianus gewußt haben kann. Einige Forscher verneinen dies kategorisch, wie z. B. Dieter Hennig in seiner exzellenten Studie über Seianus:
»Insgesamt jedoch hat der etwas dubiose Bericht des Josephus, gerade auch wenn man die nicht minder unklare Parallele bei Cassius Dio heranzieht, wenig Wahrscheinlichkeit für sich …« Es zeige sich, meint er, »daß über die ganze Angelegenheit allenfalls nur vage Gerüchte kursierten. Man muß sich außerdem fragen, woher Antonia etwas von einer angeblichen Verschwörung erfahren konnte und wie es ihr gelang, durch wen auch immer einen unzensierten Brief nach Capri bringen zu lassen. In diesen Punkten gibt Josephus keine Auskunft. Wenn man nicht alle Berichte über die Kontrolle, die Sejan über die Zufahrtswege ausübte, für maßlos übertrieben ansehen will, so muß man gerade letzteres für fast ausgeschlossen halten. Sicherlich aber gab es keine Möglichkeit für einen Außenstehenden, Tiberius unter vier Augen zu sprechen, ohne daß Sejan zumindest davon erfuhr.«[188]
Nun, es gab sie sehr wohl! Und der gelehrte Kritiker bietet selbst die Erklärung dafür: Mittlerweile hatten sich nämlich in der Besetzung der obersten Kommandostellen der verschiedenen städtischen Präfekturen Veränderungen ergeben. Auslösendes Moment ist die Übernahme des Konsulats von 31 durch Tiberius zusammen mit Seianus gewesen. Der Princeps hegte schon seit einiger Zeit Mißtrauen gegen seinen Gardepräfekten. Was er dann in die Wege leitete, war überaus klug eingefädelt und von langer Hand geplant, mit jener List und dem langen Atem, die den Kaiser auch bei anderen Gelegenheiten auszeichneten.

Der Ablauf könnte folgender gewesen sein:[189]
1. *Im Januar übernahmen Tiberius und Seianus gemeinsam das Konsulat.*
2. *Für die Zeit der Amtsführung schien es geboten, das Kommando über die Garde ruhen zu lassen. Als Stellvertreter Seians bot sich ein Offizier an, der bis vor kurzem die vigiles befehligt hatte: der praefectus vigilum Macro. Diese Kohorten waren ursprünglich die Städtische Feuerwehr, aber sie hatten auch polizeiliche Zuständigkeiten und sorgten, vor allem nachts, für Ruhe und Sicherheit der Bürger auf den Straßen der Stadt.*
3. *Zur Zeit, also ab Januar 31, war Graecinius Laco Kommandeur der vigiles. Also bot es sich an, den Macro, sozusagen als Stellvertreter Seians, während dessen Konsulat das Kommando über die Prätorianer führen zu lassen.*

Dazu Hennig: »*Irgendeine derartige Regelung war in jedem Fall erforderlich, denn Sejan konnte während seiner Amtszeit als Konsul kaum gleichzeitig auch weiterhin als Prätorianerpräfekt fungieren. Andererseits lag es wohl nicht in seiner Absicht, diese Machtposition völlig aus der Hand zu geben und einen regulären Nachfolger bestellen zu lassen. Da Sejan bei der Ernennung seines Stellvertreters sicher ein gewichtiges Mitspracherecht besessen hat, muß er gerade Macro als absolut zuverlässig angesehen haben. Die Tatsache, daß er dessen Versicherung, er bringe ihm die tribunicia potestas, ohne weiteres Glauben schenkte, deutet darauf hin, daß Macro von Anfang an zur Anhängerschaft Sejans gehört hatte ...*«

Und nun kommt's: »*Als stellvertretender Gardepräfekt hielt sich Macro dann bei Tiberius in Capri auf, wobei er gleichzeitig das Kommando über die dort diensttuenden Prätorianer führte ... Umgekehrt konnte Macro Tiberius selbst als besonders vertrauenswürdig erscheinen, da er mit Ennia Thrasylla, wohl einer Enkelin des von Tiberius so hochgeschätzten Hofastrologen Thrasyllos, verheiratet war.*«[190]

Daraus können wir ableiten: Es hat sehr wohl die Möglichkeit gegeben, daß Antonia eine Botschaft nach Capri bringen konnte. Ob dies nun Anfang Oktober oder schon vorher geschehen ist, spielt keine Rolle, da Macro in dieser Zeit – während der Abwesenheit Seians – die Kontrolle über alle Vorgänge auf der Insel hatte.

Es bleibt die andere Frage: Ist es denkbar, daß Antonia von den Vorgängen um den Gardepräfekten Seianus, die Flavius Josephus »konspirativ« nennt, Kenntnis hatte?

Zunächst dies: Es kann kein Zufall sein, daß Pallas, Felix, Caenis – sie alle ehemalige Sklaven aus ihrem Hause – auf höchster Ebene im Reich Karriere gemacht haben. Antonia muß ein unglaubliches Gespür für die Begabungen, die intellektuellen Fähigkeiten, die Wachheit und Wünsche eines Menschen gehabt haben. Was wird sie nicht alles mit dieser jungen Frau, mit ihrer Vertrauten und »Sekretärin« Caenis besprochen haben! Das Mädchen wird damals – in diesem ereignisreichen Jahre 31 nach unserer Zeitrechnung – 17 oder 18 Jahre alt gewesen sein.

Pallas! Wir wissen nicht, woher er stammt, wer seine Eltern waren noch wann genau er geboren wurde. Aus dem Vertrauen, das Claudius später in ihn setzt, wäre abzuleiten, daß Pallas wie Herodes Agrippa zu den Gespielen seiner Kindheit gehörte.

Überhaupt die Namen dieser Sklaven: Pallas, der »Knabe« – Felix, der »Glückliche«! Antonia muß sie gern gehabt haben. Sie war eine »Familien-Frau«, die sich wohl fühlte, wenn ihre Kinder und Enkel, dazu die Sprößlinge ihrer Dienerschaft um sie herumtollten, denn nach altrömischer Sitte gehörten zur familia auch die Sklaven und deren Nachwuchs.

Ihre Sklaven ließ sie mit der gleichen Sorgfalt ausbilden wie ihre eigenen Kinder. Wir erinnern uns: Sie diktiert diesem jungen, 17jährigen Mädchen Caenis ein brisantes Dossier über die Ambitionen eines gewissen Seianus! Das setzt voraus, daß dieses reizende Kind, das in Kürze noch einen Vespasian verführen wird, auf Veranlassung ihrer Herrin bei den besten Hauslehrern Lesen und Schreiben gelernt hat. Das gleiche dürfen wir bei den Brüdern Pallas und Felix annehmen. Wenn auch nur diese drei namentlich genannt werden, gehörte zu Antonias noblem Haushalt eine weitaus größere Zahl von Dienern, die alle mit der gleichen Sorgfalt großgezogen worden waren. Wahrscheinlich fungierte Pallas um diese Zeit (31 n. Chr.) als verantwortlicher Vorsteher des gesamten Gesindes.

Pallas und Felix waren zu dieser Zeit – analog zu Herodes und Claudius – wohl um die 40. Sie gehörten zum Haushalt einer Für-

*stin, die mit allen namhaften Familien im Umkreis des Hofes bluts-
verwandt ist. Wenn es heißt, diese junge Frau von vielleicht 17 Jahren – Caenis – sei die »Vertraute« der Herrin gewesen, dann wohl
erst recht Pallas!*

*Versetzen wir uns doch einmal in die Lage dieser Frau: Ihr geliebter
Mann, Drusus, der Bruder des Princeps Tiberius, starb im Jahre
9 v. Chr. – Antonia ist also seit 40 Jahren Witwe! Der auch von ihr
vergötterte älteste Sohn Germanicus ist seit zwölf Jahren im Hades!
Ihre Tochter Livilla ist längst außer Haus. Mit ihrem zweiten Sohn
Claudius vermag sie nicht viel anzufangen, er ist ein Sonderling und
geht ganz in seinen historischen und linguistischen Studien auf.*

*Nun wird aber alles, was in Rom geschieht, von männlichen Normen
bestimmt und geregelt, also wird sie immer öfter den von ihr groß-
gezogenen und ausgebildeten Sklaven Pallas als Ratgeber herangezogen haben. Irgendwann hat sie ihm, wie seinem Bruder, die Freiheit geschenkt, und von da an tragen sie das Gentilnomen der Familie und den Vornamen von Antonias Vater: Marcus Antonius Pallas
und Marcus Antonius Felix. Man kann sich vorstellen, wie stolz sie
darauf waren.*

*Nun waren zwar liberti, Freigelassene, nach römischem Recht für
sich selbst zuständig und verantwortlich, sie bekamen ein eigenes
Gehalt und mußten damit zurechtkommen; doch es liegt auf der
Hand, daß Pallas, der sich sozusagen als Hausmeier der Familie
fühlen durfte, bei allen wirtschaftlichen und politischen Vorgängen
ein gewichtiges Wort mitzureden hatte. Mehr noch, er muß sich aus
innerer Überzeugung als Anwalt der Interessen seiner Herrin Antonia gesehen haben. Sie blieb ja die domina, denn die liberti gehörten
auch nach ihrer Freilassung weiterhin zur Hausgemeinschaft der
familia und vertraten die Interessen der Herrin.*

*Wenn schon gewöhnliche senatorische Familien aufgrund ihrer wirt-
schaftlichen und politischen Potenz in der gesellschaftlichen Hierarchie den Rang von »Territorialfürsten« einnahmen, dann können
wir ein Haus wie das der Antonia durchaus »großfürstlich« nennen.
Geldprobleme gab es nicht. Wir erinnern uns: Ohne mit der Wimper
zu zucken wird Antonia demnächst dem Herodes Agrippa 300 000
Sesterzen vorstrecken. Eine gewaltige Summe! Das Jahresgehalt*

eines Militärtribunen der Prätorianer betrug unter Augustus 30000 Denare![191] Mit dem Nachweis des Besitzes von 400000 Sesterzen stieg man in den ordo equester, den Ritterstand, auf. Wie bei anderen wohlhabenden Gentes wissen wir nicht, woher im einzelnen ihre Einnahmen kamen; es war vor allem der Besitz riesiger Ländereien in Italien und den Provinzen, aus deren Profit der Reichtum senatorischer Familien stammte. Bei Antonia kam noch das große Erbe ihres Vaters Marcus Antonius hinzu. Außerdem wird sie auch von ihrer Mutter Octavia, der Schwester des Augustus, mit einem ansehnlichen Erbteil bedacht worden sein. Und wahrscheinlich flossen ihr zusätzlich noch aus dem Etat regelmäßig erkleckliche Summen zu. So dürfte Antonia, nach Livia Augusta, die reichste Frau der Epoche gewesen sein.

Wenn wir dies alles berücksichtigen – ihre herausgehobene Stellung als Nichte des Augustus und Schwägerin des jetzigen Princeps, ihre wirtschaftliche Unabhängigkeit, ihre freundschaftliche Verbundenheit mit anderen Damen der höchsten Gesellschaft, dazu ihre absolute moralische Integrität in altrömischem Sinn – dann ahnen wir vielleicht, auf welcher Höhe ihr aristokratischer Rang in der gesellschaftlichen Hierarchie der Hauptstadt des Weltreiches angesiedelt war.

Unter solchen Gesichtspunkten müssen wir die Mitteilung von Flavius Josephus einordnen: Es sei Antonia gewesen, die den Princeps vor einer Verschwörung des Präfekten Seianus gewarnt habe! Antonia muß die am besten informierte Frau Roms gewesen sein. Allein aus den Gesprächen, die sie mit ihrer kaiserlichen Freundin Livia Augusta jahrzehntelang geführt hat, wird sie einen Teil ihres großen Herrschaftswissens erworben haben. Sie lebte am Hof auf dem Palatin und konnte täglich beobachten, was vorging. Sie war bei allen familienpolitischen Entscheidungen des Augustus und später des Tiberius in unmittelbarer Nähe. Und sie war, was ihre eigenen Kinder und Enkel betraf, immer persönlich und menschlich betroffen und gefordert.

Hinzu kommt noch etwas anderes. Wie wir aus der folgenden Entwicklung des Principats unter der Herrschaft ihres Enkels Caligula und ihres Sohnes Claudius wissen, spielten gerade die kaiserlichen

Freigelassenen in den Regierungsgeschäften eine entscheidende Rolle. Im Zusammenhang mit Caligula lernten wir bereits Callistus kennen. Unter Claudius werden die Brüder Pallas und Felix Karriere machen. Ein gewisser Narcissus wird noch hinzukommen. Man kann das administrative Establishment auf dieser Ebene die »leitenden Angestellten« der DOMUS CAESARIS, des kaiserlichen Hauses, nennen. Wir können noch einen Schritt weiter gehen und den ganzen julisch-claudischen Clan unter unternehmerischem Aspekt betrachten: Zwei große, alte, weitverzweigte Familien haben sich zusammengetan, um die multinationale »Firma« IMPERIUM ROMANUM durch die Fährnisse der Zeiten zu steuern. Dabei ist bedingungsloser Korpsgeist gefordert, denn der »Vorstandsvorsitzende«, der jeweilige Princeps, hat nicht nur auf die Interessen der Herren im »Aufsichtsrat« – der Senatoren – Rücksicht zu nehmen, sondern ebenso auf jene der »Banker«, der finanzstarken Ritter. Und genau wie in einem heutigen Familienunternehmen höchster wirtschaftlicher Potenz mit weltumspannenden Interessen braucht man absolut zuverlässige und erfahrene Fachleute, die sich in der Firma hochgedient haben und sich voll in den Dienst des Unternehmens stellen. Das waren damals die Freigelassenen.

Diese liberti hat man sich selbst großgezogen. Sie haben sozusagen keine Vergangenheit. Sie kommen aus dem Nichts. Als Sklaven wurden sie juristisch wie eine Sache behandelt, und auch nach ihrer Freilassung sind sie Bürger zweiten Rechts. Sie bleiben vollkommen von ihren Patronen abhängig. Entscheidend dabei ist, daß sie nicht die Interessen ihrer eigenen Familie vertreten können, da es diese nicht gibt. Ihr Avancement ist nur möglich, solange sie ihren ehemaligen Herren nützlich sind. Man läßt sie sofort fallen, wenn man sie nicht mehr braucht, wie die Beispiele des Callistus, später von Pallas, Felix und Narcissus zeigen.

Auffällig ist freilich, daß gerade jene, die bis zur Spitze der kaiserlichen Administration aufsteigen, aus dem Haus der Antonia stammen. Wie wir gesehen haben, nahmen sie dort Vertrauensstellungen ein. Es ist nichts weniger als natürlich, daß Männer wie Pallas und Felix Verbindungen zu Freigelassenen anderer Häuser pflegten, die in ähnlichen Verhältnissen unter gleichen Bedingungen lebten.

In diesen höchst gefährlichen Zeiten können sie Status und Besitzstand nur wahren, wenn sie sich bedingungslos für die Interessen ihrer Herren oder Herrinnen einsetzen. Wenn ein Mann wie Pallas zehn Jahre später unter Claudius als a rationibus das Finanzressort des Imperiums übernimmt und es erfolgreich führt, dann können wir davon ausgehen, daß er schon im Hause der Antonia mit Verstand, Phantasie und Verantwortung erfolgreich gewirkt hat.

Er wird seine Erfahrungen mit befreundeten Freigelassenen anderer Häuser ausgetauscht haben. Hier wäre besonders Callistus zu nennen, von dem wir leider nicht wissen, was er vor seiner Zeit als Kabinettschef Caligulas in Rom getrieben hat. Kam auch er am Ende aus Antonias Schule? Innerhalb der römischen Gesellschaftsstruktur, die sich strikt an der hierarchisch gegliederten Gesellschaft orientierte, boten sich gerade Verkehr und Gedankenaustausch mit jenen Männern an, mit denen man vertraulich und locker auf gleicher Ebene verkehren konnte.

Dies alles vorausgesetzt, ist der Gedanke geradezu zwingend, daß ein Pallas sehr wohl aus verschiedenen Quellen die Informationen erhielt, die ihn – und somit seine domina Antonia – in den Stand versetzten, über den Tellerrand des Hofklatsches zu blicken. Unter diesen Voraussetzungen spricht nichts gegen die Version, die uns Flavius Josephus bietet: daß Antonia über eine »Verschwörung« des Gardepräfekten Seianus informiert gewesen sei. Noch weniger spricht dagegen, daß Pallas selbst den Überbringer der Botschaft machte. Nur – und das ist das Manko bei dem Vorgang –, es wird nichts gesagt über den Inhalt, die Motive und Ziele der Verschwörung! Flavius geht es zu diesem Zeitpunkt seiner Darstellung wieder einmal darum, die Bedeutung seines Landsmannes Herodes Agrippa herauszustreichen, und das, was er über Pallas und seine Mission auf Capri beiläufig mitteilt, bleibt leider nur eine Skizze.

Grund genug für uns, die Karriere des Lucius Aelius Seianus näher in Augenschein zu nehmen.

V

Kaiser ohne Purpur:
Die Karriere des Lucius Aelius Seianus

»Cum ira et studio!«[192] – Die Voreingenommenheiten des Tacitus gegenüber Seianus

Zu Anfang des vierten Buches seiner Annalen bringt Tacitus einen kurzen Text über Seianus und die Prätorianer, der es gleichwohl in sich hat, denn es handelt sich um einen Verweis auf das, was demnächst über Rom hereinbrechen wird:
»Anfang und Anlaß (für die folgenden Grausamkeiten des Tiberius) war Aelius Seianus, der Präfekt der prätorischen Kohorten ... Er war in Vulsinii (in Etrurien) geboren. Sein Vater war der römische Ritter Seius Strabo. In seiner frühen Jugendzeit befand er sich im Gefolge des C. Caesar, des Enkels des göttlichen Augustus[193], und man munkelte, er habe sich dem reichen, ausschweifenden Apicius für Geld preisgegeben. ... Körperlich war er ausdauernd und kräftig, geistig verwegen. Sich selbst hielt er vorsichtig zurück, andere verleumdete er. Er war ebenso unterwürfig wie hochfahrend, trat bescheiden auf und beherbergte einen zügellosen Ehrgeiz in sich, der ihn mitunter zu einem großartigen, verschwenderischen Leben, häufiger noch zu emsiger, angespannter Tätigkeit trieb. Aber solche Tätigkeit ist nicht weniger verhängnisvoll als Verschwendung, wenn ihr nur die geheime Absicht zugrunde liegt, sich den Thron zu erringen.
Die Macht des Präfekten, die bis dahin nicht bedeutend war, hob er (Seian) dadurch, daß er die an verschiedenen Stellen der Stadt liegenden Kohorten in ein einziges Lager zusammenzog. Sie soll-

ten die Befehle gleichzeitig erhalten, sollten sich ihrer Zahl und Stärke bewußt werden, Selbstvertrauen bekommen und den übrigen mehr Furcht einflößen. Als Grund für die Maßnahme gab er an, die Soldaten verlören durch die Zersplitterung an innerem Wert; auch könne man bei plötzlich eintretenden Gefahren mehr ausrichten, wenn die Truppen beieinander seien; ferner werde die soldatische Zucht strenger werden, wenn sie ein geschlossenes Lager fern von den Verführungen der Hauptstadt bezögen.

Als das Lager fertig war, wußte er die Soldaten allmählich für sich zu gewinnen. Er besuchte sie und sprach mit diesem und jenem. Er wählte auch seine Centurionen und Tribunen selbst aus. Nicht minder suchte er sich Anhänger im Senat zu erwerben und verschaffte seinen Freunden Ämter und Statthalterschaften. Tiberius machte gar keine Schwierigkeiten und war ihm so geneigt, daß er ihn nicht bloß im Gespräch, sondern auch im Senat und vor dem Volk als seinen Mitarbeiter pries und die Aufstellung seiner Standbilder in den Theatern, auf den Märkten, ja an den Standorten der Legionen gestattete.«[194]

An Lucius Aelius Seianus scheiden sich die Geister – nicht weniger als an seinem kaiserlichen Herrn Tiberius. Ursache dafür ist die Betrachtungsweise von Tacitus: Einerseits beschreibt er Gestalten und Geschehen seines gigantischen historischen Dramas unglaublich scharfsinnig, seziert mit geradezu modern anmutender psychoanalytischer Kompetenz die Seelenlage seiner Figuren und zeigt Verständnis – wenn nicht sogar Mitleid mit ihnen; andererseits fällt er so schroffe und bisweilen anmaßende Urteile, daß man geneigt ist, dahinter persönlichen Haß als Agens zu sehen. Wir werden daher im folgenden immer wieder kritisch zu fragen haben, warum Tacitus – unsere Hauptquelle! – die Verantwortlichen so und nicht anders gesehen hat.

Schon zu Anfang der berühmten Einleitung seines vierten Buches schlägt Tacitus in einer Weise zu, die man mit Donald R. Dudley geradezu »böswillig« nennen kann[195]: »Später wußte er Tiberius durch allerhand Kunstgriffe derart für sich einzunehmen, daß der gegen alle anderen verschlossene Mann gegen ihn allein offenherzig und vertrauensselig wurde. Nicht seiner Geschicklichkeit verdankte er dies – sie war es, die ihn schließlich zu Fall brachte –, *sondern dem Zorn der Götter gegen Rom. Denn für Rom war seine Macht ebenso verderblich wie sein Sturz.*«

Für die römischen Leser seiner »Annalen« setzt Tacitus an dieser Stelle bewußt die Parallele Seianus – Catilina, wobei er sich nicht scheut, an einigen Stellen die gleichen Wendungen wie Sallust in »De Catilinae Coniuratione« zu gebrauchen, die wir schon kennen: »Körperlich war er ausdauernd und kräftig, geistig verwegen. Sich selbst hielt er vorsichtig zurück, andere verleumdete er. Er war ebenso unterwürfig wie hochfahrend, trat bescheiden auf und beherbergte einen zügellosen Ehrgeiz in sich.«[196]

»Gegen Hunger, Frost und Mangel an Schlaf war er unglaublich abgehärtet; ein tollkühner Kerl, tückisch und unbeständig, ein Meister in Heuchelei und Verstellung jeder Art, nach fremdem Gute gierig, mit dem eigenen verschwenderisch, glühend in seinen Leidenschaften ... hatte ihn der brennende Wunsch gepackt, die Führung im Staat an sich zu reißen.«[197]

Die Charakteristik Seians ist in sallustianischen Wendungen gehalten, und die Parallelen zur Darstellung Catilinas sind ganz offensichtlich.[198] Nun wissen wir andererseits, daß Tacitus und später Cassius Dio die gleiche zeitgenössische Quelle benutzt haben. Warum also bringt Tacitus an dieser Stelle diese böse Parallele?

Dazu Dieter Hennig in seiner Seian-Studie: »... Tacitus (hat) sich die vorliegende Überlieferung nicht kritiklos zu eigen gemacht. Auch die Erklärung für den Aufstieg Sejans, nämlich der Zorn der Götter gegen Rom, und sein in sallustianischer Manier gezeichnetes Charakterbild finden kein Gegenstück bei Cassius Dio und sind so von Tacitus unabhängig von der gemeinsamen Quelle gestaltet worden. Ihm ging es vor allem darum, den verderblichen Einfluß des Sejan auf die kommende Entwicklung herauszustellen. In diesem Sinn hat er auch die Begründung für die Zusammenlegung der Prätorianerkohorten über seine Vorlage hinaus ausgebaut und dabei vor allem auf die persönliche Machtsteigerung des Gardepräfekten hingewiesen ... Es zeigt sich also, daß das Bild Sejans bereits vor Tacitus in seinen Grundzügen feststand. Es war in seiner Tendenz geprägt von den gleichen senatorischen Kreisen,

auf die auch letztlich die Darstellung des Tiberius bei Tacitus
zurückgeht ... Damit hat sich jedoch Tacitus, wie der Vergleich mit
Cassius Dio und Sueton zeigt, nicht zufriedengegeben, sondern er
hat, anders als bei Tiberius, dem er in vielen Punkten seine Anerkennung nicht versagen konnte, Sejan mit ausgesprochenem Haß
gezeichnet und ihn als skrupellosen und verschlagenen Verbrecher
in voller Absicht und jedem Leser seiner Annalen leicht erkennbar
Catilina an die Seite gestellt. Das gilt es im Auge zu behalten, wenn
man die Rolle Sejans bis zu seinem Sturz im Jahre 31 und seine politischen Pläne in den verschiedenen Phasen seiner Laufbahn in
richtiger Weise würdigen will.«[199]

»Es sollen die zwei Besten deine Leibwache befehligen« – Ursprung und Geschichte der »Praetoriae Cohortes« bis zu ihrer Kasernierung

Es ist nun an der Zeit, daß wir einen Blick auf Herkunft und Geschichte der militärischen Sondereinheit werfen, die über Jahrhunderte eine ebenso entscheidende wie schicksalhafte Rolle im kaiserlichen Machtapparat Roms gespielt hat.
Marcel Durry, der sich ein Leben lang mit dem Phänomen der
Prätorianer beschäftigt hat, beginnt 1954 einen Artikel über die
kaiserliche Garde mit der ihm eigenen lakonischen Kürze so:
»*Praetoriae Cohortes.* Neun, dann zehn Kohorten, die, im allgemeinen in Rom stationiert, von Augustus bis zum Jahre 312 die Schutztruppe des Kaisers und der Regierung darstellten. Sie sind eine
Parteitruppe gegenüber der Reichsarmee, die sich aus den Legionen zusammensetzte. Sie scheinen außerdem im Zentrum des Reiches eine Art Kriegsschule und Verwaltungsschule gebildet zu haben und eine Ausbildungsstätte von ›Prätorianer-Rittern‹ für die
hohen Posten in Armee und Verwaltung gewesen zu sein.
Als Erben der Wachen der Feldherrn der Bürgerkriege entstehen
die prätorianischen Kohorten, neun an der Zahl, unauffällig unter
Augustus; sie sind zunächst in Quartieren in und um Rom verteilt.;

Porträtbüste des jungen Augustus in hellenistischer Manier. 3. Viertel des 1. Jhs. v. Chr.

von 2 v. Chr. an stehen sie unter dem Befehl von zwei Präfekten (praefecti praetorio) ...«[200]

Der Name *praefectus praetorio* ist eine typisch römische Begriffsbildung: *praefectus* ist als Partizip abgeleitet von *praeficere*, was wiederum von *facere* (machen, tun, verursachen, bewirken) abstammt. *Praefectus* ist eigentlich jeder Vor(*prae*)-Gesetzte (*fectus*, eigentlich: *factus*), der Vor-Steher, militärisch der Befehlshaber, Kommandeur, Chef. Das *praetorium* ist ursprünglich der Hauptplatz im römischen Lager um das Feldherrnzelt, aber auch dieses selbst, und später die Wohnung des Feldherrn oder Statthalters.

Anders als die modernen Sprachen benutzt das Lateinische den Dativ, um den inhaltlichen Bezug herzustellen. Würden wir »der Präfekt des Prätoriums« sagen, so der Römer *praefectus praetorio*, »der dem Prätorium Vorgesetzte«. Analog heißt es ja auch *praefectus Urbi*, »der der Hauptstadt Vorgesetzte«, wenn der Stadtpräfekt gemeint ist.

Die *praetoriae cohortes* tauchen zum erstenmal unter Scipio Africanus auf; man weiß jedoch nicht, ob es sich um den ersten Africanus oder um seinen Enkel handelt. Eine Entscheidung scheint unmöglich. Das Epitheton, also das als Attribut benutzte Eigenschaftswort *praetorius*, kann aber aus der Zeit stammen, als die höchsten Exekutivbeamten der Republik sich nicht *consules*, sondern *praetores* nannten, oder von *praetorium*. Eher aber rührt es wohl von den Beamten her, die nach Ablauf ihres Amtsjahres in die Provinzen abgingen und denen man allgemein den Namen *praetores* gab.

Es handelt sich zunächst um eine Truppe, die der Befehlshaber aus Soldaten und Freunden ad hoc bildet und die er mit sich ins Feld nimmt. Natürlich sind ihm diese Soldaten völlig ergeben. Umstritten ist, ob Caesar in Gallien eine Garde nach Art der Prätorianer um sich hatte. Fest steht, daß er seine persönliche Sicherheit einer Leibwache von Germanen – den späteren *custodes corporis* – anvertraute. Doch diese Leibwächter sind, wie wir im Zusammenhang der Verschwörung gegen Caligula sahen, lediglich Bodyguards, die in keiner Weise ideologisch indoktriniert sind. Man nimmt heute an, daß man zuerst eine *cohors amicorum* – eine »Ko-

horte der Freunde« – aufgestellt hat und daß die *praetoriae cohortes* erst seit den Bürgerkriegen der späten Republik als eine besondere Einsatztruppe etabliert wurde, die taktisch entschieden beweglicher als die klassische Legion war.[201]
Hatte diese Truppe bisher im persönlichen Dienst eines einzelnen Befehlshabers (Prokonsul oder Proprätor) gestanden, so erkannte Augustus ihre herausragende Bedeutung, als es darum ging, die neue Konstitution des Principats gegen Störungen und Gefährdungen im Innern zu sichern.

»Indem Augustus diese Sitte wiederaufnahm« – so der Militärhistoriker Yann Le Bohec –, »schuf er sich eine kaiserliche Leibgarde; denn ihre wichtigste Aufgabe, darin darf man sich keineswegs täuschen lassen, bestand in der Gewährleistung der Sicherheit des Princeps. Es war daher folgerichtig, daß dieser sich der besten Soldaten versicherte, sowohl in Friedenszeiten als auch auf Feldzügen.«[202]

Nun gibt es bei Cassius Dio ein langes Kapitel, in dem er sich aus dem Abstand und den Erfahrungen von zwei Jahrhunderten grundsätzlich mit der Ideologie, der Hierarchie und der Verwaltungspraxis des Principats auseinandersetzt. Nach antiker Gepflogenheit legt er die verschiedenen Sichtweisen zwei Sprechern in den Mund: Agrippa und Maecenas. Beide sprechen als Freunde und Berater des Augustus und entwickeln – darin liegt der Reiz der Stelle – entgegengesetzte Meinungen. Uns interessiert hier das, was Maecenas dem Princeps über die Notwendigkeit einer Garde darlegt:

»Die Senatoren nun, möchte ich betonen, müssen die erwähnten Aufgaben … wahrnehmen, von den Rittern aber sollen die zwei besten deine Leibwache befehligen; denn es bringt Gefahren mit sich, sie nur einem einzigen Manne anzuvertrauen, während eine größere Zahl als zwei Verwirrung stiftet. Zwei soll es daher von diesen Präfekten geben, damit du, wenn einer von ihnen sich unpäßlich fühlt, keineswegs ohne Beschützer bleibst. Zu diesem Amt sollen Männer genommen werden, die schon wiederholt Feldzüge mitgemacht und zahlreiche sonstige Verwaltungsposten versehen haben. Und befehligen sollen sie natürlich sowohl die Prätorianer als auch sämtliche in Italien stehenden Truppen und dabei das Recht haben, Übeltäter unter ihnen sogar mit dem Tode zu bestrafen, ausgenommen die Centurionen und jene anderen, die den Amtsträgern senatorischen Rangs zugeteilt sind. Denn über diese Soldaten sollen die senatorischen Beamten selbst die Gerichtsbarkeit besitzen, damit sie dank der Möglichkeit, jene strafen und auszeichnen zu dürfen, ihrer unbedingten Hilfe sicher sein können.

Über die restlichen Soldaten in Italien aber sollen die erwähnten Präfekten, unterstützt von nachgeordneten Offizieren (= Tribunen), den Oberbefehl führen und außerdem noch über die Caesarianer, sowohl diejenigen, die sich in deinem Gefolge befinden, als auch die anderen, soweit sie gewisse Bedeutung haben.

Diese Pflichten wahrzunehmen, wird für die Präfekten passen und genügen; werden sie nämlich mit mehr Aufgaben betraut, als sie ordnungsgemäß erfüllen können, so besteht die Gefahr, daß sie für wichtige Dinge keine Zeit mehr aufbringen oder überhaupt nicht mehr in der Lage sind, allen Aufgaben zusammen gerecht zu werden.

Und diese Präfekten sollen ebenso wie der Stadtpräfekt ihr Amt auf Lebenszeit haben! Bestelle noch einen Beamten als *praefectus vigilum* und einen weiteren als verantwortlich für die Getreideversorgung und den Markt im allgemeinen, beide aus dem Ritterstand, und zwar die besten Männer nach den Präfekten! Ihre Posten aber sollen sie, gleich den aus dem Senatorenstand berufenen Beamten, nur eine bemessene Zeitspanne innehaben.«[203]

»Die Prätorianerkohorten waren in der römischen Armee das Feinste vom Feinen«, stellt Yann Le Bohec fest.[204] Das zeigt sich
a) in der Rekrutierung,
b) in der Besoldung.
Im 1. Jahrhundert n. Chr. waren zunächst nur Italiker zugelassen, und bis in die tiberische Zeit war der Zutritt sogar auf Latium, Etrurien, Umbrien oder die aus den ältesten römischen Kolonien in Italien stammenden jungen Männer beschränkt. Erst später war man gezwungen, auch auf Rekruten aus außeritalischen Regionen zurückzugreifen:

Die Rekrutierung der Prätorianer[205]

In Prozent	1.–2. Jh.	3. Jh.
Italiker	86,30	0
Aus dem Westen	9,50	60,30
Aus dem Osten	4,20	39,70

Noch deutlicher wird die elitäre Stellung der Garde, wenn man die Jahresgehälter der verschiedenen Prätorianerränge mit denen der Legionen, der Auxiliartruppen (fremde Hilfstruppen) und der Städtischen Kohorten vergleicht:

Die Solde in der römischen Armee (in Denaren im Jahr)

Soldaten:		Augustus – Domitian	Domitian – Septimius Severus	Septimius Severus – Caracalla	Caracalla – Diocletian
Römische Garnison:	Prätorianer:	750	1000	1500	2250
	urbinicianus:	375	500	750	1125
	Wachsoldat:	150	300	300	450
Legion:	Infanterist:	225	300	450	675
	Reiter:	300	400	600	900
Hilfstruppe:	Infanterist:	75	100	150	225
	Kohortenreiter:	150–200	200–226	300–400	450–600
	Alenreiter:	250	333	500	740
Flotte:	Prätorische Flotte:	150	200	300	450
	Provinzflotte:	75	100	150	225

Zum Sold kamen die *donativa* hinzu, Schenkungen, die von den Kaisern zu ihrem Regierungsantritt, durch Testament oder im Verlauf der Regierung aus verschiedenen Gründen gewährt wurden. Seit der Erhebung von Claudius durch die Prätorianer beanspruchte die Garde geradezu das Gewohnheitsrecht, beim Regierungsantritt eines neuen Kaisers mit einem *donativum* beschenkt

zu werden, dessen Höhe nie unter der Schenkung von Claudius liegen durfte. Es machte mindestens den fünffachen Jahressold aus!
Der Kauf des Throns durch Claudius schuf zwar einen Präzedenzfall, dessen Wirkung weit in die Zukunft reichte, doch die Wurzel
des Übels ging zurück auf Augustus. Wir erinnern uns, daß schon
während der Unruhen des Jahres 14 am Rhein eine wesentliche
Forderung der Meuterer gelautet hatte, mit ihrem Sold den Prätorianern gleichgestellt zu werden.

Nirgendwo sonst zeigt sich die Zwiespältigkeit des augusteischen
Principats so deutlich und kraß:

Vordergründig beanspruchte Augustus, eine Art Bürgerkaiser zu
sein, wie es der Name *princeps civium* – Erster der Bürger – pro-
pagandistisch vorgab; der Titel *Augustus* brachte dazu noch eine
quasireligiöse Gloriole. »Princeps« hatte Octavian selbst vorge-
schlagen, »Augustus« war ihm vom Senat verliehen worden.

Faktisch hatte er aber die Führung im Staat durch militärische Siege errungen: Seit der »absolutistischen« Epoche seines Aufstiegs
(31–27 v. Chr.) führte er den Namen »Imperator«, und er hat ihn in
die neue Konstitution mit hinübergenommen.

Die Soldausgaben des römischen Staates
(in Millionen Denaren pro Jahr)

	Augustus – Domitian	Domitian – Septimius Severus	Septimius Severus – Caracalla	Caracalla – Diocletian
SOLDATEN				
römische Garnison:	4,50	6	9	13,50
Legionen:	28	37,30	56	84
Hilfstruppen:	9	12	18	27
Flotten:	4	5,30	8	12
CENTURIONEN	13	17,30	26	39
OFFIZIERE:	6,25	8,30	12,50	19
GESCHÄTZTE SUMME:	**64,75**	**86,20**	**130**	**195**

Indem er sich nun IMPERATOR CAESAR AUGUSTUS nannte – alle folgenden Kaiser haben die Titulatur übernommen –, baute er der reinen Militärmonarchie Caesars nur eine zivile Fassade vor. Ernst Kornemann fällt zu dieser Problematik – in Zusammenhang mit der Meuterei von 14 n. Chr., als Teile der rheinischen Legionen Germanicus zum Kaiser ausrufen wollten – ein kritisches Urteil: »Den Imperator schuf seit alters das Heer, ursprünglich nach einem entscheidenden Siege über die äußeren Feinde, den Princeps Augustus kreierte der Senat. Wenn jetzt (14 n. Chr.) schon die stärkste Armee des Imperiums das Recht beanspruchte, den Herrscher zu küren, so griff sie der kommenden Entwicklung weit voraus – die Zeit war dafür noch nicht reif –, aber immerhin lag in der stets durch die Truppen geübten Ausrufung zum Imperator eine gewisse Berechtigung für das Handeln der Soldaten bei der Neubesetzung des Thrones durch einen neuen Imperator Caesar Augustus. Aber ihnen gegenüber betonte diesmal wie später i. J. 68/69 die aus dem Beamtentum mit dem ungeteilten *imperium* hervorgegangene Generalität den zivilen Sektor in der Principatsideologie und hielt – sicher im Sinne des Augustus – an den Rechten von Volk und Senat auf die Besetzung der neuen Führerstellung im Staate fest. Dadurch entstand in letzter Linie der Konflikt. Im Laufe der Geschichte siegte bekanntlich dann der Standpunkt der Massen im Heer und gab dem Prinzipat das unverhüllte Antlitz einer Militärmonarchie, wie sie Caesar von vorneherein aufzurichten gewillt gewesen war.«[206]

Der zweite Schritt – der politisch folgenreichste und verderblichste – war die Kasernierung der Garde in Rom. Wie sagte Tacitus: »Die Macht des Präfekten, die bis dahin nicht bedeutend war, hob er (Seianus) dadurch, daß er die an verschiedenen Stellen der Stadt liegenden Kohorten in ein einziges Lager zusammenzog.«

Wir wissen zwar, wo die *Castra Praetoria* gelegen haben – sie sind auf jeder Karte des kaiserlichen Rom eingezeichnet –, doch was sich im Innern befunden hat, ist kaum bekannt. Augustus hatte die Garde »im Verborgenen« gehalten.[207] »Er stationierte« – so Sueton – »nie mehr als drei Kohorten in der Hauptstadt selbst, und auch diese nicht in einer besonderen Kaserne. Die restlichen pflegte er

197

in der Umgebung der benachbarten Städte in ihre Sommer- und Winterquartiere zu legen.«[208] Die einzige Stadt, die man in diesem Zusammenhang nachweisen kann, ist Ostia.[209]

Seianus ließ im Jahre 20 n. Chr.[210] auf dem Viminal im Nordosten der Urbs, auf einer Höhe, die sich 450 Meter jenseits der alten Servianischen Stadtmauer befand, die Kaserne erbauen. Umschlossen von der Aurelianischen Mauer (Ende 3. Jh.), ist die Anlage in den Umrissen noch heute gut zu erkennen, da nur die Westmauer verschwunden ist. Das Castrum umfaßte ein Areal von 440 × 380 Metern. Die Umfassungsmauern hätten auch einer Bergfeste zur Ehre gereicht: Sie bestanden aus einer Basis verdeckter Bruchsteine, daraufgesetzt eine Mauer aus großen Blöcken, die mit Ziegeln verkleidet waren, in drei Metern Höhe gekrönt von einem schmalen Gesims und darüberliegenden Zinnen, hinter denen ein Wehrgang verlief.

Die antiken Texte berichten uns von einem *vallum* (Wall), einem *tribunal* (Tribunal, Hochsitz, auf dem die Präfekten bei Amtshandlungen saßen), einem Arsenal (*armamentarium*: Waffenkammer), von Gebäuden und Altären, von einem Tempel und Fahnenheiligtum. Als Überreste sind einige Mosaiken, Spuren von Straßen und ein der Fortuna gewidmeter Altar erhalten.

Die Tore wurden von Türmen flankiert. Auf der Innenseite waren auf der gesamten Länge der Mauer kleine Räume angebaut. In der Mitte des Geländes befanden sich lange Reihen von Gebäuden, die jeweils aus zwei gegeneinandergesetzten Räumen bestanden, über denen ursprünglich noch ein Obergeschoß war. Eine Anzahl solcher Bauten kam bei der Errichtung des Viale Castro Pretorio am Ende des vorigen Jahrhunderts zum Vorschein. Weitere wurden bei Bauarbeiten für die römische Biblioteca Nazionale entdeckt.

Auf der Stadtseite, wo Konstantin nach der Auflösung der Garde die Mauer abreißen ließ, stand ein Bogen aus Marmor, von dem einige Bruchstücke gefunden wurden. Außerhalb der Umfassungsmauer befand sich an dieser Seite ein großer Exerzierplatz, der *campus*. Er war kleiner als das Lager und wurde vor allem für Paraden benutzt.

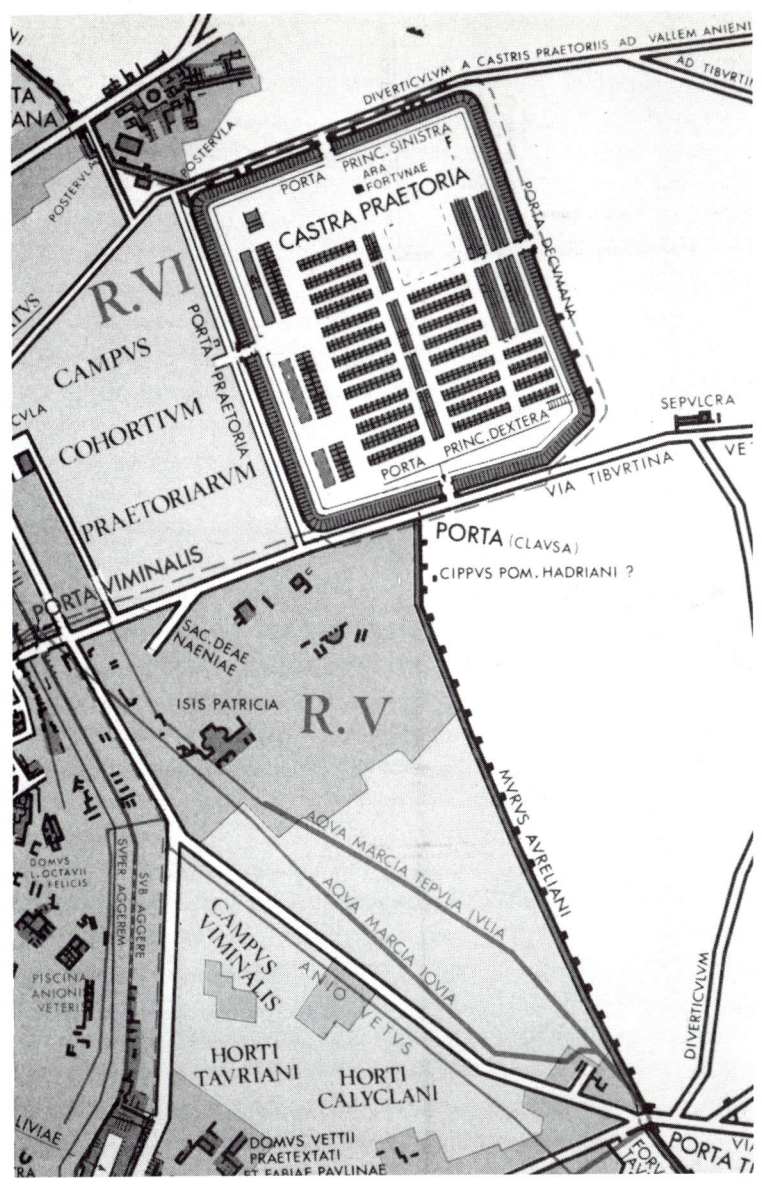

Die Praetorianer-Kaserne im Nordosten Roms. Aus den kargen Bodenfunden ließ sich ein grober Plan des Areals erstellen. Welchem Zweck die Gebäude im einzelnen dienten, ist noch nicht genau geklärt.

Ein Gardeposten befand sich auf dem Palatin – wir ließen zu Beginn dort eine Szene spielen.

Auch für Unterhaltung war gesorgt. Im Süden der *Porta Labicana* konnte die Garnison sich im *Theatrum Castrense* Gladiatorenkämpfe anschauen. Im benachbarten *vivarium* (Großwildgehege) werden sich besonders die *equites singulares* ertüchtigt haben.

Die Kasernierung der Garde in Rom hatte mehrere unmittelbare Konsequenzen:

– 9000 bestausgebildete, streng disziplinierte und bestens besoldete Elitesoldaten standen konzentriert zur Verfügung, um bei Gefährdung der inneren Ordnung – immer auch eine Gefahr für den Herrscher – in kürzester Zeit an den Gefahrenherd geschickt zu werden.

– Die Plazierung außerhalb der Servianischen Mauer sollte die Truppe den »Verführungen der Hauptstadt« fernhalten, ihr zugleich ihre Verantwortung für das Gemeinwesen und die Sicherheit des Herrschers bewußt machen.

– Von ganz entscheidender Bedeutung für die herausragende neue Stellung des *Praefectus Praetorio* wurden drei Kompetenzen:

1. Der Präfekt erhält seine Befehle direkt vom Kaiser.
2. Er ernennt seine Offiziere selbst.
3. Ihm steht die höchste Militärgerichtsbarkeit in Rom und Italien zu.

Dazu noch einmal Ernst Kornemann:»Seians großes Werk war die Verlegung sämtlicher Gardetruppen aus den Landstädten des Albanergebirges nach Rom und die Erbauung des Prätorianerlagers *(castra Praetoria)* auf dem Viminal. Augustus hatte wohl diese Garde zum Schutze der Monarchie und seines eigenen Lebens geschaffen, aber durch Hinausverlegung auf das Land sowie durch das Verbot des Uniformtragens[211] – sogar die Soldaten der jeweils im Palast wachhabenden Abteilung erschienen in der Toga – ihr Dasein sozusagen zu verbergen gesucht. Dieses Versteckthalten des Militärs in Rom gehört zu ›den Geheimnissen seiner Herrschaft‹ *(arcana imperii).*

Wenn man sich dies vor Augen hält, versteht man den gewaltigen Bruch, den Seian in diesem Jahre mit der Schöpfung des stadtrömischen Prätorianerlagers vollzogen hat. Die Militärmonarchie, die im Grunde auch der Prinzipat des Augustus – so gut wie Caesars Autokratie – darstellte, weil sie aus dem Imperatorentum erwachsen war, trat nun auf einmal nackt zutage. Rom war seitdem in den Händen der Garde, d. h. in Seians Händen. Was half das bisherige Streben des Tiberius, Augustus' Verfassungswerk möglichst rein zu erhalten, wenn sein vornehmster ›Mitarbeiter‹ – so nannte er ihn manchmal lobend vor Senat und Volk, ihn, dessen Standbild im Theater des Pompeius seit dem Jahre 22 aufgestellt war und dem es gestattet wurde, sein Standbild neben dem Herrscherbild zwischen den Feldzeichen der Militärlager aufzustellen – die *arcana imperii* preisgab?

An Seian, nicht an Tiberius hat die auf den Thron folgende Drusus-Nachkommenschaft (Caligula, Claudius, Nero) angeknüpft und ist dadurch rasend schnell in das autokratische System Julius Caesars und seines Nachtreters Marcus Antonius hineingeraten.«[212]

Exkurs:
Das Leben der Prätorianer

Dienstzeit:

Eintritt:	*Einzelanwerbung zu einem beliebigen Zeitpunkt des Jahres*
Alter:	*Es schwankt zwischen 16 und 32 Jahren*
Durchschnittsalter:	*18 bis 20 Jahre*
Dienstzeit:	*Unter Augustus ab 13 v. Chr. zwölf Jahre für die Prätorianer, 16 Jahre für Legionäre; ab 5 v. Chr. 16 Jahre für Prätorianer, 20 Jahre für Legionäre*
Entlassungen:	*Alle zwei Jahre. Folge: Die Hälfte aller Prätorianer diente 17 Jahre. – Militärische Bedürfnisse und finanzielle Schwierigkeiten bewirkten oft einen Aufschub der Entlassungen. So 166 und 170 n. Chr.*
Avancement:	*Im 3. Jh. dient der Soldat zuerst in der Legion, dann in der Garde. Die Dienstzeit ist sehr unregelmäßig: Ein Mann dient sechs Jahre in der Legion und 20 in der Garde (CIL VI 2380. 2381), ein anderer zehn Jahre in der Legion und 25 in der Garde (CIL VI 32660)*

Verwendung:
- *Die Prätorianer stellen dem Palast täglich eine Kohorte zum Wachdienst.*
  Tacitus: »... Nero trat, begleitet von Burrus, heraus und vor die Kohorte, die nach militärischer Sitte die Wache bildete.«[213]
- *Sie begleiten den Kaiser und Mitglieder der kaiserlichen Familie auf Reisen und in den Krieg.*

– *Sie üben einen Polizeidienst aus.* – *Im Jahre 58 war es in Puteoli zu einem Zusammenstoß zwischen Verwaltung und Bürgerschaft gekommen, dessen die Lokalbehörden nicht mehr Herr wurden. Tacitus notiert dazu:*
»... wurde der Auftrag (für Ruhe und Ordnung zu sorgen) an die Brüder Scribonius abgetreten (zwei kaiserliche Legaten Neros). Diesen wurde eine prätorische Kohorte zur Verfügung gestellt. Die Angst vor ihr und einige Hinrichtungen stellten die Eintracht unter der Einwohnerschaft wieder her.«[214] *Unter tyrannischen Kaisern wie Caligula verrichteten sie auch Dienst als Henker, Folterkechte und allseits gefürchtete geheime Staatspolizei.*

– *Prätorianer sollen unter Nero sogar in geheimer politischer Mission nach Äthiopien gesandt worden sein.*[215]

Wie auch die Angehörigen der Legionen durfte der Prätorianer während seiner Dienstzeit nicht heiraten. Außerhalb des Lagers hatte er seine illegale Familie, Kinder und einen oder zwei Sklaven, die in Rom wohnten. Die Legionäre und auch die Auxiliares (Hilfstruppen) durften seit dem Jahre 197 n. Chr. eine Ehe eingehen, die Prätorianer nicht. Sie konnten zwar eheähnlich mit Bürgerinnen oder Nichtbürgerinnen zusammenleben, erhielten aber nicht das conubium (Eherecht) zugestanden.
Ansehen und Prestige der Garde waren in der Öffentlichkeit sehr hoch, doch konnte sich in Krisenzeiten aufgestauter Haß der Römer in Revolten gegen die Prätorianer Luft machen.

Veteranen:
Nach seiner aktiven Dienstzeit und der honesta missio, der ehrenhaften Entlassung, erhielt der Veteran eine Abfindungssumme ausgezahlt, die aus den obligatorischen seposita (dem »Zurückgelegten«) und der Hälfte der erhaltenen donativa (kaiserlichen Schenkungen) bestand. Dazu kamen noch Prämien, zur Zeit des Augustus 5000 Denare (für die Legionäre: 3000). Es ist ein Fall bekannt, daß ein entlassener Prätorianer der mittleren Chargen – er war evocatus – eine Prämie von 30 000 Sesterzen erhielt, mehr als seinen zweieinhalbfachen Jahressold.[216]
Es erfolgten auch Landschenkungen, teils in bereits vorhandenen

römischen Kolonie-Städten, teils in neugegründeten, z. B. in Augusta Praetorianorum (= Aosta).

Durry: »In den meisten Fällen haben die Veteranen in den kleinen Städten, in die sie sich zurückzogen, ein aktives Leben als städtische Beamte geführt.«[217]

Wir kennen die Inschrift eines solchen Mannes:

L. CAECILIUS AEMILIANUS

VETERANUS EX COH. PRAETORIA

DECURIO DUOVIR ... etc.

Der Prätorianerveteran Lucius Caecilius Aemilianus war also in seiner Kommune als »Zweiermann« Decurio, d. h., er war mit einem Kollegen in das höchste städtische Exekutivamt gewählt worden. (Die Duovirn entsprachen in den munizipalen Magistraten den beiden römischen Konsuln.)

»Tief unsittlich, tyrannisch, rücksichtslos, hingebungsvoll, treu ...« – Das widersprüchliche Seianus-Bild in der Geschichtsschreibung

Wir sagten, an Seianus scheiden sich die Geister. Dafür einige Beispiele:

Hermann Schiller, 1883: »Ausdauer und Hingebung zeichneten Seianus aus, und dabei besaß er eine wahrhaft dämonische Kunst, Menschen zu gewinnen und zu fesseln; in den Mitteln nicht wählerisch, tief unsittlich, biegsam nach oben, tyrannisch nach unten, kannte er nur ein Ziel: die Herrschaft. Führte auch der Weg dazu durch Blut und Leichen, durch Verrat und Verbrechen, er war entschlossen, ihn zu gehen.«[218]

Theodor Mommsen, 1882/83: »Untreue kann man dem Sejan nicht vorwerfen. Er strebte nach Herrschaft, ja nach Sukzession (Nachfolge), aber nicht danach, den Tiberius zu beseitigen. Sejan war ein Mann von ungewöhnlicher Geschicklichkeit, hohem Talent und seltener Treue.« – Noch 14 Jahre vorher (1868) hatte er geäußert: »Hier tritt aber in der römischen Geschichte ein Mann auf, auf welchen man alles Unheil der römischen Kaiserzeit zurückführen kann. Er war das Verderben des julisch-claudischen Hauses.«[219]

Hermann Dessau, 1926: »Auch hat kein Kaiser ... sich einem Günstling so rasch und so vorbehaltlos ergeben wie Tiberius sich diesem wohl zwanzig bis dreißig Jahre jüngeren Manne. War er es doch, der den so vielfach erprobten, einst so tätigen und tüchtigen Mann (= Tiberius) alles Schicklichkeitsgefühl und jedes Augenmaß verlieren ließ? ... Zu lange, bis weit über die Höhe des Lebens hinaus, war der Alte gewohnt gewesen, nach anderen zu schauen und sich nach anderen zu richten; die späten Jahre der Selbständigkeit hatten ihm nicht die Sicherheit des geborenen Herrschers gegeben, und so verfiel er demjenigen, der ihn zu nehmen verstand.«[220]

Hermann Bengtson, 1967: »Der rücksichtslose Streber Sejan gelangte schließlich sogar zum Konsulat (31).«[221]

Dieter Hennig, 1975: »... Es zeigt sich also, daß das Bild Sejans bereits vor Tacitus in seinen Grundzügen feststand. Es war in seiner Tendenz geprägt von den gleichen senatorischen Kreisen, auf die auch letztlich die Darstellung des Tiberius bei Tacitus zurückgeht ... Damit hat sich jedoch Tacitus noch nicht zufriedengegeben, sondern er hat, anders als bei Tiberius, dem er in vielen Punkten seine Anerkennung nicht versagen konnte, Sejan mit ausgesprochenem Haß gezeichnet und ihn als skrupellosen und verschlagenen Verbrecher in voller Absicht und jedem Leser seiner Annalen leicht erkennbar Catilina an die Seite gestellt. Das gilt es im Auge zu behalten, wenn man die Rolle Sejans bis zu seinem Sturz im Jahre 31 und seine politischen Pläne in den verschiedenen Phasen seiner Laufbahn in richtiger Weise würdigen will.«[222]

Karl Christ, 1988: »Während sich in der ersten Phase der Regierung des Tiberius die Provinzialheere als potentielle Machtfaktoren und um Germanicus besonders das dynastische Element als neue Realität angekündigt hatten, war es in der zweiten Phase erstmals der Gardepräfekt, der *praefectus praetorio*, der sich in den Besitz einer Schlüsselstellung des Reiches setzte und die Möglichkeiten dieser Position, die ja dann die ganze Kaiserzeit über bald latent, bald unverhüllt wirksam blieben, ein erstes Mal in vollem Umfang ins Bewußtsein führte. Diese Entwicklung ist an den Namen L. Aelius Seianus geknüpft.«[223]

Selten sind über eine historische Person widersprüchlichere Urteile gefällt worden:

Seianus ist »... tief unsittlich, tyrannisch, das Verderben des julisch-claudischen Hauses, ein rücksichtsloser Streber, sein Weg geht durch Blut und über Leichen ...«.

Er ist aber auch »... ausdauernd und hingebungsvoll, ein Mann von ungewöhnlicher Geschicklichkeit, hohem Talent, seltener Treue ...«.

Wir könnten, wenn wir die historische Literatur der letzten 150 Jahre durchgingen, ganze Seiten mit ähnlichen Äußerungen füllen.

Dies fällt auf: Je mehr wir uns der Gegenwart nähern, um so differenzierter wird die Wertung. Das hat zwei Gründe: einen gesellschaftspolitischen und – in dessen Gefolge – einen quellenkritischen. Wir sind durch das Feuer zweier Weltkriege gegangen, die eine Umwertung aller Werte im Gefolge hatten. Nicht zufällig wurde das mittlerweile geflügelte Wort geprägt, 1914 »gingen in Europa die Lichter aus«.

Bis dahin galten auch die antiken Quellen in Literatur und Kunst geradezu als sakrosankt. Humanistische Bildung lehnte sich immer noch an den Normen des antiken Kanons an. Auch eine über 2000 Jahre gewachsene Institution, die »römisch«-katholische Kirche, kam ins Schleudern und führt zunehmend Rückzugsgefechte. Soziologische, psychologische und neuerdings auch biologische Erkenntnisse (Stichwort: Gentechnik) erschüttern in allen Lebensbereichen das überkommene Bild des Menschen von sich selbst. Mehr und mehr werden Dinge, Zustände, Ereignisse, Traditionen, Normen und Tabus hinterfragt. Es scheint allenthalben keinen Halt mehr zu geben. Die Probleme in Schule, Universität, Kirche, Politik schaukeln sich, da keine Lösung in Sicht ist, gegenseitig hoch. Die Verunsicherung hat nun auch das »Rollenverhalten« der Geschlechter ergriffen, Mann und Frau sind auf der Suche nach einem neuen Selbstverständnis. Die jahrhundertealten Familienstrukturen schwinden. Ausgehend von den »multikulturellen« Industriegesellschaften, greifen all diese Probleme auf die Gesellschaften der Zweiten, Dritten und Vierten Welt über. Zum ersten Mal in seiner Geschichte erkennt der Homo sapiens, daß er ökonomisch und ökologisch für das »Raumschiff Erde« verantwortlich ist.

Ausgelöst durch diesen Prozeß, der schon seit Jahrzehnten im Gange ist, stellt, wer die Gegenwart besser verstehen will, Fragen – neue Fragen! – an die Vergangenheit. Daß sich heutige Historiker dabei scheuen, Endurteile über zwielichtige Gestalten an den Schalthebeln der Macht zu fällen, ist eine natürliche Folge der neuen Offenheit. Wissen sie doch, daß der einzelne immer im gesellschaftlichen Netz seiner Epoche eingesponnen ist und daß sein eigenes Handeln immer auch eine Reaktion auf die vorgegebenen politischen, wirtschaftlichen oder ideologischen Bedingungen ist, unter denen er lebt.

Typisch für diese neue Haltung sind etwa die zitierten Arbeiten von Karl Christ und Dieter Hennig. Und natürlich unser Buch selbst! Eine Darstellung der Prätorianer hätte vor 100 Jahren anders ausgesehen. Im übrigen ist es kein Zufall, daß die beiden ersten Monographien zum Thema kurz hintereinander unmittelbar vor Ausbruch des Zweiten Weltkriegs erschienen sind: Marcel Durrys Buch 1938, Alfredo Passerinis Darstellung 1939.

Es sind seit der Renaissance keine neuen literarischen Quellen dazugekommen. Die Steine des Mosaiks werden nur neu geordnet, so daß neue Bezüge entstehen. Als Beispiel dafür mag eine Stelle bei Karl Christ dienen, wo er zeigt, wie sehr der Sturz Seians die Zeitgenossen außerordentlich beeindruckt hat. Der antike Text – ein Abschnitt aus Juvenals X. Satire – ist seit Jahrhunderten bekannt, doch wurde er nie unter diesem Aspekt betrachtet. Karl Christ:»… geben jene Verse ein anschauliches Bild der politischen Atmosphäre des frühkaiserzeitlichen Rom …«

Juvenal[224] schildert zunächst, wie das Denkmal Seians gestürzt, zerhauen und eingeschmolzen wird:

»… Schon zischt der Schmelzofen, es blasen die Bälge, und es glüht das früher vom Volk angebetete Haupt, und der große Sejan knattert …«

Aus dem ehernen »zweiten Antlitz« werden »Krüglein, Becken, Wannen und Schalen« hergestellt.

Das Volk soll Lorbeer über die Haustür hängen, als Dankopfer nach überstandener Gefahr:

»… denn sie schleifen ja den Sejan am Haken. Alles freut sich!« –

»Wie sah das Gesicht aus? Was für ein Mund? Ich habe, glaub' mir, den Menschen nie leiden können. Aber durch welche Schuld fiel er? Wer gab ihn an? Was für Indicien? Was für Zeugen?« –

»Nichts dergleichen; es kam ein großer, wortreicher Brief von Caprae …«

»… aber was tut Rom?«

»Es folgt dem Glück wie immer und haßt, wen man verurteilt. Dasselbe Volk … würde zu dieser Stunde den Sejan als Augustus begrüßen … Einst verlieh es Feldherrnamt, fasces, Legionen, alles – jetzt begnügt es sich und hegt nur noch zwei Wünsche: panem et circenses! …«

Zum Schluß stellt er die Frage:

»Möchtest du dich nun auch so grüßen lassen wie Sejan und besit-

zen so viel wie er? Diesen kurulische Stühle (d. h. Ämter), *jenen Innenkommandos austheilen? Und als Vormund gelten eines Fürsten, der mit seiner Schar von Chaldäern* (Wahrsagern) *auf dem steilen Fels von Capri thront?«*

»Diese Frage Juvenals« – fährt Christ fort – »ist deswegen so bedeutsam, weil in ihr wie in dem ganzen Gedicht der Zug zur Distanzierung vom öffentlichen Leben sichtbar wird. Das alte, römisch-republikanische Streben nach Magistraturen und *honores* im Staate war in Frage gestellt, als die Bekleidung der Ämter von Gunst oder Mißgunst des *princeps* abhing. Es lohnte sich nicht mehr, sich durch besondere Aktivitäten zu exponieren, wenn man ebenso rasch, wie man aufstieg, wieder gestürzt werden konnte. Das, was Burckhardt später als ›Apolitie‹ bezeichnete, die Abwendung vom öffentlichen, politischen Leben, griff damals in Rom auf allen Ebenen um sich.«

Dann folgt seine aufgeklärte Folgerung: »Da der Begriff der ›sozialen Mobilität‹ heute überwiegend positiv besetzt ist, muß darauf hingewiesen werden, daß soziale Aufsteiger vom Typ Sejans auch außerordentlich gefährdet waren. Um einen solchen Mann zu stürzen, bedurfte es keines Schuldbeweises, keiner Indizien und keiner Zeugen. Der große wortreiche Brief des *princeps* aus Capri genügte.«

Ohne Tiberius kein Seianus – Über die Unmöglichkeit, den frühen Seian zu fassen

Über Seian schreiben heißt immer auch, über Tiberius nachdenken. Ohne Tiberius gäbe es keinen Seianus – ohne Seianus sähe freilich auch die Biographie des zweiten Princeps anders aus. Zwischen beiden entwickelte sich ein Verhältnis, das man streckenweise als Männerfreundschaft bezeichnen kann. Tiberius wäre in anderen Zeiten ein großer General geworden. Bitte, das war er auch, und gerade im hohen Alter haftet ihm etwas Hölzern-Soldatisches an, das man nach 17 Jahrhunderten bei Friedrich II. von Preußen wiederfindet. Genau wie dieser lebt er je älter, je einsamer. Er hat nie eine

Schlacht oder einen Krieg verloren – aber man hatte ihn auf den Thron gebracht, als er es schon nicht mehr wollte. Als er sich, Jahrzehnte vorher, noch Hoffnungen auf die Nachfolge machte, wurde er mehrfach auf die demütigendste Weise von seinem Stiefvater zur Seite geschoben, der ihm jüngere Prätendenten aus dem julisch-claudischen Clan vorzog. Wir haben es schon einmal erwähnt: Er wurde mit 56 Jahren in einem Alter Kaiser, in dem Caesar, früh gealtert und krank, schon alles hinter sich hatte. Daß er noch 23 Jahre leben würde, konnte niemand erwarten, er selbst am wenigsten.

Zu keiner Zeit wurde das Reich besser regiert. Kein Herrscher ging verantwortungsbewußter mit dem Staatsschatz um. Erst Caligula war es vorbehalten, den Inhalt des *aerariums* in wenigen Monaten durchzubringen. Niemand kümmerte sich bei Katastrophen, Überschwemmungen, Feuersbrünsten mehr als er um das Wohl der Bedürftigen. In den Armeen herrschten Zucht und Ordnung. Ihm, dem erfahrenen Strategen und Taktiker, der unter Augustus als Reichsfeldherr an allen Brennpunkten eingesetzt worden war, konnte kein Prokonsul, Legat, Tribun oder Centurio falsche Tatsachen vorspiegeln. Er kannte die gefährdeten Provinzen des Imperiums aus eigener Anschauung.

Dagegen steht das negative Bild des späten, alten, melancholischen und zunehmend misanthropischen Herrschers, der sich in die Einsamkeit nach Capri zurückzog. Er überließ das Steuer des Reiches seinem Gardepräfekten Seianus und deckte dessen Wüten gegen vermeintliche oder echte senatorische Opponenten ebenso wie die Liquidierung Agrippinas und ihrer älteren Söhne.

Das Verhältnis zur Mutter, Livia Augusta, war gespannt. Nach ihrem Tode 29 n. Chr. kam er nicht zur Beisetzung. Zu viel und zu lange hatte er unter ihren Einmischungen gelitten, zu sehr hatte er es als posthumen Affront des Augustus empfunden, daß Livia mit dem hehren Titel Augusta ausgestattet worden war.

Seine Kindheit und Jugend war eine Katastrophe. Das, was wir unter einer Familie, in der man sich geborgen fühlt, verstehen, kannte er nie. Erwiesenermaßen hat er zwei Menschen leidenschaftlich geliebt: seinen Bruder Drusus und seine erste Frau Vipsania. Wie er zu seinem Sohn Drusus wirklich stand, wissen wir nicht. Hier gehen, wie bei Seianus, die Meinungen auseinander. Wieder ist Tacitus die Ursache:»Verurteilt muß er (Tacitus) werden, daß er es an Kritik seinen üblen Quellen gegenüber hat fehlen und daß er trotz der gegenteiligen Versicherung keine Gerechtigkeit hat walten lassen bei der Wertung eines unglücklichen Mannes, der selbst instinktiv geahnt hat, daß man ihn auch nach dem Tode verkennen und verketzern werde.«[225]

Kornemann bezieht sich hier auf eine Rede, die Tiberius im Jahre 25 vor dem Senat hielt. Der Princeps nahm darin Stellung zu einem Antrag des »Jenseitigen Spaniens« an den Senat, man möge gestatten, für Tiberius und seine Mutter einen Tempel bauen zu dürfen. Tiberius' Stellungnahme vor dem Hohen Hause hat Tacitus wohl den Senatsakten entnommen, so daß wir hier den authentischen Wortlaut vor uns haben. Diese Rede ist deswegen so kostbar, weil sie den ganzen Tiberius durchschimmern läßt. Er ist damals 67 Jahre alt. Die entscheidende Passage lautet:

»Senatoren! Ich bekenne vor euch und wünsche, daß auch die Nachwelt dies im Gedächtnis behält, daß ich ein Mensch bin, der seine Menschenpflichten erfüllt, und mich damit begnüge, meinen Platz als Princeps auszufüllen. Die Nachwelt wird meinem Gedächtnis Ehre genug und übergenug erweisen, wenn sie von mir glaubt, daß ich meiner Vorfahren würdig, daß ich in euren Angelegenheiten fürsorglich, daß ich unerschrocken in Gefahren und im Kampf für die öffentliche Wohlfahrt furchtlos gewesen bin. Das werden die Tempel sein, die ich in euren Herzen errichte, das die herrlichsten und dauerhaftesten Standbilder! Denn die Bildnisse, die man aus Stein macht, werden, wenn sich das Urteil der Nachwelt in Haß verwandelt, wie Grabsteine gemieden. Daher richte ich meine Bitte an die Mitbürger, die Bundesgenossen und die Götter selbst. Diese mögen mir bis zum Ende meines Lebens einen ruhigen Sinn schenken, der erkennt, was vor ihnen und vor den Menschen recht ist. Jene aber mögen, wenn ich einmal aus dem Leben geschieden bin, meinen Taten und dem Ruf meines Namens Lob und ehrende Erinnerung folgen lassen.«[226]

Ein andermal, als übereifrige Senatoren vorschlugen, den Monat September – analog zur Umbenennung des *sextilis* in »Augustus«

und des *quintilis* in »Julius« – in »Tiberius« umzubenennen, lehnte er das mit der ironischen Begründung ab: was sie denn tun wollten, wenn es einmal 13 Principes gebe.

Alles, was wir über das Verhältnis zwischen Tiberius und Seianus wissen, stammt aus drei Quellen: Sueton, Tacitus und Cassius Dio. Über Seians Entmachtung und Liquidierung liegt nur der Bericht Dios vor. Die Parallelstelle von Tacitus ist verloren. Sueton bringt, wie es seine Art ist, nur locker aneinandergereihte Details. Die geringe Betonung der Rolle Seians in seiner Tiberius-Vita dürfte – so meint ein junger Forscher – »an der Zentrierung auf die Person des Kaisers liegen, dem bei Sueton die gesamte Schuld an allen Gewaltmaßnahmen zugeschoben werden sollte«.[227]

Gemessen an der Bedeutung, die Seianus ebenso für Tiberius wie für die Zukunft des Principats hatte – sei sie nun negativ oder positiv –, sind die überlieferten Fakten karg, unvollständig, voreingenommen und parteilich. Es gibt nur einen zweiten Mann in der europäischen Geschichte, den einzuordnen und zu beurteilen ähnliche Schwierigkeiten bereitet: Wallenstein. Auch er bewegt sich zwischen den verschiedenen Ebenen der Macht und gerät wie Seianus in den Verdacht, nach der höchsten Herrscherwürde, dem Kaisertum, zu streben, was ihn – wie Seianus – das Leben kostet.

Lucius Aelius Seianus wurde zwischen 20 und 16 v. Chr. in Volsinii (heute Bolsena) in Etrurien geboren. Sein Vater L. Seius Strabo »war ein hervorragender Mann aus dem Ritterstand«, schreibt im Jahre 29 der zeitgenössische Historiker Velleius Paterculus.[228] »Von seiner Mutter her aber ist Seianus verbunden mit hochberühmten alten Familien, die durch Staatsämter ausgezeichnet waren. Seine Brüder, seine Vettern und sein Onkel (Junius Blaesus) sind Konsulare.«[229]

Bald nach dem Regierungsantritt des Tiberius (19. August 14 n. Chr.) wurde Seianus seinem Vater, der schon unter Augustus *praefectus praetorio* war, als Kollege beigegeben. In kurzer Zeit hatte er das Vertrauen des Tiberius erworben. Tiberius sandte ihn mit seinem Sohn Drusus nach Pannonien, um die dortige Meuterei zu unterdrücken.

Als sein Vater mit der Verwaltung Ägyptens beauftragt wurde, blieb Seianus als alleiniger Kommandeur der Garde, »magna apud Tiberium auctoritate« (in hohem Ansehen bei Tiberius), wie Tacitus sagt, in Rom zurück. Das ist im Jahre 15 n. Chr. gewesen. Als nächstes taucht Seianus bei Tacitus im Zusammenhang einer Szene auf, die typisch ist für die gezielt doppelbödige Darstellungsweise des großen Historikers. Damals verhinderte Agrippinas beherztes Eingreifen den Abbruch der Rheinbrücke bei Castra Vetera (heute Xanten am Niederrhein), wodurch sie den Truppen des auf rechtsrheinischem Germanien stehenden Caecina den Rückzug ermöglichte. Damals schon soll Seianus, wie wir gleich hören, die Verärgerung des Tiberius über Agrippina kräftig geschürt haben:

»Inzwischen hatte sich das Gerücht verbreitet, die Truppen seien vernichtet, und die Germanen seien im Anmarsch nach Gallien. Und hätte nicht Agrippina den Abbruch der Rheinbrücke verhindert, so wären Leute dagewesen, die diese schändliche Tat aus lauter Feigheit gewagt hätten. Doch diese hochherzige Frau übernahm in jenen Tagen die Pflichten eines Feldherrn und verteilte an die heimkehrenden Soldaten Kleider, wenn einer bedürftig, Verbandstoffe, wenn er verwundet war. C. Plinius[230], der Verfasser des Werkes über die Germanenkriege, berichtet, sie habe auf dem Brückenkopf gestanden und den zurückkehrenden Legionen Lob und Dank zugerufen.

Tiberius war empört darüber: Solche Bemühungen könnten keine lauteren Gründe haben. Es seien gewiß nicht äußere Feinde, gegen die man in dieser Weise die Soldatenherzen zu gewinnen suche. Dem Feldherrn bleibe ja nichts mehr zu tun übrig, wenn eine Frau die Musterungen vornehme, vor die Feldzeichen trete, die Schenkungen in ihre Hand nehme. Es verrate doch schon genug Ehrgeiz, wenn sie den Sohn des Feldherrn (Germanicus) in Soldatentracht herumtrage und ihn Caesar Caligula nennen lasse. Agrippina habe bereits mehr Einfluß bei den Heeren als die Legaten und die Heerführer. Ein Weib der Unterdrücker eines Aufstandes, gegen den selbst die Ehrfurcht vor dem Kaiser nichts ausrichten konnte!«

Dann folgt für den kundigen Leser ein deutlicher Hinweis auf die späteren Pläne Seians: »Seianus war es, der solchen Gedanken noch mehr Kraft und Nachdruck zu geben verstand. Er kannte Tiberius' Charakter und säte Haß für spätere Zeiten in sein Herz, der in aller Stille wachsen und einst hervorbrechen sollte.«[231]

Die letzte Bemerkung des Tacitus – eine geschickte Vorbereitung auf seine künftige Darstellung Seians – ist wie sein ganzes Seian-Bild natürlich aus der Rückschau der Ereignisse zu verstehen; ein moderner Kommentar dazu lautet: »Sejan konnte im Jahre 15 kaum irgendwelches eigenes Interesse daran haben, bei Tiberius gegen Agrippina zu hetzen.«[232]

Für die folgenden Jahre, bis zum Tode des Tiberius-Sohnes Drusus (23), ist es sehr schwierig, wenn nicht sogar unmöglich, den Menschen Sejanus zu fassen. Darüber sind zahlreiche gelehrte Spekulationen angestellt worden, die uns dennoch nicht näher an den Präfekten heranbringen. Die Urteile müssen, bedingt durch die fehlenden Kapitel des Tacitus, vage bleiben. Vielleicht hilft es uns weiter, wenn wir die Laudatio heranziehen, die Velleius Paterculus im Jahre 29 geschrieben hat. Sie steht in vollkommenem Gegensatz zur Charakterisierung des Tacitus:

»Seianus selbst aber verbindet größte Leistungsfähigkeit mit treuer Hingabe und verfügt über ebenso viel Geisteskraft wie körperliche Stärke. Dabei ist er bei aller Strenge sehr umgänglich, von heiterem, aber würdigem Wesen, gibt sich bei der Arbeit wie ein Mensch, der Muße hat, nimmt nichts für sich in Anspruch und erreicht gerade dadurch alles, beurteilt sich stets bescheidener, als andere es tun, ist ruhig in seiner Miene wie in seiner ganzen Art, obwohl sein Geist stets hellwach ist.

Um seine Vorzüge zu würdigen, wetteifern Bürger und Princeps schon lange in ihrem Urteil; Senat und Volk von Rom führen ja keine neuen Sitten ein, wenn sie das Beste auch für das Edelste halten …«

Und nach einigen Beispielen aus der republikanischen Geschichte über die Qualitäten von *homines novi* heißt es:

»Es war nur die natürliche Konsequenz aus diesem Grundsatz, was Tiberius Caesar dazu führte, den Seianus zu erproben, und was Seianus seinerseits veranlaßte, dem Princeps zu helfen, die Lasten seines Amtes zu tragen, und was wiederum Senat und Volk von Rom dahin brachte, von sich aus den Mann, den sie als den brauchbarsten erkannt hatten, als Garanten für die eigene Sicherheit zu berufen.«[233]

Diese Lobpreisung des Velleius steht in so auffälligem Gegensatz zu Tacitus und Sueton, daß man den Autor als Schmeichler des Tiberius abgetan hat. Es ist ja bekannt, daß er unter dem General Tiberius in augusteischer Zeit auf verschiedenen Kriegsschauplätzen Karriere gemacht hat.

Doch mittlerweile sieht man dies anders, wie z. B. Marion Giebel in ihrem Nachwort zur Velleius-Ausgabe: »Man hat stillschweigend vorausgesetzt, daß das düstere Bild des Tacitus das einzige und wahre sei: der Prinzipat als ein Abfall von der freiheitlichen *res publica* und Tiberius als ein Erztyrann. Doch haben eingehende Untersuchungen (…) ergeben, daß Tacitus durchaus nicht sine ira et studio berichtet, sondern oft voreingenommen ist.

(…) Wir werden also die Darstellung des Velleius, sowohl was die Verhältnisse seiner Zeit wie auch was die Gestalt des Tiberius angeht, als eine willkommene Ergänzung, als ein Korrektiv unserer Vorstellungen über den frühen Prinzipat betrachten können. Freilich müssen wir uns hüten, Hell und Dunkel einseitig zu sehen. Auch auf das optimistische Bild des Velleius fällt zuweilen ein Schatten. Von Sejan, dem damals allmächtigen ersten Minister und Günstling des Tiberius, hat Velleius keines seiner lebensvollen Porträts gezeichnet, obwohl er den Gardepräfekten aus seiner Militärzeit recht gut gekannt haben muß. Er stellt ihn höchst konventionell am Schluß dar als Idealtyp des tüchtigen *homo novus* und *adiutor* des Princeps, während er ihn im Verlauf des Werkes nirgendwo erwähnt. (…) Velleius schrieb im Jahr 29, als sich Tiberius bereits nach Capri zurückgezogen hatte und Sejan de facto die Regierungsgewalt ausübte. Dieser hatte sich, gestützt auf das Terrormittel der Majestätsprozesse, alle seine Gegner vom Hals geschafft. Der Hochverratsprozeß des Cremutius Cordus hatte gezeigt, wohin allzu freimütige Äußerungen eines Geschichtsschreibers führen. Velleius Paterculus war nicht der Mann, es ihm nachzutun.«[234]

Das Schicksalsjahr 23:
Die »Ermordung« des Drusus

In den vorausgehenden Abschnitten bewegten wir uns auf unsicherem Boden. Um trotzdem zu sinnvollen Wertungen zu kommen, wird es in solchen Fällen immer wieder notwendig, die Erkenntnisse der Forschung bis ins kleinste Detail zu berücksichtigen. Das wiederum hat zur Folge, daß solche Texte den Leser schnell ermüden. Darum verzichten wir darauf, alle Episoden, in denen der Gardepräfekt eine geringe oder unbedeutende Rolle gespielt hat, hier mühsam nachzuzeichnen, zumal sie für unser Thema weniger relevant sind.

Uns interessiert dies: Wie war es möglich, daß der *praefectus praetorio* Seianus sich zum »Ersatzkaiser« in Rom aufschwingen konnte? Hat es keine Konkurrenten, Feinde, Gegenspieler gegeben? Wie hat sich die kaiserliche Verwandtschaft verhalten? Wo waren die klugen Ratgeber, die den Princeps warnten? – Es hat sie alle gegeben. Fangen wir an mit Drusus, dem einzigen legitimen Sohn des Kaisers.

Das Jahr 23 sollte für Seianus von entscheidender Bedeutung werden – für Tiberius ebenso, aus anderen Gründen. Seianus hatte den Princeps von der Notwendigkeit der Kasernierung der Prätorianer überzeugen können. Das wichtigste Instrument, mit dem er allmählich die Truppe ganz in seine Hände bekam, war die ihm übertragene Vollmacht, die Centurionen und Tribunen selbst ernennen zu können. Sie war vorher alleiniges Recht des Princeps gewesen. Dazu Tacitus: »Als das Lager fertig war, wußte er die Soldaten allmählich für sich zu gewinnen ...« Man kann auch übersetzen: »... schlich er sich allmählich in die Herzen der Soldaten ein.« Ganz der fürsorgliche Kommandeur, »besuchte (er) die einzelnen und redete sie mit Namen an«.[235]

Dieses »redete sie mit Namen an« ist ein antiker Topos. (Schon in der Bibel »rief Gott und redete Kain mit seinem Namen an«.) Auch auf Caesars phänomenales Namensgedächtnis weisen seine antiken Biographen immer wieder hin, wenn er sich etwa vor einer

Schlacht an die Legionäre wendet, um sie anzuspornen. Dasselbe wird von Sulla und Hannibal berichtet. Zwischen dem rangniederen Soldaten und seinem obersten General liegt ja nicht nur der Abstand der militärischen Hierarchie, sondern der krasse Gesellschaftsunterschied, der selbst heute noch in unseren republikanischen Armeen seine Rolle spielt.

Wenn Tacitus ein solches Detail erwähnt, dann – wie immer – mit Absicht: Schon früh sammelt Seianus gezielt seine Gefolgschaft! Er plant von langer Hand!

Der folgende Satz macht es deutlich: »Nicht minder suchte er sich Anhänger im Senat zu erwerben und verschaffte seinen Freunden Ämter und Statthalterschaften.«

Seianus muß eine starke charismatische Ausstrahlung gehabt haben, die ebenso auf einfache soldatische Gemüter wie auf den kompliziert strukturierten Princeps selbst wirkte. Ernst Kornemann nennt sie dämonisch.

»Tiberius machte gar keine Schwierigkeiten«, so Tacitus, »und war ihm so geneigt, daß man ihn nicht bloß im Gespräch, sondern auch im Senat und vor dem Volk als seinen Mitarbeiter pries und die Aufstellung seiner Standbilder in den Theatern, auf den Märkten, ja in den Garnisonen der Legionen gestattete.«[236]

Kornemann freilich sieht es anders: »Das furchtbare Jahr 23 zog herauf, in dem den Prinzeps der zweite schwere Schlag treffen sollte: der Tod seines Sohnes Drusus.« (Der erste war der Tod von Germanicus gewesen.)

»Unterdessen war ihm neben Agrippina noch ein zweiter Gegenspieler, L. Aelius Seianus, erwachsen, ein Mann von dämonischer Gewalt, dessen Wirken allerdings zunächst meist im geheimen vor sich ging. Tiberius vertraute ihm wie kaum einem zweiten Menschen und überließ ihm die Gardepraefektur ohne Kollegen, was gegen Augustus' normale Ordnung verstieß. Bei dem furchtbaren seelischen Druck, der seit dem Tode des Germanicus auf Tiberius lastete, empfand er es sehr wohltuend, daß er sich durch seinen tüchtigen Leibwachenführer in den Regierungsgeschäften einigermaßen entlastet fühlen und ihm mehr und mehr als bisher die Sorge für das Reich überlassen konnte.«[237]

Der Regierungschef einer heutigen Weltmacht – etwa der Präsident der USA – verfügt, verglichen mit den Möglichkeiten des römischen Princeps, über einen administrativen Apparat, der ihm in jeder Hinsicht die Arbeit erleichtert. Zur vielfach nach Zuständigkeiten gegliederten Beamtenhierarchie kommen noch die technisch-kommunikativen Möglichkeiten, die ihm die Regierungsarbeit erleichtern. Ein römischer Kaiser dagegen regiert das Imperium immer noch mit dem Magistrat einer Stadt: Alle römischen Verwaltungsämter sind aus den Erfordernissen der Kommune erwachsen. Es gibt weder Innen-, Außen-, Verteidigungs-, Wirtschafts- noch Finanzminister. Erst in der zweiten Hälfte des Jahrhunderts übernehmen Freigelassene Teile dieser Ressorts (vgl. Callistus, Pallas, Narcissus).

Zur Zeit hat sich der Princeps selbst um alles zu kümmern. Und ein Mann wie Tiberius geht ganz in der Arbeit für das Gemeinwohl auf. Natürlich delegiert er einiges. Auf dem Gebiet der städtischen Verwaltung kam zu der schon von Augustus übernommenen *cura aquarum* (Wasserver- und -entsorgung Roms) noch die »Sorge für die Tiberufer«, die *cura riparum et alvei Tiberis*, um die immer wieder hereinbrechenden Überschwemmungen in den Griff zu bekommen, bei denen ganze Stadtviertel überflutet wurden.

Die Vorstände des *aerarium*, des Staatsschatzes, hatten zugleich die Sorge für die staatlichen Archive. Da diese wichtige Aufgabe aber nur als Nebenamt betrieben wurde, war allmählich in den Beständen eine große Unordnung eingetreten. Tiberius ernannte zwar eine neue Kommission, aber es scheint, daß sich hier wiederum das Übel der römischen Ehrenämter wiederholte: Angestrengte Arbeit wurde sorgsam vermieden, und so war die Kommission im Jahre 46 mit ihrer Arbeit noch nicht zurande gekommen. Dazu Tacitus, nicht ohne Ironie: »Wer einmal berufen war, behielt seine Stellung ohne feste Amtsfrist, und viele wurden in einem und demselben Amt alt und grau.«[238]

In der Verwaltung übertrug Tiberius die Zuständigkeiten bewährten Männern, »manchmal auch ihm Unbekannten, die ihm durch ihren Ruf empfohlen worden waren«.[239] Ein Hauptmangel des römischen Beamtentums war die geringe Erfahrung und Vorbereitung, die durch Herkunft und Rang ersetzt wurde.

Dem Senat beließ er weithin die überkommenen Rechte, und in die Zuständigkeiten der überkommenen republikanischen Magistratur griff er nicht ein. Die Konsuln behandelte er mit Ehrerbietung und Höflichkeit. Selbst Tacitus kann nicht umhin zu loben:

»Es scheint mir angemessen, auch auf die übrigen Zweige der Staatsverwaltung und ihren Zustand bis zu dieser Zeit hinzuweisen, weil jenes Jahr (23) in der Regierung des Tiberius den Umschwung zum Schlechteren brachte.

Zunächst: Die Staatsgeschäfte und die wichtigsten Privatangelegenheiten wurden im Senat verhandelt. Die bedeutendsten Senatoren fanden Gelegenheit, ihre Meinung zu vertreten, und der Kaiser wehrte selbst denen, die sich allzu unterwürfig zeigten. Die hohen Würden verlieh er mit Rücksicht auf alten Adel, auf kriegerische Verdienste, auf Ruhm und auf die Leistungen und Künste des Friedens. Man konnte sicher sein, daß er andere nicht bevorzugte … Die Gesetze wurden, wenn man von den Majestätsprozessen absieht, vernünftig gehandhabt … Die Zahl seiner Sklaven war mäßig; sein Haus wurde nur von wenigen Freigelassenen verwaltet. Kamen Streitfälle des Kaisers mit den Bürgern vor, so trat das gewöhnliche Rechtsverfahren in Kraft.«[240]

Noch positiver das Bild, das Cassius Dio überliefert:

»Tiberius war überdies auch sehr zugänglich und ließ sich gerne ansprechen. Zum Beispiel ersuchte er die Senatoren, ihn (im Senat) gemeinsam zu begrüßen und so zu vermeiden, daß sie sich gegenseitig stießen.« – Dahinter könnte eine ähnlich ironische Bemerkung seines trockenen Humors stecken wie jene, die er zur geplanten Umbenennung des September in »Tiberius« zum besten gab. – »Die jeweiligen Beamten ehrte er, als befände man sich unter einer Demokratie, und stand sogar vor den Konsuln auf. Und sooft er sie zu einem Mahle lud, pflegte er sie sowohl beim Eintritt an der Türe zu empfangen als auch beim Weggang ihnen das Geleit zu geben … Er zeigte sich in jeder Hinsicht so gerecht und unparteiisch, daß er dem Verlangen des Volkes, das die Freilassung eines bestimmten Schauspielers forderte, erst nachkam, nachdem dessen Herr damit einverstanden war.«[241]

Dies alles blieb, wenn wir Tacitus glauben, unverändert, bis nach Drusus' Tod eine Wendung eintrat.[242]

Wir stehen hier vor einem schier unlösbaren Problem, weil über die drei beteiligten Hauptpersonen – Tiberius, Seianus, Drusus – die widersprüchlichsten Urteile vorliegen. Und schließlich geht es dabei um den ungeheuren Vorwurf, Seianus habe den Sohn des Princeps mit Gift ermorden lassen, um sich selbst den Weg zum Thron freizuräumen.

Versuchen wir also, uns Schritt für Schritt den Vorgängen zu nähern.

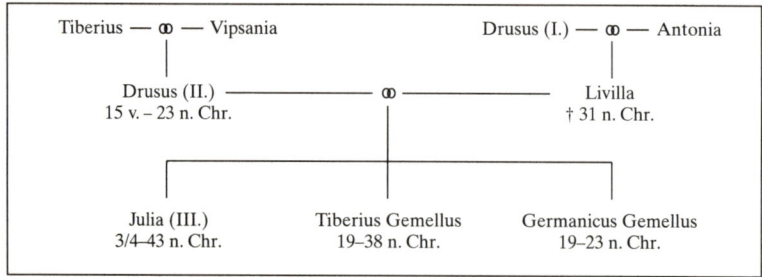

Tiberius' und Antonias Nachkommenschaft

Nachdem Tacitus zu Beginn seines vierten Buches ein negatives Bild von Seianus entworfen hat, schließt er mit dem Hinweis, daß Tiberius im Hinblick auf die Ambitionen seines Gardepräfekten ganz ahnungslos gewesen sei, denn Tiberius »zeigte sich ganz willfährig und war ihm so geneigt, daß er ihn nicht nur im Gespräch, sondern auch im Senat und vor dem Volk als seinen ›Mitarbeiter‹ pries und die Verehrung seiner Bildnisse in den Theatern, auf den Marktplätzen und in den Lagern der Legionen zuließ.«

Dann kommt er zur Sache: »Aber die zahlreiche Familie der Caesaren verzögerte die Verwirklichung seiner Pläne. Ein Sohn im Mannesalter und erwachsene Enkel waren vorhanden.«

Nero Caesar (6–31 n. Chr.) und Drusus (III.) Caesar (7/8–33 n. Chr), die beiden ältesten Söhne des Germanicus, waren von Tiberius adoptiert worden.

»Denn so viele Personen zugleich mit Gewalt zu beseitigen war zu unsicher, die List aber erforderte Zeit zwischen den einzelnen Verbrechen. Trotzdem entschloß er sich für dieses heimliche Vorgehen und wollte mit Drusus den Anfang machen, gegen den er damals einen frischen Haß hegte. Denn Drusus duldete keinen Nebenbuhler und war ziemlich leidenschaftlich. Er hatte bei einem gelegentlichen Streit die Hand gegen Seianus erhoben und ihn, als er trotzig auf ihn zutrat, ins Gesicht geschlagen.

Seianus, der nun zu allem entschlossen war, schien es am leichtesten, sich an Drusus' Gemahlin Livilla heranzumachen. Sie war eine Schwester des Germanicus, in ihrer Jugend unansehnlich, später aber eine auffallende Schönheit. Seianus tat so, als ob er in leidenschaftlicher Liebe entbrannt sei, und verführte sie zum Ehebruch.

Und nachdem er einmal das erste Verbrechen begangen – ein Weib, das seine Ehre verloren hat, pflegt nichts mehr zu versagen –, machte er ihr Hoffnung auf die Eheschließung, auf Teilnahme an der Herrschaft und trieb sie so zum Mord an ihrem Gatten.

Und diese Frau, die eine Großnichte des Augustus, die Schwiegertochter des Tiberius war und Kinder von Drusus hatte, schändete sich, ihre Vorfahren und Nachkommen mit einem niedrig geborenen Buhlen (!), um gegen ihre gegenwärtige hohe Stellung eine verbrecherische und unsichere Zukunft einzutauschen. Zum Mitwisser wird Eudemus gemacht, Livillas Freund und Leibarzt, der häufig unter dem Deckmantel der ärztlichen Kunst an ihren Geheimnissen beteiligt war. Seianus treibt seine Gattin Apicata, von der er drei Kinder hatte, aus dem Haus, um seine Buhle sicher zu machen. Aber die Größe des Verbrechens hatte Furcht, Aufschub und bisweilen sich widersprechende Pläne zur Folge ...«

Nach einem Einschub über die vorzügliche Reichsverwaltung – wir zitierten oben daraus – kommt Tacitus zum Thema zurück:

»Dies alles blieb, obwohl Tiberius nicht leutselig, sondern abstoßend und vielfach gefürchtet war, dennoch unverändert, bis mit Drusus' Tod eine Wendung eintrat. Denn solange dieser lebte, ging alles noch gut, weil sich Seianus, da seine Macht noch im Entstehen war, erst durch gute Ratschläge bekannt machen wollte. Zudem fürchtete er den strengen Richter (= Drusus) neben sich,

der seine Abneigung nicht verhehlte, sondern sich häufig darüber beklagte, daß ein Fremder die ›Stütze des Regenten‹ genannt werde, während doch ein leiblicher Sohn da sei. Was fehle noch daran, daß er ›Mitregent‹ heiße? Die ersten Stufen zum Thron seien zwar steil, aber habe man sie einmal beschritten, so fehle es nicht an Beistand und Helfershelfern. Schon sei das Lager nach dem Willen des Präfekten (!) fertiggestellt, und die Soldaten seien in seine Hand gegeben. Sein Standbild sehe man im Theater des Gnaeus Pompeius, und seine Enkel würden einst zur drusischen Familie gehören. Nach alledem müsse man noch die Götter um Seianus' Bescheidenheit bitten, daß er sich damit begnüge.
Solche Äußerungen tat Drusus nicht selten und nicht nur im engen Kreise. Auch seine geheimen Reden wurden (dem Seianus) verraten, nachdem die Gattin (Livilla) untreu geworden war.«[243]
Sueton bringt in diesem Zusammenhang eine kurze Notiz über das scheinbare Versagen von Tiberius als Mensch und Vater: »Weder seinem leiblichen Sohn Drusus noch seinem Adoptivsohn Germanicus gegenüber zeigte er wirkliche väterliche Liebe. Drusus haßte er seiner Laster wegen, denn er führte ein ziemlich weichliches und leichtsinniges Leben.«[244] Und nach Cassius Dio soll er Drusus – einen »ausschweifenden und grausamen Menschen« – wiederholt, sowohl privat wie in der Öffentlichkeit, zurechtgewiesen haben; und ein anderes Mal »warf er ihm sogar in Anwesenheit vieler die Worte ins Gesicht: ›Solange ich lebe, wirst du dir keine Gewalttat und auch keine Ungebührlichkeit zuschulden kommen lassen. Und solltest du es wagen, auch nicht nach meinem Tode!‹«[245]

Was das Verhältnis Tiberius – Drusus und Drusus – Seianus angeht, so bewegen wir uns auf sehr unsicherem Boden. So gibt es eine zweite Version der Handgreiflichkeit zwischen Seianus und Drusus, nach der sich Seianus, »aufgeblasen durch Macht und Stellung und übermütig auch in seinem sonstigen Gebaren, schließlich auch gegen Drusus wandte und ihm einmal sogar einen Faustschlag versetzte«. Das sei dann auch letztlich, aus Angst vor Drusus und Tiberius, die Motivation zum Mord gewesen.[246]

Zwei Gründe sprechen gegen diese Darstellung. Für Seianus hätte ein tätlicher Angriff auf Drusus unabsehbare Folgen gehabt. So viel ist sicher: Niemals hätte der Präfekt, der das höchste Ziel – den Thron – anstrebte, sich zu einer so unüberlegten aggressiven Tat hinreißen lassen, während sie zu der jähzornigen Art des Drusus gut passen würde.[247]

Nach Tacitus wurde Drusus unmittelbar danach ermordet: »So hielt denn Seianus Eile für geboten und wählte ein Gift, das durch seine allmähliche Wirkung den Anschein einer zufälligen Erkrankung erwecken sollte. Es wurde Drusus durch den Eunuchen Lygdus gereicht, wie man acht Jahre später erfuhr.«[248]

Diese Version der Überlieferung wurde von fast allen Historikern und Biographen des Tiberius übernommen. Doch kann man sehr wohl auch zu anderen Folgerungen kommen:

– Nach den Quellen starb Drusus eines unnatürlichen Todes.
– Drusus war schon zwei Jahre früher so schwer krank gewesen, daß man mit seinem Ableben gerechnet hatte.
– Nach Tacitus sollte das Gift durch seine langsame Wirkung den Verlauf einer natürlichen Krankheit vortäuschen. Tiberius ging »alle Tage während der Erkrankung seines Sohnes in die Kurie: entweder weil er wirklich keine Besorgnis hatte oder um seine Seelenstärke zur Schau zu stellen«.[249]
– Dasselbe sagt Sueton: »Tiberius war nämlich in dem Glauben gewesen, Drusus sei an einer Krankheit und seiner Unmäßigkeit gestorben.«[250]

Daraus zieht Hennig die Schlußfolgerung, »daß der Krankheitsverlauf beide Male langwierig und in den Symptomen sehr ähnlich war. Diese Symptome müssen ferner aufgrund der damaligen medizinischen Kenntnisse als die Folgeerscheinungen schwerer Trunksucht gedeutet worden sein, was entschieden gegen einen Giftmord spricht. Der Tod des Drusus paßte jedoch nachträglich so gut in die scheinbaren Pläne Sejans, daß sich die Vermutung, er habe ihn durch Gift beseitigen lassen, geradezu zwangsläufig aufdrängte, und Tacitus handelte nur konsequent, als er, sonst oft kritisch gegenüber seinen Vorlagen, gerade bei derartigen Gerüchten, ihnen in diesem Punkt Glauben schenkte ... Daß gerade die den

Ereignissen am nächsten stehenden Autoren, die über den Tod des Drusus berichten, nämlich Flavius Josephus und Seneca, einen Mord und seine spätere Aufdeckung auch nicht andeutungsweise erwähnen, obwohl er bestens zu ihrer Erzählung und ihren Absichten passen würde, kann gar nicht hoch genug veranschlagt werden.«[251]

Man kann sogar so weit gehen, alle Geschichten um Seianus, seine Verführung der Livilla und seinen Mordanschlag gegen Drusus als nachträgliche Erfindung einer caligulafreundlichen Propaganda zu erklären, mit dem Ziel, die Thronansprüche des Tiberius Gemellus (der ja kurz nach dem Regierungsantritt Caligulas im Jahre 38 liquidiert wurde) zu untergraben.

Ein heutiger Kriminalgerichtshof käme nach kritischer Analyse der Quellen zu dem Fazit, daß Sejan zumindest von der Anklage wegen Mordes an Drusus aus Mangel an Beweisen freigesprochen werden muß.[252]

Seianus überspannt den Bogen: Die Liaison mit Livilla

Außer den genannten Argumenten für einen »Freispruch mangels Beweisen« gibt es durchaus noch andere wichtige Gesichtspunkte, die für Seianus sprechen. Ihre Bedeutung wird aber nur dann klar, wenn wir die Ereignisse der folgenden acht Jahre bis zur Entmachtung und Hinrichtung des Präfekten (31) in den Blick nehmen.

Zunächst dies: Tacitus argumentiert immer post eventum, also *nach* dem, was vorgefallen ist und zu seiner Zeit abgeschlossen vor ihm liegt. Tacitus hat die ersten Bücher seiner Annalen unter Traian, vor der Eroberung Armeniens im Jahre 114, geschrieben. Die Ereignisse, mit denen wir uns hier beschäftigen, lagen für ihn 85 bis 95 Jahre zurück. Welch »schwierige und im Grunde undankbare Aufgabe«[253] er bei der Arbeit an den Annalen übernahm, gesteht er selbst: »Denn es sind nur wenige, die aus eigener Einsicht das sittlich Gute von dem Verwerflichen, das Nützliche vom Schädlichen zu unterscheiden wissen. Die meisten lassen sich erst durch die Erfahrung der anderen belehren. Indessen, so nützlich dies auch sein mag, so wenig dient es angenehmer Unterhaltung. Denn Beschreibungen von Ländern und Völkern, wechselvolle Kämpfe, das ruhmreiche Ende von Feldherren, dies alles fesselt und erfrischt den Sinn des Lesers. Ich reihe grausame Befehle, unaufhörliche Anklagen, heuchlerische Freundschaften, den Sturz von Unschuldigen und Prozesse, die immer wieder den gleichen Ausgang nehmen, aneinander, wobei mir die Gleichförmigkeit des Geschehens bis zum Überdruß entgegensteht.«[254]

Der Tacitus-Kenner Walther Sontheimer über die Bitterkeit des großen Historikers: »Nur in seltenen Ausnahmefällen, wie in dem von ihm als Lichtgestalt dargestellten Germanicus, verkörpert sich noch echte Virtus. Dazu tritt die Auffassung, die immer mehr ihn erfüllte, daß in allen menschlichen Angelegenheiten das launenhafte Spiel des Zufalls wirke. Überall tun sich ihm Widersprüche auf, die nicht zu überbrücken sind. So führt er auch gegensätzliche Versionen über Menschen und Dinge ohne eigene Stellungnahme an; Gerüchte und Tatsachen, nebeneinandergestellt, verschleiern das Bild. Auch das Tiberius-Bild, das Tacitus entwirft, ist durchaus zwiespältig und höchst anfechtbar. Neben dem umsichtigen, fürsorglichen Herrscher steht bei Tacitus der im Alter bösartig gewordene, einsame und blutrünstige Misanthrop, der aus der Ferne seine Blutbefehle gibt, um sie von dem nur allzu willfährigen Senat durchführen zu lassen, und dessen positivem Wirken gerne abwegige Motive oder eine gerissene Heuchelei unterschoben werden. Es liegt nahe, gerade hier anzunehmen, daß die selbst erlebte Tyrannenzeit (unter Domitian, d. V.) ihre Nachwirkung zeitigte und ihn zugleich veranlaßte, zeitgenössischen, Tiberius feindlichen Quellen (Memoiren der jüngeren Agrippina) bereitwillig Gehör zu schenken.

(…) Aber jene Gleichförmigkeit des Geschehens ist mit einer dramatischen Wucht, vielfach begleitet von einer bitteren Ironie und einem Sarkasmus, der nichts mehr mit Humor zu tun hat, geschrieben, wie sie nur aus einem verwundeten Herzen kommen können, und dazu von einzelnen Bildern belebt, die von unauslöschlicher Einprägsamkeit sind.«[255]

Die Folge dieser methodisch-dramaturgischen Grundbefindlich-
keit: Wir sehen alle handelnden Personen – zunächst – mit den Augen des Tacitus. Das fällt besonders ins Gewicht, wenn man versucht, dem seltsam zwiespältigen Verhältnis Tiberius – Seianus auf
die Spur zu kommen. Nirgendwo wird nämlich konkret ausgesprochen, was denn der eigentliche Anlaß der späteren Entmachtung
und Hinrichtung des Präfekten gewesen ist.

Nach Tacitus stellt sich das Verhältnis beider so dar:

- Nach dem Übergang der Herrschaft von Augustus auf Tiberius
  (14 n. Chr.) übernimmt es Seianus, zusammen mit dem Sohn des
  Tiberius, Drusus, die Meuterei der Legionen in Pannonien nie-
  derzuschlagen.
- Seianus wird alleiniger Kommandeur der Prätorianer.
- Zwischen 20 und 23 werden die Prätorianer auf Vorschlag von
  Seianus in Rom zusammengezogen und in einem eigenen Lager
  kaserniert.
- »Seianus schleicht sich in die Herzen der Soldaten ein.« Tiberius
  nennt ihn seinen »Mitarbeiter« und lobt ihn öffentlich.
- Um diese Zeit geht Seianus eine Liaoson mit Livilla, der Frau
  des Drusus, ein.
- Bei einem Streit kommt es zwischen Drusus und Seianus zu
  Handgreiflichkeiten.
- Drusus beschwert sich bei seinem Vater, dem Princeps, über den
  Einfluß und die öffentliche Würdigung von Seianus.
- Seianus entschließt sich, Drusus zu ermorden. Drusus stirbt 23.
- Im Jahre 25 bittet Seianus den Princeps, ihm die Ehe mit der
  Witwe von Drusus, Livilla, zu gestatten. Tiberius schlägt ihm die-
  sen Wunsch ab.
- Kurz danach macht Seianus Tiberius den Vorschlag, Rom zu ver-
  lassen.
- Während der Reise nach Süden rettet Seianus dem Princeps das
  Leben: Bei einem Zwischenaufenthalt in einer Höhle fällt Ge-
  stein auf die Speisenden, und Seianus deckt den Körper des
  Princeps mit seinem eigenen. »Seitdem stand Seianus noch
  größer da.«
- Während der Abwesenheit des Princeps fungiert Seianus in

Rom als Stellvertreter des Kaisers. Es kommt zu zahlreichen Majestätsprozessen. Das Unwesen des Denunziantentums blüht. Seianus ist auf dem Höhepunkt der Macht.

– Unvermittelt 31 der Sturz. Seianus wird abgesetzt und unverzüglich hingerichtet. Mit ihm sterben seine Kinder. Seine Frau Apicata begeht Selbstmord.

– Vor ihrem Selbstmord verfaßt sie ein Dossier, in dem sie die Umstände beim Tod des Drusus offenlegt. Aufgrund dieses Papiers sterben zahlreiche Anhänger und Freunde von Seianus.

– Tiberius bleibt in Capri.

Wie gesagt, es handelt sich hier um die Kausalkette von Tacitus. Danach, so hörten wir, sei Drusus keines natürlichen Todes gestorben, sondern auf Veranlassung von Seianus mit Gift ermordet worden.

Das einzige, was für diese Version Argumente bringt, ist das Dossier, das Seians Witwe, Apicata, nach der Hinrichtung ihres Mannes dem Princeps zugeleitet haben soll.

Nun haben wir uns weiter oben sehr ausführlich mit dem beschäftigt, was Flavius Josephus für das Jahr 31 über die Aufdeckung einer Verschwörung Seians gegen Tiberius erzählt, wonach es Antonia gewesen sei, die den Kaiser über gewisse Hintergründe – die wiederum nicht genannt werden – informiert habe. Wir kommen am Ende darauf zurück.

Unmittelbar vor dem Aufbruch des Tiberius nach Capri taucht bei Tacitus[256] ein Briefwechsel zwischen Seianus und Tiberius auf, und besonders das Antwortschreiben des Kaisers ist in seiner stilistischen und diplomatischen Brillanz im gesamten Werk des Historikers einzigartig:

»Indessen verlor Seianus durch sein allzugroßes Glück die ruhige Besonnenheit und verfaßte – zugleich durch die weibliche Begehrlichkeit aufgestachelt, da Livilla die versprochene eheliche Verbindung verlangte – ein Schreiben an den Kaiser. Denn damals herrschte der Brauch, auch wenn der Kaiser in Rom anwesend war, sich schriftlich an ihn zu wenden. Das Schreiben hatte folgenden Inhalt:

›Durch das Wohlwollen Deines Vaters Augustus und in der Folge durch sehr häufige Huldbeweise Deinerseits habe ich mich daran gewöhnt, meine Hoffnungen und meine Wünsche dem Princeps noch vor den Göttern zu Gehör zu bringen. Nie habe ich um glanzvolle Ehrenämter gebeten. Lieber habe ich gewacht und mich abgemüht, wie nur einer der Soldaten, für das Wohlergehen des Imperators. Und doch habe ich das Herrlichste, das es gibt, erreicht: Ich bin der verwandtschaftlichen Verbindung mit dem Caesar gewürdigt worden.‹ – Eine Tochter Seians war mit einem Großneffen des Kaisers, einem Sohn des späteren Kaisers Claudius, verlobt worden. – ›Darauf baue ich meine Hoffnung. Und da ich gehört habe, daß Augustus bei der Verheiratung seiner Tochter[257] manchmal auch römische Ritter in seine Überlegungen einbezogen hat, so mögest Du, wenn man einen Gatten für Livia sucht, an einen Freund denken, der sich einzig mit der Ehre der verwandtschaftlichen Verbindung begnügen wird. Denn ich entziehe mich nicht den mir auferlegten Ämtern. Ich erachte es für genügend, wenn mein Haus gegen die ungerechten Anfeindungen Agrippinas gesichert wird, und zwar um meiner Kinder willen. Ich werde ja lang und überlang gelebt haben, wenn ich mein Leben unter einem solchen Fürsten beendige.‹

In seinem Antwortschreiben lobte Tiberius die Anhänglichkeit des Seianus, wies kurz auf seine Gunstbeweise gegen ihn hin und fügte dann, in einem zweiten Schreiben, nachdem er sich Zeit erbeten, um gleichsam von neuem mit sich zu Rate zu gehen, noch folgendes hinzu:

Die anderen Menschen blieben in ihren Plänen bei dem stehen, was sie für sich als dienlich erachteten. Die Fürsten aber hätten ein anderes Los: Sie müßten sich in allen wichtigen Dingen nach der öffentlichen Meinung richten. Er wähle deshalb nicht die Ausflucht, die für seine Antwort so nahe liege: Livilla könne selbst entscheiden, ob sie sich nach Drusus' Tod wieder vermählen oder in ihrer bisherigen Familie weiterleben wolle. Außerdem habe sie ihre Mutter (Antonia) und ihre Großmutter (Livia Augusta), die ihr für eine Beratung näher stünden als er.

Er wolle ganz offen sprechen: Erstens werde Agrippinas Feindschaft noch weit heftiger werden, wenn durch eine neue Heirat Li-

Herrscherliche Sitzstatue mit Porträtkopf des Tiberius. 30/40 n. Chr.

villas das Caesarenhaus gewissermaßen in zwei Lager gespalten werde. Schon jetzt trete die Eifersucht der beiden Frauen zutage, und durch diese Zwietracht würden auch seine Enkel aus der ruhigen Bahn geworfen. Was solle erst werden, wenn der Streit durch ein solches Ehebündnis noch mehr verschärft werde?

›Du täuschst dich nämlich, Seianus‹, fuhr er fort, ›wenn Du glaubst, Du könntest dabei in Deinem jetzigen Stand verbleiben und Livilla, die einst mit (dem Sohn der Augustus-Tochter Julia) Gaius Caesar und später mit Drusus vermählt war, werde gewillt sein, an der Seite eines römischen Ritters alt zu werden. Angenommen, ich gäbe das selber zu – glaubst Du denn, die Welt würde es dulden, die ihren Bruder, ihren Vater und überhaupt unsere Vorfahren in den höchsten Würden gesehen hat?

Dein Wille ist es zwar, in Deinem Stand zu bleiben; aber die Beamten und Würdenträger, die gegen Deinen Willen bei Dir eindringen und Dich über alle Angelegenheiten um Rat fragen, sprechen ganz offen davon, daß Du schon längst über die Rangstufe eines römischen Ritters hinausgekommen bist und die freundschaftlichen Beziehungen meines Vaters (zu römischen Rittern) weit überschritten hast. Und aus Neid gegen Dich machen sie auch mir Vorwürfe.

Aber Augustus hat doch daran gedacht, seine Tochter einem römischen Ritter zu geben! – Es ist wahrhaftig nicht verwunderlich, daß Augustus, der durch alle möglichen Sorgen abgelenkt war und wohl voraussah, daß ein Mann, den er durch eine solche Verbindung über alle erhoben hätte, zu einer unermeßlichen Höhe emporgestiegen wäre, im Gespräch auch einmal den Gaius Proculeius und einige andere erwähnt hat, die besonders zurückgezogen lebten und an keinerlei Staatsgeschäften beteiligt waren. Aber wenn wir schon einer beiläufigen Erwähnung des Augustus Bedeutung beimessen, von wieviel größerem Gewicht ist dann die Tatsache, daß er seine Tochter an Marcus Agrippa und dann an mich verheiratet hat.

Dies habe ich Dir unserer Freundschaft wegen nicht verschweigen wollen. Im übrigen will ich weder Deinen noch Livias Absichten hinderlich sein. Wie ich selbst plane und durch welche Verwandt-

schaftsbande ich Dich mit mir zu verknüpfen vorhabe, darüber
möchte ich mich im Augenblick nicht äußern. Nur das eine will ich
Dir eröffnen, daß es keine Erhebung gibt, die Du durch Deine Verdienste und Deine Gesinnung gegen mich nicht verdientest. Zu
gegebener Zeit werde ich dies im Senat oder vor dem Volk offen
bekennen.‹«[258]
Gegen die Echtheit beider Briefe sind von seiten einiger Philolo-
gen und Historiker Bedenken erhoben worden, so auch von Dieter Hennig: »Das Antwortschreiben des Tiberius auf das schriftlich
vorgebrachte Ersuchen Sejans, in dem er dessen Antrag mit wohl-
abgewogenen Worten wenigstens für den Augenblick zurückwies,
ist gelegentlich als diplomatisches Meisterstück bezeichnet worden. Es scheint jedoch, daß hier eher ein diplomatisches Meisterstück des Tacitus vorliegt, denn es ist kaum vorstellbar, daß er auf
irgendeine Weise Einsicht in die Originale nehmen konnte, falls
solche überhaupt existierten.«[259]
Dagegen läßt sich einiges einwenden, und es steht in unmittelbarem Zusammenhang mit unseren Überlegungen über Seianus:

1. Das Antwortschreiben des Tiberius ist keineswegs ein Privat-
   brief, denn sein Inhalt handelt von Staatsangelegenheiten.
2. Tacitus hat keinerlei Veranlassung, Tiberius so positiv und nobel
   zu Wort kommen zu lassen. Der Brief zeigt klugen Verstand,
   Rücksichtnahme und eine fast liebevolle Zuneigung. Es fehlt
   von Anfang bis Ende die sonst so gerne bei Tacitus erscheinen-
   de Doppelbödigkeit. Es gib keinen zweiten Brief in den Annalen, der von einer so außerordentlichen Noblesse geprägt ist.
3. Das Schreiben kann sehr wohl später im kaiserlichen Staats-
   archiv deponiert worden sein: Mag es zum Zeitpunkt der Abfassung auch zunächst privaten Charakter gehabt haben – mit
   der Folge, daß es im privaten Archiv des Princeps archiviert wurde –, so nicht mehr nach der Liquidierung des Seianus im Jahre
   31. Tiberius, ein äußerst vorsichtiger und lange vorausplanender
   Herrscher, war gerade zu diesem Zeitpunkt schon bereit, die
   üblen Nachreden gegen Seianus ernst zu nehmen. Er weist ja
   selbst darauf hin: »Aus Neid gegen Dich machen sie auch mir
   Vorwürfe.«

4. Eine spätere Deponierung des Briefes – oder der Briefe – im offiziellen kaiserlichen Archiv kam einer »Veröffentlichung« gleich: Die Akten waren Standespersonen zugänglich, die sich als Historiker wie Tacitus, Sueton, Plutarch, Cassius Dio und andere literarisch mit der Vergangenheit auseinandersetzten. Eine solche posthume Publizierung konnte von Tiberius gezielt ins Auge gefaßt worden sein: »Da seht ihr, daß ich schon damals, acht Jahre vor meinem endgültigen Schlag gegen den Usurpator, meine Bedenken hatte! Und sie haben sich als richtig erwiesen.«

5. Der Entstehungsprozeß des schriftlichen Dialogs zwischen Seianus und Tiberius kann so abgelaufen sein: Tacitus fand das kaiserliche Antwortschreiben und benutzte es, um daraus in einem Rückschluß die schriftliche Anfrage Seians zu rekonstruieren. Ein heutiger Autor würde genauso vorgehen. Man schaue sich den Wortlaut beider Schreiben einmal sehr genau an, und man wird feststellen, daß der Text des zweiten qualitativ auf einer entschieden höheren Ebene angesiedelt ist als der des ersten.

Wir haben schon einmal darauf hingewiesen: Als man in Spanien für Tiberius göttliche Verehrung beantragte, äußerte sich der Princeps vor dem Senat ahnungsvoll, daß die Nachwelt ihn ungerecht beurteilen werde: »Denn die Bildnisse, die man aus Stein macht, werden, wenn sich das Urteil der Nachwelt in Haß verwandelt, wie Grabsteine gemieden.«[260] – Ist es ein Zufall, daß diese Aussage nur wenige Zeilen vor dem Brief an Seianus steht?

Nebenbei erfahren wir aus diesem Briefwechsel, daß immer noch altrömisch-patriarchalische Normen gelten: Der Princeps wird angesprochen als *pater familias*, als Oberhaupt des julisch-claudischen Hauses. Er hat darüber zu entscheiden, ob ein weibliches Familienmitglied eine Ehe eingehen darf oder nicht.

In diesem Fall kamen hochpolitische Überlegungen hinzu. Es ging um die Regelung der Nachfolge. Nach dem Tod des Drusus vor zwei Jahren waren die Söhne der Agrippina, Nero Caesar und Drusus Caesar, wieder näher an den Thron gerückt. Tiberius Gemellus, der Enkel des Princeps, war noch zu jung, um im Fall des Ablebens von Tiberius an dessen Stelle zu rücken.

Hinzu kam die wachsende Feindschaft zwischen Livilla und Agrippina. Im Hintergrund agierte die 84jährige Mutter Livia Augusta, »die am liebsten die Feuerwehr selbst kommandiert hätte«.[261] Die drei Frauen brannten vor Herrschsucht, suchten in ewigem Intrigenspiel einander zu überbieten und sich gegenseitig zu verdrängen. Livilla machte sich nach wie vor Hoffnungen darauf, daß ihr Sohn Tiberius Gemellus dereinst den Purpur tragen würde, Agrippina hatte dasselbe für einen ihrer Söhne im Auge.

Beide Frauen konnten sich auf die nächste Blutsverwandtschaft zu Augustus berufen. Agrippina war, über dessen Tochter Julia, seine Enkelin. Livillas Großmutter Octavia war die Schwester des ersten Princeps, außerdem war sie als Tochter des Drusus die Nichte des Tiberius und zugleich seine Schwiegertochter. (Wir erwähnen dies immer wieder, weil die verwandtschaftlichen Verhältnisse so kompliziert sind.)

Es ist undenkbar, daß Tiberius nichts von dem mittlerweile schon jahrelangen Liebesverhältnis zwischen Seianus und Livilla gewußt hat. Immerhin hatte der Präfekt seine Frau Apicata aus dem Hause ausquartiert. Wie alle Caesaren, verfügte Tiberius über einen hervorragenden Spitzeldienst. Diese Liaison aber als Motiv für eine Ablehnung der erbetenen Heirat in seine Überlegungen einzubeziehen, kam ihm nicht in den Sinn: Eine Entscheidung zum Wohle der Dynastie war gefordert. Im übrigen wurden Ehen in den höchsten aristokratischen Kreisen stets vorab nach politischen Gesichtspunkten, nie auf der Basis dessen, was man Liebe nennt, geschlossen – was nicht bedeutet, daß nicht gerade Tiberius aus eigener leidvoller Erfahrung wußte, was eheliche Zuneigung bedeutete.

Nun ist aber aus den Quellen überdeutlich zu erkennen, daß Livilla den Mann Seianus leidenschaftlich liebte. Noch einmal Tacitus: »Diese Frau, die eine Großnichte des Augustus, die Schwiegertochter des Tiberius war und Kinder von Drusus hatte, schändete sich, ihre Vorfahren und Nachkommen mit einem *niedrig geborenen Buhlen* ...«[262]

Das ist eine freie Übersetzung. Im Text steht: mit einem »*Munizipalen*«. Das bedeutet, der *municeps* hatte zwar die gleichen Rechte wie der in Rom wohnende römische Bürger. Aber derjenige, dessen Vorfahren außerhalb Roms ihren Wohnsitz gehabt hatten, konnte sich nicht darauf berufen, daß diese durchaus höhere Ämter bekleidet hatten, weil dazu der Wohnsitz in Rom die Voraussetzung gewesen wäre. Er galt als *homo novus*, als nicht standesgemäßer Emporkömmling.

Gerade darauf spielt Tiberius in seinem Antwortbrief überdeutlich an. Diese Argumentation – sie war sehr realistisch, weil sie sehr wohl die herrschenden gesellschaftlichen Verhältnisse berücksichtigte – kam für den ehrgeizigen Seianus einer verbalen Ohrfeige gleich. Wenn auch sehr höflich, wies ihn der Princeps strikt in die einem *homo novus* zustehenden Schranken. Seianus wird diese Maßregelung nie vergessen haben.

Noch weniger Livilla. Sie wird Seianus immer wieder auf die von Agrippina drohende Gefahr hingewiesen haben. Mit all der Willensstärke und Leidenschaft, die in ihr wie in ihrer Schwägerin steckte, wird sie in diesen Tagen und Wochen auf ihn eingeredet haben, ja nicht aufzugeben: Es werde der Tag kommen …

Seianus war sich darüber klargeworden, daß es nicht mehr nur um die Heirat, sondern um seine ganze Stellung im Staat ging.

Tacitus: »Er beschwor den Kaiser, keinen stillen Verdacht gegen ihn zu hegen, das Gerede der Leute und den Ansturm der Neider unbeachtet zu lassen.«[263]

Vielleicht steckte auch hinter dem folgenden Livilla: »Um nun nicht durch Einschränkung der Gesellschaften, die er in seinem Hause häufig gab, seinen Einfluß zu schwächen oder durch ihre Zulassung den Beschuldigungen Vorschub zu leisten, verfiel er auf den Gedanken, Tiberius dazu zu bewegen, sein Leben fern von Rom in anmutigen Gefilden zu verbringen. Davon versprach er sich nämlich mancherlei: Der Zutritt zum Kaiser werde dann von ihm abhängen und der Schriftverkehr großenteils unter seiner Aufsicht stehen, da er durch die Hände seiner Soldaten ginge. Bei seinem hohen Alter und der Abgeschiedenheit seines Wohnsitzes werde der Kaiser dann auch so verwöhnt werden, daß er die Regierungsgeschäfte leichter an ihn übertragen würde. Auch der Neid werde nachlassen, wenn die Scharen von Besuchern nicht mehr kämen, und mit dem Verschwinden dieser Äußerlichkeiten werde seine wirkliche Macht wachsen.«[264]

Er begann, in Gegenwart des Herrschers immer öfter auf die hektische Stadt zu schimpfen, auf das zudringliche Volk, die Masse der Besucher, die schlechten Lüfte. Dagegen lobte er die Ruhe und Einsamkeit eines abgeschiedenen Ortes, wo es keine Verdrießlichkeiten und Anfeindungen gebe und wo man sich in Ruhe den wichtigsten Angelegenheiten widmen könne.

Über das veränderte Verhältnis zwischen dem Herrscher und seinem ersten Diener formuliert Kornemann: »Aus dem Freund wurde nun ein heimlicher Gegner.« Und dies: »Die Vermählung mit Livilla unterblieb, aber das Verhältnis beider Männer zueinander bekam eine neue Richtung.«[265]

Ein »Gang ins Kloster«? – Tiberius geht in die innere Emigration nach Capri

Wir werden gleich sehen, daß des Tiberius Vorsatz, Rom zu verlassen, nicht allein auf den Einfluß Seians zurückging, sondern sich aus dem Wesen und dem Charakter des Princeps erklären läßt. Ganz entscheidenden Anteil daran hatten die Wühlereien und zunehmend aggressiven Offensiven Agrippinas.

Ausgelöst wurde der Zusammenstoß mit dem Kaiser durch den Prozeß gegen Agrippinas Verwandte Claudia Pulchra – wir erwähnten ihn schon in anderem Zusammenhang. Claudia war eine Enkelin der Augustus-Schwester Octavia und Witwe des unglücklichen Quinctilius Varus, der die katastrophale Niederlage gegen Arminius (9 n. Chr.) im Teutoburger Wald zu verantworten hatte. Sie wurde von Domitius Afer, »der eben erst Prätor geworden war, nur geringes Ansehen besaß und sich durch irgendeine Schandtat berühmt machen wollte«[266], angeklagt. Er warf ihr unsittlichen Lebenswandel, Ehebruch, Giftmischerei und Verhexung des Kaisers vor. Agrippina – »wie immer heftig und jetzt durch die ihrer Verwandten drohende Gefahr aufgebracht« – eilte zu Tiberius und fand ihn gerade mit einem Opfer für seinen Vater beschäftigt.

Scharf bemerkte sie: »Wie paßt das zusammen, dem vergöttlichten Augustus Opfer darzubringen und zugleich seine Nachkommen zu verfolgen!«

Sie sei Augustus' wahres Abbild! Sie sei aus göttlichem Blut entsprossen! Sie wisse um die Gefahr, in der sie schwebe, und hülle sich in Trauerkleidung. Claudia Pulchra werde doch nur vorgeschoben, um sie zu treffen.

Der sonst so reservierte Tiberius griff sie bei der Hand und meinte: »Wenn du nicht herrschen kannst, mein Töchterchen, glaubst du gleich, daß dir Unrecht geschieht!«[267]

Die Antwort zeigt, daß Tiberius Kraft genug aufbrachte, die Contenance zu bewahren, obwohl ihn der Hinweis Agrippinas auf ihre direkte Deszendenz von Augustus empfindlich treffen mußte. Hieß das doch: »Ich, Agrippina, stamme unmittelbar von Augustus ab – du nicht!«

Claudia Pulchra und ihr Liebhaber wurden verurteilt. Daraufhin erkrankte Agrippina. Um welche Krankheit es sich handelte, wird nicht gesagt. Wir dürfen psychosomatische Gründe annehmen.

Wieder zeigte Tiberius Großmut und besuchte sie: »Da fing sie nach langem stummem Weinen endlich mit Bitten und Vorwürfen an: Er solle sich doch ihrer Verlassenheit annehmen und ihr wieder einen Gatten geben. Sie sei noch jung genug dazu« – sie war Ende 30 –, »und ehrbare Frauen könnten nur in der Ehe Trost finden. Es gäbe gewiß Männer in Rom, die es für eine Ehre ansehen würden, des Germanicus Gattin und Kinder in sein Haus aufzunehmen.

Der Kaiser, der sehr wohl wußte, von wie großer Tragweite die Bitte war, wollte aber seinen Unwillen und seine Angst nicht verraten. Deshalb verließ er sie, ohne ihr eine Antwort zu geben, sosehr sie auch darauf drang.«

Hier fügt Tacitus eine interessante Bemerkung an: »Diesen von den Geschichtsschreibern nicht erwähnten Bericht habe ich in den Denkwürdigkeiten der jüngeren Agrippina, der Mutter Neros, gefunden, in denen sie der Nachwelt ihr Leben und die Schicksale der Ihrigen mitgeteilt hat.«[268] Was gäben wir darum, diese Autobiographie zu besitzen!

Porträtbüste des alten, einsamen Tiberius

Die Parallelität der Ereignisse ist nicht zu übersehen, und Tiberius verstand sehr wohl, was gemeint war: Agrippina muß von der Bitte Seians an den Princeps gewußt haben, Livilla zu heiraten, wie auch von dessen Ablehnung. Aber er konnte diesem Wunsch unmöglich nachgeben, »wollte er nicht unabsehbare politische Konsequenzen in Kauf nehmen und gleichzeitig seinen engsten und wichtigsten Mitarbeiter aufs schwerste brüskieren«.[269]

Damit war der Bruch zwischen Tiberius und Agrippina endgültig vollzogen. Es kam nur noch zu einer letzten persönlichen Begegnung. Dabei wird deutlich, daß sich Agrippina geradezu in einen Verfolgungswahn hineingesteigert hat, wenn auch bei Tacitus Seianus wie gewohnt als Bösewicht erscheint, der seine Intrigen spinnt: »Übrigens war es Seianus, der die unglückliche und unbedachte Frau immer noch mehr erschütterte. Er schickte Leute zu ihr, die ihr scheinbar aus Freundschaft zu verstehen geben sollten, es sei schon Gift für sie bereitet, und sie müsse ihres Schwiegervaters[270] Tafel meiden.

Jeder Versöhnung unfähig, blieb sie, als sie einmal ihren Platz neben ihm hatte, starr in Miene und Rede. Sie rührte keine Speise an, bis Tiberius aufmerksam wurde, zufällig oder weil er von ihrem Verdacht gehört hatte. Um sich zu vergewissern, lobte er die Früchte, die eben aufgetragen wurden, und reichte sie eigenhändig seiner Schwiegertochter. Dadurch verschärfte sich noch Agrippinas Argwohn, und ohne die Früchte mit ihrem Mund zu berühren, gab sie sie an die (bedienenden) Sklaven weiter. Dennoch äußerte sich Tiberius nicht gegen sie persönlich, sondern wandte sich zu seiner Mutter und sagte, es sei kein Wunder, wenn er eben etwas härter gegen jemanden verfahren sei, der ihn der Giftmischerei beschuldigte.

Daraus entstand das Gerücht, man bereite ihren Untergang vor, der Kaiser wage es aber nicht, offen gegen sie vorzugehen, sondern suche das Ziel auf geheimen Wegen zu erreichen.«[271]

Das von Tacitus geschilderte Agieren Seians nennt Dieter Hennig »primitiv«, und er meint damit die Darstellung; er nimmt an, daß diese Version wahrscheinlich aus einer trüben Quelle stammt.[272] Warum? Eine solche Intrige konnte erst nach dem Sturz Seians bekanntwerden, darum muß sie wie alles andere, das dem Prätorianerpräfekten damals rückwirkend zur Last gelegt wurde, mit Zurückhaltung aufgenommen werden.

Jedenfalls war nun das Klima in Rom für Tiberius unerträglich geworden, und er schickte sich an, die Hauptstadt zu verlassen. Als Grund gab er an, in Capua einen Tempel für Jupiter, bei Nola in Campanien einen für Augustus weihen zu wollen, »in Wahrheit mit dem Entschluß, dauernd von Rom fernzubleiben«.[273]

Tacitus spricht an dieser Stelle von dem »lange überlegten und immer wieder aufgeschobenen Plan« und kommt dabei noch einmal auf das von ihm angenommene Intrigenspiel Seians zu sprechen: »Obgleich ich die Ursachen seines Weggangs im Anschluß an die meisten Geschichtsschreiber auf die Ränke des Seianus zurückgeführt habe, bewegt mich doch sehr häufig – er hat ja nach dessen Hinrichtung noch weitere sechs Jahre ununterbrochen in der gleichen Abgeschiedenheit verbracht – die Frage, ob man nicht richtiger den Grund bei ihm selbst zu suchen habe ...«

Was er dann als erstes aufzählt, sind jene schändlichen Verleumdungen, die das Tiberius-Bild für die Nachwelt verdunkelt haben: »... und zwar in seinem Bemühen, seine Grausamkeit und seine Wollust, die er in seinen Handlungen offen erkennen ließ, an entlegenen Plätzen zu verbergen.«[274]

Schon die Aufzählung der Männer seiner engsten Umgebung verbietet den Glauben an die elenden Klatschereien, daß er sich jetzt ungestört seiner Grausamkeit und seinen sexuellen Exzessen habe hingeben wollen, wie er es schon in Rhodos getan habe: Der Senator und ehemalige Konsul Cocceius Nerva – übrigens der Großvater des späteren Kaisers Nerva (96–98) –, ein hochangesehener Jurist, gehörte zu dem kleinen Gefolge, »sonst nur Gelehrte und Literaten, meist Griechen, in deren Unterhaltung er Erholung finden wollte«.

Doch zurück zu den Gründen, die Tacitus für die Flucht aus Rom nennt – und diesmal zeichnet er mit wenigen Strichen ein lebendiges Bild des Menschen Tiberius:

»Manche glaubten auch, er habe sich im Alter wegen seines körperlichen Zustands geschämt. Denn seine hochaufgeschossene

Gestalt war übermäßig hager und gebeugt. Sein Scheitel war kahl, sein Gesicht voller Ausschlag und meistens mit Pflastern beklebt … Auch wird berichtet, die Unbeherrschtheit seiner Mutter, die er als Mitregentin ablehnte und doch nicht ablehnen konnte, weil er die Herrschaft von ihr aus ihrer Hand als Geschenk erhalten hatte, habe ihn fortgetrieben.«

Und Seianus?

»Der Weggang des Tiberius aus Rom« – so Ernst Kornemann – »lag ganz im Interesse Seians, und es ist schon darauf aufmerksam gemacht worden, daß dieser Mann den unglücklichen Fürsten in seinem Hang zur Einsamkeit bestärkt hat. Obwohl man es im Altertum geglaubt hat, liegt darin nicht der eigentliche Grund für diesen mehr als auffallenden Schritt des Herrschers. Auch das gespannte Verhältnis zu Livia kann man nicht als Hauptmotiv betrachten, wie es manche antike Schriftsteller tun. Die mit zunehmendem Alter immer herrschsüchtiger werdende Mutter war ihm sicher unbequem. Aber Tiberius war nicht der Mann, sich von einer Frau, wenn auch von einer so bedeutenden, wie es sicherlich seine Mutter war, lenken zu lassen. Der tiefste Grund lag unstreitig in des Prinzeps Charakter. Er strebte während seines langen Lebens immer wieder in die Einsamkeit. Er war ein weltflüchtiger Mensch, der in christlichen Zeiten sicher ins Kloster gegangen wäre.«[275]

Kaiser ohne Purpur – Seianus vernichtet Agrippina und zwei ihrer Söhne

Im Herbst 1957 kam es bei Sperlonga, einem Ort zwischen Terracina und dem mythischen antiken Amunclae, in unmittelbarer Nähe der Küste des Tyrrhenischen Meeres zu aufsehenerregenden Funden. *Sperlonga* ist eine italienische Verballhornung des lateinischen *Ad speluncas, Zu den Höhlen.* Innerhalb der Grottenanlage einer römischen Villa kamen in einem Bassin über 7000 Bruchstücke von Marmorskulpturen zutage: »Bei der rasch in Angriff genommenen Zusammensetzung in dem für diese Funde eigens eingerichteten Museum von Sperlonga stellte sich heraus, daß es sich um Reste von großen, teilweise sogar kolossalen Skulpturengruppen handelte, um Werke bedeutender Meister – unter ihnen, inschriftlich bezeugt, die drei Künstler, die als Schöpfer des Laokoon überliefert sind.«[276]

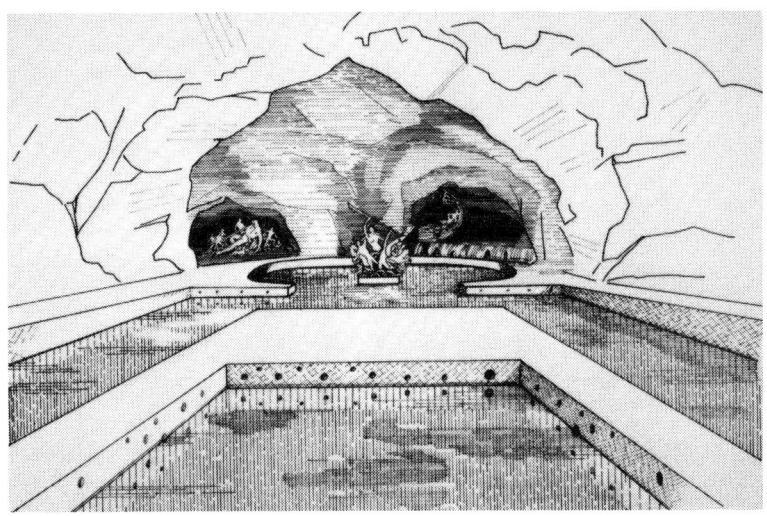

Sperlonga. Rekonstruktion der Grotte

Die gesamte Anlage mit den Skulpturengruppen, die in der Grotte ein grandioses mythisches Naturtheater bildeten, ist in einem Epigramm des Dichters Faustinus aus flavischer Zeit auf einer bei den Ausgrabungen gefundenen Marmortafel beschrieben. Bei den Bildhauern handelte es sich um die bei Plinius dem Älteren genannten Künstler Hagesandros, Polydoros und Athenodoros.[277] Nachdem lange Unsicherheit herrschte, in welcher Periode der römischen Kaiserzeit die Skulpturen entstanden sein könnten – die Vorschläge reichten von Augustus bis zu den Flaviern –, neigt die Mehrzahl der Forscher heute mit Bernd Andreae dazu, ihre Entstehung in die Zeit des Tiberius zu verlegen.
Bevor wir zum Verständnis des folgenden Geschehens eine kurze, notwendige Beschreibung des Ortes geben, behaupten wir, daß an

diesem Ort die Entscheidung über das weitere Schicksal Seians fiel. Warum? Sueton und Tacitus geben die Antwort. Zunächst Sueton:

»Nachdem Tiberius aber seine beiden Söhne verloren hatte – (der Adoptivsohn) Germanicus war in Syrien, Drusus in Rom gestorben –, zog er sich nach Kampanien zurück. Beinahe alle Welt war darin einig und sagte es auch laut, daß er nicht mehr nach Rom zurückkehren und wohl sogar bald sterben werde. Beides wäre auch beinahe eingetroffen; denn wirklich ging er nicht mehr nach Rom zurück, und wenige Tage nach seiner Abreise, als er in der

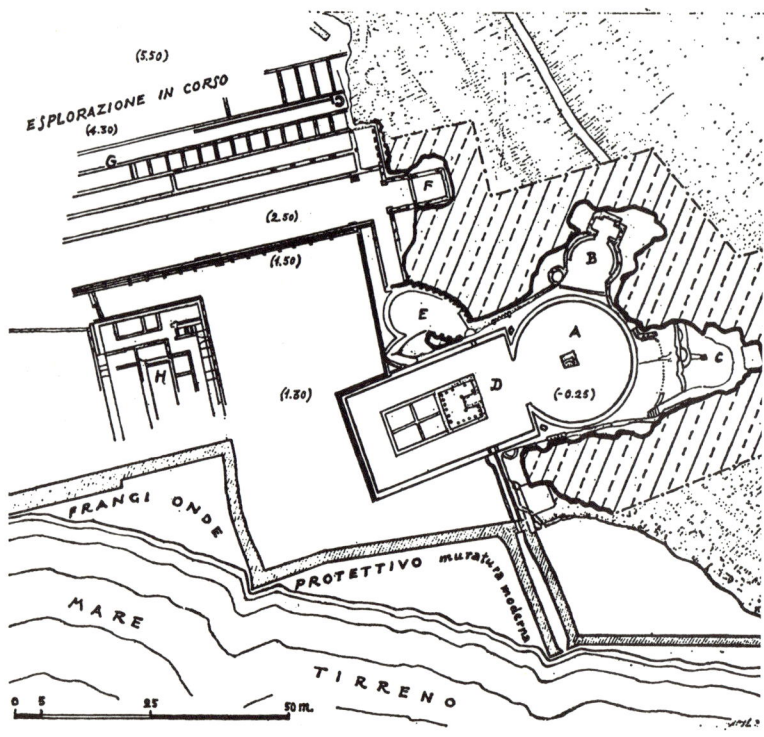

Sperlonga. Rekonstruktionsplan
H = Wohngebäude; am nordwestlichen Berghang mehrere Hallen und Terrassen; im Südosten felsiger Steilhang, darunter die Öffnung der Höhle. A = künstlich angelegter Rundteich. D = rechteckiges Becken; darin rechteckige Insel mit dem kaiserlichen Triclinium.

Nähe von Terracina in einer Villa, ›Grotte‹ genannt, speiste, lösten sich mehrere große Felsblöcke zufällig von dem Gewölbe und begruben viele der Gäste und Diener unter sich. Er selbst kam wider Erwarten mit heiler Haut davon.«[278]
Tacitus reichert den Bericht mit einigen wichtigen Details an:»Zufällig geriet der Kaiser in jenen Tagen in Lebensgefahr, die dem leeren Gerede neue Nahrung und ihm selbst Veranlassung gab, noch stärker auf die Freundschaft und Zuverlässigkeit von Seianus zu vertrauen.
Sie speisten auf einem Landsitz namens Spelunca, zwischen dem Amunclanischen Meer und den Fundaner Bergen, in einer natürlichen Grotte. Da fielen plötzlich beim Eingang Felsstücke herab und begruben unter sich einige Diener. Allgemeiner Schrecken und Flucht der Tischgäste! Seianus dagegen beugte sich mit Knien, Gesicht und Händen über den Kaiser und stemmte sich gegen den Steinregen. In dieser Haltung trafen ihn die Soldaten an, die zur Hilfe herbeieilten.
Seitdem stand Seianus noch größer da, und so verderblich auch seine Ratschläge waren, er wurde vertrauensvoll angehört als ein Mann, der um sich selbst nicht besorgt war.«[279]
Am südlichen Ende des Tricliniums, in der Mitte, befand sich der Platz des Kaisers. Von dort konnte er auf die verschiedenen Figurengruppen schauen, u. a. auf die Blendung des Polyphem durch Odysseus.
Es sind zwei Ursachen denkbar, die zu dem Unglück führten:
1. Durch die architektonischen und bildhauerischen Arbeiten in der Höhle wurde in die statische Struktur der Felsen eingegriffen; sie haben sich in der Decke gelockert und stürzten herunter. Dabei begruben sie Diener und einen Teil der Gäste unter sich.
2. Massiver Steinschlag am Berg, vielleicht ausgelöst durch ein Erdbeben, kann Ursache der Verschüttung gewesen sein.
Gegen die erste These spricht, daß Tiberius und Seianus sich außerhalb der Grotte auf dem quadratischen Insel-Triclinium befanden. Von der Höhlendecke herabfallendes Gestein kann sie nicht erreicht haben. Die Entfernung zwischen der beginnenden Deckenwölbung der Grotte und dem Platz des Kaisers beträgt

mehr als zwölf Meter. Außerdem liegt das tiefe Bassin dazwischen. Schon bei einem leichten Erdbeben können sich Felstrümmer am Berg gelöst haben und am steilen Hang herabgerollt sein, wobei sie sehr leicht das Areal des Tricliniums und noch weiter außen liegende Teile der Anlage trafen.

So gern wir auch in solchen Szenarien das Eingreifen der Mächte der Tiefe heraufbeschwören, bedarf es nicht unbedingt vulkanischer Kräfte, um den tödlichen Steinschlag zu erklären. Wer schon einmal selbst erlebt hat, wie in den Alpen ein tonnenschwerer Felsklotz seinen jahrhundertealten Platz verläßt, sich scheinbar ohne Grund in Bewegung setzt, donnernd zu Tal poltert, dabei andere Brocken anstößt, sie mitreißt, auf Felsnasen stürzend zerbirst und mit einer Geschwindigkeit, die dem Betrachter den Atem verschlägt, in die Tiefe stürzt, alles vernichtend, was ihm im Wege ist – der kann sich vorstellen, was auf dem baumlosen Steilhang oberhalb der Grotten ablief.

Es gibt ein Indiz, das für ein Erdbeben als Ursache des Steinschlags spricht: Wir wissen, daß Tiberius abergläubisch war und die Grotte später nicht mehr betreten hat. Er betrachtete das Ereignis als eine Warnung der Götter – vor welchen Gefahren, wissen wir nicht.

Wer den kurzen dramatischen Text bei Tacitus liest, hält die Reaktion Seians für einen geradezu natürlichen Reflex: So würde sich jeder für die Sicherheit des Princeps verantwortliche Offizier verhalten haben! – Nicht so der kritische Forscher. Dieter Hennig sieht selbst hinter dem mutigen Eingreifen des Präfekten kühle Überlegung:

»Über die Motive für diesen scheinbar so selbstlosen Einsatz kann es eigentlich keinen Zweifel geben. Wenn Tiberius jetzt durch einen Unglücksfall ums Leben kam, wären mit einem Schlag alle bisherigen Pläne Sejans zunichte gemacht worden. Die glänzende Gelegenheit, die sich ihm durch den Rückzug des Prinzeps aus Rom zu bieten schien, wäre vertan gewesen. Überdies wäre er selbst völlig unvorbereitet in eine äußerst üble und bedrohliche Lage geraten. Ein plötzlicher Tod des Tiberius und die Nachfolge Neros (des ältesten Sohns Agrippinas) – und eine andere Möglichkeit kam im

Augenblick nicht in Betracht – hätten für Sejan nicht nur das Ende seiner Karriere, sondern wahrscheinlich auch seines Lebens bedeutet. Darüber war er keinen Augenblick im Zweifel, und so reagierte er bei der allgemeinen Flucht blitzschnell und wagte das Äußerste, um Tiberius zu retten. Daher scheint es völlig abwegig, in dieser Episode einen Beweis für die unbedingte Ergebenheit des Sejan gegenüber Tiberius zu sehen. Daß diese Tat trotzdem ihren Eindruck auf Tiberius nicht verfehlen konnte, liegt auf der Hand. Sejan galt in Zukunft als ein Mann, der ohne Rücksicht auf seine Person handelte, und sein Rat *quamquam ... exitiosa cum fide audiebatur.*«[280] Das heißt: Er wurde, so verderblich (*exitiosa*) auch seine Ratschläge waren, vertrauensvoll (*cum fide*) angehört.

Den Händen dieses Mannes, der in seiner Treue zum Herrscher sein eigenes Leben einsetzte, durfte der Kaiser getrost das Schicksal Roms und des Reiches anvertrauen. Noch während seines Aufenthaltes auf dem Festland hatte Tiberius in einem Edikt das Volk gebeten, ihn nicht in seiner Ruhe zu stören. Der fast 70jährige Greis war müde geworden und empfand jegliche Volksanhäufung als Störung.

Die Abgeschiedenheit der kleinen Insel hatte seinen Blick auf Capri gelenkt. Ein Hafen fehlte, nur Anlegeplätze für kleinere Fahrzeuge fanden sich hier und da. Die Insel ließ sich leicht verteidigen. Zu seinem Schutz waren stets wechselnde Abteilungen seiner Prätorianer da. Auch das Klima sagte dem Alten zu. Die Regierungsgeschäfte wurden weiterhin mit der gewohnten Sorgfalt erledigt, Briefe, Orders, Bitten und Befehle gingen schriftlich nach Rom ab. Deren Beförderung lag in den Händen Seians und seiner Garde. »Nur eine starke Bauwut befiel den einsam gewordenen Mann, der früher gerade in dieser Hinsicht sehr zurückhaltend gewesen war.«[281] Schließlich besaß er auf der Insel zwölf verschiedene Villen, die er aber aus seinem Privatvermögen bezahlt haben dürfte.

Über 18 Jahrhunderte später, im Jahre 1853, kam Ferdinand Gregorovius nach Capri und schilderte später in seinem Reisebuch »Wanderjahre in Italien« die Eindrücke, die die Ruinen des tiberischen Palastes, der VILLA IOVIS, auf ihn gemacht hatten. Seine

Schilderung ist deshalb so reizvoll, weil sie einen Zustand von Landschaft, Ruinen und Menschen beschreibt, den es in unserer Zeit nicht mehr gibt. Auch und gerade Capri ist mittlerweile ein Opfer der touristischen Spekulationen und Schändungen des Massenzeitalters geworden.

»Nun aber gelangen wir mit wenigen Schritten, aufwärts steigend, zu der berühmten Villa des Zeus. Nach Sueton war sie der eigentliche Wohnsitz des Tiberius, und ausdrücklich sagt er, daß der Tyrann nach der Hinrichtung Sejans aus Furcht vor einer Verschwörung neun Monate lang sich darin eingeschlossen hielt. Es ist zweifellos, daß die Reste auf dem höchsten Nordostufer der Insel, dem Capo, zu jener Villa gehören. Denn dafür spricht die Bestimmtheit der Überlieferung, der die Insel beherrschende Ort, mehr noch die Ausdehnung des Palastes, dessen Ruinen die größten Capris sind und überhaupt zu dem Ansehnlichsten gehören, was sich von römischen Lustbauten erhalten hat. Man irrt dort in einem Labyrinth von Gewölben, Galerien und Gemächern, welche jetzt zum Teil zu Weingärten oder zu Viehställen benutzt werden. Kapitäle, Vasen, Säulenstümpfe, Marmorschwellen liegen noch umher; einzelne Kammern zeigen Reste ihres Stucks, und man erkennt selbst die Malerei in tiefem Gelb oder in dem Dunkelrot von Pompeji. Einige Böden haben noch ihr Mosaik von weißen Marmorstücken mit schwarzer Einfassung, und hie und da sind die Stiegen zu den untern Sälen gut erhalten.

Die Villa scheint mehrere Stockwerke gehabt zu haben; das unterste steckt noch unausgegraben im Boden. Der oberste Teil überrascht durch den vollkommen erhaltenen Plan seiner Gemächer, welche nach der Seite des Ufers ein Halbkreis umgibt, vielleicht ein Theater; Nischen und Rundmauern lassen weiter auf einen Tempel schließen. Alles, was zur überschwenglichen Pracht des fürstlichen Lebens gehört, hat diese Villa vereinigt, und weil sie so lange Kaisersitz war, muß sie, ehe Nero und Hadrian bauten, alle andern Villen Roms an Herrlichkeit übertroffen haben. Dazu kommt die unvergleichliche Lage über der Meerenge, wo zwei Golfe dem Blicke frei liegen. Von hier aus sah Tiberius alles, was auf der Insel vorging, er sah auch die Schiffe, welche von Hellas,

von Asien und Afrika in den Golf einfuhren oder die von Rom herabkamen. Schön aber muß auf der See selbst der Anblick gewesen sein, segelte man zwischen Capri und dem Kap der Minerva und betrachtete dort die Marmorschlösser und den Faro (Leuchtturm, d. V.), hier die Tempel. Denn Tiberius sah auf jenem Vorgebirge, dessen Spitze heute ein Turm krönt, noch die weitberühmten Tempel der Minerva, der Sirenen und des Herakles.
Ich saß manche Stunde auf den Trümmern und baute mir Capri wieder auf. Welch ein Anblick, denkt man sich alle diese Gipfel mit Marmorpalästen geschmückt und das Eiland bedeckt mit Tempeln, Arkaden, Statuen, Theatern, mit Lusthainen und Straßen. Und welch ein Bild würde es sein, sähe man alles dies von dem Hof eines römischen Kaisers belebt.«[282]
Es folgt dann bei Gregorovius eine Beschreibung des Tiberius nach den bekannten Standbildern, und wir bringen sie hier, weil sie einerseits sehr feinsinnig und subtil Wesentliches ausdrückt, andererseits ein Beleg ist für die einseitig voreingenommene Beurteilung des Princeps, wie sie im 19. Jahrhundert gang und gäbe war. Unbedenklich folgte man dem, was die böswilligen antiken Quellen, die Tacitus und Sueton zugrunde lagen, vorgegeben hatten: »Man sieht in Neapel schöne Büsten und Kolossalfiguren des Tiberius, die trefflichsten aber besitzt das Vatikanische Museum. Ich habe bemerkt, daß jene in Neapel ihn eher im Alter, diese in Rom in jüngeren Jahren vorstellen, wahrscheinlich weil die meisten Büsten des Kaisers, welche in Herkulaneum und Pompeji ausgegraben wurden, seiner caprischen Periode angehören.
Im Vatikan steht seine kolossale Figur, die in Veji gefunden ist, aufgestellt in der Galerie Chiaramonti; sie stellt ihn in idealer Jugendlichkeit als Heros dar, mit porträtgetreuen Zügen. Sein Kopf ist geistvoll und edel geformt, der Mund fein und schön; in jugendlicher Erscheinung sind seine Züge dionysisch, und auch die Fülle des Körpers ist wollüstig, ja weibisch zu nennen. Dies moralische Ungeheuer war, wie Cäsar Borgia zu seiner Zeit, der schönste Mann unter den Lebenden, von allen Kaisern Roms übertrifft ihn nur Augustus an klassischer Schönheit. Man vergißt den Kopf des Tiberius nicht mehr, wenn man ihn einmal gesehen hat; man er-

wartet das verzerrte Antlitz eines Dämons zu erblicken und ist überrascht von der Feinheit seiner Züge. Nur im Alter zieht sich um den Mund ein schneidend scharfer Zug von Hohn und Skepsis, und der Ausdruck bekommt etwas widerwärtig Starres, hartherzig Verschlossenes, selbst Gemeines. So zeigt ihn der kolossale Kopf in Neapel, und so ihn die Büste im Kapitol.«[283]

Wir halten es mit Ernst Kornemann so: Die Nachricht von seinen Ausschweifungen auf Capri und von Müßiggang aller Art »ist eine böswillige Erfindung«.

Für Seianus war nun der Weg frei, in Rom seine Gewaltherrschaft aufzurichten. Er war tatsächlich der Herr von Rom, Tiberius nur ein Nesiarch – ein »Inselfürst«.[284] An der Spitze der Städtischen Präfektur stand der bewährte L. Calpurnius Piso, mit dem es keine Probleme gab. Es ist derselbe, mit dem Tiberius einmal 24 Stunden durchgezecht haben soll.

Die Frage, ob Seianus in den folgenden Jahren, bis zum Antritt seines Konsulats 31, seinen Aufenthalt meist in Rom oder in Capri hatte, läßt sich anhand der Quellen nicht klären. Helfen könnte eine Notiz Cassius Dios:»Denn er unterhielt mit allen Ehefrauen der vornehmen Männerwelt unerlaubte Beziehungen und erfuhr auf diesem Wege von allem, was ihre Ehemänner sagten oder taten.«[285] Hennig hält diese Ehebruchgeschichten für angedichtet, folgert aber, daß sie nur unter der Voraussetzung erfunden werden konnten, daß der Gardepräfekt sich immer für längere Zeit in Rom befand.[286] Im übrigen zögern wir durchaus nicht, anzunehmen, daß der Präfekt seine Freundinnen aus den besten Häusern als Informationsquelle erster Ordnung benutzte. Er liebte das Spiel mit dem Feuer.

Ergiebiger ist eine andere Mitteilung Dios, und sie führt uns mitten in das machtpolitische Geflecht hinein, das Seianus um sich errichtet hatte:

»Seianus aber wurde die ganze Zeit hindurch immer größer und furchterregender, so daß die Senatoren und all die übrigen auf ihn wie auf den tatsächlichen Herrscher schauten, Tiberius aber geringschätzten ... Seianus hatte die ganze Leibgarde völlig auf seine Seite gezogen und die Gunst der Senatoren teils durch Wohltaten, teils durch Erwartungen, teils aber durch Einschüchterung für sich gewonnen. Alle Leute in der Umgebung des Tiberius aber waren ihm freundschaftlich so eng verbunden, daß sie ihm sogleich einfach alles, was der Kaiser sagte oder tat, hinterbrachten, während niemand den Tiberius über die Unternehmungen des Seianus in Kenntnis setzte ... Seianus war infolge seines beispiellosen Stolzes und seiner gewaltigen Machtfülle eine solch hochmögende Persönlichkeit, daß, kurz gesagt, er selbst Kaiser, Tiberius aber nur der Beherrscher einer Insel zu sein schien.«[287]

Wenn also Seianus über seine V-Leute in der Umgebung des Tiberius immer über alle Vorgänge unterrichtet wurde, während Tiberius von den Maßnahmen Seians nur das erfuhr, was diesem genehm war, so ist dies nur sinnvoll, wenn sich Seianus eben nicht auf Capri, sondern vornehmlich in Rom aufhielt.[288] Im übrigen spielt es keine große Rolle, wo er sich gerade befand, weil er ohnehin alle Verbindungswege von und zu Tiberius kontrollierte: Die Kuriere waren Angehörige der Garde!

Dabei handelte es sich um die prätorianische Spezialeinheit der *speculatores*. Pro Kohorte gab es 30 dieser Reiter, insgesamt also 270. Sie begleiteten den Kaiser in der Öffentlichkeit oder auf Reisen. Er betraute sie auch mit der Durchführung besonderer Aufträge, und dazu gehörte an erster Stelle der Kurierdienst der kaiserlichen Post zwischen Capri und Rom.

Nirgendwo wird in den Quellen gesagt, worin denn nun eigentlich die Tätigkeit Seians bestand. In der weiter oben angeführten Dio-Stelle hatte Maecenas dem Augustus den Rat gegeben, er solle den beiden Prätorianerpräfekten nicht mehr als die militärische und die richterliche Gewalt über ihre Untergebenen übertragen, damit sie nicht übermütig würden.[289] Tiberius hat sich darüber hinweggesetzt: Er besetzte das Kommando über die Garde mit nur einem Kommandeur. Voraussetzung war das unbedingte Vertrauen, das er in den Mann, eben Seianus, setzte. Und er räumte ihm zunehmend, nach seiner Übersiedlung nach Capri ganz klar Befugnisse an Kaisers Statt – *vice principis* – ein. Dazu gehört eine weitgehende richterliche Befugnis gegenüber den Angehörigen der Garde. Worin nun im einzelnen die Vollmachten bestanden, ist nicht erkennbar. Wir hören auch nichts darüber, wie die Kommandeure der in den Provinzen stehenden Legionen zu Seianus stehen. Der sich bietende Eindruck ist: Ruhe! Das wiederum sagt aus, daß der Apparat zur vollen Zufriedenheit der militärischen Führer arbeitete.

Cassius Dio: »An den Türen des großen Mannes kam es zu Rivalität und Gedränge, da man nicht nur fürchtete, von ihm übersehen zu werden, sondern auch unter den letzten zu erscheinen; wurde doch alles, Worte wie Winke, besonders wenn es um die führenden Männer ging, scharf beobachtet. Denn diejenigen, die durch angeborene Würde eine bedeutende Stellung einnehmen, verlangen nicht eben sehr nach Freundschaftszeichen von seiten anderer und machen, wenn solche Zeichen irgendwie ausbleiben, jenen keinen Vorwurf daraus, da sie sich nur zu gut bewußt sind, daß man auf sie nicht heruntersehen kann; andere hingegen, die sich eines geborgten Glanzes erfreuen, suchen sehr eifrig nach allen derartigen Aufmerksamkeiten, da sie diese für notwendig erachten, um ihre Stellung zu verbessern. Bleiben sie aus, sind sie empört, als würden sie verleumdet, und ärgern sich, wie wenn man sie beleidige.

Deshalb sind die Menschen um derlei Persönlichkeiten ängstlicher bemüht als – man möchte fast sagen – um die Kaiser selbst. Den letzteren wird es als Tugend ausgelegt, wenn sie sich im Falle eines Versehens gegenüber irgendeinem nachsichtig zeigen, hingegen scheint bei den Erstgenannten ein solches Verhalten ihre Schwäche zu beweisen, während Angriff und Rache als Bestätigung großer Macht gelten.«[290]

Diese blendende Analyse könnte von Machiavelli stammen.

Das Regime verstand sich als Militärmonarchie und stützte sich mehr oder minder offen auf seine Soldaten. Dafür gibt es – ausgerechnet für Tiberius – einen einzigartigen Beleg, als der Princeps das Hohe Haus zu einem besonderen Spektakel eingeladen hatte: »Zu jener Zeit (24 n. Chr.) führte Tiberius den Senatoren (!) seine Prätorianer bei einer Übung vor …« Cassius Dio, der uns das überliefert hat, täuschte sich nicht – die Botschaft war deutlich: »Er verfolgte dabei das Ziel, daß sie ihn angesichts seiner zahlreichen starken Beschützer noch mehr fürchteten.«[291] Seit damals haben solche

Manöver immer den gleichen Zweck: Der Herrscher will seine illustren Gäste daran erinnern, wo sich die wahre Macht befindet. Gerade diese unscheinbare Textstelle verrät noch mehr. Wenn Tiberius so offen zu erkennen gibt, worauf seine monarchische Macht letztlich beruht – daß er also letztlich mit militärisch-politischen Machtmitteln regiert –, dann ist um so leichter zu verstehen, warum er einen Mann wie Aelius Seianus zu seinem Stellvertreter macht und ihn mit beinahe totaler Macht ausstattet, bevor er Rom verläßt: »Dieser Seianus war nun der Mann, den Tiberius infolge ihrer Wesensgleichheit besonders an sich band«, schreibt Cassius Dio.[292] Soldatische Treue, elitärer Korpsgeist, militärische Disziplin, kameradschaftliche Solidarität, opferbereiter Kampfgeist, couragiertes Handeln, Ausdauer im Verfolg der avisierten Ziele, Hingabe im Dienst des »Unternehmens Römisches Reich« – das waren die Tugenden, die Tiberius bei dem schneidigen Offizier schon früh erkannt hatte und nach dem Zwischenfall von Sperlonga bestätigt zu finden glaubte. Vergessen wir nicht: Bis zur Machtübernahme 14 n. Chr. war Tiberius' Karriere die eines Reichsgenerals gewesen. In diesem Zusammenhang müssen auch die Bemerkungen des Karriereoffiziers Velleius Paterculus über seinen obersten Dienstherrn gesehen werden.

Um so schwerer muß den alten General die Insurrektion seines besten Offiziers getroffen haben, die für ihn den schwersten vorstellbaren Verrat darstellte. Gegen einen »Kameraden« macht man keine Verschwörung!

So weit ist es aber noch nicht. Zunächst kann Seianus seine Stellung in Rom gezielt ausbauen. Er hat das Glück, daß die Provinzen zu dieser Zeit ruhig sind. Die großen militärischen Auseinandersetzungen liegen zwischen 14 und 24 n. Chr.: Meutereien der Legionen in Pannonien und am Rhein (14); Strafexpedition unter Germanicus in Germanien (14–17); Kriege im Osten (18–19) mit Abrundung des römischen Herrschaftsgebiets: Kappadokien wird römische Provinz, Armenien von Rom abhängiges Königreich; Thrakien wird 20–22 unruhig und erfordert römisches Eingreifen; Afrika und Gallien sahen die größten Krisen – Aufstände unter einheimischen Führern –, die aber bis Mitte der zwanziger Jahre bewältigt werden.

Wir wissen nicht, wie die Amtszeit Seians verlaufen wäre, wenn die kriegerischen Ereignisse, die den Princeps ganz gefordert haben, später eingetreten wären. So aber konnte sich Seianus, mit dem vollen Vertrauen des Princeps ausgestattet, in Ruhe darauf einrichten, Rom nach *seinen* Vorstellungen zu regieren. Man kann ihn von diesem Zeitpunkt an als den »Premierminister« der kaiserlichen Majestät betrachten.[293]

Der Kaiser in Capri, der Stellvertreter in Rom: Schon in den folgenden Wochen und Monaten konnte Seianus beobachten, wie sich der Radius seines Einflusses ausdehnte und seine Reputation in nie geahnte Höhen stieg. Und erstaunt registrierte er – eine Erfahrung aller Mächtigen –, wie sich die Bittsteller in seinem Hause die Klinke in die Hand gaben, wie sie ihn umschmeichelten, ihn außer Hauses untertänigst grüßten, ihm unter vier Augen die Argumente zum Ausschalten dieses und jenes senatorischen Opponenten in die Hände spielten, um selbst dessen Position einzunehmen.

Allmählich muß in ihm der Gedanke gereift sein: »Wenn ich denn schon die Dreckarbeit leiste, dann, bitte sehr, auch von eigener Machtvollkommenheit! Der Alte ist nicht nur unbeliebt, man haßt ihn! *Ich* bin der Garant der öffentlichen Ordnung – nicht er! Die Garde hört auf mein Kommando! Es wird zu gegebener Zeit ein leichtes sein, sie zum Losschlagen gegen den überall verhaßten Nesiarchen zu veranlassen …«

Aber da waren immer noch die Konkurrenten um die Nachfolge: Nero und Drusus, die beiden älteren Söhne der Agrippina! Tiberius hatte zwar immer noch keine Entscheidung getroffen; aber wenn er unerwartet starb, war klar, daß die Brüder auf der obersten Sprosse der Nachfolgeleiter standen. Agrippina hatte mächtige Freunde aus dem alten Kreis um Germanicus, die in den Kulissen auf ihren Auftritt warteten. Seians Entschluß, die Brüder zusammen mit ihrer Mutter auszuschalten, stand fest. Man mußte nur listig genug vorgehen.

Wichtig war, die tiefsitzende Abneigung von Tiberius gegen die agrippinensische Sippschaft zu schüren. Daß er bei allen dazu not-

wendigen Winkelzügen die Zügel in der Hand behielt, war gewährleistet: Er kontrollierte den Kurierdienst zwischen Capri und Rom. Der Kaiser erfuhr nur das, was Seianus für opportun hielt.
So entschloß er sich, gegen Agrippina und ihren ältesten Sohn Nero Caesar vorzugehen. Geschickt legte er – nach Tacitus[294] – seine Fußangeln aus:
»Bei den Angriffen gegen das Haus des Germanicus spielte er immer nur den unparteiischen Richter und ließ andere als Ankläger auftreten und vor allem gegen Nero, den nächsten Anwärter auf den Thron, vorgehen. Nero war noch ein bescheidener Jüngling, der aber oft vergaß, was in jedem Augenblick das Klügste sei. Seine Freigelassenen und Klienten, die recht bald zu Macht und Ansehen kommen wollten, bedrängten ihn, er solle zeigen, daß er Mut und Selbstvertrauen habe: Das erwarte das römische Volk von ihm, das sei der Wunsch der Heere, und auch Seianus werde nichts dagegen wagen, der jetzt ebenso mit der Geduld eines Greises wie mit der Schlaffheit eines Jünglings sein freches Spiel treibe.«
War diese Argumentation auch impertinent, so verrät die Stelle deutlich, wie Seianus sein eigenes Machtspiel in der öffentlichen Meinung beurteilt sieht: ein »freches Spiel«!
»Dergleichen hörte Nero an, ohne viel Arges dabei zu denken. Doch entfuhren ihm hie und da beleidigende und unbedachte Äußerungen, die von den ihm beigegebenen Aufpassern aufgefangen und übertrieben hinterbracht wurden, ohne daß er sich rechtfertigen konnte.
Überdies ergaben sich für ihn weitere Anlässe zur Gereiztheit. Einige suchten jede Begegnung mit ihm zu vermeiden, andere wandten sich gleich nach der Begegnung von ihm ab, und viele beendeten ein Gespräch, das er mit ihnen anfing, abrupt. Wenn aber Anhänger des Seianus dabei waren, blieben sie stehen und lachten ihn aus … Mochte der Jüngling reden oder schweigen, beides wurde ihm zum Vorwurf gemacht.
Nicht einmal nachts war er sicher. Seine Gattin (Julia, die Tochter des Drusus und der Livilla) vertraute ihrer Mutter Livilla an, ob er wachte, ob er schlief, ob er seufzte. Und Livilla erzählte es wieder dem Seianus.

Seianus zog sogar Neros Bruder Drusus auf seine Seite und machte ihm Hoffnung auf den Kaiserthron, falls er helfe, seinen älteren und in seiner Stellung erschütterten Bruder zu beseitigen. Drusus war eine gewalttätige Natur. Außer seiner Herrschsucht und der zwischen Brüdern üblichen Abneigung stachelte ihn der Neid an, weil die Mutter Agrippina mehr an Nero hing. Doch ging die Vorliebe des Seianus für Drusus nicht so weit, daß er dessen künftigen Untergang nicht auch schon in seine Pläne einbezogen hätte. Er kannte dessen ungestüme Leidenschaft und wußte, daß er sich noch leichter Blößen geben werde.«

Gegen die Glaubwürdigkeit dieser Stelle sind Einwände vorgebracht worden, besonders gegen die Behauptung, daß Neros Gattin Julia selbst die Äußerungen, die Nero im Schlaf von sich gab, belauscht und ihrer Mutter Livilla weitererzählt habe.[295] Das ist nicht einzusehen: Haben wir doch gerade hier einen weiteren Beleg dafür, daß Livilla nach wie vor als Partnerin, wenn nicht als treibende Kraft hinter Seianus steht und ihre Wühlarbeit betreibt, besessen von der Idee, an seiner Seite Kaiserin zu werden. Ihr Wille zur Macht ist gewiß nicht geringer als der Agrippinas, doch setzt sie ihre Mittel noch skrupelloser ein. Weiß sie doch: Seianus, wenn er es denn schaffen sollte, wird auf ihre Legitimation angewiesen sein. Sie ist die Enkelin der Octavia!

Gewiß wurde das Gemurmel, was nächtens aus dem Munde Neros kam, übertrieben und aufgebauscht an Tiberius weitergeleitet. Aber es tat seine Wirkung: Jetzt, wo Tiberius fern auf Capri residierte und die Ereignisse nicht mehr selbst verfolgen konnte, »begannen sich unter dem Einfluß der von Sejan lancierten alarmierenden Nachrichten für ihn die Dimensionen allmählich zu verzerren«.[296]

Inzwischen ging Seianus gegen Agrippina und Nero ganz offen vor.

Tacitus: »Die Soldaten (Prätorianer!), die bei ihnen den Wachdienst hatten, mußten über alle Meldungen und Besucher, über alles, was offen oder im geheimen vorging, geradezu Buch führen.«[297] Wir nehmen betroffen zur Kenntnis, daß die kaiserliche Garde längst die Aufgaben einer geheimen Staatspolizei übernommen hat. Ähnliches wird sich auch in und vor anderen Häusern abgespielt haben.

Fieberhaft arbeitete Seianus nun daran, Tiberius einen letzten Beweis dafür vorlegen zu können, daß Agrippina auf die Vernichtung des Princeps hinarbeite. Um dies zu erreichen, bediente er sich der schäbigsten Mittel. In einer verdeckten Lauschaktion – die Kollaborateure horchten durch die Ritzen des Fußbodens in einem darüberliegenden Zimmer – wurde der römische Ritter Titius Sabinus, ein Freund Agrippinas und des Germanicus, durch einen Spitzel Seians, der sich als mitfühlender Freund ausgab, zu unvorsichtigen Äußerungen verleitet: Beschuldigungen gegen Seianus, seine Grausamkeit, seinen Hochmut, seine Hoffnungen, und natürlich Schmähungen gegen Tiberius.

Unverzüglich wurde das Ergebnis mit der entsprechenden Aufbauschung nach Capri gemeldet. Fazit: Agrippina trachte dem Princeps nach dem Leben.

Die Antwort des Kaisers kam am 1. Januar 28. Nach den feierlichen Glückwünschen für den Senat kam er zur Sache: Er erhob die Anklage, Sabinus habe seine Ermordung geplant, und verlangte »mit deutlichen Worten« eine Bestrafung. Der Senat, dem die Standesgerichtsbarkeit zustand, verurteilte Sabinus zum Tode. Seine letzten Worte waren: »So weiht man das Jahr ein! Seianus ist es, dem man hier ein Opfertier schlachtet!«

In einem Brief dankte Tiberius »für die Bestrafung des Staatsfeindes« und fügte hinzu, sein Leben sei in Gefahr, er habe hinterlistige Anschläge seiner Feinde zu fürchten. Tacitus ergänzt: »Ein Name wurde nicht genannt, doch zweifelte niemand, daß er auf Nero und Agrippina zielte.«[298]

Wie so oft, bleibt hier vieles im Dunkel. Hennig resümiert: »Ob Nero und Agrippina mit Hilfe des Sabinus wirklich die Ermordung des Tiberius geplant hatten – das wäre dann ein Akt der letzten und ausweglosen Verzweiflung gewesen – oder ob die ganze Angelegenheit zu Lasten Sejans ging, ist nicht zu entscheiden. Beides muß man zunächst für möglich halten.« Und: »Die Möglichkeit, daß Sabinus bei dem belauschten Gespräch nur eine Morddrohung gegen den Prinzeps geäußert hatte, ohne daß dafür bereits kon-

krete Vorbereitungen getroffen waren, ist nicht sehr wahrscheinlich, denn dann wäre die Hinrichtung seiner Sklaven nicht erklär-
lich. Wenn hingegen Sejan die ganze Sache inszeniert hatte, wird er
auch dafür Sorge getragen haben, daß die nötigen Beweise vorhanden waren, um Tiberius zu überzeugen. Schwerlich wäre dieser
von bloßen Drohungen und Beleidigungen gegen seine Person sowie von Sympathieerklärungen für Agrippina und Nero so beeindruckt gewesen, daß er die sofortige Hinrichtung des Delinquen-
ten verlangt hätte.«[299]

Tacitus beschreibt die Stimmung in der Stadt:»Niemals ist die Bürgerschaft in solcher Angst und Aufregung gewesen. Man wurde gegen die nächsten Freunde verschlossen. Man mied Zusammenkünfte und Unterredungen und hütete sich vor bekannten und
unbekannten Lauschern. Sogar gegen stumme und tote Gegenstände wurde man mißtrauisch und sah prüfend nach der Decke
und der Zimmerwand.«

»Die Luft war schwül«, kommentiert Ernst Kornemann die Atmosphäre. Und:»Die Tatsache, daß Seian immer mehr in den Vordergrund der Staatsleitung trat, verängstigte stark die führenden
Kreise und das Volk von Rom.«

Das sind, wie auch bei allen anderen neuzeitlichen Kommentato-
ren, Äußerungen, die sich ins Allgemeine retten. Kornemann gibt
das offen zu:»Es ist schwer, von diesen Jahren der Gewaltherrschaft des allmächtig gewordenen Gardepräfekten eine annähern-
de Vorstellung zu gewinnen.«[300]

Alles das, was uns brennend interessiert, erfahren wir nicht: Wo
wohnte Seianus? Wie sah sein Haushalt aus? Wie ging er mit seinen Sklaven um? Wie gestaltete er seine Freizeit? Wie sah er selbst
aus? Welche Gespräche wurden an seiner Tafel geführt? Wie ging
er mit seinen Kindern um? War er nach Dienstschluß eine Art
Heydrich, der sich an musischen Dingen ergötzte? Oder war er
rund um die Uhr im Dienst?

Auf diese Fragen wird es nie eine Antwort geben. Hier ist uns der
Blick in Private versperrt. Und alle noch so intelligenten Versuche,
über die Mauer zu blicken, bleiben Fiktion. Halten wir uns an die
überlieferten Fakten, die den Mann in Aktion zeigen.

Im folgenden Jahr (29) starb dann auch endlich Livia im 87. Lebensjahr. Tiberius kam auch diesmal nicht nach Rom, um an den Bestattungsfeierlichkeiten teilzunehmen. Die unmittelbar danach vom Senat beschlossene Vergottung konnte gegen den Willen des Sohnes nicht durchgesetzt werden. Begründung: Seine Mutter habe die Apotheose selbst abgelehnt. Diese wurde erst 13 Jahre später von ihrem Enkel Claudius (am 17. Januar 42) nachgeholt, sicher nicht aus besonderer Zuneigung zur Großmutter, die ihn wenig freundlich behandelt, ja abgelehnt hatte, sondern um seine eigene Reputation zu erhöhen.

Mit Livia war die letzte Kraft ausgeschieden, vor der Seianus noch Respekt gezeigt hatte: »Übrigens begann erst jetzt die Zeit der harten, drückenden Tyrannei«, sagt Tacitus. »Solange die Augusta lebte, gab es immer noch einen Zufluchtsort; denn Tiberius hatte seiner Mutter gegenüber die altgewohnte Fügsamkeit behalten, und auch Seian wagte nicht, seinen Einfluß gegen den ihrigen geltend zu machen. Jetzt aber brachen sie los wie Pferde, die der Zügel ledig geworden sind.«[301]

Es traf ein Brief in Rom ein, in dem Agrippina und Nero »mit Ausdrücken gesuchter Schroffheit« angegriffen wurden. Nero wurden nun zwar nicht hochverräterische Ambitionen und bewaffnete Revolution vorgeworfen, sondern »sträflicher Umgang mit jungen Männern und Unzucht«. Und betreffs Agrippinas beschwerte Tiberius sich nur »über ihre anmaßenden Reden, die sie führe, und ihren unbändigen Trotz«.[302]

Wir dürfen davon ausgehen, daß Seianus hinter dem Schreiben stand.

Der aufs höchste eingeschüchterte Senat legte mehr in den Brief hinein, als tatsächlich darin stand. Man rätselte, was der Alte denn nun eigentlich mit dem diffusen Schreiben im Sinn haben konnte; enthielt der Brief doch keine konkreten Anweisungen, wie mit den beiden Beschuldigten zu verfahren sei. Auf Vorschlag des Protokollführers Junius Rusticus einigte man sich schließlich, die Sache nicht auf die Tagesordnung zu setzen.

Die Sache wurde in der Stadt ruchbar, und »das Volk« – so Tacitus

– »lief mit den Bildern der Agrippina und des Nero auf den Armen herbei, umstellte die Kurie und schrie unter Heilrufen auf den Kaiser, der Brief sei gefälscht. Gegen den Willen des Princeps versuche man, sein Haus zu vernichten. Aussprüche des Seianus wurden in Umlauf gesetzt.«[303]

Dem Gardepräfekten wurde das sichtlich unangenehm, und er schlug zornig um sich: »Der Senat kümmert sich nicht um den Willen des Kaisers! Das Volk wird abtrünnig gemacht! Hochverräterische Volksreden werden gehalten! Hochverräterische Senatsbeschlüsse laufen um! Es fehlt nicht viel, und sie greifen zum Schwert und erwählen sich die als Anführer und Feldherren, deren Bildern sie jetzt schon wie einer Fahne nachlaufen!«

Prompt erschien ein weiteres Schreiben aus Capri, in dem Tiberius seine Anschuldigungen gegen Agrippina und Nero wiederholte. »Er erteilte dem Volk in einem Edikt einen Verweis und beschwerte sich beim Senat, daß die Untreue eines einzigen Senators seine kaiserliche Majestät öffentlich zum Gespött gemacht habe. Dann zog er die Entscheidung an sich. So kam es zu weiteren Beratungen ...«

An dieser Stelle bricht das 5. Buch von Tacitus ab. Von Cassius Dio und Sueton wissen wir, daß Agrippina und Nero verbannt wurden, die Mutter auf die Insel Pandateria, der Sohn auf das nahegelegene Pontia. Er starb – vermutlich im folgenden Jahr 31 – unter ungeklärten Umständen.

Kurz darauf wurde Seianus zusammen mit Tiberius zum Konsul für 31 gewählt. Und als er sich auf dem Gipfel wähnte, wurde er gestürzt. Wir haben sein Ende schon geschildert.

Exkurs:
Noch einmal Antonia ...

Seians Sturz und Vernichtung hängen mit einer geänderten Einstellung des Tiberius gegenüber seinem Gardepräfekten zusammen. Die offizielle Version für den Gesinnungswandel des Princeps wird von allen Forschern akzeptiert: Seianus hat hochverräterische Pläne gehegt, die auf den Sturz und die Ermordung des Tiberius hinausliefen.[304] *Damit hören die Gemeinsamkeiten der Interpreten allerdings auch schon auf.*

Dieter Hennigs Fazit lautet: Es sind Seians eigene Parteigänger gewesen, an der Spitze Macro, die auf Seians Sturz hingearbeitet haben.[305] *Andererseits bekennt er: »Was Tiberius endgültig bewogen hat, Sejan fallenzulassen, ist nicht leicht zu ermitteln.«*[306]

Wenn wir nun zum Schluß unserer Schilderung noch einmal auf unsere Vermutung zurückkommen, es sei Antonia gewesen, die dem Princeps das entscheidende belastende Material über Seianus zugespielt habe, dann nicht, um die Verwirrung zu vergrößern, sondern weil wir meinen, daß diese Sicht des Geschehens bisher nie ernsthaft in Erwägung gezogen worden ist.

Eine wichtige Frage lautet: Woher soll denn ausgerechnet Macro – ein Mann ohne das pragmatisch zupackende und militärisch schneidige Format Seians – die detaillierten Insider-Informationen bekommen haben, um damit den mittlerweile 73 Jahre alten, verknöcherten, äußerst kritischen, vorsichtigen und verschlossenen Tiberius davon überzeugen zu können, daß sein vermeintlich bester Freund ein Attentat gegen ihn plane?

Ein anderer Punkt: Die Informationen über einen Anschlag Seians müssen absolut hieb- und stichfest gewesen sein! Die Macht hatte Seianus ohnehin, die Informationen müssen die Person des Tiberius selbst tangiert haben! Aus der Schnelligkeit, mit der sich der sonst so zögernde Tiberius zu einem blitzartigen Gegenschlag aufrafft, ist zu schließen, daß das Attentat unmittelbar bevorgestanden hat. Es ging um Tage, vielleicht um Stunden!

Wir wissen aus allen antiken Quellen, daß der alte Tiberius niemandem in seiner engsten Umgebung so vertraut hat wie Seianus. Man näherte sich dem Herrscher immer mit bösen Ahnungen und zitternd. Ausnahmen werden stets besonders hervorgehoben. Wer sollte also unter den gegebenen Umständen den Mut aufgebracht haben, mit so schwerwiegenden Verdächtigungen gegen die Integrität Seians vor den Kaiser hinzutreten? Der Mann war jahrzehntelang die Hauptstütze der kaiserlichen Macht gewesen! Es waren schon Köpfe aufgrund geringfügigerer Anschuldigungen gerollt.

Es gibt eine Gegenposition: Sie weist auf die Möglichkeit hin, daß Tiberius den Seianus als Regenten für seinen Enkel Gemellus ins Auge gefaßt haben könnte, was zur Folge gehabt hätte, daß ein Anschlag Seians unter diesem Aspekt widersinnig gewesen wäre, da ihm nach dem Tod des Princeps die Macht ohnehin in den Schoß gefallen wäre. Außerdem habe der Kaiser schließlich dem Drängen Seians nach einer näheren verwandtschaftlichen Beziehung mit dem Kaiserhaus nachgegeben, indem er ihm die Ehe mit Livilla dann doch gestattet habe. Ferner habe er auch den Caligula in Ruhe gelassen und ihn sogar zu sich an den Hof von Capri geholt.

Dazu wagen wir die Behauptung: Tiberius, der bis zu seinem 56. Lebensjahr als Figur im Machtspiel von Augustus und Livia beliebig hin und her geschoben wurde, der sich schließlich mit seiner Flucht nach Rhodos den Demütigungen entzogen hatte, der einen labilen Versager und Alkoholiker als Sohn hatte, der den haßerfüllten Angriffen Agrippinas ausgesetzt war – diesen alten, desillusionierten Mann interessierte es am Ende nicht mehr, wer sein Nachfolger werden könnte, wollte oder sollte. Darum hat er nie eine klare Entscheidung getroffen. Jemand, der es auf sich nahm, ihn davon zu überzeugen, daß ausgerechnet der fähige, treue Seianus, der ihm noch unlängst das Leben gerettet hatte, einen tödlichen Anschlag gegen ihn im Schilde führe, mußte nicht nur gute Argumente haben, sondern das unbedingte Vertrauen des Alten besitzen. Noch wichtiger: Es konnte nur jemand sein, der sich durch die vertrauliche Weitergabe der Informationen keinen persönlichen Vorteil zu verschaffen beabsichtigte.

Es gab im gesamten Umfeld nur einen Menschen, auf den diese Voraussetzungen zutrafen: Antonia.

Wir wissen, daß ihre Tochter Livilla, seit sie Witwe war, wieder in ihrem Hause wohnte. Wir wissen auch, daß Antonia zu ihren Sklaven und Freigelassenen, besonders zu Pallas, ein vertrauenvolles Verhältnis hatte. Selbst wenn Livilla einen eigenen Haushalt geführt hat, wird ein Teil der Dienerschaft von Antonia dorthin abgeordnet worden sein. So konnte nicht verborgen bleiben, daß Livilla ihr Liebesverhältnis zu Seianus aufrechterhielt. Besonders der die Entwicklung aufmerksam beobachtende Pallas wird, in Erkenntnis dessen, was da auf die Familie zukam, als Chef des Personals seine klaren Orders gegeben haben, auf alle Vorgänge, auch die kleinsten, zu achten. Es ist denkbar, daß er, immer im Einvernehmen mit seiner Herrin Antonia, Livilla drinnen und draußen geradezu beschatten ließ.

Das zog sich über Jahre hin, und nach und nach kann sehr wohl einiges an den Tag gekommen sein, was erkennen ließ, wohin das Paar Livilla/Seianus zielte. Daraufhin wurden die Spitzel zu noch größerer Aufmerksamkeit und Vorsicht angehalten.

Schon das außereheliche Verhältnis Livillas mit Seianus war für die in altrömischen Normen von Familien- und Frauenehre lebende Antonia sittenwidrig und ein Affront allererster Ordnung. Die Quellen schweigen darüber, aber wir dürfen davon ausgehen, daß es zwischen Mutter und Tochter des öfteren zu erheblichen Auseinandersetzungen gekommen ist. Mit Livilla und Antonia prallten nicht nur zwei grundverschiedene Charaktere und Temperamente, sondern zwei absolut konträre Weltanschauungen aufeinander. Antonias Denken war tief geprägt vom Schicksal ihrer eigenen Mutter. Für sie war Octavia das Opfer dieser exotischen Frau aus dem Orient, die ihre sexuellen Leidenschaften auslebte und sie mit dem Willen zur Macht zu verbinden wußte: Cleopatra. Das, was wir heute Emanzipation nennen, wäre Antonia nicht nur fremd und unverständlich gewesen, sie hätte es ein Sakrileg gegen die gesellschaftlichen und familiären Ordnungsprinzipien genannt, die Rom groß gemacht hatten. Sie kannte ihre Tochter gut: Livilla war jetzt (31 n. Chr.) 44 Jahre alt. Nach Tacitus war sie erst als Frau zu großer Schönheit erblüht; nun wollte sie vor dem beginnenden Altern den Platz einnehmen, von dem sie annahm, daß er ihr mehr zustand, als er Agrippina je zugestanden hätte. Sie drängte Seianus zu handeln. Militärisches Vorgehen kam nicht in Frage, es konnte nur ein Schlag aus dem Verborgenen geführt werden: mit Gift.

Trotz der Szene in der Höhle von Sperlonga wird sich Tiberius einen Rest von Mißtrauen – sei es nun natürlich oder pathologisch – bewahrt haben. In seinen einsamen Stunden wird ihm bisweilen durch den Kopf gegangen sein: Seianus hat nicht nur mir genutzt, er hat sich selbst zumindest nicht geschadet! – Ähnliche Gedanken wird Pallas, freilich deutlicher und schärfer, geäußert haben, wenn er mit seiner Herrin unter vier Augen über die dem Kaiser drohende Gefahr gesprochen hat.

Antonia wurde hin- und hergerissen. Wenn sie dem kaiserlichen Schwager die drohende Gefahr offenlegte, versetzte sie ihm einen beinahe tödlichen Schlag, denn sie nahm ihm seinen besten Freund und stürzte ihn in einen Abgrund von qualvollen Depressionen und schaurigen Rachegelüsten, die sich, wie sie ihn kannte, wahrscheinlich mit furchtbaren Rundumschlägen gegen Schuldige wie Unschuldige Luft machen würden.

Zugleich war ihr klar, daß sie ihre eigene, einzige Tochter dem Herrscher und seinem Richterspruch auslieferte.

Aber gegen diese Skrupel und Ängste standen gewichtige Argumente: Wenn sie Tiberius nicht warnte, war er in Kürze tot. Es konnte zu einer Staatskrise kommen. Sie sah schon die düsteren Wolken eines neuerlichen Bürgerkriegs am Horizont. Für sie vielleicht schlimmer noch: Livilla, die Enkelin Marc Antons, die Nichte des amtierenden Herrschers, die Schwester des vergötterten Germanicus – ihre eigene Tochter war im Begriff, ein Verbrechen gegen die eigene Familie zu begehen! Es würde durch die Zeiten überliefert werden! Ein Gedanke, der sie erschauern ließ. Also setzte sie zusammen mit Pallas den Text des Schreibens auf …

Es könnte sogar Pallas gewesen sein, der Tiberius das Prozedere des kaiserlichen Gegenschlags gegen Seianus eingegeben hat. – Dessen Ablauf kennen wir ja schon. – Dieser Gedanke ist nicht zu weit hergeholt, weil Pallas später, als er zusammen mit Callistus und Narcissus die Staatsgeschäfte unter Claudius leitet, in einer ähnlichen Situation souverän zugunsten des Herrschers und seiner Familienehre tätig wird.

Das, was Tacitus dazu ausführt, geschieht 17 Jahre später. Das Geschehen wie das Verhalten der Beteiligten ist von einer geradezu frappierenden Ähnlichkeit. Auch hier geht es um die fatalen Folgen eines Liebesverhältnisses für den Kaiser: Seine Gattin Messalina hat eine leidenschaftliche Liaison mit dem Senator C. Silius, der sich ihretwegen von seiner Frau Junia Silena trennte. Im Jahre 48 kommt es zu einer im geheimen vollzogenen Eheschließung zwischen Silius und Messalina.

Wenn wir in dem taciteischen Text die Namen der Beteiligten austauschen, stellt sich eine erstaunliche Parallele zum Fall Seianus – Livilla – Tiberius her:

»Da drängte Silius darauf, den Heimlichkeiten ein Ende zu machen. Entweder hatte ihm das Schicksal den Verstand geraubt, oder er dachte, gegen mögliche Gefahren helfe am besten wirkliche Gefahr. Es stehe ja nicht so, daß sie auf Claudius' Alter und Tod warten könnten. Ein Unschuldiger dürfe mit bedächtiger Klugheit zu Werke gehen, aber für ein offenbares Verbrechen müsse man die Verwegenheit zu Hilfe rufen. Sie dürften auf die Mitschuldigen rechnen, die Gleiches zu fürchten hätten wie sie. Er sei ehelos und kinderlos und erkläre sich bereit, Messalina zu heiraten und Britannicus (den Sohn des Claudius) zu adoptieren. Messalina werde ihren vollen Einfluß behalten und überdies außer Gefahr sein, wenn man Claudius zuvorkomme …«

Es kommt, während Claudius nach Ostia reist, zur Hochzeit.

Nun werden die drei »Staatssekretäre«, die Freigelassenen Callistus, Narcissus und Pallas, aktiv: »Callistus, von dem ich schon bei der Ermordung Caligulas erzählt habe, Narcissus und Pallas, damals der bevorzugteste Günstling, erwogen also zunächst, ob sie versuchen sollten, Messalina durch geheime Drohungen von Silius zu trennen und im übrigen die ganze Sache totzuschweigen.«

Callistus war als a libellis zuständig für die Erledigung der Bittschriften, Narcissus ab epistulis, Sekretär für die Abfassung kaiserlicher Erlasse, und Pallas a rationibus, Chef der kaiserlichen Finanzverwaltung.

»Dann aber fürchteten Pallas und Callistus, dadurch mit ins Verderben gerissen zu werden. Pallas war ängstlich, und Callistus, der schon unter dem vorhergehenden Herrscher (Caligula) seine Erfahrungen gesammelt hatte, wußte, daß man seine Stellung besser durch

vorsichtiges als durch energisches Handeln wahrt. Narcissus dage-gen beharrte darauf, gegen Messalina vorgehen zu wollen; nur än-derte er den Plan dahin, daß er sie nicht durch eine Unterredung von der Anklage und deren Urheber vorher unterrichten wollte.

Er wartete auf eine günstige Gelegenheit, und als der Kaiser länger in Ostia weilte, überredete er zwei Mätressen des Kaisers, denen die-ser besonders zugetan war, durch Geschenke, Versprechungen und den Hinweis auf die Erhöhung ihres Einflusses durch den Sturz der Kaiserin, Anzeige zu erstatten.«

Die beiden Frauen legen – in einer dramatischen Szene – dem Kai-ser das Vorgefallene offen. Narcissus, herbeizitiert, entschuldigt sich, den Kaisers nicht früher in Kenntnis gesetzt zu haben. Ein eilig zu-sammengerufener Staatsrat, dem auch der Gardepräfekt Geta an-gehört, fordert Claudius auf, sich ins Lager der Prätorianer zu bege-ben. Nur dort sei er sicher.

»Trotz alledem war man in der Umgebung des Kaisers voller Be-sorgnis. Man traute dem Gardepräfekten Geta nicht recht; denn er war ein Mann, der sich zum Bösen ebenso leicht entschloß wie zum Guten. Narcissus einigte sich daher mit den andern und versicherte dem Kaiser, sein Leben hänge davon ab, daß er den Befehl über die Truppen für den einen Tag einem seiner Freigelassenen übertrage. Er selbst erklärte sich zur Übernahme bereit (…). Der Kaiser war wütend und stieß Drohungen aus. Und nun führte Narcissus ihn ins Lager, wo die Soldaten schon zur Versammlung bereitstanden.«

Nach einer kurzen Ansprache des Kaisers »verlangten die Solda-ten die Namen der Angeklagten und forderten ihre Bestrafung.«[307] Silius und Messalina werden hingerichtet.

Die Duplizität der Vorgänge zeigt sich bis zum Ende: Den Leich-nam Messalinas überließ man der Mutter.[308]

Aber der Kaiser muß eine Frau haben! Bei der anschließenden Gat-tenwahl ist es wieder Pallas, der sich mit seinen Vorstellungen durch-setzt:

»Pallas dagegen führte zugunsten der (jüngeren) Agrippina gerade das an, daß sie einen Enkel des Germanicus mit in die Ehe bringe (den späteren Kaiser Nero). Es entspreche der Würde des Kaiser-

throns, daß dieser edle Jüngling mit den anderen Nachkommen des julischen und des claudischen Hauses vereinigt werde. Und man dürfe nicht zugeben, daß diese Frau, deren Fruchtbarkeit erwiesen und die noch in so jugendlichem Alter sei,« – sie war jetzt 33 – »die Hoheit des Caesarengeschlechts an eine andere Familie wegschenke. Die letzten Gründe gaben den Ausschlag, und Agrippina trug das Ihrige dazu bei …«[309]

»Pallas war ängstlich …« Kein Wunder, denn er erinnerte sich an seinen Gang zu Tiberius nach Capri! (Auch Callistus hat seine Erfahrungen mit den Launen eines unberechenbaren Herrschers hinter sich.)

Pallas gab den Ausschlag für die neue Ehe des Claudius mit Agrippina. Seine Argumentation – die »Hoheit des Caesarengeschlechts« dürfe man nicht »wegschenken«! – beweist, daß sein Denken immer noch in den Bahnen verläuft, die Antonia seit seiner Kindheit in ihm angelegt hat: Die Reputation der Familie – man könnte auch sagen: der Germanicus-Mythos – hat Vorrang! Er fühlt sich als später Vollstrecker der Vorstellungen seiner von ihm ebenso geachteten wie geliebten Herrin.

Daß er mit der Wahl Agrippinas, der Mutter des »edlen Jünglings« Nero, den Untergang des julisch-claudischen Hauses einleitete, konnte er zu diesem Zeitpunkt noch nicht wissen.

Die Krise des Reichs –
Die Emanzipation der Prätorianer

Nero und das Ende des Germanicus-Mythos

Aus der Regierungszeit Neros sind drei Ereignisse überliefert, die in chronologischer Reihung ein bezeichnendes Licht auf die weitere Entwicklung der kaiserlichen Garde werfen.

An der Thronbesteigung des 17jährigen hatte der *praefectus praetorio* Afranius Burrus erheblichen Anteil. Schon unter Claudius (51) durch Agrippinas Protektion in dieses Amt berufen, verhalf er Nero zum Principat und erhielt zum Dank die Konsular-Insignien. Neros Inthronisation vollzog sich ganz nach dem Muster, das der »Vater« und Vorgänger Claudius im Januar 41 etabliert hatte: Auch dieser Erhebung war ein Mord vorausgegangen, also lief sie mit der gleichen Hektik ab:

»Währenddessen wurde der Senat berufen. Konsuln und Priester taten Gelübde für das Leben des Princeps, der schon tot, mit Tüchern und Binden bedeckt, dalag, während Agrippina Maßnahmen ergriff, um Nero den Thron zu sichern … Sie hatte alle Palasteingänge durch Wachen sperren lassen und machte mehrmals bekannt, es gehe mit der Gesundheit des Princeps besser. Sie wollte, daß die Soldaten guter Stimmung blieben. (…) Endlich, am 13. Oktober (54) mittags, wurden plötzlich die Tore des Kaiserpalastes geöffnet; Nero, von Burrus begleitet, trat heraus und vor die Kohorte, die die Wache hatte.

Nach einer Ansprache des Präfekten jubelten ihm die Soldaten zu und hoben ihn in eine Sänfte. Einige sollen gezaudert, nach Britannicus (dem Sohn des Claudius) gefragt und ausgeschaut haben. Aber da diese Widerstrebenden keinen Vertreter ihrer Bedenken fanden, taten sie mit, was ihnen die andern vormachten. Nero wurde ins Lager (der Prätorianer) getragen, hielt eine Rede, wie sie dem Augenblick angemessen war, versprach, dem Beispiel seines Adoptivvaters folgend, eine Schenkung und wurde zum Imperator ausgerufen.«

Dann folgt der entscheidende Nachsatz: »Der Willensäußerung der Soldaten schloß sich der Senat an, und auch in den Provinzen machte man keine Schwierigkeiten.«[310]

Wir erfahren hier, daß der von Claudius geschaffene Präzedenzfall – die Kaiserwürde wird von den Prätorianern vergeben! – widerspruchslos ein zweites Mal hingenommen wird: vom Senat ebenso wie von den Kommandeuren der Provinzarmeen. Das Geldgeschenk dürfte sich in der gleichen Größenordnung bewegt haben.

In den folgenden Jahren gelingt es Burrus und Seneca, ihren mäßigenden Einfluß auf den labilen »edlen Jüngling« aufrechtzuerhalten: »Beide waren Ratgeber und Lehrer des jungen Kaisers und waren außerdem – eine Seltenheit bei Leuten, die eine Machtstellung miteinander teilen – befreundet. Sie verdankten ihren Einfluß verschiedenen Gründen, Burrus seiner militärischen Tätigkeit und seinem strengen Leben, Seneca seinem Unterricht der Redekunst und seinem würdigen, freundlichen Wesen. Sie unterstützten einander und suchten den Princeps in dem gefährlichen Alter, in dem er stand, wenigstens bei harmlosen Genüssen festzuhalten, wenn er zu edlen Betätigungen keine Lust hatte. Beide richteten sich gegen einen gemeinsamen Feind, gegen die rasende Agrippina, die ganz von zügellosen Herrschgelüsten erfüllt war und den Pallas auf ihrer Seite hatte. (…) Aber Nero wollte sich keinem Sklaven unterordnen, und Pallas hatte sich durch sein düsteres, anmaßendes Wesen, durch Überschreiten der Schranken, die einem Freigelassenen gezogen sind, schon bei ihm lästig gemacht.«[311]

Pallas wußte wohl auch zuviel – er war das wandelnde Gewissen des julisch-claudischen Hauses, denn er hatte unter drei Kaisern gedient! Er wurde dann auch später entlassen und schließlich von

267

Die Büste stellt Nero als entschlossenen, männlichen Herrscher dar.

Nero vergiftet, »weil er zu alt wurde und ihm sein unermeßliches Vermögen zu lange vorenthielt«.[312] Sein Vermögen soll sich auf 400 Millionen Sesterzen beziffert haben.[313]

Die Ermordung seiner Mutter bildet die Zäsur in Neros Regierungszeit. Auch für Tacitus war Agrippinas Stellung herausragend: »… diese Frau, die als Tochter eines Imperators, als Schwester, Gattin und als Mutter von Kaisern bis auf den heutigen Tag einzig dasteht.«[314]

Wir können hier nicht auf die Details der zunehmend bedrohlichen Entfremdung zwischen Mutter und Sohn eingehen, da deren kritische Darstellung und Interpretation ein eigenes Buch erfordern würde. Lassen wir es mit einem nüchternen Wort von Tacitus bewenden: »Nichts auf Erden ist so unbeständig und vergänglich wie das Ansehen eines Menschen, das sich nicht auf seine eigene Stärke gründet.«[315]

Die Geschichte des fehlgeschlagenen ersten Mordversuchs ist bekannt: Das präparierte Schiff, auf dem sich Agrippina vor Misenum befand, sollte auf See auseinanderbrechen, und die Kaiserin würde ertrinken. Anschließend würde der Hof die offizielle Erklärung herausgeben, sie sei Opfer eines Unfalls geworden. Doch der totale Zerfall des Schiffes erfolgte nicht. Es gab Tote und Verletzte. Agrippina erreichte schwimmend das Ufer und begab sich in eine in der Nähe gelegene Villa.

Als Nero davon erfuhr, »war er außer sich vor Angst und rief: ›Sie kommt, sie kommt! Sie eilt zur Rache! Sie bewaffnet ihre Sklaven oder hetzt die Soldaten auf! Sie wendet sich an Senat und Volk und erhebt Klage wegen des Schiffbruchs, wegen ihrer Verwundung, wegen ihrer getöteten Freunde! Wer steht mir bei? Nur Burrus und Seneca können mir helfen!‹ – Er hatte sie nämlich sofort rufen lassen und aufgeklärt, während sie vorher, wie es scheint, nicht in den Plan eingeweiht worden waren.

Beide blieben lange stumm, weil sie keinen vergeblichen Versuch machen wollten, ihm abzuraten. Vielleicht glaubten sie auch, die Sache sei jetzt so weit gediehen, daß Neros Schicksal besiegelt sei, wenn er Agrippina nicht zuvorkomme.

Endlich ging Seneca wenigstens so weit, daß er mit einem Blick auf Burrus fragte, ob man nicht die Soldaten mit dem Mord beauftragen könne.

Jener erwiderte: *›Die Prätorianer haben ihren Eid auf das gesamte Kaiserhaus geleistet und erinnern sich so lebhaft des Germanicus, daß sie dessen Kind kein Leid antun werden!‹«*

Der Mord wurde dann von anderen ausgeführt.

Diese Stelle zeigt – und es ist das erste Mal während der Regentschaft eines Princeps! –, daß die Loyalität der Garde in dieser Ausnahmesituation an eine Grenze gestoßen ist: Was Burrus ebenso diplomatisch wie pathetisch umschreibt, ist faktisch eine Befehlsverweigerung!

Zum letztenmal taucht hier im Zusammenhang mit der Garde der Name des Germanicus auf. Bis zu diesem Tage im März 59 war ihr Einsatz im Dienste des Kaisers unbestritten. Nero aber hat die Nabelschnur zwischen sich und der Elitetruppe zerschnitten mit dem unglaublichen Ansinnen, die Tochter des Germanicus und Urenkelin des Augustus durch eben diese Männer umbringen zu lassen. Für die Garde ist es weniger der Muttermord – sozusagen das private Verbrechen Neros – als die Zerstörung der staattragenden Ideologie durch den Herrscher, was die Prätorianer vor den Kopf stößt. Sie haben ihren Eid *auf das gesamte Kaiserhaus* geleistet!

Burrus scheidet 62 wegen Krankheit aus dem Amt. Nero besetzt die Kommandostellen der Garde wieder doppelt: »Die Bürgerschaft dachte an Burrus mit lebhafter Sehnsucht, denn er war ein wackerer Mann, und von seinen beiden Nachfolgern war der eine ein gutmütiger, aber energieloser und der andere ein grundverworfener Mensch. Der Kaiser hatte nämlich zwei Befehlshaber für die prätorischen Kohorten ernannt, Fannius Rufus aus Rücksicht auf seine Beliebtheit, die er beim Volk besaß – er führte sein Amt als Leiter des Brotversorgungsamtes (*cura annonae*) in uneigennützigster Weise –, und Ofonius Tigellinus, den er wegen seiner altbekannten Lasterhaftigkeit und Verrufenheit wählte. Ihre Stellung gestaltete sich ihrem Charakter entsprechend: Tigellinus galt beim Kaiser mehr und nahm an dessen geheimsten Ausschweifungen

teil, Rufus stand beim Volk und bei den Soldaten in Gunst; von Nero erlebte er das Gegenteil.«[316]
Fannius Rufus war von Anfang an in einer schwierigen Lage gegenüber seinem Kollegen, dem es leicht gelang, ihn aus der Gunst des Kaisers zu verdrängen. Nero fühlte sich zu dem absolut skrupellosen, genußsüchtigen Tigellinus hingezogen, der in allen Ausschweifungen sein Meister war. Vollends haltlos wurde Rufus' Stellung nach dem Rücktritt Senecas. Tigellinus versetzte den friedliebenden, pedantischen und ängstlichen Mann in größte Furcht, als er ihm eine Liaison mit Agrippina vorwarf. Diese Umstände veranlaßten Faenius Rufus, sich 65 der Pisonischen Verschwörung anzuschließen. Auf ihn zählten die Verschwörer als eine Hauptstütze des Unternehmens. Er sollte Piso nach der geplanten Ermordung Neros in die Prätorianer-Kaserne führen und ihn zum neuen Kaiser ausrufen. Doch die Verschwörung wurde entdeckt und Faenius Rufus, zusammen mit den übrigen, hingerichtet.
Die Tollheiten des Gespanns Nero/Tigellinus nahmen immer schamlosere Formen an. Der Kaiser war gerade von seiner großen Tour d'horizon aus Griechenland zurückgekehrt, die man salopp »Holiday on Hellas« nennen könnte. Sie hatte in der Tat etwas von einer heutigen Show. Die Feiern aller berühmten Feste waren zusammengelegt worden, damit der kaiserliche Sänger und Kitharaspieler überall die Siegeskränze seiner einzigartigen Darbietungen einheimsen konnte. Ein ganzes Jahr zog er mit dem Trödelkram seiner Kunst, gefolgt von den Leibwächtern, die statt ihrer Waffen seine Leiern, Theaterschuhe und Perücken trugen, durch Griechenland.
Das Maß war voll. In den westlichen Provinzen begann es zu gären. Julius Vindex, der Statthalter der Gallia Lugdunensis, entstammte einem königlichen Geschlecht Aquitaniens, das unter Caesar das römische Bürgerrecht erhalten hatte – daher das Gentilnomen Julius. Sein Vater saß im römischen Senat. In Erinnerung an den großen Vercingetorix rief er die Provinz zum Kampf gegen Rom auf. Er nahm Kontakt auf mit den Statthaltern der Nachbarprovinzen. Sein Plan: Schaffung eines autonomen Galliens, das innerhalb des Imperiums einen Sonderstatus bekäme nach dem Vorbild der östlichen Klientelfürstentümer. Er trat eine Lawine los.

271

Sulpicius Galba, Statthalter des nördlichen Spanien, schloß sich ihm an. Als Vindex aber mit seinen Aufständischen das Territorium von Obergermanien betrat, griff dessen Statthalter Verginius Rufus ein und warf Vindex unter fürchterlichen Verlusten zurück. Vindex beging Selbstmord.

Nach der siegreichen Schlacht rissen die Legionäre die Bildnisse des verachteten Nero von ihren Feldzeichen und riefen Verginius zum Kaiser aus. Doch Verginius ließ die Armee auf den römischen Senat schwören.

Inzwischen hatten die spanischen Truppen Galba zum Imperator ausgerufen. Unverzüglich rüstete er seine Legionen mit allen Kräften auf, da er nur mit militärischer Stärke der gegen ihn in Rom ausgesprochenen Acht begegnen konnte. Dennoch wäre er unzweifelhaft verloren gewesen – die obergermanischen Legionen unterstützten ihn nicht, und Nero brachte in Oberitalien eine Entsatzarmee auf die Beine –, wenn nicht in Rom selbst die Entscheidung zu seinen Gunsten gefallen wäre.

Wieder einmal schlug die Stunde der Garde!

Der Präfekt Fannius Rufus war in den Wirren der Pisonischen Verschwörung gescheitert, und sein Nachfolger Nymphidius Sabinus hatte daran erheblichen Anteil gehabt. Zum Dank ernannte Nero diesen 65 zum zweiten Kommandeur der Garde. Nun, drei Jahre später, sah Sabinus seine Stunde gekommen, und er machte sich mit kühler Überlegung und mehr Glück als sein Vorgänger an die Entmachtung Neros.

Sabinus gehört im weitesten Sinn in den Kreis der »leitenden Angestellten«, wie wir die Freigelassenen am Hof genannt haben: Männer, die aus dem gesellschaftlichen Nichts kamen und nur aufgrund ihrer Fähigkeiten Karriere machten, unbelastet von hemmenden Zwängen einer alten Familie. Seine Mutter Nymphidia war die Tochter des kaiserlichen Freigelassenen Callistus, der unter Caligula zum Kanzleichef avanciert war und unter Claudius als *a libellis* für die Bittschriften an den Kaiser zuständig war. Nymphidia, die vielleicht noch als Sklavin geboren wurde, hatte in dem großen Kreis der kaiserlichen Dienerschaft die Rolle einer Kurtisane gespielt und dabei auch die begehrlichen Blicke Caligulas auf

Rekonstruktionszeichnung des Nero-Standbildes: Die 35 m hohe Bronzestatue stellt Nero als Sonnengott Heilos dar. Von Hadrian an diese Stelle versetzt, gab der Koloß dem Flavischen Amphitheater den Namen »Colosseum«.

sich gelenkt. Da Sabinus durch seine lange Gestalt und einen sonderbaren Blick dem Kaiser sehr geähnelt haben soll, behauptete er selbst gerne, von Gaius Caesar erzeugt worden zu sein.[317] Die niedere Herkunft und seine uneheliche Geburt waren Sabinus für seine Karriere nicht hinderlich.

Daß ein solcher, in keiner Weise durch Herkunft legitimierter Mann in die ritterliche Laufbahn eintreten konnte, war so wohl nur unter Nero möglich, wenn auch damals durchaus ungewöhnlich. Sein einflußreicher Großvater Callistus wird wohl lange seine Hand über ihn gehalten haben. Nymphidius hatte sich in der Armee hochgedient und an der Donau eine Kohorte kommandiert. Irgendwann vor 65 wurde er nach Rom versetzt und trat in die Garde ein. Sein Einsatz für Nero wurde von diesem mit dem Posten des zweiten Gardepräfekten belohnt – er sollte bald der erste sein.

Als Präfekt muß er das Vertrauen der Truppe in höchstem Maße gewonnen haben, denn nur unter dieser Voraussetzung konnte er sich im Jahre 68 zutrauen, einen Staatsstreich gegen Nero in die Wege zu leiten. Hermann Dessau: »Er scheint im Herzen der Mannschaften seinen älteren Kollegen Tigellinus – der den Wünschen der Soldaten gegenüber wohl nicht weniger willfährig als er, aber durch ein wüstes Leben entnervt war – gänzlich verdrängt zu haben. Dieser Mann, in den letzten Jahren gewiß der hauptsächlichste Scherge Neros, mußte sich sagen, daß Neros Sturz seinen eigenen Untergang bedeutete, wenn er nicht selbst diesen Sturz herbeiführte und sich dem Nachfolger verpflichtete.«[318]

Als Nachfolger Neros kamen – da männliche Verwandte des julisch-claudischen Kaiserhauses nicht mehr vorhanden waren – nach Lage der Dinge nur die beiden Provinzialstatthalter in Frage, die sich soeben in Konsens mit ihren Armeen für unabhängig erklärt hatten: Verginius und Galba.

Nymphidius Sabinus wog die kommende Entwicklung kühl ab und entschied sich – für den Schwächeren: Galba. Ganz der Sproß seines ebenso pragmatisch wie prinzipienlos agierenden Großvaters Callistus, verfolgte er sein Ziel: Galba war 73, und es bestand die Aussicht auf eine baldige natürliche Erledigung des Throns; Galba war noch hoch im Norden Spaniens, und bis zum Eintreffen des neuen Princeps in Rom konnte der Präfekt seine Stellung als Herr der Hauptstadt aufbauen.

Nymphidius wußte: Anders als beim Sturz Caligulas bestand jetzt in der senatorischen Aristokratie kein Bedürfnis nach einer Wiedererrichtung der Republik, es lebte sich bequemer unter einem Princeps aus den eigenen Reihen, zumal unter einem berechenbaren alten Mann nach Art Galbas. Servius Sulpicius Galba gehörte dem Hohen Hause seit fast fünf Jahrzehnten an und war nie unliebsam aufgefallen. Er war der Letzte seines Geschlechts, Witwer, kinderlos und steinreich. Die Gens Sulpicia war eines der wenigen noch existierenden republikanischen Adelshäuser, die die Stürme der vergangenen Jahrhunderte überlebt hatten. Vor solchem Alter und Renommee beugte sich der gesamte Senat.

Eine andere Frage – und es war die alles entscheidende – lautete: Wie würde sich die Garde verhalten?

Unter Nero hatten die Prätorianer keinen Grund zur Klage gehabt. Mochten auch einige der ranghöheren Offiziere – Centurionen und Tribunen – vom Kaiser mit finanziellen Dotationen unter der Hand korrumpiert worden sein, so bedeutete doch den meisten Männern aus den Mannschaften ihr Soldateneid noch etwas Heiliges. Sie stammten ja überwiegend vom Lande, aus Latium, Kampanien, Etrurien, und für sie kam der Kaiser gleich hinter Jupiter. Diese grundehrlichen, einfachen Naturen dachten noch weithin in den altrömischen Normen, wie sie der ältere Cato propagiert hatte, und sie waren zutiefst davon überzeugt, einen geschichtlichen Auftrag zu erfüllen. Seit Augustus galt die Maxime, daß nur den Zuverlässigsten, Treuesten, »Anständigsten« die Ehre zuteil wurde, aus den Legionen in die Garde überzuwechseln, und dieses Avancement war immer ein eminenter gesellschaftlicher Aufstieg, dazu noch verbunden mit der Verdoppelung des Soldes.

Diese Elitetruppe hatte, seit es sie gab, dem julisch-claudischen Kaiserhaus die Treue bewahrt; sie hatte Claudius auf den Thron gebracht und auch den Wechsel zu Nero akzeptiert, in dem sie den letzten leiblichen Abkömmling des ersten Princeps verehrte. Und er war ein Enkel des Germanicus!

Galba? Sie hatten nie mit ihm zu tun gehabt. Er war ihnen unbekannt. Er bedeutete ihnen nichts.

Trotzdem gelang es Nymphidius, die Garde von Nero zu lösen und auf Galba auszurichten. Die Mittel, deren er sich dabei bediente, waren sozusagen ungedeckte Schecks. In Plutarchs Galba-Biographie lesen wir:»Nymphidius überredete, als die Lage Neros schon ganz verzweifelt war und er sichtlich Anstalten traf, um nach Ägypten zu fliehen, die Soldaten, da er nicht mehr da, sondern schon entwichen sei, den Galba zum Kaiser auszurufen, und versprach den am Hofe dienenden sogenannten Prätorianern pro Mann ein Geschenk von 7500, den außerhalb Dienenden von 1250 Denaren, eine Summe, die unmöglich zusammenzubringen war, wenn man nicht allen Menschen tausendmal so große Leiden auferlegen wollte, als Nero ihnen auferlegt hatte.«[319]

Umgerechnet in Sesterzen ergäbe das allein für die Garde 300 Millionen, nicht eingerechnet die höher zu veranschlagenden Dotationen für die Offiziere und die Summe für die Legionen! Kein Wunder, daß sich der Menschenfreund Plutarch darüber aufregt. Es war das Doppelte dessen, was 27 Jahre vorher Claudius gezahlt hatte: Nymphidius bot das Zehnfache des damaligen Jahressoldes! Der Thron des Beherrschers des Erdkreises wurde wie auf einem Jahrmarkt verhökert.

Die Szene, die nun folgt, könnte aus einem Drama Shakespeares stammen: In Abstimmung mit Tigellinus zieht Nymphidius die Garde bei Nacht vom Palatin ab und überläßt den Kaiser seinem Schicksal. Es gibt kein stärkeres Bild für das, was hier eigentlich geschehen ist: Das mystische Band zwischen Herrscherhaus und Garde ist zerrissen, und zwar endgültig und irreparabel. In dieser Nacht geht der erste große Abschnitt der römischen Kaisergeschichte zu Ende.

Sueton schildert sehr anschaulich, wie dem 31jährigen Nero seine Welt zusammenbricht:

»Um Mitternacht aber erwachte er, und als er erfuhr, daß die militärische Wache sich zurückgezogen habe, sprang er aus dem Bett und schickte zu seinen Freunden; weil er aber von keinem eine Antwort bekam, ging er selbst mit wenigen Begleitern und suchte bei jedem um Aufnahme nach. Er fand aber alle Türen verschlossen, und niemand antwortete ihm. Da kehrte er in sein Schlafgemach zurück, von wo sogar seine Leibwächter geflohen waren ... Sofort verlangte er nach dem Murmillo[320] Spiculus oder irgendeinem anderen Gladiator, durch dessen Hand er den Tod zu leiden bereit war. Als aber niemand gefunden wurde, sagte er: ›Also habe ich weder Freund noch Feind?‹ und rannte ins Freie, wie um sich in den Tiber zu stürzen.«[321]

Kopflos ergreift er dann die Flucht, er will nur weg: »... warf er sich, so wie er war – barfuß und nur in der Tunika –, einen verschossenen Mantel über, bedeckte sein Haupt, hielt sich ein Taschentuch vors Gesicht und bestieg ein Pferd«, um sich in dem Landhaus seines Freigelassenen Phaon, »zwischen der Via Salaria und der Via Nomentana«, sechs Kilometer vor der Stadt, zu verbergen.

Dabei kommt er an den *Castra Praetoria*, der Kaserne der Prätorianer, vorbei: »Er hörte auch aus dem Lager die Rufe der Soldaten, die ihm Unglück und Galba Glück wünschten.«

Im Hause des Phaon erfährt er, daß er vom Senat zum Staatsfeind erklärt worden sei, »und daß man ihn suche, um ihn nach dem Brauch der Vorfahren zu bestrafen. Er fragte, was für eine Art Strafe das sei, und als er erfahren hatte, daß man den Verurteilten nackt mit dem Hals in eine Gabel spanne und dann mit Ruten zu Tode peitsche, ergriff er voll Schrecken zwei Dolche, die er bei sich trug, prüfte die beiden Spitzen, steckte sie dann aber wieder ein mit der Begründung, die vom Schicksal bestimmte Stunde sei noch nicht gekommen.«

Vor seinem Ende »weinte er und sagte immer wieder: ›Was für ein Künstler geht mit mir zugrunde!‹ ...«[322]

Mit Hilfe seines Sekretärs Epaphroditus stößt er sich den Dolch in die Kehle und stirbt.

Das geschah am 9. Juni 68 n. Chr.

Die Garde in den Wirren des Vierkaiserjahres 68/69

Neros Tod markiert nicht nur das Ende einer Dynastie, sondern er macht schlagartig deutlich, daß es zu einem ideologischen Wandel, zu einer ganz neuen Auffassung über den Ursprung der kaiserlichen Macht gekommen ist.

Karl Christ: »Mit Nero war zugleich das julisch-claudische Haus untergegangen, jene Familie, deren Kern – und sei es mit Hilfe von Adoptionen – die Kontinuität der Spitze des neuen politischen Systems garantiert hatte. Wie es Tacitus später formulierte (›Historiae‹ 1, 16), war der Principat damals tatsächlich die Erbmasse einer Familie. Mit der Krise des Jahres 68 n. Chr. aber zerriß die Drapierung dieses Systems, und wie immer in ähnlichen Augenblicken wurden nun dessen entscheidende Strukturen und Machtkonzentrationen sichtbar, vor allem die Tatsache, die wiederum Tacitus auf den prägnantesten Nenner brachte, das Geheimnis des Imperiums nämlich, daß der *princeps* auch anderswo als in Rom ausgerufen werden könne (›Historiae‹ 1, 4).«

Und über die von 68 bis 70 andauernden Wirren, die das gesamte Reichsgefüge erschütterten: »Die Entwicklungen dieser Krise sind weder auf spezielle separatistische Bewegungen zurückzuführen, wie sie dann das 3. Jahrhundert n. Chr. tatsächlich kannte, noch sind sie Ausdruck einer ›wachsenden Feindschaft der Provinzialbevölkerung gegen die herrschenden Klassen Italiens und ihre Helfershelfer‹, wie das einst M. Rostovtzeff annahm. Als schlüssig erwies sich nur eine Tatsache, welche die Entwicklung jener Jahre geprägt hat, die Tatsache nämlich, daß sich als Folge der peripheren Konzentration der römischen Heere verschiedene militärische Zentren in den Grenzgebieten ausgebildet hatten, die sich zu verselbständigen drohten. Der Zusammenhalt und das Gemeinschaftsbewußtsein des römischen Heeres insgesamt erwiesen sich als schwächer als die Gemeinsamkeiten der einzelnen Heeresgruppen an Rhein, Donau und in Syrien.

Gerade weil Nero die Kontakte zur Heeresklientel so sehr vernachlässigt hatte, bestimmten jetzt Partialinteressen innerhalb der römischen Armee den Gang der Auseinandersetzung. Die Rolle des Senats und der stadtrömischen *plebs* war dabei weithin zweitrangig, obwohl die Prätendenten noch immer auf deren *consensus* drangen. Verfassungsrechtliche Gesichtspunkte galten ebensowenig, die Auseinandersetzung wurde zur reinen Machtfrage, die zugleich deutlich machte, wo noch immer die eigentliche Basis des Principats lag. (…) Das Fazit der fünf Regierungen dieses (des julisch-claudischen) Hauses mochte noch so problematisch sein, das von Augustus begründete System hatte sich insgesamt durchgesetzt.«[323]

Das, was hier in der analytischen Sprache und mit dem Hintergrundwissen eines heutigen Historikers beschrieben wird, stellt sich dem machtgierigen Präfekten Nymphidius so dar: Die Staatsführung befindet sich zur Zeit in einer Art Niemandsland; der Thron ist augenblicklich vakant, ein neuer Princeps zwar designiert, aber nicht am Ort … Das Kaisertum gründet seine Macht zwar auf das Militär, aber die Heere haben den Zusammenhalt verloren und sind mit sich beschäftigt; zur schnellen Verfügung ist – wie immer – die Garde! Was schon zweimal – bei Claudius und bei Nero – gelungen ist, müßte auch jetzt klappen: Die Garde macht den Kaiser!

Einziger, aber entscheidender Unterschied: Der *praefectus praetorio* greift selbst nach dem Purpur!

Nymphidius scheint tatsächlich geglaubt zu haben, die wirkliche Macht an sich reißen zu können. War doch seine Mutter eine Zeitlang die Geliebte des Caligula gewesen – zwar erst nach seiner Geburt, aber was machte das? Wenn er ein Sohn Caligulas war, dann auch ein Enkel des Germanicus und ein Ururenkel des Augustus. Was war ein Galba dagegen?

Anlaß für die geplante Usurpation war eine Enttäuschung. Nymphidius hatte erfahren, daß Galba den Befehl über die Prätorianer schon in Spanien dem Cornelius Laco übertragen hatte.

Alles kam nun auf die Prätorianer an. Sie sollten überrumpelt werden: Wenn ihr mich wählt, kehren für euch alle die goldenen Tage Neros zurück!

Es kam anders. Etwas von seinen Absichten war durchgesickert, weil er schon einen Kreis senatorischer Gefolgsleute eingeweiht hatte. Das folgende berichtet Plutarch:

»Es wurde also beschlossen, Nymphidius um Mitternacht ins Lager zu geleiten und zum Kaiser auszurufen. Da rief als erster der Tribun (der Prätorianer) Antonius Honoratus, als es Abend geworden war, die ihm unterstellten Soldaten zusammen und schalt erst sich selbst und dann sie, daß sie binnen kurzem so oft die Stellung wechselten, nicht nach einem wohlüberlegten Plan oder um sich für einen Besseren zu entscheiden, sondern weil ein Dämon sie von Verrat zu Verrat treibe ...«

Er redet lange und leidenschaftlich auf sie ein, und »... da der Tribun so sprach, pflichteten ihm alle Soldaten bei, liefen auch zu den anderen, mahnten sie, dem Kaiser (Galba) treu zu bleiben, und stimmten die meisten um«.

Währenddessen wartete Nymphidius draußen. »Als sich darauf ein Geschrei erhob, glaubte Nymphidius entweder – wie einige meinen –, die Soldaten riefen schon nach ihm, oder er wollte sich beeilen, dem noch bestehenden Schwanken und Zweifeln zuvorzukommen, und kam mit vielen Fackeln angerückt. Er hatte in einem Heft eine von Cingonius Varro[324] verfaßte Rede mit, die er auswendig gelernt hatte, um sie vor den Soldaten zu halten.

Als er die Tore geschlossen und auf den Mauern viele Soldaten in Waffen sah, bekam er Angst, ging heran und fragte, was sie wollten und auf wessen Befehl sie unter Waffen seien. Als ihm der einstimmige Ruf begegnete, daß sie Galba als Kaiser anerkennten, stimmte er, näher tretend, selbst in den Ruf ein und befahl seinem Gefolge, dasselbe zu tun.

Kaum aber hatten die Torwachen ihn mit wenigen Begleitern eintreten lassen, als ein Wurfspeer nach ihm geschleudert wurde. Diesen fing Septimius vor ihm mit seinem Schilde auf. Als aber andere mit nackten Schwertern auf ihn eindrangen, floh er, wurde verfolgt und in der Kammer eines Soldaten abgeschlachtet.

Den Leichnam zerrten sie auf einen freien Platz, umgaben ihn mit einem Gatter und stellten ihn am folgenden Tag denen, die ihn sehen wollten, zur Schau.«

Nachsatz: »Nachdem Nymphidius so zu Tode gekommen war, befahl Galba, als er es erfuhr, auch alle seine Mitverschworenen, soweit sie nicht schon mit ihm gefallen waren, hinzurichten (...), und brachte sich so in den Ruf, daß er, wenn auch nicht ungerecht, so doch gegen Gesetz und Brauch vornehme Männer ohne Gericht und Urteil getötet habe.«[325]

Wie sich schon bei den autonom agierenden Armeekorps der Provinzen der spätere Zerfall des Imperiums in Teilreiche ankündigt, so auch der Zerfall dessen, was die Garde unter Augustus und Tiberius groß gemacht hatte: Korpsgeist, strengste Disziplin, absolute Loyalität gegenüber dem Herrscher.

Die Garde ist während dieser Wirren – zwischen Neros Tod und dem Regierungsantritt Vespasians – ein Spiegelbild der anarchischen Ereignisse, die Rom heimsuchen. Man hat zunehmend den Eindruck, daß die Truppe vor sich hin wurstelt und nur noch ein Interesse hat: Geld, Muße, Vergnügen.

Tacitus schildert diesen unglaublich schnellen Niedergang im Zusammenhang mit der Machtübernahme Othos:

»Von da ab geschah alles nach Willkür der Soldaten. Die Prätorianerpräfekten wählten sie sich selbst: nämlich den Plotius Firmus, einst ein gemeiner Soldat, dann Kommandant der Stadtwache und schon zu Lebzeiten Galbas Anhänger von Othos Partei (...). Zum Stadtpräfekten machten sie Flavius Sabinus.[326] (...) Man forderte auch, die Zahlungen für Urlaub, die man gewöhnlich an die Centurionen entrichtete (= Bestechungs- oder Schutzgelder), zu erlassen; denn der gemeine Soldat zahlte diese Gelder wie eine jährliche Abgabe. Ein Viertel jedes Manipels hatte sich auf Urlaub irgendwohin zerstreut oder trieb sich im Lager umher, wenn man nur den Centurio bezahlt hatte. Und niemand kümmerte sich um das Ausmaß der Belastung oder die Art, sich das Geld dafür zu beschaffen. Mit Plünderungen und Überfällen oder durch Sklavendienste erkauften sie sich Befreiung vom Militärdienst. Dann wurden vor allem die wohlhabenden Soldaten durch harten Dienst und grausame Strenge so lange zermürbt, bis sie sich den Urlaub erkauften. War dann ein Soldat infolge des Aufwands finanziell ruiniert und durch das Nichtstun schlaff geworden, so kehrte er mittellos statt wohlhabend und unbrauchbar statt einsatzbereit zu seinem Manipel zurück. So ließ sich einer nach dem anderen, ebenso durch Armut wie durch Zügellosigkeit verkommen, zu Aufruhr, Zwietracht und schließlich zu Bürgerkrieg hinreißen.«[327]

Ähnliche Auflösungserscheinungen finden sich bei den Armeen aller Zeiten, die unvermittelt von ihrem elitären Sockel gestürzt worden sind. Wenn die alten Normen nicht mehr gelten und die Truppe sich selbst überlassen ist, schlägt wirtschaftliche und ideologische Verunsicherung in Aggression um, jeder ist sich selbst der Nächste, labile Naturen werden schnell zu Opfern der Kameraden. Jüngstes Beispiel dafür: der innere Zerfall der Roten Armee nach der Abdankung des Kommunismus.

Marcel Durry – neben Alfredo Passerini der erste moderne Historiker, der gezielt die Geschichte der Prätorianer erforscht hat – stellt lapidar fest:»Hier beginnt für das Prätorium eine kurze Periode schwerster Wirren.«[328]

Wir können nicht allen Details dieses anarchischen Geschehens der Jahre 68/69 akribisch nachgehen; wären wir doch gezwungen, das überaus komplizierte Geflecht der verschiedenen Gefolgschaften hinter Galba, Otho, Vitellius und Vespasianus zu entwirren. Darum hier nur gerafft die wichtigsten Ereignisse:

Die Prätorianer blieben Galba trotz der Intrigen des Präfekten Nymphidius Sabinus treu, aber nicht lange; er war ja von den spanischen Truppen gekürt worden, was ihrem Anspruch, die Kaisermacher zu sein, gegen den Strich ging. So schwenkten sie schon bald um, zumal Galba es ablehnte, nach dem Vorbild von Claudius und Nero die von Nymphidius großmäulig angekündigten Dotationen an sie zu zahlen. Er saß in der Klemme:

»Die Soldaten« – so Plutarch, und er meint die Prätorianer – »welche das versprochene (Geld-)Geschenk nicht bekamen, ließen sich anfangs durch die Hoffnung hinhalten, er werde ihnen, wenn auch nicht soviel, so doch die Summe geben, die ihnen Nero gegeben hatte …« Das war erheblich weniger als das, was ihnen Nymphidius voreilig versprochen hatte! – Dann folgt Galbas berühmter Ausspruch:

»Als er aber, von ihrer Unzufriedenheit unterrichtet, das eines

großen Feldherrn würdige Wort sprach, *er pflege Soldaten auszu-heben, nicht zu kaufen*, erfaßte sie, als sie davon hörten, ein wilder und wütender Haß gegen ihn.«[329]
Disziplin, Verantwortung für das Gemeinwesen, Loyalität gegen-über dem Princeps ... – nichts von den alten Tugenden, unter de-nen sie einmal angetreten waren, scheint übriggeblieben. Wenn man die Berichte liest, meint man, eine Beschreibung von Lands-knechthorden aus dem 30jährigen Krieg vor sich zu haben.
Im Januar 69 gelingt es Otho, die Macht an sich zu reißen, indem er die Garde auf seine Seite zieht. Tacitus schildert Othos Erscheinen in der Prätorianerkaserne:»So einmütig war schon im Lager die all-gemeine Stimmung und so groß die Begeisterung, daß die Soldaten sich nicht mit Aufmarsch und körperlichem Einsatz begnügten, son-dern auf dem Tribunal[330], auf dem kurz vorher noch die goldene Sta-tue Galbas zu sehen gewesen war, den mitten zwischen Fahnen ste-henden Otho mit ihren Gardestandarten (*vexilla*) umgaben. Weder Tribunen noch Centurionen gewährte man Zutritt. Die Gemeinen verlangten sogar, daß man vor den Vorgesetzten auf der Hut sei. Das ganze Lager hallte wider von Geschrei, Tumult und gegenseiti-gen Anfeuerungsrufen: Nicht wie beim Volk oder Pöbel ein Durch-einanderrufen müder Schmeichelei, sondern sooft sie einen der herbeiströmenden Soldaten erblickten, schüttelten sie ihm die Hand, umarmten ihn, wiesen ihm einen Platz in ihrer Nähe an, spra-chen den Fahneneid vor, empfahlen bald den Imperator den Solda-ten, bald die Soldaten dem Imperator. Auch Otho ließ es an nichts fehlen: Mit ausgestreckten Händen bezeugte er der Menge (der ge-meinen Soldaten)[331] seine Ehrerbietung, warf Kußhände – das alles in Sklavengesinnung um der Herrschaft willen ...«
Nach seiner Ansprache läßt Otho das Zeughaus öffnen:»Sofort rissen alle die Waffen an sich, ohne militärische Zucht und Ord-nung, so daß ein Prätorianer und ein Legionär durch ihre Abzei-chen nicht voneinander zu unterscheiden waren. Im Durcheinan-der bewaffneten sie sich mit Helmen und Schilden der Hilfstrup-pen, ohne daß ein Tribun oder Centurio zur Ordnung rief: jeder sei-nem eigenen Befehl, seinem Trieb folgend. Und Hauptansporn für diese üble Bande war es, daß die Gutgesinnten Trauer empfan-

den.« Man kann auch übersetzen: »... war die Niedergeschlagenheit der Gutgesinnten« *(quod boni maerebant).*[332]
Zu den »Hilfstruppen«: Die vorübergehend in oder bei Rom la-
gernden Auxiliarformationen mußten ihre Waffen im *armamentarium*, dem Zeughaus des Prätorianerlagers abliefern. Auch die in
der Nähe Roms stationierten regulären Kohorten waren nicht
kriegsmäßig gerüstet und mußten im Bedarfsfall ihre Waffen und
ihre Ausrüstung aus dem Zentralzeughaus beziehen.

Schreckliche Szenen spielen sich anschließend in der Stadt ab. Galba, mittlerweile ein kranker alter Mann, versucht durch sein Erscheinen in der Stadt die Entwicklung im Griff zu halten, doch
Othos Truppen beherrschen die Straße. Es ist eine der eindrucks-
vollsten Schilderungen, wie sie nur Tacitus zustande bringt:»Hin
und her gezerrt wurde Galba im Gewoge der planlos drängenden
Menge, voll von Menschen überall die Kaufhallen und Tempel –
ein trauriges Schauspiel! Von Bürgern und Pöbel kein Laut, nur
verstörte Mienen und zugewandt allem und jedem die Ohren. Kein
Aufruhr, keine Stille, sondern Schweigen, wie es bei großer Furcht
oder großer Erbitterung herrscht.
Doch erhielt Otho laufend Nachrichten, der Pöbel werde bewaffnet. Da befahl er, Hals über Kopf aufzubrechen und den drohenden Gefahren zuvorzukommen. Nun geschah es also: (...) – der
Pöbel verjagt, der Senat zu Boden getreten! – römische Soldaten,
drohend in ihren Waffen, dahinjagend auf ihren Pferden, brachen
über das Forum herein. Weder der Anblick des Capitols noch die
heilige Würde der auf sie herabblickenden Tempel, noch der Gedanke an frühere und kommende Herrscher schreckten sie ab, dieses Verbrechen zu begehen, dessen Rächer jeder Nachfolger sein
mußte, wer auch immer.
Schon sah man ganz aus der Nähe den Zug der Bewaffneten. Da
riß der Fahnenträger der Leibkohorte Galbas das Bild Galbas vom
Schaft und warf es zu Boden. Das war das Signal! Ganz offen nun
für Otho die Begeisterung aller Soldaten, verlassen nach der
Flucht des Volkes das Forum, gezückt gegen die Zaudernden die
Schwerter! In der Nähe des ›Lacus Curtius‹[333] wurde Galba infol-

ge der blinden Hast seiner Träger aus der Sänfte geschleudert und rollte auf den Boden hin. Sein letztes Wort ist verschieden überliefert (...): Die einen sagen, er habe flehentlich gefragt, was er denn Böses getan habe, und er habe um wenige Tage für die Auszahlung des Geldgeschenkes gebeten; die Mehrzahl behauptet, er habe von sich aus den Mördern die Kehle hingehalten: Sie sollten das Ihre tun und zustoßen, wenn es so im Interesse des Gemeinwesens läge *(si ita e re publica videretur)*. Seinen Mördern war es gleichgültig, was er sagte.«
Ein einfacher Soldat durchbohrt ihm mit dem Schwert die Kehle. »Die anderen zerfetzten in abstoßender Wut ihm Arme und Beine – die Brust war ja vom Panzer geschützt. Die meisten Wunden wurden in tierischem Blutrausch dem schon verstümmelten Leichnam zugefügt.«[334]

Otho kann sich nicht lange halten, denn die Rheinarmee unter Vitellius erkennt ihn nicht an. Sie marschiert nach Italien. Bei dem kleinen Ort Betriacum nahe Cremona kommt es im April 69 zur Schlacht, Vitellius siegt, und Otho begeht nach der Niederlage Selbstmord. Er war vom 15.1. bis 16.4.69 römischer Kaiser.
Die Garde, die sich tapfer für Otho geschlagen hatte, ist vollkommen deprimiert. Tacitus berichtet: »Das Leichenbegängnis fand beschleunigt statt. Galba hatte (bevor er Hand an sich legte) dringlich darum gebeten, damit man ihm nicht den Kopf abhaue und mit diesem Spott treibe. Die prätorianischen Kohorten trugen den Leichnam unter Lobpreisungen und Tränen und küßten seine Wunden und seine Hände. Einige Soldaten (= Prätorianer) töteten sich neben dem Scheiterhaufen, nicht etwa aus Schuldbewußtsein, auch nicht aus Furcht, sondern in nacheifernder Ehrsucht und in Anhänglichkeit zum Princeps *(caritate principis)*.«[335]

Nach dem Sieg über Otho wurde Vitellius am 19.4. vom Senat als Princeps anerkannt. Mitte Juli erreichte er Rom. Er lehnte den Augustus-Titel ab und nahm statt dessen den eines *consul perpetuus* (Konsul auf Lebenszeit) an. Eine seiner ersten Maßnahmen war die Auflösung der alten Prätorianergarde. An ihrer Stelle wurde

Die Büste stellt Vitellius in gnadenloser Realität dar. 69 n. Chr.

eine neue Einheit von 16 Kohorten geschaffen, die er aus verschiedenen Legionen seiner siegreichen Truppen zusammenstellte. Am 1.7.69 wurde Vespasianus in Alexandria, am 3.7. in Syrien von seinen Truppen zum Kaiser ausgerufen. In Alexandria sperrte Vespasian die Getreidezufuhr nach Rom. Rasch vollzog sich der Abfall der Legionen im Westen von Vitellius, vor allem seit dem Übertritt des Legaten Antonius Primus, der gegen Vitellius in Italien eindrang. In einer zweiten Schlacht bei Bedriacum schlug Antonius die Legionen des Vitellius unter Caecina und rückte gegen Rom vor. Bei der Erstürmung der Stadt durch Antonius fiel Vitellius.

Die überlebenden ehemals othonischen Prätorianer schlugen sich auf die Seite Vespasians und griffen das Lager der vitellianischen Garde an. Es kam zu einer regelrechten Schlacht:

»Das schwerste Stück Arbeit war die Erstürmung des Prätorianerlagers, das die Schar der Tapfersten als letzte Hoffnung zu halten suchte. Um so verbissener wandten die Sieger – besonders die alten Kohorten (der othonianischen Garde) taten sich dabei hervor – alle Mittel zugleich an, die man zur Vernichtung der festesten Städte erfunden hatte: Schirmdach, Wurfmaschinen, Erddämme, Brandfackeln; dabei riefen sie, alle Mühen und Gefahren, die sie in so vielen Schlachten bis zur Neige ausgekostet hätten, würden mit diesem Werk einen krönenden Abschluß finden. Die Stadt sei dem Senat und dem römischen Volk, die Tempel den Göttern wiedergegeben. Seine persönliche Ehre liege für den Soldaten im Lager, dort sei seine Heimat, dort sein Herd. Würde es nicht sogleich erobert, müßten sie die Nacht unter Waffen verbringen. Die Vitellianer auf der Gegenseite, wiewohl an Zahl unterlegen und vom Glück verlassen, klammerten sich an den letzten Trost für Besiegte: den Sieg zu erschweren, den Frieden hinauszuzögern, Häuser und Altäre mit Blut zu besudeln. Viele, schon halb tot, hauchten auf den Türmen und den Brustwehren der Lagermauer ihr Leben aus. Als die Tore aufgerissen waren, stürzte der restliche Haufe den Siegern entgegen, und alle fielen mit Wunden auf der Brust, dem Feinde zugekehrt. So dachten sie selbst noch im Sterben an einen ehrenvollen Tod.«[336]

Anders als seine drei ebenso kurzatmigen wie glücklosen Vorgänger, bringt Vespasian mehrere Voraussetzungen mit, die ihn den Thron auf Dauer behaupten lassen: Er wird von den Armeen und den mächtigsten Generälen anerkannt; er ist ein Mann, dem Unordnung zuwider ist; er hat fähige Leute als Berater und als Befehlshaber ausgewählt.

Vespasian stand vor einer ähnlich schwierigen Aufgabe wie 100 Jahre zuvor Augustus, als es darum ging, die Wunden des fürchterlichen Bürgerkriegs zu heilen und in allen Bereichen des staatlichen Lebens Ordnung zu schaffen. Bei der Lösung dieser Aufgabe zeigen sich nun freilich Unterschiede: »Wenn sich Augustus« – so Karl Christ – »weithin undefinierten Einflusses bediente, stets die republikanische Fassade berücksichtigte und oft genug die indirekten Wege bevorzugte, so waren für Vespasian solche Methoden zu kompliziert. Er verhüllte nichts. Für ihn sind, ganz im Gegenteil, die direkte Manifestation der Macht und ihr entschiedener Gebrauch in rücksichtslosem Zugriff typisch.«[337]

Das zeigt sich besonders in der konsequenten Reorganisation der zerrissenen Armee, die teilweise umgegliedert und in andere Garnisonen verlegt wurde, so daß jeder Keim für neue Erhebungen erstickt war. Mit gleicher Konsequenz widmete er sich der Reformation der Garde. Galt es doch, die von Vitellius auf 16 Kohorten aufgeblähten Prätorianer zu verringern. Wir besitzen dazu den farbigen Bericht von Tacitus:

»Inzwischen wäre unter den Soldaten beinahe ein Aufruhr entbrannt. Die von Vitellius entlassenen, dann für Vespasian wieder eingezogenen Mannschaften verlangten ihre Wiederaufnahme in die Prätorianergarde; und die aus den Legionen mit gleichen Aussichten abgezogenen Soldaten forderten den versprochenen Sold. (Unter diesen Umständen) hätte man nicht einmal die Vitellianer ohne schweres Blutvergießen verjagen können.

Aber nur mit gewaltigem Geldaufwand konnte eine so große Menschenmasse (unter Waffen) gehalten werden.«

Licinius Mucianus, Vespasians Stellvertreter in Rom – der Princeps war noch mit der Niederschlagung des jüdischen Aufstands im Osten beschäftigt –, greift mutig, geradlinig und energisch durch.

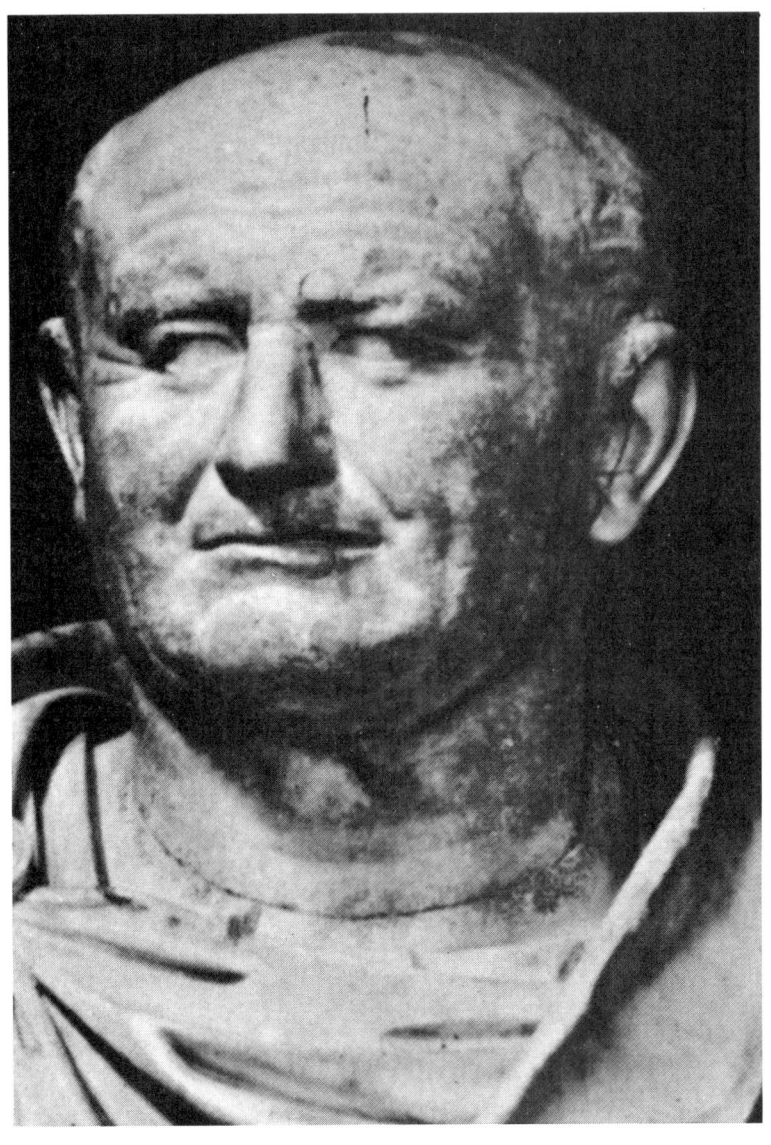

Fiavius Vespasianus beendete 69 n. Chr. den Bürgerkrieg und begründete die neue Dynastie der Flavier.

Er war ein *homo novus*, vielleicht aus Spanien, der sich unter Claudius und Nero hochgedient hatte.

»Mucianus begab sich in das Lager, um so genauer die Dienstzeit der einzelnen Leute überprüfen zu können.« – Schon dieser Satz verrät, daß jetzt ein neuer Wind weht: Geschickt geht man nun statt mit Waffen mit administrativen Maßnahmen vor, und als erstes ist eine statistische Bestandsaufnahme wichtig. – »Mit ihren Auszeichnungen und Waffen ließ er die Sieger Aufstellung nehmen, nur durch kleine Abstände getrennt. Dann wurden die Vitellianer, die sich bei Bovillae (in der Nähe Roms) ergeben hatten, sowie die in der Stadt und ihrer Umgebung Festgenommenen vorgeführt, alle fast ohne Rüstung auf dem Leib. Diese ließ Mucianus auseinandertreten, die germanischen und britannischen Truppen sowie Angehörige anderer Heere gesondert Aufstellung nehmen.«

Diese Musterung, klug geplant und blendend inszeniert, versetzt die ehemaligen Feinde, die ohne Waffen gleichsam nackt den Siegern gegenüberstehen, in Panik: »Gleich der erste Eindruck hatte sie in Schrecken versetzt, als sie vor sich eine gleichsam in Wehr und Waffen drohende Schlachtreihe, sich selbst aber eingeschlossen, unbewaffnet und von Schmutz entstellt sahen. Als man vollends begann, sie hierhin und dorthin abzudrängen, verbreitete sich bei allen Furcht, und besonders groß war der Schrecken bei den germanischen Soldaten, als ob sie durch dieses Absondern zur Ermordung bestimmt würden. Sie warfen sich ihren Manipelkameraden an die Brust, umschlangen deren Hals, baten um den Abschiedskuß: Man möge doch nicht sie allein verstoßen und bei gleicher Lage ein so ungleiches Los ertragen lassen. Bald beschworen sie Mucianus, bald den abwesenden Princeps, zuletzt Himmel und Götter, bis Mucianus sie alle Soldaten desselben Eides, desselben Imperators nannte und damit der unbegründeten Furcht begegnete; denn auch das siegreiche Heer unterstützte durch Zuruf ihre Tränen.

Wenige Tage später vernahmen sie eine Ansprache Domitians (des jüngeren Sohnes von Vespasian, der in Rom war) schon in gefestigter Haltung: Sie lehnten das Angebot von Ackerland ab; um militärischen Dienst und Soldzahlung baten sie. Es waren zwar Bitten, aber solche, die keine Ablehnung erlaubten; daher nahm man die Leute in die Leibgarde auf.

Dann wurden alle, die das entsprechende Alter und die ordnungsgemäße Dienstzeit erreicht hatten, in Ehren entlassen, andere wegen irgendeines Vergehens aber nur nach und nach und einzeln: das sicherste Mittel, die Einmütigkeit einer Masse zu untergraben.«[338]

»Bereichert die Soldaten, verachtet alles andere!« – Die Prätorianer unter den Severern

Die vom ersten flavischen Princeps geschaffene neue alte Ordnung des *Praetoriums* sollte etwa 100 Jahre Bestand haben. Vespasian kehrte zu den klassischen 9 Kohorten zurück und setzte seinen Sohn und Mitregenten Titus als alleinigen *praefectus praetorio* ein. Sueton lobt ihn sehr: »… hatte Titus an der Regierung seines Vaters teil und war seine Stütze. Zusammen mit ihm feierte er den Triumph (nach dem Jüdischen Krieg) und bekleidete er die Zensur, auch war er sein Kollege im tribunizischen Amt und in sieben Konsulaten. Er übernahm ferner fast alle Regierungsgeschäfte, diktierte im Namen seines Vaters selbst die Briefschaften, verfaßte Edikte, verlas im Senat anstelle des Quästors die kaiserlichen Ansprachen und übernahm auch das Kommando der Prätorianergarde, das bis jetzt immer nur ein römischer Ritter innegehabt hatte.«[339]

Domitian war der Nutznießer der wiederhergestellten Disziplin und Ordnung. Er setzte die Garde im Frontdienst wie auch bei der Niederschlagung des Aufstandes des Saturninus ein.[340] Und wahrscheinlich ist es Domitian gewesen, der eine zehnte Kohorte einführte.[341]

Domitian hatte stets im Schatten seines charismatischen Bruders Titus gestanden. Gelegenheit zu praktischer Bewährung hatte er nie erhalten. So rettete er sich in eine zunehmend autokratische Politik. Durch Ämterkumulation, Forderung oder Duldung gesteigerter Ehren – Triumphaltracht im Senat, Begleitung durch 24 Lik-

291

Porträtbüste des Domitian. Um 95 n. Chr.

toren in der Öffentlichkeit, Monatsumbenennungen und die Anre-
deformel »*Dominus et Deus*« (Herr und Gott) im engeren kaiserlichen Amtsbereich – wurde die Stellung des Kaisers bewußt auf
hellenistische Weise erhöht und der Kaiserkult belebt.

Das Pathos dieses Anspruchs provozierte eine starke Opposition,
und es kam 87 zu Anschlägen, ein Jahr später zum Aufstand des
Antonius Saturninus. Besonders die Senatsaristokratie lehnte sich
gegen den Autokrator auf. Am 18. September 96 fiel er einem
Mordanschlag seiner engsten Umgebung zum Opfer.

Seine Ermordung erzürnte die Garde sehr. Sueton dazu: »Nach
Domitians Ermordung verhielt sich das Volk gleichgültig, die Soldaten (= Prätorianer) aber waren sehr erbittert, versuchten sofort,
seine Aufnahme unter die Götter durchzusetzen, und wären sogar
bereit gewesen, ihn zu rächen, wenn es nicht an Führern gefehlt
hätte. Sie erreichten allerdings wenig später ihr Ziel, indem sie
hartnäckig auf der Bestrafung der Mörder bestanden.«[342]

Das bezieht sich auf den übernächsten Princeps, Traianus: Dessen
Adoption durch den greisen, ängstlichen Nerva (96–98) war eine
Folge dieser Aufsässigkeit. Traianus bestrafte die Verantwortlichen
des Kaisermordes schonungslos.

Während der folgenden Jahrzehnte bis zum Tode Marc Aurels
(17. März 180) hören wir nichts von irgendwelchen Komplikatio-
nen zwischen Kaiser und Garde. Durry drückt es so aus: »Das
Prätorium befindet sich in völliger Ordnung.«[343] Wenn wir den
Blick à la longue auf den gesamten Zeitraum zwischen Augustus
und dem Regierungsantritt des Commodus (180) richten – und das
sind 200 Jahre! –, dann zeigt sich: Ein starker Princeps hält die Garde am kurzen Zügel. Große Imperatoren, die ihre Karriere als Le-
gionskommandeure begonnen haben – so Tiberius, Vespasianus,
Titus, Traianus –, besitzen wie Caesar gleichsam ein instinktives
Gespür dafür, wie mit der Garde umzugehen ist, da sie selbst erfahrene Soldaten sind und das soldatische Element ihre Politik bestimmt. Kaiser und Garde wissen um die gegenseitige Abhängigkeit und versehen ihren Dienst zum Wohl des Reiches unter dem
gleichen ideologischen Überbau. Traianus bediente sich der Prätorianer im Krieg gegen die Daker und gegen die Parther, und ihre

Feldzeichen treten auf den Reliefs der Traianssäule entsprechend ihrer Bedeutung in Erscheinung.

Auch die starken »zivilen« Herrscher wie Augustus, Hadrianus, Antoninus Pius und Marcus Aurelius haben mit der Garde keine Probleme, da sie sehr wohl wissen, daß die Armee die Basis der Monarchie ist. Unter Antoninus Pius – den man geradezu als »Bürgerkönig« bezeichnen könnte – bleibt der Präfekt Gavius Maximus 20 Jahre im Amt. Die prätorianischen Feldzeichen erscheinen auch wieder auf der Marcussäule (von Marcus Aurelius), und zwei Präfekten fallen im Kampf an der Donaufront.

Unter Commodus greift erneut Verwirrung um sich, und es ist bezeichnend, daß dies immer dann geschieht, wenn ein Princeps versucht, eine Dynastie zu gründen. Caligula, Nero, Domitian und nun Commodus sind die schrecklichen Exempel.

Des Commodus Nachfolger Pertinax (P. Helvius Pertinax) wurde nach der Ermordung seines Vorgängers auf Initiative des Prätorianerpräfekten Aemilius Laetus am 1.1.193 zum Kaiser ausgerufen. Er lehnte sich an den Senat an, plante umfassende Reformen und Sparmaßnahmen – und wurde prompt von den enttäuschten Prätorianern bereits am 28.3.193 erschlagen.

Nun bot die Garde das Reich zur Versteigerung an und hörte sich von den Wällen des Lagers die Gebote des Stadtpräfekten Sulpicianus und des ehemaligen Konsuls Didius Julianus an. Dazu Cassius Dio:

»Als sich die Kunde vom Schicksal des Pertinax verbreitete, eilten die einen in ihre Häuser, die anderen in die Quartiere der Soldaten, und alle sorgten für ihre eigene Sicherheit. Sulpicianus indessen, den Pertinax (vor seiner Ermordung) zufällig ins Prätorianerlager entsandt hatte, um dort nach dem Rechten zu sehen, blieb am Ort und bemühte sich, zum Kaiser ausgerufen zu werden. Didius Julianus, ein unersättlicher Geldmacher und zugleich hemmungsloser Verschwender, immer auf Umsturz sinnend und daher von Commodus in seine Geburtsstadt Mailand verbannt, hatte aber inzwischen kaum vom Tode des Pertinax gehört, als er auch schon eiligst sich zum Lager begab, sich vor die Tore der Umfassungsmauer stellte und den Soldaten Angebote für die Herrschaft über die Römer machte.

Da kam denn ein ganz übler, der Würde Roms in keiner Weise entsprechender Handel zustande; denn wie auf einem Markt oder in einer Versteigerungshalle wurden Rom selbst und sein ganzes Reich angeboten. Die Rolle der Verkäufer spielten jene, die ihren Kaiser getötet hatten, als Interessenten aber traten Sulpicianus und Julianus auf und suchten einander zu überbieten, der eine im und der andere vor dem Lager. Schrittweise trieben sie ihre Angebote je Mann auf 20000 Sesterzen hinauf, wobei einige Soldaten dem Julianus durchmeldeten: ›Sulpicianus gibt soundso viel; was legst nun du dazu?‹

Andere wieder ließen Sulpicianus wissen: ›Julianus verspricht soundso viel; was stellst nun du darüber hinaus noch in Aussicht?‹ Und Sulpicianus hätte sich durchgesetzt – er befand sich ja innerhalb des Lagers, war Stadtpräfekt und hatte zuerst die Zahl ›20000‹ genannt –, wenn Julianus seine Angebote nicht länger mehr nur um kleine Zuschläge erhöht, sondern auf einmal um 5000 Sesterzen gesteigert hätte; laut erdröhnte dabei seine Stimme, und er machte den Betrag auch noch mit den Fingern deutlich. So ließen sich denn die Soldaten von seinem übertriebenen Angebot bestimmen, und da sie gleichzeitig auch fürchteten, Sulpicianus möchte für Pertinax Rache nehmen – was ihnen Julianus eingegeben hatte –, gewährten sie letzterem Zutritt zum Lager und erklärten ihn zum Kaiser.«[344]

Doch auch Julianus konnte sich nur drei Monate halten, da der von seinen pannonischen Legionen zum Kaiser ausgerufene Septimius Severus auf Rom marschierte und seine Offensive gegen Julianus eröffnete. Damit wurde Rom und dem Reich nach 125 Jahren das zweite Dreikaiserjahr beschert. Niemand konnte ahnen, daß Severus zum Gründer einer neuen Dynastie wurde, die sich bis 235 n. Chr. behaupten konnte (Tod des Severus Alexander).

Ging mit Nero die julisch-claudische Ära zu Ende, so doch nicht der Principat, wie ihn Augustus konzipiert hatte. Mit Severus beginnt eine neue Epoche, denn nun findet die Umwandlung des Principats zur offenen Militärmonarchie statt.

Karl Christ hat die veränderte Lage und die severischen Neuerungen einmal in einem frühen Artikel zusammengefaßt, und wir bringen sein stichwortartiges Resümee, weil es schlaglichtartig den Umbruch erkennen läßt, der mit der Machtergreifung von Severus verbunden ist: »Nivellierung der Unterschiede zwischen Italien und den Provinzen ... Abwendung vom anfänglich opponierenden Senat, Aufnahme von Orientalen. Verstärkte Heranziehung von Rittern in Spitzenstellungen: *vicarii* in Provinzverwaltung, Kommandeure der drei neuen Legionen. Zugeständnisse an Soldaten (Ehe während der Dienstzeit, goldener Ring, Solderhöhung, Verbesserung der Zivilversorgung, Aufnahme der Centurionen in den Ritterstand). Bodenständigkeit der Grenztruppen. – Neuordnung der zentralen Finanz- und Vermögensverwaltung ... Erweiterung der Kompetenzen des Prätorianerpräfekten durch Zuweisung der Kriminalgerichtsbarkeit Italiens außerhalb der 100-Meilen-Grenze um Rom und Kontrolle der Versorgung *(annona)*. Ausbau der kostenlosen Lebensmittelverteilung in Rom ... Ausbau der Polizei. Scharfe Verfolgung der politischen Gegner, umfangreiche Konfiskationen ...«

Christs Urteil über Severus: »Persönlich ist der romanisierte Afrikaner eine achtunggebietende Gestalt, verschlagen, der Astrologie ergeben, tapfer. Umsichtige Planung und rücksichtslose Neuordnung im Sinne des Rats an die Söhne: ›Seid einig, bereichert die Soldaten, verachtet alles andere!‹«[345]

Severus muß von sich selbst und seiner Leistung ein ungemein hohes Wertgefühl gehabt haben, denn Cassius Dio fügt noch an: »Wie es heißt, habe Severus kurz vor seinem Ende die Urne (in der seine Asche aufbewahrt werden sollte) kommen lassen und soll, nachdem er sie befühlt, bemerkt haben: ›Du wirst einen Mann aufnehmen, den die ganze Welt nicht zu fassen vermochte.‹«[346]

Seit Septimius Severus gibt es ein neues *Praetorium*: Die Prätorianer sind keine Italiener mehr, und sie beginnen ihren Dienst grundsätzlich in den Legionen. Von nun an beträgt die Sollstärke der zehn Kohorten je 1000 Mann.

Mit Caracalla, dem ältesten Sohn von Severus, kommt ein Herrscher auf den Thron, der die Reihe der »Soldatenkaiser« eröffnet.

Septimius Severus wandelte den Prinzipat zur offenen Militärmonarchie um. Por-
trätbüste zwischen 193 und 203 n. Chr.

Der Zeitgenosse Cassius Dio kennt ihn aus eigener Erfahrung, und seine Charakterisierung des Barbaren ist darum nicht zu bezweifeln. Einige Beispiele:

»Er war ein so leidenschaftlicher Verehrer Alexanders (d. Gr.), daß er sich gewisser Waffen und Trinkgefäße bediente, von denen er glaubte, daß sie einmal jenem gehört hätten; außerdem ließ er viele Bildnisse von ihm sowohl in den Heerlagern als auch in Rom selbst aufstellen (…). Dieser Alexander-Narr Antoninus (= Caracalla) konnte sich nicht genug tun, den Soldaten, die er in sehr großer Zahl um sich hatte, Geldgeschenke zu machen, wobei er immer wieder neue Vorwände und Kriege angab. Was jedoch alle übrigen Menschen anlangte, so bestand seine Arbeit darin, sie auszuziehen, auszuplündern und zugrunde zu richten (…). Der Kaiser selbst verwendete, wie gesagt, die Geldmittel dauernd für die Soldaten, dazu für wilde Tiere und Pferde. Zahllose Tiere nämlich, teils wilde, teils zahme, von denen er uns die meisten zwangsweise nahm, einige auch abkaufte, pflegte er (selbst) zu töten. Einmal schlachtete er ganze 100 Eber auf einmal und mit eigener Hand. Auch als Wagenlenker betätigte er sich (…). In der Tat hatte er auch keinerlei Beziehung zu höheren Dingen und hatte auch niemals, wie er selbst zugab, dergleichen gelernt …«[347]

Severus hatte ihn zusammen mit dem jüngeren Bruder Geta zum Nachfolger bestimmt, doch Caracalla zögerte nicht, den Bruder unmittelbar nach seinem Amtsantritt in den Armen seiner Mutter von Centurionen der Garde ermorden zu lassen. Es ist eine der widerlichsten Szenen der gesamten römischen Geschichte: »… stürmten einige Centurionen geschlossen herein und machten Geta nieder. Bei ihrem Anblick hatte sich Geta zu seiner Mutter (Julia Domna) geflüchtet, sich ihr um den Hals geworfen, an ihren Busen und ihre Brüste geschmiegt und schrie nun dort jammernd: ›Mutter, Mutter, du hast mich geboren, so hilf mir doch, man mordet mich!‹

Sie aber mußte, in solch schmählicher Weise getäuscht, zuschauen, wie ihr Sohn in ihrem Schoß auf ruchloseste Weise hingemordet wurde, und nahm ihn in seiner Sterbestunde gewissermaßen in eben denselben Leib auf, daraus er geboren worden war; denn sie

Die ganze Wildheit Caracallas kommt in diesem berühmten Porträt zum Ausdruck.

wurde ganz und gar von seinem Blut überströmt und achtete darüber nicht weiter auf die Wunde, die sie selbst an der Hand empfing ...«[348] Geta starb im Alter von 21 Jahren.

Trotz einer Schenkung und einer Solderhöhung – »... er stopfte ihren Mund mit so großen und zahlreichen Versprechungen, daß sie zu Ehren des Toten weder etwas bedenken noch zu sagen wußten ...«[349] – werden die Prätorianer jedoch der Launen des Brudermörders müde, und es fiel dem Präfekten Macrinus nicht schwer, unter ihnen einen Mörder zu finden. Was der zeitgenössische Historiker Herodianus – er verfaßte eine »Kaisergeschichte nach Marcus Aurelius« – über den Hergang berichtet, erinnert von ferne an das Attentat von Cassius Chaerea auf Caligula:

»Unter den Leibwächtern des Antoninus (Caracalla) befand sich ein gewisser Centurio namens Martialos, der den Kaiser immer begleitete. Dessen Bruder hatte derselbe (Caracalla) auf eine bloße Verleumdung hin vor wenigen Tagen hinrichten lassen, ihn selbst, den Martialos, aber mit Spöttereien beleidigt, ihn unmännlich und feige und einen Spießgesellen des (Präfekten) Macrinus genannt. Von diesem Mann wußte Macrinus, daß er sich schwer grämte über seines Bruders Ermordung und zugleich keine Lust hatte, die ihm widerfahrenen Beleidigungen länger zu ertragen. Macrinus läßt ihn also zu sich kommen und redet ihm zu, eine günstige Gelegenheit wahrzunehmen und dem Antoninus den Garaus zu machen.«[350]

Die Gelegenheit kommt in der Nähe von Carrhae in Mesopotamien, während eines Abstechers, den Caracalla zu einem Tempel der Selene machen will: »Auf der Hälfte des Weges ließ er, bedrängt von einer Notdurft, all seine Begleiter zurückbleiben, und ging mit einem einzigen Diener beiseite, um sich seines Beschwernisses zu entledigen. Natürlich hatten sich alle sofort abgewendet und möglichst weit zurückgezogen, wie es Schicklichkeit und Ehrfurcht verlangten. Martialos aber, der unaufhörlich auf eine günstige Gelegenheit lauerte, wurde durch einen Wink herbeigerufen, um eine Frage zu beantworten oder einen Auftrag zu übernehmen; er lief zu ihm hin, in dem Augenblick, als er sich die Kleider von den Hüften niederzog. Er schnellte vor und stach von hinten mit einem

Julia Domna. Gemahlin des Septimius Severus, als Göttin Ceres. Um 200/210 n. Chr.

Dolch auf ihn ein, den er unbemerkt in Händen gehabt hatte. Der Stoß war tödlich, denn er traf genau das Genick, und Antoninus wurde unversehens ein Raub des Todes. Als er niederfiel, schwang sich Martialos auf ein Pferd und floh. Allein die germanischen Reiter, die Lieblingstrabanten des Antoninus, die nicht weit entfernt standen, setzten dem Fliehenden nach und trafen ihn tödlich mit ihren Wurfspeeren.«[351]

Die Asche des Toten schickte man seiner Mutter Julia Domna: »Diese aber, nachdem sie von ihren beiden Söhnen ein solches Schicksal erfahren hatte, starb den Hungertod.«[352]

Die Garde geht nach einem kurzen kaiserlichen Zwischenspiel des Macrinus zu Elagabal über, um diesen wieder zugunsten von Severus Alexander zu verlassen, der niemals großen Einfluß auf sie haben sollte. Es fließen Ströme von Blut in diesen chaotischen Jahren. Severus Alexander und seine Mutter fielen 235 durch Soldatenhand in Bretzenheim bei Mainz. Damit war die Dynastie der Severer erloschen.

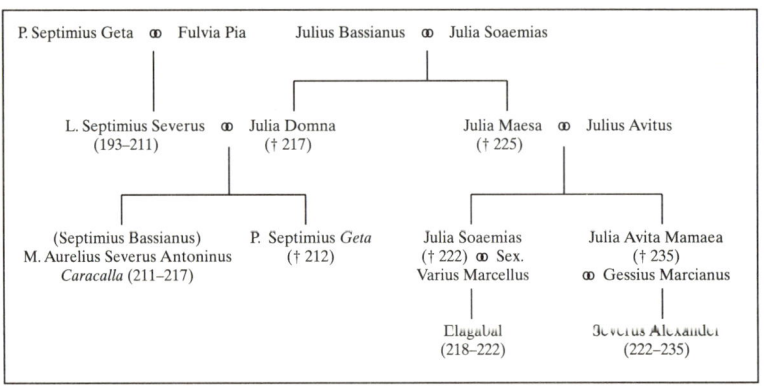

Stammtafel der Severer

Welchen Tiefpunkt die politischen Sitten mittlerweile erreicht hatten, zeigt eine Szene aus dem Jahre 238, die uns der Zeitgenosse Herodianus erzählt. Damals regierte Maximinus Thrax (235–238) in seinem letzten Jahr. In seinem Wesen ein »Soldatenkaiser« – er war um 173 als Bauernsohn in Thrakien geboren und hatte sich als tapferer Soldat bis an die Spitze der Armee gedient –, förderte er die Belange des Heeres und lenkte durch starken Steuerdruck den Haß der von ihm wenig geachteten Führungsschicht auf sich. Vom Adel ging die Empörung aus, und er fiel bei der Belagerung Aquileias durch die Hand meuternder Soldaten. – Herodian berichtet: »Nun traf aber zu derselben Zeit die Stadt Rom ein großes Unheil, infolge und auf Veranlassung der tollkühnen Verwegenheit von zwei Männern, welche Mitglieder des Senats waren. Sämtliche Senatoren hatten sich nämlich in die Kurie begeben, um dort über die Lage der Staatsangelegenheiten zu beraten.

Als dies die Soldaten erfuhren, welche Maximinus (Thrax) im Lager (*Castra Praetoria*) zurückgelassen hatte – es waren dies nämlich solche, deren Dienstzeit dem Ende nahe war und die ihres Alters wegen zu Hause geblieben waren –, begaben sie sich an den Eingang des Senatsgebäudes, in der Absicht, etwas von dem, was man dort verhandelte, zu erfahren. Sie waren ohne Waffen in gewöhnlichen Bürgerkleidern und Überwurfmänteln und standen dort vermischt unter dem übrigen Volk. Alle anderen blieben vor den Türen, nur zwei oder drei, die ganz besonders gern etwas von den Beratungen zu erhorchen wünschten, gingen in den Sitzungssaal selbst hinein, so daß sie den dort aufgerichteten Altar der Victoria überschritten.

Einer der Senatoren aber, der eben erst Konsul gewesen war, Gallicanus mit Namen, ein Karthager von Geburt, und ein anderer, ein Mann im Prätorenrang, Maecenas geheißen, zogen ihre Dolche, die sie unter der Toga versteckt trugen, und stießen sie den Soldaten, die sich keines Arges versahen und ihre Hände ruhig unter den Mänteln hielten, mitten ins Herz. – Bei der damaligen Aufregung und Verwirrung führte nämlich jedermann teils heimlich, teils versteckt eine Waffe bei sich, um gegen plötzliche Angriffe von feindlicher Seite zur Abwehr gerüstet zu sein.

So lagen denn also die Soldaten, die, wie gesagt, unversehens, ohne sich dagegen schützen zu können, den Todesstoß erhalten hatten, zu Füßen des Altars. Bei diesem Anblick erschraken die übrigen Soldaten über das Schicksal ihrer Kameraden, und da sie sich vor dem Volk fürchteten und ohne Waffen waren, ergriffen sie die Flucht.

Gallicanus aber stürzte aus dem Senat mitten unter das Volk, zeigte sein blutiges Schwert und seine blutige Hand und forderte das Volk wiederholt auf, diese Feinde des Senats und der Römer und Freunde des Maximinus (Thrax) zu verfolgen und zu töten.

Die Soldaten aber, die einen Vorsprung hatten, erreichten, nur hier und da einzeln von einem Steinwurf verwundet, glücklich ihr Lager, schlossen dessen Tore, griffen zu den Waffen und besetzten die Mauern des Lagers.

Gallicanus aber, der sich nun einmal auf ein solches Wagestück eingelassen hatte, fuhr fort, über die Stadt Bürgerkrieg und großes Unglück heraufzubeschwören. Er hetzte die Pöbelmassen auf, die öffentlichen Zeughäuser zu erbrechen, deren Waffen eigentlich mehr dazu dienten, bei festlichen Aufzügen als zum wirklichen Kampf gebraucht zu werden, und sich daraus nach Lust und Belieben mit Schutz- und Trutzwaffen zu versehen. Zugleich ließ er die Fechterschulen öffnen und führte die Gladiatoren, jeden mit der ihm eigentümlichen Bewaffnung versehen, heraus. Ebenso ließ er überall, was an Spießen, Schwertern und Beilen in Privathäusern oder Werkstätten vorhanden war, samt und sonders mit Gewalt wegnehmen, während das in Wut gesetzte Volk aus allem und jedem Werkzeug, das zum Dreinschlagen dienen konnte, sich eine Waffe machte.

Daraufhin sammelten sich die Haufen und zogen gegen das Lager, das sie zu stürmen versuchten, indem sie sich gegen die Tore und Mauern warfen. Allein die Soldaten, die sich, kriegserfahren wie sie waren, sehr wohl vorgesehen hatten und hinter ihren Zinnen und Schilden gedeckt standen, streckten sie mit ihren Geschossen nieder und stießen die zum Sturm Ansteigenden mit ihren langen Speeren von der Mauer zurück.

Endlich wurde das Volk müde, viele Fechter waren verwundet, und man begann, da der Abend bereits hereinbrach, abzuziehen. Als die Soldaten sahen, wie sie kehrtmachten und ihre Rücken preisgaben, weil sie glaubten, eine so kleine Anzahl werde nicht wagen, auf eine so große Masse einen Ausfall zu machen, öffneten sie plötzlich die Tore, stürzten sich auf das Volk und töteten die Fechter, während vom Volk eine große Masse Menschen durch das Gedränge ums Leben kam. Die Soldaten setzten ihre Verfolgung auf eine nicht allzu große Entfernung von ihrem Lager fort und zogen sich dann wieder in dasselbe zurück.«[353]

Doch nun beginnt ein regelrechter Krieg gegen die in ihrem Lager verschanzten Prätorianer. Maximus, der Sohn des Maximinus Thrax, übernimmt die Führung des Feldzugs; aus allen umliegenden Regionen werden junge Männer herangezogen und bewaffnet: »Als man mit dem wiederholten Stürmen gegen die Mauer nichts ausrichtete, beschlossen die Anführer, alle in das Lager fließenden Wasserleitungen abzuschneiden und die Soldaten durch Durst und Wassermangel zur Aufgabe zu zwingen.

Man machte sich also ans Werk, leitete das gesamte Wasser in andere Kanäle und zerstörte und verstopfte alle ins Lager führenden Röhren. Die Soldaten, welche die Gefahr, die ihnen drohte, vor Augen sahen, gerieten in Verzweiflung, öffneten die Tore und machten einen Ausfall. Es entspann sich ein gewaltiger Kampf, die Volkspartei wurde in die Flucht geschlagen, und die Soldaten verfolgten sie bis tief in die Stadt hinein.

Als die Volksmassen sahen, daß sie beim Nahkampf den kürzeren zogen, stiegen sie auf die Hausdächer und warfen mit Ziegeln auf die Soldaten und setzten ihnen mit Steinen und sonstigen Scherben als Wurfgeschossen zu. Die Soldaten ihrerseits wagten bei ihrer Unkenntnis der Häuser nicht, ihnen nachzusteigen. Dafür aber legten sie an die Türen der verschlossenen Wohnhäuser, Werkstätten, und hölzernen Vorbauten, von denen es in der Stadt nicht wenige gab, Feuer. Und weil die Häuser dicht aneinander standen und zum größten Teil aus Holz errichtet waren, geriet bald ein großer Teil der Stadt in Flammen. Dabei wurden viele reiche Leute zu Bettlern, denn große und weitläufige Besitzungen, wertvoll durch ihre Einkünfte und ihre großartige Ausstattung, gingen zugrunde. Auch eine große Zahl Menschen kam in den Flammen um, weil das Feuer zuerst die Ausgänge ergriff. Dazu wurde alles Hab und Gut reicher Leute ausgeplündert, weil sich verbrecherisches und liederliches Gesindel als Räuber unter die Soldaten mischte. Der vom Feuer verwüstete Stadtteil aber war so groß, daß sich keine andere Stadt, selbst die größte nicht, damit an Umfang messen konnte.«[354]

Exkurs:
Die Reichskrise des 3. Jahrhunderts

Wir befinden uns nun mitten in jener chaotischen Phase, die als die Zeit der »Soldatenkaiser« in die Geschichte eingegangen ist. Die 50 Jahre von 235 bis 285 brachten es auf die stattliche Zahl von drei Dutzend »Soldatenkaisern«, und nur ein einziger von ihnen starb eines natürlichen Todes. Es ist zugleich die Zeit der großen Reichskrise des 3. Jahrhunderts. Große Provinzen machen sich unter Usurpatoren selbständig: Gallien, Germanien und Britannien unter Postumus und seinen Nachfolgern, im Osten das Reich von Palmyra unter Odaenathus und Zenobia.

Einer der Gründe für den Niedergang liegt in der schwindenden Bedeutung des Senats und der altadligen Familien, die in einem langen inflatorischen Prozeß als Ordnungskräfte ausgeschieden sind. Die Ursachen dafür reichen weit zurück – gewissermaßen bis zu den Gracchen, deren soziales Engagement die dramatische und blutige Auseinandersetzung zwischen Popularen und Optimaten gegen Ende der Republik einleitete. Wir müßten die Ereignisse mit wechselnden Siegen und Niederlagen auf beiden Seiten über das Jahrhundert der Revolution verfolgen bis zu Augustus' Balanceakt zwischen den alten und den neuen Kräften, der dann unter seinen Nachfolgern nicht aufrechterhalten werden konnte. Das ausgeklügelte System degenerierte im 3. Jahrhundert zur reinen Militärmonarchie. Nun hat der altrömischen Elite endgültig die Stunde geschlagen. Die Versammlung der Väter gleicht einem Wachsfigurenkabinett großer alter Namen, und ihr Anspruch ist Schall und Rauch, auch wenn es noch nicht alle Dummköpfe unter ihnen wissen und die Klügeren noch nicht wahrhaben wollen. Der Senat spielt und besetzt von nun an nur noch regionale Nebenrollen, etwa die Stadtpräfektur von Rom oder die Prokonsulate von Afrika und Kleinasien. Die Reichsverwaltung geht zunehmend in die Hände des geistig beweglicheren und wirtschaftlich unabhängigeren Ritterstandes über; und diese Schicht, bestehend aus jungen Aufsteigern provinzialer Herkunft, stellt die Beamtenhierarchie.

Der Absolutismus dieser Militärmonarchie bringt zum erstenmal in der europäischen Geschichte ein Phänomen hervor, das alle späteren Staaten übernommen haben und das heute mehr denn je die Voraussetzung für sinnvolles Funktionieren der Staaten ist: den Aufstieg der Juristen als magistrale Fachleute. Bei ihrer Karriere spielen Wissen und Loyalität eine gleichrangige Rolle – Wissen um das juridische Netz der Verwaltungsbestimmungen und Loyalität gegenüber der Führung. Sie sind so unentbehrlich geworden, daß sie unter mehreren Herrschern agieren können, die durch gewaltsame Beseitigung ihrer Vorgänger den Purpur ergatterten. Ohne sie geht nichts mehr; sie repräsentieren die Bürokratie und bewältigen sie; sie müssen sich in der mittlerweile unüberschaubar gewordenen Masse der Gesetze des Gewohnheitsrechts auskennen und haben in Zweifelsfragen sehr schnell die Präzedenzfälle zu orten; sie beginnen, oft aus eigenem Antrieb, das juristische Erbe der Vergangenheit zu sammeln, zu sichten, zu ordnen, zu klassifizieren, so daß bald das größte gesetzliche Vorhaben der Antike in Angriff genommen werden kann: der CODEX IUSTINIANUS, der zum Vorbild für die Staaten des Abendlandes wurde.

Doch parallel dazu findet ein sozialer und wirtschaftlicher Niedergang statt. Seit dem Ende des 2. Jahrhunderts berennen die Germanen im Norden, die Parther bzw. die Neuperser im Osten die Grenzen des Imperiums und durchbrechen sie immer öfter. Folge: Die wohlhabenderen Mittelschichten der gefährdeten Provinzen erleben einen unaufhaltsamen Abstieg, was wiederum die Wirtschaftskraft des Gesamtstaates empfindlich schwächt. Hinzu kommt eine wachsende Verunsicherung der Verkehrswege; Piraten und Räuber holen sich das, was ihnen ehrliche Arbeit nicht mehr einbringt, mit Gewalt. Der immer stärkere staatliche Steuerdruck lähmt das Wirtschaftsleben ebenso wie die kaiserlich betriebene Inflationspolitik. Andererseits steigen die Unterhaltskosten der Armeen ins Unermeßliche. In vielen Provinzen geht die einst blühende Landwirtschaft zugrunde. Landflucht setzt ein. Diese wiederum vermehrt das Proletariat in den Städten. Die Übriggebliebenen suchen Schutz bei den mächtigen Großgrundbesitzern. Deren Ländereien werden wie kleine Staaten im Staate autark bewirtschaftet, aus den Bauern werden Kolonen, schollengebundene, bestenfalls halbfrei zu nennende Pächter.

Die Geldwirtschaft wird von Naturalwirtschaft abgelöst. »Der Staat verliert zusehends seinen klassisch-römischen Charakter und zeigt immer mehr Züge einer bevölkerungsfeindlichen orientalischen Despotie, mit der sich weite Kreise nicht mehr identifizieren wollen. Das Heer, nun weitgehend von seinen barbarischen Söldnerkontingenten geprägt, stellt in dieser Gesellschaft, die es ja eigentlich schützen sollte, einen Fremdkörper dar; den so wichtigen Romanisierungseffekt, den es früher gehabt hat, kann es schon lange nicht mehr erbringen.«[355]

Doch es gibt einen Mann, der sich wie ein Atlas gegen die hereinbrechende Flut stemmt: Diocletianus. Er sucht noch zu retten, was zu retten ist: Wenn er den Thron auch der Armee verdankte – er war am 17. November 284 nach der Ermordung seines Vorgängers zum Kaiser ausgerufen worden –, so war er doch von Anfang an darauf bedacht, den Kaiserpurpur ihrem Zugriff zu entziehen und ihm eine Weihe hoch über den Zufälligkeiten und Abhängigkeiten des Alltags zu geben. Diocletianus war ein so ungebildeter Illyrer wie seine Vorgänger. Das Verständnis für höhere Dinge fehlte seinem schlichten bäuerlichen Gemüt. Auch als Feldherr schneidet er im Vergleich mit Aurelian (270–275), Maximinus Thrax oder Probus (276–282) schlecht ab. Und doch ist er es, kein anderer, dem die Wiederherstellung einer dauerhaften Ordnung gelang. Man könnte sagen, er ist der erste, der die Unanfechtbarkeit einer bis ins kleinste geregelten Verwaltung erkennt und ihre Handhabung in einem fein abgestuften System zum Dogma erklärt, etwa nach dem Motto: Kaiser kommen und gehen, aber die Bürokratie bleibt.

Auf den ersten Blick wirkt das alles sehr künstlich, abstrakt, konstruiert: An die Spitze des neu organisierten Staates stellt er das Doppelpaar der beiden Augusti – eine Erinnerung an die fernen Zeiten der Republik, als zwei Konsuln die Exekutive verwalteten. Beiden Augusti ordnet er zwei Caesares unter – als deren Gehilfen und designierte Nachfolger –, um so von vorneherein den Zugriff von Usurpatoren unmöglich zu machen.

Diese »Tetrarchie« (Viererherrschaft) genannte oberste Gewalt konnte in mehreren Teilen des Reiches gleichzeitig gegenwärtig sein. Für sich selbst hat er gegenüber seinem Mit-Augustus, dem alten

*Kriegskameraden Maximianus, nur eine leicht erhöhte Autorität an-
gedeutet. Sie kam auch in der neuen Namengebung zum Ausdruck:
Jovius (der von Jupiter Abstammende), wie er sich nennt, steht über
Herculius (Maximianus verehrte Herkules als seinen privaten Gott).
Zugleich soll die den Göttern angeglichene Namengebung das neue
herrscherliche Charisma zum Ausdruck bringen, in dessen Dienst
auch das Hofzeremoniell gestellt wird: Die Himmlischen sind die
Schutzheiligen der Monarchen; in der adoratio, der fußfälligen Verehrung, mit der sich auch die höchsten Würdenträger und die eigenen Verwandten den Oberkaisern zu nähern haben, findet dieser
Anspruch sichtbaren Ausdruck.
Caesares wurden am 1. März 293 Constantius Chlorus (der Vater
Konstantin des Großen) und Galerius. Wenn auch die Zuständigkeiten der Reichsregierung und der Verwaltung auf alle vier Tetrar-
chen verteilt wurden, bedeutete dies keine Reichsteilung, denn Diocletianus blieb die letzte Instanz.
Als man ihm in den ersten Tagen nach seiner Inthronisierung die Berichte und Statistiken zur Lage des Reiches vorlegt, findet er schwarz
auf weiß bestätigt, was er längst wußte: Er steht an der Spitze eines
gigantischen Konkursunternehmens, er regiert ein Staatsgebilde,
in dem Landwirtschaft, Handel, Finanzen und Währung im Chaos
liegen.*

Die Garnison der Stadt Rom		
	vor Septimius	*seit Severus*
praetoriani	*5000*	*10 000*
urbani	*2000*	*6000*
vigiles	*3500*	*7000*
equites singulares	*1000*	*1000*
legio II Parthica		*6000*
	11 500	*30 000*

Er verordnet dem Imperium eine Roßkur: Alles muß so einfach und uniform geregelt werden, daß auch ein gallischer, syrischer, illyrischer Analphabet den Apparat handhaben kann. Das heißt im einzelnen:

- *konsequenter Ausbau des staatlichen Zwangsapparates;*
- *einheitliche Besteuerung von Produkten, Dienstleistungen und Arbeitskraft aufgrund eines rigorosen Bewertungssystems; der gesamte Grund und Boden wird in Steuereinheiten eingeteilt. Zu jedem iugum (Joch = Morgen) gehört grundsätzlich ein caput (Kopf), eine Arbeitskraft; arbeiten zwei, erhöht sich die Abgabe. Alle fünf Jahre sollen die Besitzverhältnisse und die Bodenqualität überprüft werden. Die Bestimmungen gelten für den kleinsten Hof wie für die kaiserlichen Domänen. Ähnlich werden die Abgaben der Handwerker von ihrem Arbeitsertrag berechnet.*
- *Auch Italien wird nun Abgabengebiet.*
- *Für alle Waren und Dienstleistungen werden Höchstpreise festgesetzt. Das 301 veröffentlichte Edikt legt vom Ei bis zum Haarschnitt fest, was man verlangen durfte bzw. bezahlen mußte.*
- *Dezentralisierung der Reichsverwaltung; Verkleinerung der Provinzen, dadurch ihre Vermehrung auf ca. 100. Und es gibt keine Senatsprovinzen mehr.*
- *Strenge Trennung von Militär- und Zivilgewalt. Die Heerführung wird den Statthaltern entzogen. Mehrere neue Provinzen werden zu Diözesen[356] zusammengefaßt, an deren Spitze ein vicarius steht.*
- *Ungeheure Aufblähung des Beamtenapparates. Um gegen dessen vorausgesetzte Korruptheit anzugehen, werden von vorneherein Spitzelwesen und Kompetenzüberschreitungen eingeplant.*
- *Verstärkung der Armee auf 70, allerdings verkleinerte Legionen (gegenüber vormals 35). Je zwei unterstehen einem dux (Führer, vgl. Doge und Duce).*
- *Schaffung der mobilen Elitetruppe der comitatenses, die in Notfällen als Reserve eingreift. Der Armee soll durch die Schaffung neuer Kommandostellen mit begrenztem Aufgabenbereich klargemacht werden, daß es nun schwerer, wenn nicht unmöglich wird, auf mittlerer oder höherer Befehlsebene mit usurpatori-*

schen Gedanken zu spielen. Die Korps der Feldarmee führen grundsätzlich die Augusti oder Caesares selbst.

Diocletians religiöses Selbstverständnis wurzelt ganz im alten Polytheismus, wie bei einem Illyrer bäuerlicher Herkunft zu erwarten. Und natürlich akzeptiert er, als er die Macht hat, den Kult des allgebietenden Sonnengotts. Er toleriert auch, darin von altrömisch-pragmatischer Auffassung, fremdstämmige Gottheiten, seien sie orientalischer, ägyptischer oder altitalischer Herkunft. Zwar ist er nicht ohne geistige Interessen – Rhetorik als Bildung läßt er gelten –, aber es ist ihm nicht gegeben, die religiösen Probleme seiner Zeit richtig zu sehen. Statt dessen inszeniert er die Steigerung des Kaiserkultes zu bisher nicht gekannten quasireligiösen Formen. In seinen Gesetzen, wie dem 295 erlassenen Eheedikt, beruft er sich auf den Brauch der Vorfahren:

»Unserm frommen und religiösen Sinn erscheint das, was durch die römischen Gesetze keusch und heilig festgesetzt ist, höchst ehrwürdig und wert, durch ewige Befolgung bewahrt zu werden.«[357]

So kommt es in logischer Konsequenz dieser Linie ab 303 zu einer systematischen Christenverfolgung, die sich noch unter Galerius fortsetzen sollte. Das vorausgehende Edikt vom 23. Februar enthielt folgende Bestimmungen: Zerstörung der Kirchen »bis auf den Grund«; Auslieferung und Verbrennung der heiligen Bücher; Konfiszierung und Vernichtung der liturgischen Gegenstände; Verbot aller religiösen Zusammenkünfte; Verlust der bürgerlichen Rechte für alle bekennenden Christen; Verlust aller Ämter, Würden und Standesvorrechte für Christen, die der Oberschicht angehören; Versklavung aller Christen im kaiserlichen Haushalt.

Das, was in den Provinzen Diocletians und Galerius' an Martern ersonnen wurde, übertraf alles Bisherige. Das VII. Buch von Eusebius' Kirchengeschichte ist ein einzigartiges Dokument der bestialischen Verirrungen, zu denen der Mensch fähig ist, wie überhaupt für die ganze Diocletianische Verfolgung das Raffinement des Quälens, Erniedrigens und Hinrichtens charakteristisch ist.

Dennoch ging die Kirche erstarkt aus der Verfolgung hervor.

»In hoc signo vinces!« – Der Neuanfang Konstantins bringt das Ende der Garde

Für die Zeit nach Maximinus Thrax bis zum Ende der Garde weiß man nicht mehr sehr viel über die Prätorianer. Marcel Durry faßt diesen Abschnitt so zusammen: »Unter Aurelianus gehören die *Praetoriae Cohortes* zur Expedition gegen Palmyra, während in Rom der Bau der großen Verteidigungsmauer (durch Aurelianus) die alte Kaserne einschließt und unkenntlich macht. Man findet Prätorianer im Jahre 297 im Heer des Maximianus in Afrika. Diocletianus setzt die Anzahl der Kohorten herab (...). Aber das Ende nähert sich. Nach einigen Jahren der Gunst unter Maxentius finden die *Praetoriae Cohortes* durch seine Niederlage am *Pons Milvius* (der Milvischen Brücke), wo sie mit dem Mut der Verzweiflung kämpfen, ihren Untergang.«[358] Das geschah am 28. Oktober 312. Sie fielen, ohne von ihrem Platz zu weichen, bis auf den letzten Mann. Maxentius ertrank bei der Flucht im Tiber.

Eine der ersten Maßnahmen des Siegers war, die Garde aufzulösen und ihre Kaserne zu schleifen.

Warum?

Konstantin war im Namen des Christengottes angetreten. Sein Traum vor der Schlacht mit der Verheißung »In hoc signo vinces!« – »In diesem Zeichen (des Kreuzes) wirst du siegen!« – ist wohl eine gut erfundene spätere Zutat. Als er Rom als Sieger betrat, vermied er den in ähnlichen Fällen üblichen Gang zum Capitol, um den römischen Staatsgöttern zu danken. Das war Programm! In Rom bestand damals schon eine starke Christengemeinde, die sich aus der erwiesenen christenfreundlichen Haltung Konstantins Hoffnungen auf eine bessere Zukunft gemacht – und zugleich Maxentius abgelehnt hatte. Diese Leute durfte Konstantin nicht vor den Kopf stoßen. Und sie dankten es ihm. Wie ein Lauffeuer verbreitete sich die Nachricht vom »christlichen« Sieg im Reich, und alle Gemeinden unterstützten nach den Verfolgungen unter Diocletian und Galerius den neuen Kaiser, auf dem offensichtlich Gottes Segen ruhte.

Und die Prätorianer? Sie hatten auf der Seite des alten, des alt-

Bronzekopf Konstantins d. Gr. von einer Kolossalstatue. Die Höhe beträgt 1,77 m. Um 330/40 n. Chr.

gläubigen »heidnischen« Staates gekämpft – und verloren. Und sie trugen Jupiters Adler auf ihren Feldzeichen!

In diesem Zusammenhang ist von erheblicher Bedeutung, daß das Christentum in der Garde – abgesehen von wenigen Beispielen – nicht Fuß fassen konnte. Durry: »Wenn es also christliche Prätorianer gegeben hat – einer der besten Beweise ist der prunkvolle Prachtsarg des prätorianischen Centurio Aelius Martinus im 3. Jahrhundert –, so weist doch nichts darauf hin, daß das Christentum in der prätorianischen Garde großen Erfolg gehabt hätte.«

Durrys entscheidendes Fazit lautet darum – und wir schließen uns ihm an: »Ihres politischen Widerstands wegen war ihre Auflösung eine der ersten Maßnahmen Constantins nach seinem Sieg über Maxentius am *Pons Milvius*. Der Sieg des Christentums bedeutete den Untergang der *Praetoriae Cohortes*.«[359]

Eine Garde, die sich zudem auf die Seite des Gegenkaisers Maxentius geschlagen, ja die ihn zum Imperator erhoben hatte, konnte Constantinus nicht dulden. Der Sieg über Maxentius war noch kein Endsieg. Es galt, noch dessen Vater Maximianus niederzuringen. Noch war die Gesamtherrschaft nicht errungen.

Jakob Burckhardt schreibt in seinem großartigen Werk »Die Zeit Constantins des Großen«:

»Constantin, bisher nur durch Grenzkriege bekannt, stand auf einmal im blendendsten Glanze des Heldenruhmes der öffentlichen Meinung gegenüber. Jetzt handelte es sich darum, diese neue Macht womöglich auf andere Grundlagen als auf die bloße Soldatengewalt zu stellen.«[360]

Konstantin und seine Regierung bilden eine Zäsur in der römischen Kaisergeschichte, denn seine Hinwendung zum Christentum hat umwälzende Folgen gehabt, die wir und die Welt bis zum heutigen Tage spüren. Diesen Zusammenhängen nachzugehen, gehört freilich nicht mehr zum Thema unseres Buches.

Die alte Garde – es gibt sie nicht mehr. Dazu noch einmal Burckhardt – und sein Urteil ist diesmal hart: »Die Auflösung der Prätorianer (…) war eine Sache der politischen Notwendigkeit, und das Reich verlor an jener persönlich tapferen, aber bösartigen Schar nicht viel …«[361]

Marcel Durry vertritt in seinem Resümee die Gegenposition: »Während langer Perioden verhielten sich die Prätorianer ruhig und ihrem Fahneneid getreu; diese glücklichen Zeiten wurden jedoch von heftigen Krisen unterbrochen, die meist von kurzer Dauer waren, von den Historikern aber ausführlich geschildert werden; man darf über diesen jene nicht vergessen ...«[362]

Natürlich gibt es bald eine neue Garde. Ein Kaiser ohne Garde ist wie ein Löwe ohne Mähne! Die neue Garde geht um 320 unter dem Namen *Palatini* aus der Elitetruppe der *Comitatenses* hervor. Sie rangiert zwar vor den regulären Truppen, besitzt aber keine besonderen Vorrechte. Es blieb lediglich bei einer herausgehobenen Rangstellung und gelegentlich bevorzugter Verwendung, wie sie der Garde gegenüber den Linientruppen eigen ist. Wir finden sie noch bis ins 6. Jahrhundert.

Aus der historischen Erfahrung klug geworden, sorgten die Nachfolger Konstantins dafür, daß die Garde sich nie mehr zu dem aufschwingen konnte, was sie während dreier Jahrhunderte immer wieder in Anspruch nahm zu sein: Kaisermacher oder Kaisermörder ...

Anhang
Caesar, Imperator, Princeps …
Was ist eigentlich ein römischer Kaiser?

Eine Szene im Circus

Caligula war ein Pferdenarr. Er gab riesige Summen für die Be-schaffung edler Renner aus und bedachte die erfolgreichsten Jockeis mit Geldgeschenken in einer Größenordnung, wie sie heu-te allenfalls als Spitzenhonorare im internationalen Filmgeschäft erreicht werden.

Für sein Lieblingspferd *Incitatus*, Heißsporn, gab er einen Stall in Auftrag, der einem Palast glich. Am jeweiligen Tag vor den Rennen im *Circus Maximus*, dem »Größten Circus«, ließ er durch Soldaten in der Nachbarschaft jeden Lärm verbieten, damit *Incitatus* nicht beunruhigt würde. Außer einem Stall aus Marmor, einer Krippe aus Elfenbein, purpurnen Decken und Geschmeiden aus Edelstei-nen »gab er ihm ein eigenes Palais, Sklaven und Hausrat, damit die im Namen des Pferdes eingeladenen Gäste mit besonderem Luxus empfangen werden konnten. Er soll auch beabsichtigt haben, es zum Konsul zu machen.«[363]

So wie es heute Fanclubs von Fußballvereinen, Filmstars und Sän-gern gibt, die sich mit Emblemen ihrer Idole schmücken, hatten auch die Heroen des Circus ihre Anhänger. Die Rennfahrer fuhren für verschiedene *factiones*, Parteien, und trugen Trikots in deren Far-ben: die »Grünen«, die »Blauen«, die »Weißen« und die »Roten«.

Normalerweise waren es vier Gespanne. Sie gehörten potenten Renngesellschaften; die Kosten für den Unterhalt der Gestüte, die Ausbildung der Jockeis und die Ausgaben für das Personal waren zu hoch, als daß ein einzelner sie hätte aufbringen können. Zum Personal einer *factio* gehörte außer den *agitatores* – so nannte man die Fahrer: Antreiber – noch eine große Zahl von Hilfskräften: Sklaven, Freigelassene, Handwerker, Wagner, Schuhmacher, Sattler, Schneider, Ärzte und Tierärzte, Fahrlehrer – meist ehemalige *agitatores*, die aus Altersgründen nicht mehr ins Rennen gingen –, Boten, Läufer, Kellermeister, Beschließer, Verwalter, Schreiber, Sekretäre und Wachpersonal.

Albata, die Weißen, und *Russata*, die Roten, waren die beiden ältesten *factiones*. Die Anhänger und Sponsoren der Roten fanden sich vornehmlich in senatorischen Kreisen; die Weißen fuhren für die plebejische *factio* des Volkes. Caligula favorisierte die *Prasina*, die Lauchgrüne; damit zeigte er allen, daß er sich bewußt von Senat und Volk absetzen wollte. Von nun an galt die grüne gemeinhin als die kaiserliche Partei. »Der *factio* der Grünen war er restlos verschrieben«, heißt es bei Sueton. »So speiste er zum Beispiel häufig in ihrem Gebäude und blieb dort auch über Nacht. Einem von ihnen, dem Wagenlenker Eutychus, gab er bei einem Gelage als Gastgeschenk zwei Millionen Sesterzen.«[364]

Solche Rennen, die der Römer *Ludi Circenses*, Circensische Spiele, nannte, fanden mehrmals im Jahr im *Circus Maximus* statt. Fast immer war der Kaiser dabei in seiner Loge anwesend. So auch an diesem Tag, an dem es zu einem Zwischenfall kam, der für den 27- oder 28jährigen Autokraten tödliche Folgen haben sollte. Leider hat der Chronist, der jüdische Historiker Flavius Josephus, Tag und Stunde nicht genannt; es kann sein, daß es sich dabei um die *Ludi Plebeii*, die Plebejischen Spiele, handelte. Sie fanden am 15. November statt. Caligula wurde am 24. Januar[365] 41 ermordet, und die Quellen erwecken den Eindruck, daß zwischen dem Eklat im *Circus Maximus* und dem Tag der Tat nur eine relativ kurze Zeit vergangen ist.[366]

Der Andrang des Publikums war so gewaltig wie immer, und manche hielten schon seit der Nacht Plätze besetzt, eingemummt in Decken und Felle, um sich vor dem scharfen Westwind zu schützen, der erst gegen Morgen nachließ. Die *Ludi Plebeii* waren ja die letzte Großveranstaltung des alten Jahres, bei der auch die *proba-*

317

tio equorum, die Prüfung der Pferde, stattfand, und die Plazierung der Gestüte und der *factiones* bildete die entscheidende Veranstaltung am Ende der Saison.

Der Eröffnung des Rennens ging ein feierlicher Umzug, die *Pompa Circensis*, voraus: vom Capitol, dem Sitz der schirmenden Gottheiten der Stadt, über das *Forum* zum *Forum Boarium* (das *Forum Boarium* – von bos, bovis = Rind, Kuh – war der alte Viehmarkt von *Rom*) und von dort zum *Circus Maximus*. An der Spitze die spielleitenden Magistrate – hier nach alter Tradition ein plebejischer *Aedil*[367], auf hohem Wagen stehend, von den Falten der weiten, goldbestickten Purpurtoga umwallt, ein Elfenbeinzepter mit dem Adler in der Hand, um ihn herum seine Kinder.

Als die Prozession den Platz vor der Arena erreichte, waren die Ränge, die ein riesiges U bildeten, bis auf den letzten Stehplatz besetzt; der Größte Circus faßte an die 200 000 Menschen.[368] An der Spitze des Zuges Musik und andere Begleitung; man hörte Flöten, Tuben und Trommeln in ostinaten Formen, Klängen und Rhythmen. Bilder der Götter wurden auf Bahren und Thronen getragen, ihre Attribute auf reich verzierten und bemalten Wagen gefahren, begleitet von Priestern und religiösen Korporationen. Das Zeremoniell war von der pedantischen Genauigkeit des römischen Kultus bis ins kleinste vorgeschrieben, und schon ein kleiner Verstoß dagegen konnte die ganze Feier ungültig machen. Langsam zog nun die Prozession durch das große mittlere Tor in das Innere der Anlage.

Die Menge empfing den Zug im Stehen, klatschte und rief Beifall, und der Aberglaube trieb köstliche Blüten, wenn etwa ein Verliebter behauptete, die vorbeigetragene Venus habe er auf seine Bitten um Erhörung mit dem Kopf nicken sehen.

Längst hatte der Kaiser mit seinem Gefolge in der Ehrenloge Platz genommen und gab mit einer huldvollen Handbewegung das Zeichen zu beginnen. Zunächst wurden die mehr unterhaltsamen als spannenden Artistikdarbietungen der Vorreiter geboten, um die Menge in Stimmung zu bringen; Clownerien zu Pferde, mit gespielten Stürzen, Kunststückchen und Sprüngen von Pferd zu Pferd[369], dann die *probatio equorum*, die Vorführung der einjähri-

Der Circus Maximus im berühmten Modell des Architekten Gismondi, das sich im Museo della Civiltà Romana in Rom befindet. Es zeigt die Anlage zur Zeit Kaiser Konstantins d. Gr.: Rechts die Kaiserpaläste auf dem Palatin, oben das Capitol mit den Tempeln des Jupiter und der Juno, schräg davor das Forum Romanum.

gen Hengste, deren noch tolpatschiger Ungehorsam und Übermut allenthalben wohlgefälliges Lächeln hervorrief.

Endlich, nach der umständlichen Opferzeremonie, nahmen die Quadrigen Aufstellung bei den Toren. Die Gespräche verstummten ...

Ob es nun schon zu diesem Zeitpunkt geschah oder nach dem ersten oder zweiten Lauf, wissen wir nicht. Bci Flavius Josephus heißt es lapidar: »Unterdessen wurden circensische Spiele gefeiert, ein Schauspiel, dem die Römer leidenschaftlich ergeben sind. Dabei drängt sich alles nach dem Circus, und wenn das Volk etwas vom Caesar erbitten will, rottet es sich zusammen und bringt dort sein Begehren vor. Derartige Bitten gelten als besonders bevorzugt und finden stets Erhörung. Jetzt nun bestürmte man Gaius (Caligula) um Steuernachlaß und Erleichterung der drückenden Auflagen. Davon wollte aber der Caesar nichts wissen, und als das Geschrei überhandnahm, ließ er die Lärmmacher durch seine *Trabanten* – d. h. die Prätorianer – ergreifen und augenblicklich zur Hinrichtung abführen. Die Henker vollzogen sogleich seine Befehle, und so fanden viele den Tod. Gleichwohl verhielt das Volk sich ruhig und ließ vom Lärm ab, weil jeder, der noch um Steuernachlaß gebeten hätte, seinen Tod vor Augen sah.«[370]

Republik ohne Republikaner –
Die Entmündigung des Volkes begann früh

Dieser Text läßt uns staunen, ja erschrecken. Doch beschäftigen wir uns zunächst einmal mit der sachlichen Mitteilung, daß das Volk von Rom seinen Herrscher während einer Veranstaltung im Circus um einen Nachlaß der Steuern und Abgaben bittet, wobei es heißt, derartige Bitten gälten als besonders bevorzugt und fänden stets Erhörung. Flavius Josephus – er ist zwei Jahre vor dem Ereignis geboren – schreibt zwar eine Generation später, doch aus dem Präsens in seinem Text kann man ableiten, daß das, was er beschreibt, schon immer so Brauch war und zu seiner Zeit noch ist.

Das römische Volk – wer ist das eigentlich?
Die lateinische Sprache kennt mehrere Bezeichnungen: *plebs*,
populus und *civitas*. Es ist in diesem Zusammenhang interessant,
daß alle indoeuropäischen Sprachen den Begriff »Volk« von der
gleichen Wurzel ableiten: indogermanisch *pelu* = viel; griechisch
polis; lateinisch *plebs*, die (Volks-)Menge; englisch *folk* = Schar,
Leute; russisch *polk* = Schar; deutsch *Pulk* = große Anzahl.
Alle diese Wörter stammen von der Wurzel *pel(ε)*, lateinisch *pleo*
(ich gieße, schütte, fülle) ab. So ist alles, was in Rom nicht zu den
Patriziern und Nobiles gehört, die *plebs*, im Sinne der großen Menge, der Masse des Volkes: die Plebejer. Die abwertende Bedeutung
als »großer Haufe« und »Pöbel« im Gegensatz zu den Vornehmen
kam erst viel später auf. Angehörige der Plebs waren Vollbürger
wie die Patrizier, aber geringeren Ranges. Dazu gehörten ebenso
die kleinen Leute im *Argiletum*, dem dichtbevölkerten Viertel
nördlich des Forums – Handwerker, Kaufleute, Händler, Schreiber,
Gastwirte, Bordellbetreiber, Bettler – wie vermögende Großunter-
nehmer, Spediteure, Waffen- und Sklavenhändler, Manufakturbe-
sitzer, wohlhabende Gold- und Silberschmiede, die sich auf jeden
Wunsch ihrer potenten Kundschaft einstellen konnten. Zur *plebs*
gehören auch die Bauern der Umgebung und die Einwohner klei-
nerer und größerer Regionalstädte. Doch machte man dabei einen
feinen Unterschied: Die hauptstädtische Bevölkerung der *plebs ur-
bana* setzte sich ab von der bäuerlichen *plebs rustica* der ländlichen
Umgebung. Doch im Sprachgebrauch der adligen Oberschicht ran-
gierte sie als als *sentina* bzw. *faex*, als Jauche oder Hefe. Die *faex*
umfaßte Bettler, Tagelöhner, Handwerker und Kleinhändler, also
Menschen, die ihr Leben lang von den Machenschaften der Mächtigen abhängig waren.[371] Aber sie waren freie römische Bürger,
ausgestattet mit Privilegien, um die sie jeder Nichtrömer beneide-
te! Die Analogie zu einer ganz ähnlichen Situation in den reichen
Industrienationen von heute drängt sich geradezu auf.
Im Normalfall erwarb man das Privileg, römischer Bürger zu
sein, durch Geburt, durch Verleihung oder durch Freilassung aus
dem Sklavenstand. Nach dem sogenannten Bundesgenossenkrieg
(91–89 v. Chr.)[372] erhielten alle Bewohner Italiens südlich einer

Linie zwischen Pisae (Pisa) und Ariminum (Rimini) die *civitas Romana*, das römische Bürgerrecht. Diese Ausdehnung des Bürgerrechts war politisch begründet.

So bewohnten die römischen Bürger in den letzten Jahrzehnten der Republik einen geschlossenen geographischen Raum. Für dieses Gebiet galt der Begriff *Italia*. Zunächst schloß er Oberitalien und die Inseln Sizilien und Sardinien noch nicht ein.

Das genannte Gebiet war eine Rechtseinheit, in dem alle Menschen nach römischem Recht lebten. Durch Caesar erhielten dann auch die Bewohner Oberitaliens das römische Bürgerrecht, und Augustus hat bei seiner regionalen Neueinteilung Italiens die Gallia Cisalpina zu einem Teil der Verwaltungseinheit Italien gemacht.[373]

In den Provinzen fanden Bürgerrechtsverleihungen durch die Statthalter an einzelne Personen oder ganze Gemeinden statt. Unter Caracalla schließlich – wir greifen voraus – erhielten alle freien Reichsbewohner durch die *Constitutio Antoniniana* im Jahre 212 n. Chr. die *civitas Romana*.

Kennzeichen des römischen Bürgers waren sein römischer Name[374], der in der Bürgerliste eingetragen war, und das Recht, die Toga zu tragen. Zu seinen Pflichten zählten der Wehrdienst und die Steuerabgabe – die freilich geringer war als bei einem *peregrinus*, einem Fremden, also Nichtrömer. Die vornehmsten seiner Rechte waren das *ius suffragii*, das Stimmrecht in der Volksversammlung, sowie das *ius honorum* – wörtlich: Ehrenrecht; denn römische Ämter sind Ehrenämter ohne Gehalt –, das passive Wahlrecht.

Nirgendwo drückte sich der Qualitätsunterschied zwischen dem *civis Romanus* und den nichtrömischen Bewohnern Italiens und der Provinzen deutlicher aus als im *ius provocationis*, dem Berufungsrecht bei drohenden Kapitalstrafen: Ein römischer Bürger konnte nur durch das Gericht des Kaisers und nicht durch das Gericht eines Provinzstatthalters zum Tode verurteilt werden. Der wohl berühmteste Fall ist der Prozeß des Apostels Paulus; er war römischer Bürger und hat als solcher gegen den prokuratorischen Statthalter von Judäa das kaiserliche Gericht in Rom angerufen. Daraufhin wurde er nach Rom transportiert und dort verurteilt.

Die Römer sind die ersten, die zwischen Straf- und Privatrecht unterschieden haben. Das spiegelt sich auch im Bürgerrecht: Mit dem *ius commercii* (Handelsrecht) besaß ein römischer Bürger die Möglichkeit, Verträge abzuschließen, deren Gültigkeit vom Staat gewährleistet wurde. Und gemäß den Bestimmungen des *ius conubii* (Eherecht) konnte er die Ehe[375] eingehen. Einzelne dieser Rechte konnten auch einem *peregrinus*, also einem Nichtbürger, zugestanden werden.

Der Verlust der *civitas Romana* trat ein durch Sklaverei, Verbannung oder Aberkennung des Bürgerrechts, letzteres nur durch die Volksversammlung. Die Qualifikation eines Menschen als römischer Bürger war für den einzelnen wie für den Staat so bedeutend, daß eine unrechtmäßige Aneignung des Bürgerrechts unter hohe Strafe gestellt wurde.

In diesem Zusammenhang stoßen wir auf ein seltsames Phänomen: Die verschiedenen römischen Definitionen dessen, was wir unter Volk verstehen, bleiben auf seltsame Weise in der Schwebe. »Wer oder was *populus* und *plebs* vorstellte, bleibt terminologisch unklar. Verwirrung stiftet selbst Ciceros Sprache.«[376]

Die große Bedeutung dieser feinen Unterscheidungen erkennt man daran, daß jedes römische Lehrbuch über das Privatrecht mit einem Kapitel über das Personenrecht beginnt, durch das die verschiedenen Bevölkerungsgruppen nach ihrem personalen Rechtsstatus vorgestellt werden. In ihm werden alle Personen in einer ersten grundsätzlichen Unterscheidung in Freie (*liberi*) und Unfreie (*servi*) eingeteilt. In der Untergliederung der Gruppe der Freien wird dann zwischen Freigeborenen (*ingenii*) und unfrei geborenen Freien (*liberti* – Freigelassene) unterschieden. Und schließlich teilt man alle Freien in römische Bürger (*cives Romani*) und nichtrömische Bürger (*peregrini* – Fremde) ein. Diese exakte Gliederung galt bis ins 3. Jahrhundert der Kaiserzeit, z. T. bis ans Ende der römischen Antike.[377]

Mittlerweile aber hatte das Volk seine Souveränität längst an den Kaiser abgegeben. Der Prozeß hatte viel früher eingesetzt. Schon im letzten Jahrhundert der Republik, dem »Jahrhundert der Revolution«, wie man es in unserer Zeit nennt[378], war die machtpolitische

Entwicklung auf die Diktatur eines einzelnen hinausgelaufen. Für Caesar, wie vor ihm schon für Sulla, war die permanente strategische Verfügbarkeit einer Armee die Voraussetzung für den Griff nach der totalen Macht. Diese Legionen standen loyal zu ihrem Oberkommandierenden, den sie quasi als *patronus*[379] betrachteten. Hatte er sie schon während der zahlreichen Kriegszüge mit Beuteanteilen bedacht, so würde er sich auch nach ihrem Ausscheiden aus dem aktiven Dienst in geradezu väterlicher Fürsorge um sie kümmern: mit einer großen finanziellen Abfindung, vor allem aber mit Land aus dem *ager publicus*, dem Staatsland. Wollte er seine Macht unangefochten weiter behaupten, mußte der neue Machthaber bestrebt sein, nach Niederringung seiner inneren Gegner den Oberbefehl beizubehalten und ihn auf die gesamte Armee des Reiches auszudehnen. Das aber war nach römischem Verfassungsrecht nur möglich im legalen Rahmen der *dictatura*, der Diktatur.

Diese Institution war schon zu Beginn der Republik, nach Vertreibung des letzten Königs Tarquinius Superbus, um 500 v. Chr. geschaffen worden. Der *dictator* – wörtlich: der, der einem andern etwas zu sagen (vorzuschreiben) hat; von *dictare* = vorsagen, diktieren – wurde in Zeiten der inneren oder äußeren Not auf maximal sechs Monate berufen und mit der höchsten Exekutivmacht ausgestattet. Er wurde auf Senatsbeschluß von einem der beiden Konsuln[380] ernannt und wählte sich selbst mit dem *magister equitum*, dem Reiteroberst, einen Gehilfen und Stellvertreter. Entscheidend bei diesem Vorgang war, daß der *dictator*, anders als die beiden Konsuln, während des ihm zur Verfügung stehenden halben Jahres seine Entscheidungen souverän treffen konnte, ohne den Senat befragen zu müssen. Und auch nach Ablauf seiner Amtszeit konnte er für seine Maßnahmen nicht zur Rechenschaft gezogen werden. Mit der den Römern eigentümlichen pragmatischen Grundhaltung hatte man die diktatorische »Legislaturperiode« wohlweislich auf sechs Monate beschränkt, um Mißbrauch vorzubeugen. Danach traten *dictator* und *magister equitum*, nach Niederlegung ihrer exekutiven Sonderrechte, in die Reihen des Senats zurück, und die Selbstverständlichkeit, mit der diese Preisgabe der Macht geschah, läßt noch heute staunen.

Caesar umging diese Klippe der Machtbegrenzung, indem er sich vom Senat die *dictatura perpetua*, die fortdauernde Diktatur, auf Lebenszeit übertragen ließ. So blieb der Schein der Legalität gewahrt. Mit diesem »Ermächtigungsgesetz« hatte sich der Senat selbst ins politische Abseits manövriert. Freilich war der Druck des Diktators Caesar übermächtig gewesen, denn jederzeit und überall konnte er mit der bewaffneten Macht drohen und so die Durchführung seiner Maßnahmen erzwingen.

Jahrhundertelang hatte der Senat die Geschicke der Stadt und des Staates maßgeblich bestimmt. Schon in der Königszeit war er aus dem »Rat der Alten« (*senex* = Greis) hervorgegangen, der den Monarchen bei allen Vorgängen der Regierung, Gesetzgebung und Verwaltung beriet. In der frühen Republik war er dann, etwa ab 500 v. Chr., zum wichtigsten staatstragenden Organ geworden. In ihm saßen als *patres* (Väter; davon abgeleitet: Patrizier) die Häupter der altadligen Familien. So lautete noch im frühen Kaiserreich die offizielle Anrede des Hohen Hauses *Patres!* oder auch *Patres conscripti!* – eigentlich *Patres et conscripti*, was soviel hieß wie eigentliche und beigeordnete (beigeschriebene) Senatoren. Damit wurde zum Ausdruck gebracht, daß im Staatsrat nicht mehr nur die Nachkommen der patrizischen Familien saßen, sondern auch die *nobiles*, die Edlen, Angehörige des Amtsadels: Mit Erreichen der Quästur, des untersten der hohen Staatsämter[381], wurde man Mitglied des Senats, und es kam auch immer wieder vor, daß ein Nichtadliger den Aufstieg in den elitären Club schaffte. Doch nannte man ihn in den altadligen Kreisen *homo novus*, einen neuen Mann, und diese Bezeichnung hatte stets einen herablassenden, abfälligen Beigeschmack, etwa im Sinne unseres »Emporkömmlings« oder »Karrieristen«.

Die immer wieder aufflammenden blutigen sozialen Kämpfe hatten jedoch die *res publica* in den letzten Jahrzehnten ihres Bestehens ausgehöhlt, zermürbt und an den Rand des Abgrunds gebracht. Während dieser Auseinandersetzungen hatte der Senat völlig versagt. Schon Sulla hatte einst getönt: »Die Republik ist Schall und Rauch!« Caesar hat diesen Satz gerne und öfter, leicht verändert, zitiert: »Die Republik ist ein Nichts, ein Name ohne sichtbare

Gestalt!« Es war eine zutreffende Beschreibung der staatlichen Verhältnisse am Ende der Adelsrepublik.

Es würde zu weit führen, wollten wir hier detailliert den Gründen und Ursachen nachgehen, die zu dieser Verwässerung, zu dieser Respektlosigkeit, Mißachtung und schließlich Gleichgültigkeit gegenüber den überkommenen republikanischen Verfassungsnormen führten. Darüber sind ganze Bibliotheken vollgeschrieben worden. Das Interesse des 20. Jahrhunderts an diesem Zeitabschnitt – eine Zäsur in der römischen Geschichte! – ist freilich deswegen so groß, weil sich hier Dinge ereignet haben, von denen wir meinen, daß sie beispielhaft und wie in einem Brennspiegel etwas fundamental Bedeutendes aufzeigen, das uns heute mehr denn je beschäftigt: die Gefährdung des Zusammenlebens freier Bürger in einem von einer Verfassung vorgegebenen Rahmen.

In diesem Zusammenhang von »Demokratie« zu sprechen ist allerdings voreilig. Unser heutiger Demokratiebegriff hat seine Wurzeln in Athen, nicht in Rom. Selbst wenn Cicero in seinen staatspolitischen Abhandlungen von und über Demokratie redet, meint er etwas anderes. Zwar sollen die Bürger in freier Abstimmung über Gesetzesvorlagen an den Wahltagen entscheiden; aber das Recht, Vorschläge zu machen, geht nicht vom Wahlvolk aus, sondern von den Inhabern der magistralen Ämter bzw. vom Senat selbst. Es konnte auch nicht jeder, der es wollte, eines der hohen Ämter mit Exekutivgewalt – *imperium* nennt sie der Römer, von *imperare* = befehlen, anordnen – anstreben. Voraussetzung war die Zugehörigkeit zum Patriziat oder zur Nobilität. Als *homo novus* die magistrale Laufbahn über alle Ämter bis zum Konsulat hinter sich zu bringen war die Ochsentour und blieb die seltene Ausnahme, wie die Karrieren von Gaius Marius[382] und Marcus Tullius Cicero[383] zeigen.

Nun hatten sich im Laufe der Auseinandersetzungen des »Jahrhunderts der Revolution« zwei politische Gruppierungen gebildet, die verschiedene Auffassungen davon hatten, was für Rom, das Volk – vor allem für sie selbst am besten sei. Die einen nannten sich *populares*, die Volksfreundlichen, und gaben vor, sich für größere Rechte des Volkes einzusetzen. Ihre Gegner nannten sich *optimates*, die Besten, und sie entstammten mehrheitlich den alten aristokratischen Familien, waren also bestrebt, die überkommenen Machtstrukturen, koste es, was es wolle, aufrechtzuerhalten. Die Auseinandersetzung zwischen beiden Gruppen eskalierte immer wieder zu terroristischen Aktionen auf beiden Seiten mit Hunderten Toten, Verletzten und großen Sachschäden, die natürlich von niemandem ersetzt wurden. Riesige Vermögen wechselten den Besitzer, wenn ein potenter Senator oder Ritter das Pech hatte, am Ende auf der Seite der Verlierer zu stehen. Einmal ging im Laufe solcher Auseinandersetzungen die altehrwürdige *Curia*, der Versammlungsort des Senates, in Flammen auf.[384] Ein andermal entging selbst Cicero nur mit knapper Not dem Tode, doch mußte er im Verlauf der Auseinandersetzung eine Tracht Prügel einstecken.[385] Und immer wieder schickte die im Augenblick siegreiche Seite politische Gegner in die Verbannung, nachdem man ihnen zuvor das Vermögen – Geld, Sklaven, Land- und Hausbesitz – abgenommen hatte.

Doch die geheimen Machthaber waren die Statthalter in den reichen Provinzen, groß wie Königreiche – Gallia, Syria, Asia[386], Hispania –, besonders wenn sie diese mit ihren Legionen selbst erobert oder dort Aufstände niedergeschlagen hatten. Um ihre magistralen, militärischen und auch richterlichen Aufgaben in diesen fernen Regionen bewältigen zu können, reichte das in Rom übliche eine Jahr einer magistralen Amtszeit nicht mehr aus. So viel Zeit brauchte ein Staathalter schon, um sich einigermaßen mit dem Land und seinen Menschen, den anderen Sitten, Rechtsvorstellungen, Religionen und auch Sprachen vertraut zu machen. Solche Sachzwänge führten dazu, daß der Senat einem gewesenen Konsul oder Prätor die Verwaltung einer Provinz über einen längeren Zeitraum hin übertrug. Das konnten, wie im Falle von Caesars Prokonsulat in Gallien, fünf Jahre sein, eine Zeitspanne, die dann noch einmal verlängert wurde.

Nun buhlten vor den Wahlen in Rom stets mehrere Bewerber darum, eines der hohen Exekutivämter zu ergattern. Die Ausgaben im vorausgehenden Wahlkampf waren riesig, denn man wollte das Wahlvolk mit Spielen, Rennen, Gladiatorenkämpfen, öffentlichen

Speisungen und anderen Aufmerksamkeiten auf seine Seite ziehen. Dabei stürzten sich die Kandidaten oft in so große Schulden, daß eine Wahlniederlage das Ende ihrer Bonität und den Ruin der Familie bedeuten konnte. Der Sieger hatte zwar nicht weniger Schulden, aber die Möglichkeit, sich demnächst vollkommen sanieren zu können, wenn er nach Ablauf seines Konsulatsjahres als Prokonsul in seine Provinz ging. Zwar schickte er die von Rom geforderten Steuern und Abgaben der Provinzbevölkerung pünktlich an das *aerarium*, den Staatsschatz, der in den Gewölben des Saturntempels am Forum Romanum aufbewahrt wurde; doch es war in Rom wie in der Provinz ein offenes Geheimnis, daß der rührige Mann darüber hinaus erkleckliche Summen in Millionenhöhe in seinen eigenen Beutel fließen ließ. Caesars skrupelloses Management zeigt sich hier besonders erfolgreich. Er verstand es, mit den Milliarden, die er in Gallien requiriert hatte, aber auch mit Geldern, die er durch den direkten Verkauf der besiegten Bevölkerung eroberter Städte an die Sklavenhändler erworben hatte, aus der Ferne in die Innenpolitik der Hauptstadt einzugreifen. Er erkaufte sich das Stillhalten mächtiger Feinde, indem er ihre Schulden bezahlte, und er erhielt sich die Freundschaft einflußreicher Senatoren und Ritter – besonders auch ihrer Gattinnen – durch große Geldgeschenke.

Am meisten aber war Caesar von seinen optimatischen Gegnern gefürchtet, weil er sich in den acht Jahren des Gallischen Krieges (58–51 v. Chr.) eine Armee geschaffen hatte, die als die beste des Jahrhunderts galt und für ihn durchs Feuer ging. Mit ihr rang er dann auch seinen Hauptgegner Pompeius, der sich in den Dienst einer mächtigen, erzkonservativen Gruppe von Optimaten gestellt hatte, in einem mörderischen Bürgerkrieg nieder.

Damit begann Caesars Militärdiktatur. Niemand war mehr da, der dem Diktator Grenzen setzen oder ihn kontrollieren konnte. Er schalte und walte nach eigenem Gutdünken, hieß es; sein Ehrgeiz grenze an Größenwahn, er sei absolut skrupellos in der Verfolgung seiner Ziele. Dann das Gerücht, er strebe nach der Königsherrschaft. Bei den Bezeichnungen *rex* (König) und *regnum* (Königtum) dachte man immer noch an Tyrannei, Willkür und den Verlust aller Freiheiten. In einem Verzweiflungsakt wurde er am 15. März 44 v. Chr. von überzeugten Republikanern um Junius Brutus, dessen gleichnamiger Vorfahr den letzten König aus Rom vertrieben hatte, ermordet.

Schon bald folgte die Ernüchterung. Die Beseitigung des Autokrators brachte nicht die erhoffte Wendung zum Guten, zu kollektiver Entscheidung, zu Mitverantwortung des einzelnen, zur Teilung der Macht, zu mehr Freiheit. Das Rad der Geschichte konnte – wie immer – nicht zurückgedreht werden. *Restitutio rei publicae*, die Wiederherstellung der Republik, war das eigentliche Ziel der Verschwörer um Brutus gewesen – man hatte sogar Münzen mit dieser propagandistischen Parole prägen lassen.[387] Doch der republikanische Traum konnte nicht in die Realität übertragen werden, weil eine Lösung der anstehenden politischen und sozialen Probleme nur noch mit den Mitteln der bewaffneten Macht möglich schien. Aus dem folgenden Bürgerkrieg ging Octavianus, der spätere Augustus, als Sieger hervor.

Warum Caesar scheiterte

Caesar war im Zenit seiner Macht gestürzt worden, weil er uralte konstitutionelle Normen und tiefverwurzelte Ideale überzeugter Republikaner bedenkenlos verletzt hatte. Der wie immer gut informierte Sueton – er war Hofbibliothekar unter Hadrian und hatte als solcher Zugang zum kaiserlichen Archiv – hat einiges in diesem Sinne zusammengetragen: »Den hauptsächlichsten und wahrhaft unversöhnlichen Haß zog er (Caesar) sich folgendermaßen zu. Er empfing nämlich die gesamten Senatoren, als sie ihm eine Anzahl für ihn höchst schmeichelhafter Beschlüsse überbrachten, sitzend (!) in der Vorhalle des Tempels der Venus Genetrix. Einige meinen, er habe aufstehen wollen, sei aber von Balbus (seinem Intimus) zurückgehalten worden, andere dagegen, er habe nicht einmal den Versuch dazu gemacht.«[388] Und ein anderes Beispiel seines »Übermuts«: »Als am Latinischen Opferfest bei seiner Rückkehr in die Stadt mitten unter den unmäßigen und unerhörten Zurufen des Volkes ein Individuum aus der Menge seiner Statue einen Lorbeerkranz mit vorgebundener weißer Binde (als Zeichen der Königswürde) aufsetzte und die Volkstribunen die Binde von dem Kranz abrissen und den Menschen verhaften ließen, entsetzte er die Tribunen unter heftigen Scheltworten ihres Amtes, sei es aus Verdruß über die unglücklich abgelaufene Anregung seiner Erhebung zum König oder sei es, wie er selbst geltend machte, weil sie ihm den Ruhm genommen, die Königswürde (sclbst) auszuschlagen. Doch blieb trotz allem der Vorwurf, daß er nach dem Königsthron strebe, auf ihm sitzen, obschon er dem Volk, das ihn mit dem Königsnamen begrüßte, antwortete: ›Ich bin Caesar, nicht König!‹«[389] Und dies war nicht nur eine ironische Anspielung auf den Namen seiner Großmutter, die dem Geschlecht der *Marcii Reges* entstammte (*rex* = König).

Nun wäre Caesar ein Schwachkopf gewesen, wenn er ausgerechnet nach *dem* Titel gestrebt hätte – dem des Königs, der in Rom ebenso Synonym für Tyrannei und Willkürherrschaft war wie für uns Heutige der des »Führers«. Doch das Gerücht war da und machte sich in allen Schichten und Vierteln breit, ebenso genährt vom Haß seiner Feinde wie von den Erwartungen des Proletariats, das sich von einem König Caesar eine Verbesserung seiner erbärmlichen Lebensumstände versprach. Hatte er doch schon mehrmals gegen den Widerstand der Optimaten Maßnahmen durchgedrückt, die eine Anhebung der Lebensqualität der Ärmsten bedeuteten. Eine Volkszählung hatte ergeben, daß 320 000 Bürger aus öffentlichen Mitteln kostenlos Brotgetreide erhielten. Waren sie denn Bettler? Die Zahl wurde durch Landzuweisungen in Italien und den neuen Provinzen auf 150 000 verringert. Damit war ein Grundproblem der vergangenen 100 Jahre an der Wurzel gepackt. Außerdem hatte er angeordnet, 80 000 Bürger in überseeischen Gebieten anzusiedeln.

Übereifrige hatten einen völligen Schuldenerlaß gefordert, eine Maßnahme, die aus volkswirtschaftlichen Gründen zurückgewiesen werden mußte.

Aufgrund seiner einzigartigen Machtstellung und durch die ihm von Volk und Senat übertragenen Ehrungen hatte sich Caesar weit

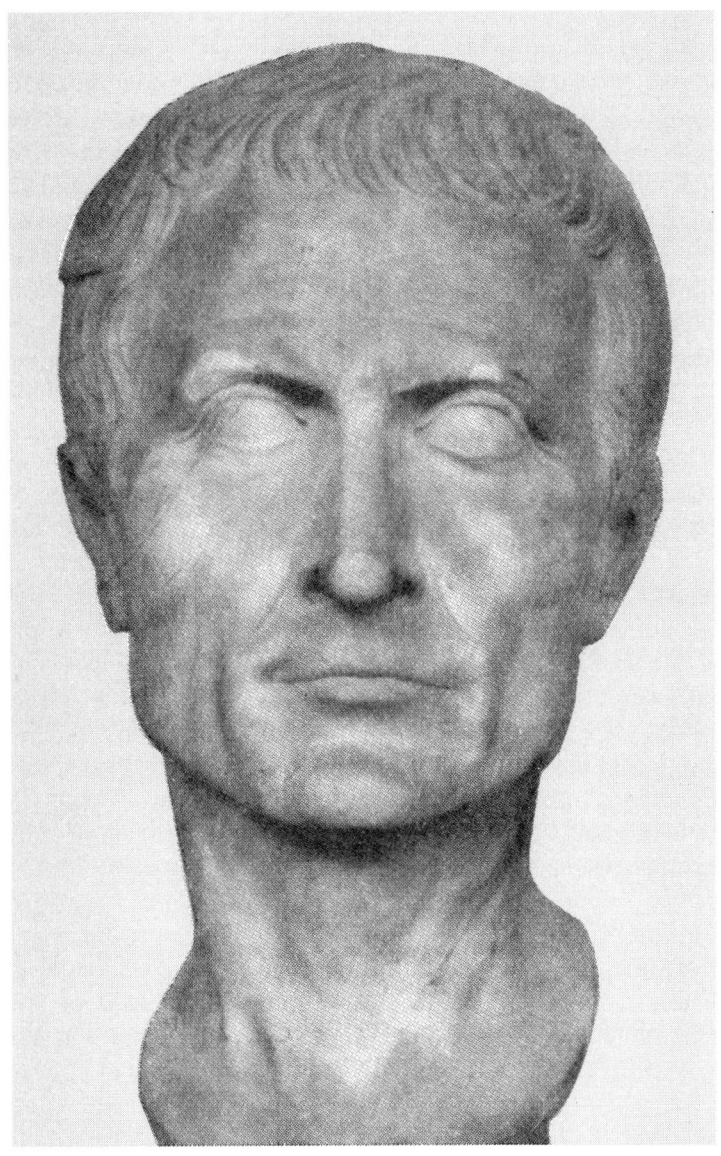

Caesar. Der Kopf wurde nach einem in augusteischer Zeit entstandenen und in mehreren Kopien überlieferten Typus geschaffen, der sich von dem früheren Porträt deutlich unterscheidet: Die Glatze ist durch reicheren Haarwuchs verdeckt, stark betont der entschlossene Ausdruck von Stirn und Kiefer

über alles menschliche Maß erhoben, das Rom bis dahin kannte: lebenslängliche Diktatur; *Imperator* als Name; Recht des Volkstribuns, gegen Maßnahmen des Senats sein Veto einzulegen, zugleich verbunden mit dessen *sacrosanctitas* (eigentlich: durch eine heilige Handlung geweiht, also für unverletzlich erklärt); bindendes Vorschlagsrecht bei Besetzung aller hohen Staatsämter mit *imperium.* Hinzu waren besondere Ehrungen gekommen: bei öffentlichen Auftritten Begleitung von 72 Liktoren[390]; Aufstellung seiner Statue im Tempel des Jupiter und dem des Quirinus, des vergöttlichten Stadtgründers Romulus; das Recht, öffentlich den roten Mantel des Triumphators zu tragen; das Recht, sich nach Belieben mit dem Lorbeerkranz zu schmücken – wovon er aus bekannten Gründen gerne Gebrauch macht –; Umbenennung seines Geburtsmonats, des Quinctilis, in Julius (Juli); Ausstattung mit der Zensorgewalt über Sitte, Moral und Lebenswandel der Senatoren und dem Recht, solche, die dagegen verstoßen, aus dem Hohen Hause zu weisen; eine ständige Ehrenwache aus Senatoren und Rittern; der Eid der Senatoren, stets sein Leben zu schützen … usw.

Dieser Mann war nicht mehr mit der Elle römischer Magistrate und Generäle zu messen, denn er war darüber hinausgewachsen. Rom war für ihn nicht mehr Nabel der Welt, sondern Verwaltungszentrale des Imperiums. Er war zu lange abwesend gewesen, um sich noch ernsthaft in die Querelen und Eifersüchteleien bornierter adliger Clans hineindenken zu können. Addiert man die Zahlenangaben der Quellen, kommt man zu einem erstaunlichen Ergebnis: In den vergangenen 15 Jahren hatte er nur drei Jahre in der Hauptstadt geweilt, während der gallischen Winter für Wochen in Oberitalien. Fast alle Territorien und Städte des Reiches mit ihren so verschiedenartigen Traditionen, Sprachen, Mentalitäten, Religionen, Sitten und politischen Systemen kannte er aus eigener Anschauung.

Seine Staatsauffassung war unglaublich modern, frei von Emotionen, beinahe unternehmerisch. Darum wurde sie nicht verstanden: Rom war bei allem populären Gehabe durch und durch konservativ. Der moderne Historiker Richard Heinze kam nach einem Vergleich von Caesar und Augustus zu dieser Wertung:

»Caesar hielt die römische Vergangenheit für abgetan und tot; er, der Übermensch, traute sich zu, eine neue Zeit zu beginnen, in der das Weltreich, frei von den Fesseln nationaler Bande, eine Einheit im höheren Sinne bilden sollte. Es ist bezeichnend, daß man ihm nicht nur zutraute, er werde, aller römischen Tradition zum Trotz, nach der königlichen Krone greifen, sondern, was noch frevelhafter klang, er gehe damit um, den Sitz der Reichsregierung von Rom weg nach dem Osten zu verlegen. Das hätte bedeutet, daß der Schwerpunkt auf die griechische Reichshälfte gefallen wäre. Ich glaube das nun nicht; aber man sieht doch, wessen man sich von Caesar nach seinen sonstigen Handlungen versah. Er verachtete den Schatten der großen Vergangenheit als ohnmächtig; und er irrte, denn dieser Schatten hat ihn getötet ...«[391]

»Von Fürsten erzeugt zu werden ist eine Zufallserscheinung ...«[392]

In der Geschichte des römischen Kaiserreiches gibt es eine erstaunliche Erscheinung: die Adoption eines Herrschers durch seinen Vorgänger im Amt. Sie wurde kontinuierlich praktiziert von Nerva, Traian, Hadrian und Antoninus Pius. Man nennt diesen Zeitraum darum auch die Epoche der Adoptivkaiser. Er nimmt den größten Teil des 2. Jahrhunderts n. Chr. ein und gilt, bezogen auf die Gesamtentwicklung des Imperiums, als eine Zeit der inneren Ruhe, Konsolidierung und ruhigen Kraftentfaltung. Nach außen wird unter Traian die größte Expansion des Staatsgebietes erreicht, die freilich schon unter seinem Nachfolger, dem klugen Realpolitiker Hadrian, auf das Machbare zurückgenommen wird.

Voraussetzung der aufeinanderfolgenden Adoptionen war, daß weder Nerva, Traian, Hadrian noch Antoninus Pius über einen männlichen Erben verfügten. Als schließlich der von Antoninus adoptierte Marcus Aurelius seinen einzigen mißratenen Sohn Commodus zum Thronfolger erklärte, kehrten nach dem Tode des Vaters die schlimmen Zeiten mit Erinnerungen an Caligula, Nero und Domitian zurück.

Man könnte geradezu die These aufstellen: Immer dann, wenn ein Herrscher bestrebt ist, eine Dynastie zu gründen, läuft er Gefahr, alles, was er erreicht hat, aufs Spiel zu setzen. Dagegen bot das Adoptivkaisertum die Möglichkeit, den Besten zum Nachfolger zu machen.

Dieses Problem des kontinuierlichen Machtübergangs auf den Nachfolger bestand nicht nur in Rom. Es sollte noch das ganze Mittelalter und die frühe Neuzeit beschäftigen. Stichwort: Erb- oder Wahlmonarchie, etwa in Frankreich und Deutschland.

Beide Prozeduren haben ihre Vor- und Nachteile. Im günstigsten Fall besteht in einer Erbmonarchie die Möglichkeit, den Dauphin von besten Lehrern und Erziehern auf seine spätere Aufgabe vorzubereiten, allerdings unter der Voraussetzung, daß Intelligenz, Gesundheit, Charakter und Begabung des Thronfolgers den Anforderungen des höchsten Staatsamtes soweit wie möglich gerecht werden. Solche Beispiele sind in der Geschichte höchst selten. In der Mehrheit der Fälle kommt es zum Bruch zwischen den Generationen, und der Ruf »Der König ist tot – es lebe der König!« ist lediglich der Beweis für das Fortbestehen der Herrschaftsform und keine Aussage über die Qualitäten des Nachfolgers.

Wahl und Adoption des neuen Herrschers sind insofern verwandte Prozesse, als sie beide eben nicht darauf zielen, den machtpolitischen Interessen einer vorhandenen, etablierten Familie zu dienen. Es muß vielmehr ein neuer Mann außerhalb derselben gefunden werden.

Damit erschöpfen sich aber auch schon die Gemeinsamkeiten, denn Wahl und Adoption eines Herrschers unterscheiden sich in einem wichtigen Punkt: wenn es darum geht, bei der Auswahl der Kandidaten so schnell wie möglich zu einem Konsens zu kommen. Wie die Wahl deutscher Könige in Mittelalter und beginnender Neuzeit immer wieder zeigt, dauerte es oft sehr lange – manchmal sechs und mehr Monate –, bis sich die sieben verantwortlichen Kurfürsten auf einen Kandidaten einigen konnten. Hinter jedem der sieben stand eine einflußreiche Lobby mächtiger Territorialfürsten, geistlicher Würdenträger vom Abt bis zum Papst, reicher

Handelsherren, etwa die Fugger, und auswärtiger Mächte, etwa die Könige von Frankreich und England.

Bei der Adoption dagegen entscheidet nur einer, der amtierende Herrscher selbst. Gewiß, er kann sich dabei beraten lassen, doch er allein hat das Recht und die Qual der letzten Entscheidung. Man hat im Zusammenhang mit der Adoptionspraxis der römischen Kaiser des 2. Jahrhunderts von seltenen Glücksfällen gesprochen, daß Nerva und seine Nachfolger immer »den Richtigen« getroffen hätten. Ich glaube nicht, daß dies Zufall ist. Dagegen spricht die relativ große Zahl von gelungenen Adoptionen, nicht nur im 2. Jahrhundert. Es hat wohl grundsätzlich etwas damit zu tun, daß jemand, der angesichts des Todes – oder in kluger Voraussicht schon früher – seinen Nachlaß ordnen will, mit einem kritischen, doch vorurteilsfreien Blick um sich schaut, um den möglichen Kandidaten auszumachen. Er wird alle charakterlichen und sonstigen Fehler derer, die er in die engere Wahl zieht, genauestens prüfen und sich am Ende für einen Mann entscheiden, den die Summe aller Eigenschaften als den geeignetsten ausweist.

Diese Möglichkeit der freien Wahl, den Besten unter vielen Guten zu erkennen und ihn am Ende zum Nachfolger zu machen, besitzt ein dynastisches Familienoberhaupt nicht. Wenn der Herrscher mehrere Söhne hat, steht die Erbfolge dem Ältesten, dem »Purpurgeborenen«, zu. Wenn er kinderlos ist, muß er auf männliche Verwandte im näheren oder weiteren Umfeld zurückgreifen. Genau das aber war die Lage, in der sich Augustus befand, als er sein neues Verfassungssystem etabliert hatte.

Der Principat des Augustus –
Eine verfassungsrechtliche Gratwanderung

Mochte sich Caesar auch wie ein autokratischer Monarch gebärden – er war keiner. Caesar war Diktator auf Lebenszeit, Oberbefehlshaber der Armee, als *Pontifex Maximus* oberster Priester des Staatskultes, außerdem ausgestattet mit der Machtfülle des *imperium proconsulare*, der prokonsularischen Kommandogewalt in den von ihm eroberten Provinzen. All diese Machtbefugnisse und Ämter waren ihm, dem Buchstaben nach legal, vom Senat übertragen worden. Er war auch nicht Begründer einer Dynastie. Gerade der Verdacht, er strebe nach der Königswürde, hatte ihn zu Fall gebracht. Im übrigen hatte er keinen Sohn. Die kurze Episode mit Cleopatra von Ägypten hatte ihm zwar einen solchen beschert – Kaisarion; doch selbst wenn dieser unschuldige Knabe später der Liquidierung durch Augustus entgangen wäre, hätte Rom seine Erhebung zum Nachfolger des Vaters niemals hingenommen. Er hätte stets als Bastard gegolten. Aber auch im politischen Sinne konnte der Diktator keinen Erben haben: Alle Ämter, die er innehatte, waren an seine Person gebunden, weder übertragbar noch erblich.

Caesars Tochter Julia war im Wochenbett gestorben, das Kind – ein Knabe – wenige Tage vor ihr. So stand der mächtigste Mann des römischen Erdkreises ohne Nachkommen da. Seinen Enkel hat er nie gesehen; man hat ihm nur mitgeteilt, daß er ihm sehr ähnlich gesehen habe. Er war damals gerade aus Britannien nach Nordgallien zurückgekehrt, und es heißt, daß ihn der gleichzeitige Verlust der geliebten einzigen Tochter und ihres Kindes schwer getroffen hat.

Wann in Caesar der Entschluß heranreifte, seinen Großneffen Octavian zu adoptieren, wissen wir nicht. Doch soweit wir Caesar kennen, wird er ihn aus der Nähe und der Ferne genau beobachtet haben; denn »Adoptieren bedeutet, ein unbestechliches Urteil fällen«.[393] Und obwohl er um die gesundheitliche Anfälligkeit des jungen Mannes wußte – Augustus kränkelte sein Leben lang an allerlei Leiden –, nahm er ihn im Alter von 20 Jahren an Sohnes Statt an. Nach römischem Recht bedeutete dies: Übernahme des väterlichen Namens und im Falle des Todes Inbesitznahme des väterlichen Vermögens – und das war riesig. Beides aber war in diesem Fall von eminenter politischer Bedeutung. Ob er wollte oder nicht, der »Sohn« Caesars wurde in den Strudel gerissen, der durch die Ermordung des »Vaters« ausgelöst wurde.

Caesar war eine einzigartige Mischung aus Energie, Leidenschaft, geistiger Kraft, großer Empfindsamkeit, subtiler Gedankenschärfe, Gerissenheit, Weitblick, Phantasie, musischem Empfinden, gestalterischer Begabung, Skrupellosigkeit, Mut und überragender Intelligenz, dies alles kontrolliert von einem hohen Verstand. Wenn ein solcher Mann sich entschließt, einen 20jährigen Verwandten, den Enkel seiner Schwester Julia, zu adoptieren, dann war das ein bemerkenswerter Schritt. Und dies selbst in Rom, wo es oft zu Adoptionen kam, wenn in einer vermögenden Familie der männliche Erbe fehlte. Also muß der Staatsmann wie der Privatmann Caesar gute Gründe gehabt haben.

Ein verlockender Gedanke: Was hätte Caesar zum Werk seines Erben gesagt? Wäre er mit dessen Staatskonstruktion, jener Verbindung aus Uraltem und Neuem, einverstanden gewesen? Ahnte er, daß in dem »Sohn« ein geradezu kühler Wille im Umgang mit der Macht steckte? Gemäß dem Ausspruch, der dem älteren Augustus gerne über die Lippen kam: *Festina lente!* – »Eile mit Weile!«?

Ein Vergleich schärft den Blick für die Unterschiede: »Augustus« – so Karl Christ in seiner »Geschichte der römischen Kaiserzeit« – »war kein großer Feldherr wie Alexander oder Caesar ... Augustus' Bedeutung liegt auch nicht in der Zahl und im Umfang der unter ihm neugeschaffenen Provinzen, obwohl er selbst sich mehr als einmal gerade mit seinen militärischen Erfolgen gebrüstet hat. Seine Bedeutung liegt vielmehr in der Institutionalisierung der Macht seines Hauses wie in der endgültigen Institutionalisierung der römischen Macht im gesamten Mittelmeerraum. Denn jenes System und jene Strukturen, die Augustus in einem längeren dialektischen Prozeß organisierte, hatten Jahrhunderte hindurch Bestand ... Persönlichkeit und politische Strukturen sind bei Caesar ebensowenig zu trennen wie bei Augustus. Caesars Aufstieg war von Anfang an durch eine ganz außergewöhnliche Dynamik geprägt sowie durch wiederholte Wagnisse, alles, selbst sein Leben, auf eine Karte zu setzen. Davon findet sich bei Augustus keine Spur ... Octavian-Augustus fehlten die Vitalität und Dynamik Caesars völlig ... Er war der Ansicht, daß erfolgreiches Handeln nicht nur die zügige Ausführung, sondern eben auch sorgfältige Überlegung erfordere. Gegenüber der stets selbstsicheren Risikobereitschaft Caesars dominierte bei ihm ein beständiges Abwägen aller Faktoren und Folgen.«[394]

Als Octavian am Ende des Bürgerkriegs seine Gegner, an der Spitze den Haudegen und ersten General Caesars, Marcus Antonius, niedergerungen hatte, schauten Volk und Senat von Rom gebannt auf den mittlerweile 36jährigen Sieger: Welche Stellung gedenkt er nun im Staat einzunehmen? Wird es zu einer Neuauflage der Diktatur kommen? Wird er die alten bürgerlichen Freiheiten wieder zulassen oder ein tyrannisches Regiment errichten?

Was er dann in die Wege leitet, kommt der Quadratur des Kreises gleich. Zunächst erklärt er am 13.1.27 vor dem Senat, er wolle die Verfügungsgewalt über alle Provinzen und die Armee dem Hohen Hause zurückgeben und damit staatsrechtlich die Republik wiederherstellen. Auf Drängen der Senatoren erklärt er sich jedoch bereit, neben Ägypten für die Dauer von zehn Jahren die Provinzen Syrien, Gallien und Spanien – in ihnen standen die stärksten Korps der Armee – zu übernehmen, um sie zu befrieden und von ihnen aus die Grenzen zu sichern. Zum Dank für Octavians Leistung und Entgegenkommen beschließt der Senat drei Tage später eine Fülle von Ehrungen, darunter die Verleihung des Ehrennamens *Augustus* (der »Erhabene«) sowie die Überreichung eines goldenen Ehrenschildes, dessen Inschrift die Tugenden des Machthabers feiert: *virtus* (Mannhaftigkeit), *clementia* (Milde), *iustitia* (Gerechtigkeit) und *pietas* (Frömmigkeit). Diese Begriffe bildeten von nun an für Jahrhunderte die Grundlage der römischen Kaiserideologie.

Dann macht er sich systematisch an den Ausbau seiner beherrschenden Machtstellung im Staat. Das geschieht in mehreren Etappen. Die wichtigste aktuelle Frage lautet: Welchen Titel will und kann er für sich beanspruchen? *Rex* und *dictator* sind, nach den Erfahrungen der Geschichte, tabu. *Consul* kommt nicht in Frage, weil das höchste Exekutivamt des Staates immer doppelt besetzt ist und lediglich eine Amtsdauer von einem Jahr hat. Danach müßte er sich als Kandidat nach einem angemessenen Zeitraum wieder neu bewerben. Im übrigen sind die Konsuln nach Ablauf ihrer Amtszeit verpflichtet, Rechenschaft abzulegen, und sie können bei offensichtlichem Versagen haftbar gemacht werden. – Er müßte also wieder in die Niederungen der Politik steigen, und genau das will er nicht, weil er weiß, alles würde wieder im Chaos enden.

So greift Augustus zu einem Titel, der eigentlich keiner ist. Er nennt sich in provozierender Untertreibung *princeps*. Was heißt das? *Prin-ceps* ist eine Zusammenziehung aus *primus* (der Erste) und *capio* (ich ergreife, nehme ein) und bezeichnet den Ersten in der Zeit oder in einer Reihenfolge, besonders sofern jemand zuerst handelt und für das Handeln anderer maßgebend ist. Das Wort ist nicht neu. Schon in republikanischer Zeit gehört zu den *principes civitatis*, den Häuptern des Staates, wer aus vornehmer Familie stammte, das Konsulat bekleidet und sich durch sein Verdienst das Ansehen erworben hatte, das ihm als *princeps* eine »führende Stellung« im Staat garantierte. Auch der Senat kennt als *princeps* den angesehensten Senator, dessen Rang und Funktion entfernt mit einem modernen Parlamentspräsidenten vergleichbar ist. Er hat zu Beginn einer Debatte das Vorrecht, als erster das Wort zu ergreifen.

Princeps ist eine typisch römische Begriffsbildung, ein Wort, das sehr schwer in unsere politische Terminologie zu übertragen ist. Augustus schuf sich eine Stellung, die es ihm ermöglichte, ohne großes Aufsehen alle Schlüsselpositionen entweder selbst einzunehmen oder sie nach seinem Wunsch zu besetzen. Das hatte zwei entscheidende Folgen: Zum einen war es nun endgültig vorbei mit der großen republikanischen Freiheit, zugleich aber wurde der schädlichen Ausartung in Zügellosigkeit, Terrorismus und Bürgerkrieg ein Riegel vorgeschoben. Zwar blieben Senat und Volksversammlung bestehen und behielten ihre Funktion, wählten Beamte und beschlossen Gesetze, aber die Kandidaten wurden zuvor von Augustus designiert, und der Inhalt neuer Gesetze wurde vorher festgelegt. »Rom war also eine Scheinrepublik und zugleich eine Fast-Monarchie.«[395]

Caesar, Imperator, Princeps, Augustus … Für Octavian war »Caesar« nach sciner Adoption zunächst noch ein Bestandteil des eigenen Namens. »Caesar« wurde dann die Bezeichnung für jeden Prinzen aus der julisch-claudischen Dynastie, seit Claudius aber ein Titel, den – mit Ausnahme von Vitellius – alle römischen Kaiser führten. Es ist dies ein einmaliger Vorgang in der gesamten Geschichte, daß der Name eines Machthabers zu einem Titel wurde, der die höchste Macht ausdrückte; unser *Kaiser* hat hier ebenso seinen Ursprung wie der russische *Zar.*

»Augustus« ging von Tiberius an als Titel auf alle folgenden Herrscher über und wurde bis zum Ende Westroms beibehalten.

»Imperator« (Befehlshaber) war in der Republik der Titel eines Feldherrn; meist wurde er von seiner siegreichen Armee noch auf dem Schlachtfeld zum Imperator ausgerufen. Der Begriff ging dann in die kaiserliche Titulatur über. So lautete der offizielle Name von Tiberius nach seiner Machtübernahme im September 14 n. Chr.: IMPERATOR TIBERIUS CAESAR AUGUSTUS. In einem komplizierten System wurde die Herrschertitulatur von Fall zu Fall erweitert. Als Beispiel die Rangbezeichnung Traians im Jahre 98 n. Chr.: IMPERATOR CAESAR NERVA (Name des Adoptivvaters) TRAIANUS AUGUSTUS, PONTIFEX MAXIMUS, PROCONSUL, PATER PATRIAE (Vater des Vaterlandes). Manchmal kamen noch Begriffe wie »Pius« (der Fromme), »Felix« (der Glückliche) oder »Optimus« (der Beste) hinzu.

Bei Constantin d. Gr. schließlich nimmt der Herrschername barocke Formen an: IMPERATOR CONSTANTINUS VICTOR (Sieger) AUGUSTUS, PONTIFEX MAXIMUS, PATER PATRIAE, PROCONSUL – später, 312 n. Chr., noch erweitert zu MAXIMUS (Größter) AUGUSTUS, TRIUMPHATOR OMNIUM GENTIUM (Triumphator über alle Völker), RESTITUTOR LIBERTATIS (Wiederhersteller der Freiheit), RESTITUTOR TOTIUS ORBIS (Wiederhersteller des ganzen Erdkreises).

Dies waren die Grundlagen der kaiserlichen Macht:
- Oberkommando über die Armee,
- Prokonsulat in den »kaiserlichen« Provinzen (z. B. Britannien, Ägypten, Gallien, Rätien, Pannonien),
- Verfügungsgewalt über den größten Teil der Staatseinnahmen,
- umfangreicher Privatbesitz,
- höchste staatspolitische Funktionen.

Daneben spielte die herausgehobene religiöse Stellung des Kaisers eine ganz entscheidende Rolle. So bekleidete er hohe Priesterämter, z. B. als *Pontifex Maximus*, oberster Priester des Jupiter, und stand im Mittelpunkt des Kaiserkultes, der mit der Vergöttlichung

Caesars zum *Divus Julius*, dem vergöttlichten Julius, seinen Anfang genommen hatte. Fast alle Nachfolger sind nach ihrem Tod divinisiert worden. Doch ließen sich manche – wie Caligula, Domitian oder Commodus – bereits zu Lebzeiten als Gott verehren. Im 1. Jahrhundert n. Chr. entwickelte sich ein regelrechter Kaiserkult mit Tempeln und eigener Priesterschaft. Er hatte seine Wurzeln im Orient und verbreitete sich auch im Westen des Reiches, freilich nicht so ausgeprägt in Italien. Die Christen, die diesen Kult ablehnten, wurden in logischer Konsequenz zu Staatsfeinden erklärt und erbarmungslos verfolgt.

Anmerkungen

1 M. Durry, Les Cohortes Prétoriennes (Paris, 1938), S. 1, Préface; Übersetzung vom Verfasser.
2 Sueton, Cal. 9.
3 Die Lage des Schlachtfeldes ist bis heute noch nicht eindeutig geklärt.
4 Tacitus, ann. 1,31 ff.
5 Vgl. Yann Le Bohec, Die römische Armee, S. 46 ff. und S. 65 f.
6 Das genaue Avancement der Centurionen innerhalb einer Legion ist nicht genau geklärt. Es ist bekannt, daß die Legion insgesamt 59 Centurionen im aktiven Dienst hatte; den Widerspruch zu der von Tacitus genannten Zahl 60 wollen einige Forscher damit erklären, daß der »Sechzigste« für besondere Aufgaben bereitgehalten wurde.
7 Sueton, Cal. 9; mit diesem Ort ist wahrscheinlich das oppidum Ubiorum, die Vorläufersiedlung der späteren Colonia Claudia Ara Agrippinensium (CCAA = Köln) gemeint. Das oppidum wurde im Jahre 50 n. Chr. auf Wunsch von Caligulas Schwester Agrippina – mittlerweile zur Kaiserin aufgestiegen – durch ihren Gemahl, den Kaiser Claudius, zur Kolonie erhoben. Die jüngere Agrippina war in Köln geboren worden.
8 Keltischer Volksstamm beiderseits der unteren Mosel. Ihre Hauptstadt, seit dem 3. Jh. als Augusta Treverorum häufig Kaiserresidenz, ist das heutige Trier.
9 Tacitus, ann. 1,40 ff.
10 M. Vipsanius Agrippa, von niederer Herkunft, Freund und Feldherr Octavians, der selbst kein Soldat war. Seit dem perusischen Krieg (40 v. Chr.) führte Agrippa die Kriege Octavians gegen Sextus Pompeius und Marcus Antonius und errang den entscheidenden Sieg von Aktium. In der Kaiserzeit leitete er die äußere Politik und die Militärverwaltung. Wegen seiner Verdienste erwartete er 23 v. Chr., als Augustus sein Testament machte, sicher, zum Nachfolger bestimmt zu werden. Er heiratete Julia, die Tochter des Kaisers, ging 16 v. Chr. nach dem Osten und führte Krieg gegen die Kimmerier. Er starb hochgeehrt 12 v. Chr.
11 Schiller, H., a.a.O., J 1, S. 305.
12 Sueton, Cal. 24.
13 Vgl. K. Christ, S. 208.
14 K. Christ, S. 208 f.
15 K. Christ, S. 209 f.
16 Vgl. Tacitus, ann. 4, 34–35, Rede des Historikers Cremutius Cordus.
17 Sueton, Cal. 16.
18 Sueton, Cal. 29.
19 Sueton, Cal. 37.
20 Ebd.
21 Ebd.
22 D. h. von Centurionen, die als Primuspilus den obersten Rang in einer Legion erreicht hatten.

23 Sueton, Cal. 38.
24 Sueton, Cal. 40.
25 Sueton, Cal. 41.
26 Ich folge hier Maria R.-Alföldi (Die Geschichte des numidischen Königreiches und seiner Nachfolger, in: Die Numider, Reiter und Könige nördlich
   der Sahara, hg. von H. G. Horn und Chr. B. Rüger, Bonn 1979, S. 74) gegen
   M. Gelzer, RE X (1918) Sp. 404.
27 Sueton, Cal. 35.
28 Cassius Dio, 59, 25, 1.
29 Cassius Dio, 69, 3, 6.
30 Sueton Cal. 29 u. 30.
31 Ebd.
32 Sueton, Cal. 32.
33 Sueton, Cal. 33.
34 Sueton, Cal. 56.
35 Marcel Durry: »Chaerea était détaché en service permanent auprès du
   prince.« Durry S. 365, Anm.
36 Die folgende Szene ist nach Sueton, Cal. 52–56, und Flavius Josephus, Jüd.
   Alt. 19, 5 ff. gestaltet.
37 Tacitus, ann. I, 32.
38 Sueton, Cal. 50.
39 Ebd.
40 Flav. Jos. XIX, 1, 5.
41 Sueton, Cal. 56.
42 Flav. Jos. ant. XIX, 1, 4.
43 Ebd.
44 Über ihn ist außer dieser Erwähnung bei Flavius Josophus ant. XIX 1, 5
   nichts bekannt.
45 Flav. Jos. ant. XIX 1, 5.
46 Urbs nannte man ursprünglich jede größere Stadt einer Region; der Begriff
   wurde dann zunehmend für die Hauptstadt gebraucht, etwa im Sinn von
   Metropole.
47 Flav. Jos. ant. XIX, 1, 10.
48 Flav. Jos. ant. XIX 1, 8.
49 Vgl. Flav. Jos. ant. XIX u. XX; Cassius Dio LIX, 29, 1 ff.; Sueton, Cal. 56 ff.
50 Sueton, Cal. 56.
51 Th. Mommsen, Römische Kaisergeschichte, nach den Vorlesungs-Mitschriften von Sebastian und Paul Hensel 1882/86, herausg. v. Barbara und Alexander Demandt, München 1992.
52 Mommsen, R. K., a.a.O., S. 178.
53 Ebd.
54 Vgl. RE X, 1 Sp. 414.
55 Vgl. Zonaras XI, 6 und Sueton Cal. 56; Zonaras war in der ersten Hälfte des
   12. Jahrhunderts in Konstantinopel Chef der Leibgarde und Vorsteher der
   kaiserlichen Kanzlei. Er schrieb eine Weltchronik, die durch die Reich-
   haltigkeit des Stoffes und das selbständige Quellenstudium des Verfassers

unter ähnlichen Werken der byzantinischen Geschichtsschreibung an erster Stelle steht. Zonaras hat u.a. die Werke von Cassius Dio als Quelle benutzt und somit Stellen überliefert, die sonst verloren wären.

56 Flav. Jos. ant. XIX 1, 6 f.

57 Flavius Josephus, XIX 1, 8.

58 Ebd.

59 Der erste Brutus (L. Junius Brutus) vertrieb 509 v. Chr. zusammen mit Tarquinius Collatinus den letzten römischen König Tarquinius Superbus. – Der zweite, M. Junius Brutus, war maßgeblich an der Verschwörung gegen Cacsar (44 v. Chr.) bcteiligt.

60 Flavius Josephus, ant. XIX 1, 10.

61 Vgl. RE I, Sp.2310 Annius Nr. 99; Lex.der Alten Welt s. v. Vinicianus (1), Sp. 3231; Der Kleine Pauly s. v. Annius (18), Sp.363; an den genannten Stellen auch weiterführende Literatur.

62 Vgl. Tac. ann. VI 9.

63 Vgl. RE I Sp. 2310 Annius 99 , dort Belegstellen.

64 Flav. Jos. ant. XIX 1, 13.

65 »Saltus Teutoburgiensis« (Teutoburger Wald), Schauplatz der Varusschlacht 9 n. Chr. Die genaue Lage des Schlachtfeldes (in Westfalen) ist immer noch unbekannt.

66 Seneca, dial. II 18, 2; daraus wohl Sueton, Cal. 36, 2.

67 Livius, Ab Urbe Condita XXII, 38, 1–5.

68 Tacitus, hist. I 55, 1.

69 Flav. Jos. ant. XIX 1, 11.

70 Ebd.

71 Ebd.

72 Ebd.

73 Ebd.

74 Flavius Jos. XIX 1, 11.

75 Ein Vers aus Homer, Ilias XIV 90.

76 *Pantomimus* ist der Schauspieler, der einen dramatischen Stoff ohne Worte, nur durch Tanz und Gesten darstellte. *Pantomimus* hieß auch die Darbietung selbst. Zur großen Mode wurde die Pantomime in der Kaiserzeit, wo sie mit prunkvoller revuehafter Ausstattung dargeboten wurde.

77 Kinyras, in der griech. Sage der erste König von Zypern, wo er in Paphos den Aphroditekult stiftete. Sänger, Seher und Musiker. Mit seiner Tochter Myrrha zeugte er den Adonis.

78 Sueton, Cal. 58.

79 Ebd.

80 Flavius Josephus, ant. XIX 1, 12–14.

81 Vgl. bell. Iud. III 392–411; vita 414.

82 Flav. Jos. vita 423.

83 So Hölscher in der RE XVIII, 1916, s. v. Josephus, Sp. 1984.

84 Vgl. auch M. Schanz, Röm.Lit.-Gesch., Handb. VIII. II 2², S .256 f.

85 Hölscher, RE XVIII, 1916, s. v. Josephus, Sp. 1985 f.

86 Vgl. Tacitus hist. IV 43.

87 T. Petronius, der *arbiter elegantiae* (Schiedsrichter in Dingen des feinen Geschmacks) am Hofe Neros, 66 n. Chr. durch den Einfluß des neidischen Gardepräfekten und Höflings Tigellinus gestürzt. Er gab sich selbst den Tod und übersandte dem Kaiser eine Schrift, in der er dessen geheimste Schändlichkeiten offenlegte (Tacitus, ann. XVI, 18 f.)

88 Tacitus, hist. I 8, 1.

89 Als Beispiel: Tacitus, ann. XIII 20 und XIV 2.

90 Flavius Jos. ant. XIX 1, 15.

91 Ebd.

92 Ebd.

93 Zu Einzelheiten und Belegstellen vgl. RE IV 2, 1901, Sp. 1900 s.v. custos, dort auch Literatur.

94 Als Volkstribun setzte P. Clodius Pulcher 58 v. Chr. die Verbannung Ciceros durch und bildete Banden, mit denen er Rom terrorisierte. 53 bewarb er sich um die Praetur, wurde aber 52 von den Banden seines optimatischen Feindes T. Annius Milo auf der Via Appia zwischen Aricia und Bovillae erschlagen. Trotz der Verteidigung durch Cicero wurde Milo verurteilt und ging in die Verbannung nach Massilia. Clodius' Leichnam wurde mit Bänken, die das aufgebrachte Volk aus der Kurie geholt hatte, verbrannt. Dabei ging die Kurie selbst in Flammen auf.

95 Vgl. Sueton, Cal. 45.

96 Sueton, Galba 12.

97 Yann Le Bohec, Die römische Armee, a.a.O., S. 110.

98 Ebd.

99 Appian, II 64.

100 Flavius XIX 1, 15.

101 Flavius XIX 1, 16; d. h. die anwesenden Senatoren bewahrten Haltung.

102 Ebd.

103 Flavius XIX 1, 17.

104 Ebd.

105 Flavius XIX 1, 18.

106 Ebd.

107 Flavius XIX 1, 19.

108 Ebd.

109 Ebd.

110 Plinius, naturalis historia XXIX 22.

111 Vgl. Tacitus, hist. I 38.

112 M. Junkelmann, Die Legionen des Augustus, a.a.O., S. 212.

113 Tacitus, ann. XVI, 27.

114 Herodianus, Gesch. d. röm. Kaisertums II, 13.

115 Die *horti Lamiani*, die Lamianischen Gärten, lagen außerhalb der Servianischen Mauer auf dem Esquilin. Angelegt von Aelius Lamia (vgl. Hor. carm., I, 26; III, 17), gingen sie im 1. Jh. in kaiserlichen Besitz über und waren der Lieblingsaufenthalt Caligulas.

116 Octavian gab bei seiner Rückkehr aus Ägypten im Jahre 29 v. Chr. den Auftrag zum Bau des riesigen Grabmals auf dem Marsfeld. Vorbild war das Grab

Alexanders d. Gr. in Alexandria. Die Anlage hatte einen Durchmesser von 87 m. Der äußere Sockel aus Travertin war 12 m hoch. Es handelte sich nicht um einen einfachen Grabhügel, sondern um einen mehrstöckigen, komplizierten Bau, der sich in mehrere konzentrische Kreise gliederte. Der große Pfeiler in der Mitte, in dem ein quadratischer Raum ausgespart ist, muß das Grab des Kaisers enthalten haben. Darüber, auf der höchsten Erhebung des Monuments, stand die Bronzestatue des Augustus. Die anderen Grabstätten befanden sich in drei Nischen. Im Laufe der Zeit wurden hier ab 23 v. Chr. Marcellus, Octavia, Agrippa, Drusus d. Ä., Lucius und Gaius Caesar, Augustus, Drusus d. J., Livia und Tiberius beigesetzt. Ob Claudius und Vespasian hier bestattet waren, weiß man nicht. Caligula ließ die Asche seiner Mutter Agrippina und der Brüder Nero und Drusus Caesar in das Mausoleum bringen. Nero und Julia, die Tochter des Augustus, wurden ausgeschlossen.

117 Sueton, Cal. 59.

118 Flav. Jos. XIX 1, 20.

119 Vgl. Anm. 94.

120 Flav. Jos. XIX 1, 20.

121 So hat der von Tac. ann. VI 11 genannte Piso die Stadtpräfektur 15 Jahre lang innegehabt, und zwar nicht nur während der elfjährigen Abwesenheit des Tiberius (26–37 n. Chr.) auf Capri, sondern auch dann, wenn der Kaiser sich in Rom aufhielt.

122 Zu den Sollstärken der Urbanae cohortes vgl. M. Durry, S. 82 ff.; ders.: RE Bd. XXII, S. 1613–1614; Tac. hist. II 93, 2; Flav. Jos. bell. Iud. II, 373. Doch ist dem Zeugnis von Flavius Josephus kein großer Wert beizumessen, da seine Ungenauigkeit bei Zahlenangaben bekannt ist.

123 S. Anm. 381.

124 Tacitus, ann. XI 1, 2 ff.

125 Flavius Jos., ant. XIX 1, 20.

126 Sueton, Cal. 60.

127 Ebd. – Gemeint sind Gaius Julius Caesar Strabo, ermordet 87 v. Chr., und Gaius Julius Caesar, ermordet 44 v. Chr.

128 Ebd.

129 Ebd.

130 Cassius Dio Cocceianus, auch Dio Cassius genannt, lebte von etwa 150 bis 235 n. Chr. Er stammte aus Nikaia (Bithynien), kam frühzeitig nach Rom und wurde dort Staatsbeamter. Er schrieb in griechischer Sprache eine römische Geschichte in 80 Büchern, von den Anfängen Roms bis 229, dem Jahr seines Konsulats unter der Regierung seines Gönners Alexander Severus. Wir besitzen vollständig nur noch die Bücher 30–60 (69 v. – 46 n. Chr.). Aus den Büchern 1–35 sind längere Fragmente erhalten. Ersatz für die verlorenen Bücher 61–80 bietet z. T. ein Auszug des Mönches Joannes Xiphilinos. (Darum an entsprechenden Stellen bei Quellenverweisen in Klammern der abgekürzte Zusatz [Xiph.].) Für die Zeit bis auf Augustus ist weitgehend Livius benutzt, für die spätere wohl auch Tacitus. – Das Werk ist trotz einseitigen Urteils zugunsten der Monarchie eine wichtige Quelle für das Verständnis der äußeren und inneren Geschichte Roms.

131 Joann. Antioch. fr. 84 M. (v. 20–28), in der Artemis-Ausgabe: Cassius Dio 59
132 Im Rahmen seiner Militärreform vereinfachte Marius gegen Ende des Krieges gegen Jugurtha das Nachschubwesen. Der in allen vorherigen Kriegen so schwerfällige Troß wurde radikal verkleinert. Dafür bürdete Marius dem einzelnen Kämpfer mehr Gepäck auf. Seither hing dem Legionär der Spitzname des »Marianischen Maulesels« an.
133 Sueton, Claudius 10.
134 Flavius XIX 2, 1.
135 Flavius XIX 3, 1.
136 Ebd.
137 Flavius XIX 3, 2.
138 Flavius XIX 2, 1–3.
139 Flavius XIX 2, 3.
140 Ebd.
141 Ebd.
142 Flavius XIX 2, 4.
143 Ebd.
144 Sueton, Cal. 59.
145 Sueton, Claudius 10.
146 Aus Sueton, Cal. 10, ließe sich ableiten, daß die Volkstribunen Claudius erst am Morgen des 25. Januar aufsuchten, weil Claudius »die Nacht unter den Wachen (Prätorianer) verbrachte«. Andererseits fährt Sueton fort: »Am folgenden Morgen ... duldete es Claudius, daß ... die Soldaten auf seinen Namen schworen«. Sueton, der sich – wie dargelegt – nicht für die feinen Details interessiert, faßt sie zusammen und nimmt die zeitliche Ungenauigkeit in Kauf.
147 Flavius XIX 3, 3.
148 Ebd.
149 Sueton, Claudius 10.
150 Die Szene ist nach Flavius XIX 3, 3–4 gestaltet; die Beschreibung des Äußeren von Claudius findet sich bei Sueton, Claudius 30.
151 Flavius ant. XIX, 4, 1.
152 Ebd.
153 Herodes d. Gr. (37–4 v. Chr.) war Nachfolger seines Vaters Antipatros als Prokurator von Judäa. Er machte sich 37 zum König, führte eine glänzende Regierung und entwickelte eine großartige Bautätigkeit (Neubau des Tempels zu Jerusalem). In seiner Politik war er gegenüber Augustus sehr geschickt, gegen die Untertanen hart. Schon sein Vater hatte sich im Alexandrinischen Krieg (Januar bis März 47 v. Chr.) auf die Seite Roms geschlagen und dem in Bedrängnis geratenen Caesar Truppen gestellt. Diese romfreundliche Haltung wurde auch von Herodes' Nachfolgern beibehalten, und Herodes Agrippa, ein Enkel Herodes' d. Gr., konnte seinen Nutzen daraus ziehen.
154 Vgl. Lukas 13, 31 u. ö.
155 Flav., ant. XVIII 6, 4.
156 Flav. XIX 4, 1.
157 Flav. ant. XIX 4, 1.

158 Ebd.
159 Flavius XIX 4, 2.
160 Ebd.
161 bei Sueton sind es 15 000 Sesterzen.
162 Flavius XIX 4, 2.
163 Zur antiken Tageseinteilung: Griechen und Römer teilten die Zeit von Sonnenaufgang (Winter: 7.33; Sommer: 4.27 Uhr) bis Sonnenuntergang (Winter: 16.27; Sommer: 19.33 Uhr) in zwölf gleiche Einheiten, die mit Sonnen- und Wasseruhren gemessen wurden. Eine Folge war, daß sich die Dauer der jeweiligen Tagesstunden im Laufe der zwölf Monate veränderte. Unter diesen Voraussetzungen ist klar, daß z. B. öffentliche Veranstaltungen oder auch private Verabredungen nicht auf die Minute genau beginnen konnten. Der antike Mensch hatte ein anderes Zeitgefühl als wir.
164 Flavius XIX 4, 3.
165 Flavius XIX 4, 3.
166 Das heißt, daß sie alle wie auf dem Sprung standen.
167 Ebd.
168 Sueton, Claudius 10.
169 Flavius XIX 4, 3.
170 Ebd.
171 Flavius XIX 4, 5.
172 Ebd.
173 Ebd.
174 *Equites*, Ritter, nannte man in Rom die Angehörigen des Geldadels. Der Name bedeutet ursprünglich, daß ein *eques* (Reiter) vermögend genug war, sich ein Pferd und die dazugehörige Rüstung anschaffen zu können. Da ein Senator keine Geldgeschäfte betreiben durfte – er legte sein Geld in Land- und Hausbesitz an –, entwickelte sich der Ritterstand zu einer mächtigen Gruppe zwischen Amtsadel und Volk. Die Ritter waren durch einen schmalen Purpurstreifen an ihrer Toga ausgezeichnet, während Senatoren einen breiten trugen. Seit Augustus rückten sie zunehmend in die Offiziersränge der Armee ein und waren in der Verwaltung des Reiches tätig. Um Ritter zu werden, mußte man nachweisen, daß man im Besitz von 400 000 Sesterzen baren Geldes war.
175 Cassius Dio, 60, 3, 4.
176 Sueton, Claudius 11.
177 Flavius XIX 4, 6.
178 Im Sommer – bis in den September – ruhte das öffentliche Leben in Rom. Man sprach dann von den »Gerichtsferien«, denn in dieser Zeit wurden keine Rechtsfälle verhandelt. In dieser Zeit der größten Hitze hatten auch die privaten Schulen in der Nähe des Forums geschlossen.
179 Plutarch, Antonius 87.
180 Sueton, Tib. 7.
181 Vgl. Cassius Dio (Xiph.) 65, 14, 1 f.
182 Flavius ant. XVIII 6, 6.
183 Bengtson, Grundr., S. 282.

184 Cassius Dio, 58, 5, 1–11, 7.
185 Sueton, Claudius 28.
186 Tacitus, hist. 5, 9, 3.
187 Sueton, Vesp. 3.
188 Hennig, S. 149.
189 Ich folge hier Hennig S.152 ff.
190 Hennig S. 153 f.
191 Durry, Les Cohortes …, S. 267.
192 Korrekt heißt das Zitat:»Sine ira et studio« (Ohne Zorn und ohne Eifern).
   – Diese sprichwörtlich gewordene Verpflichtung zu unvoreingenommener
   und unparteiischer Betrachtungsweise findet sich in den Annalen des Tacitus (I, 1). In bezug auf Seianus kann davon bei Tacitus keine Rede sein.
193 Als dieser im Jahre 1 v. Chr. nach Asien ging.
194 Tacitus, ann. 4, 1–2.
195 Vgl. Dudley, Tacitus und die Welt der Römer, a.a.O., S. 109 ff.
196 Tacitus, ann. IV, 1, 3.
197 Sallust, Cat. 5, 3 f.
198 Ich folge hier Hennig, a.a.O., S. 28 ff.
199 Hennig, S. 31f.
200 Marcel Durry in RE XXII, 2, 1954, Sp. 1607 ff., s. v. Praetoriae Cohortes.
201 Zu Einzelheiten, Quellen und Literatur vgl. Durry in RE XXII s. v. Praetoriae Cohortes.
202 Le Bohec, a.a.O., S. 20.
203 Cassius Dio, 52, 24, 1–6.
204 Le Bohec, S. 110.
205 Bei Le Bohec, S.110, der sich auf A.Passerini beruft.
206 E. Kornemann, Tiberius, a.a.O., S. 65.
207 Durry, RE XXII, Sp. 1611.
208 Sueton, Aug. 49.
209 Vgl. CIL XIV 4494.
210 Gegen Durry, der 23 annimmt, vgl. Hennig, L. Aelius Seianus, a.a.O., S. 30.
211 Diese Einschränkung wurde natürlich nach der Kasernierung in Rom unter
   Seianus fallen gelassen.
212 Kornemann, Tib., S. 127 f.
213 Tacitus, ann. XII, 69.
214 Tacitus, ann XIII, 48.
215 Plinius, n. h. VI 181.
216 Vgl. M. Durry, RE XXII (1954) s. v. Praetoriae Cohortes, Sp. 1629.
217 Ebd., Sp. 1631.
218 H. Schiller, G. d. r. K., I, 1, S.293.
219 Th. Mommsen, R. K., a.a.O., S.167 u. Anm. 502.
220 H. Dessau, Geschichte der römischen Kaiserzeit, a.a.O., 2, 1, S. 61.
221 Bengtson, Grundriß der Römischen Geschichte, a.a.O., S. 281.
222 Hennig, S. 32.
223 K. Christ, G. d. r. K., a.a.O., S. 197.
224 Juvenal, Satiren X, 56 ff. – in der Übertragung und der altertümlichen

Rechtschreibung von Jacob Burckhardt; bei K. Christ, G. d. r. K., a.a.O., S. 199 f., dort auch die Kommentierung Christs.

225 Kornemann, Tib., S. 222.
226 Tacitus, ann. IV, 38.
227 Manfred Baar, Das Bild des Kaisers Tiberius bei Tacitus, Sueton und Cassius Dio, Diss. Stuttgart 1990, S. 135.
228 Velleius Paterculus – um 20 v. bis nach 30 n. Chr. – ist der einzige uns noch erhaltene Geschichtsschreiber der frühen römischen Kaiserzeit. Seine *Historia Romana* gibt in Form eines knappen Kompendiums einen Überblick über die Geschichte Roms von ihren mythischen Anfängen bis zur Zeit des Tiberius.
229 Vell. Pat. hist. 2, 127, 3.
230 Plinius der Ältere, der Verfasser der enzyklopädischen Historia Naturalis, war damals als Stabsoffizier am Rhein. Er hatte den Plan eines großen Werkes über die Kriege der Römer in Germanien gefaßt und an Ort und Stelle mit der Sammlung des Materials begonnen. Das Werk ist nicht erhalten, doch haben andere Autoren, auch Tacitus in seiner »Germania«, es benutzt.
231 Tacitus, ann. I, 69.
232 Hennig, S. 20 f.
233 Vell. Pat. hist., 2, 128, 1 u. 4.
234 Ebd., Nachwort von Marion Giebel, S. 373 ff.
235 Tacitus, ann. IV, 2.
236 Ebd.
237 Kornemann, Tib., S. 127.
238 Tacitus, ann. IV, 6.
239 Ebd.
240 Ebd.
241 Cassius Dio, 57, 11.
242 Tacitus, ann. 4, 7, 1.
243 Tacitus, ann. IV, 3 u. 7.
244 Sueton, Tib. 52.
245 Cassius Dio, 57, 13, 1–2.
246 Cassius Dio, 57, 22, 1–2.
247 Vgl. Hennig, S. 33 f.
248 Tacitus, ann. IV, 8.
249 Ebd.
250 Sueton, Tib. 62.
251 Hennig, S.38.
252 So Werner Eisenhut, Mus. Helv. 7, 1950, S.127, zit. bei Hennig, S. 39.
253 W. Sontheimer in der Einleitung zu den Annalen, Stuttgart 1991, S. 10.
254 Tacitus, ann. IV, 33.
255 W. Sontheimer, a.a.O., S. 11.
256 Tacitus, ann. IV, 39 f.
257 Julia, Tochter des Augustus und der Scribonia, die zuerst mit Marcellus, dann mit Agrippa und zuletzt mit Tiberius verheiratet war.
258 Tacitus, ann. IV, 39–40.

259 Hennig, S. 78. – Hennig, ebd. Anm. 58: »Koestermann, Annalen II 134 z. Stelle, scheint den Brief für echt zu halten. Er nimmt sogar zwei Briefe an, von denen der erste nur einen ›kurzen Zwischenbescheid‹ enthielt. Dieser Ansicht … kann nicht zugestimmt werden. Für authentisch hält den Briefwechsel auch Syme, Tacitus I 278. 320 … Die Behauptung Kornemanns, der Briefwechsel habe sich in den Senatsakten gefunden, ist ganz abwegig. Auch aus den Kommentarien der jüngeren Agrippina kann ihn Tacitus unmöglich entnommen haben. Der Übergang in direkte Rede ann. IV, 40, 4 ist lediglich als Stilmittel zur Steigerung der Intensität der Aussage anzusehen und keinesfalls ein Hinweis darauf, daß Tacitus an dieser Stelle etwa wörtlich zitiert.«
260 Tacitus, ann. IV, 38.
261 Domaszewski, G. d. r. K., a.a.O., S. 303.
262 Tacitus, ann. IV, 3.
263 Tacitus, ann. IV, 41.
264 Ebd.
265 Kornemann, Tib., S. 152.
266 Tacitus, ann. IV, 52; Sueton, Tib. 53.
267 Ebd.
268 Tacitus, ann. IV, 53.
269 Hennig, S. 82.
270 Tiberius hatte Germanicus adoptiert.
271 Tacitus, ann. IV, 54.
272 Hennig nimmt an, daß es sich auch hier um die Kommentarien der jüngeren Agrippina handelt, die Tacitus vorlagen. Der unmittelbare Zusammenhang beider Stellen lege diese Vermutung nahe. Vgl. Hennig, S. 83 f.
273 Tacitus, ann. IV, 57.
274 Dies und die folgenden Stellen bei Tacitus, ann. IV, 57–59.
275 Kornemann, Tib., S. 156 f.
276 Roland Hampe, Sperlonga und Vergil, Mainz 1972 [Ph. v. Zabern], S. 1.
277 Vgl. Plinius, nat. hist., 36, 37.
278 Sueton, Tib. 39.
279 Tacitus, ann. IV, 59.
280 Hennig, S. 86
281 Kornemann, Tib., S. 159.
282 Gregorovius, Wanderjahre, S. 573 f.
283 Ebd., S. 574 f.
284 Kornemann, Tib., S. 159.
285 Cassius Dio (Val.), 58, 3, 8.
286 Hennig, S. 87.
287 Cassius Dio (Xiph.), 58, 4, 2 und 58, 5, 1.
288 Hennig, S. 87.
289 Cassius Dio, 52, 24, 5
290 Cassius Dio, 58, 5, 2–4.
291 Cassius Dio (Xiph.), 57, 24, 5.
292 Cassius Dio (Xiph.), 57, 19, 7.

293 Vgl. Yann Le Bohec, Die röm. Armee, a.a.O., S. 40.
294 Tacitus, ann. IV, 59 f.
295 Vgl. im einzelnen dazu Hennig, S. 88 f.
296 Ebd.
297 Tacitus, ann. IV, 57.
298 Tacitus, ann. IV, 70.
299 Hennig, S. 92.
300 Kornemann, Tib. S. 160.
301 Tacitus, ann. V, 3, 1.
302 Tacitus, ann. V, 3 ff.
303 Tacitus, ann. V, 4.
304 Vgl. Hennig, S. 145.
305 Ders., S. 150 ff.
306 Ders., S. 154.
307 Tacitus, ann. XI, 26 ff.
308 Tacitus, ann. XI, 38.
309 Tacitus, ann. XII, 2 f.
310 Tacitus, ann. XII, 69.
311 Tacitus, ann. XIII, 2.
312 Tacitus, ann. XIV, 65.
313 Cassius Dio (Xiph.), 62, 14, 3.
314 Tacitus, ann. XII, 42.
315 Tacitus, ann. XIII, 19.
316 Tacitus, ann. XIV, 51.
317 Vgl. Tacitus, ann. XV, 72 u. Plutarch, Galba 9.
318 H. Dessau, G. d. r. K. II, 1, S. 289.
319 Plutarch, Galba 2.
320 Ein Gladiator, der mit gallischen Waffen kämpfte.
321 Sueton, Nero 47.
322 Sueton, Nero 48 f.
323 K. Christ, G. d. r. K., a.a.O., S. 242 f.
324 Cingonius Varro war *consul designatus* für das Jahr 69.
325 Plutarch, Galba 14 f.
326 Es ist der Bruder des späteren Kaisers Flavius Vespasianus.
327 Tacitus, hist. I, 46.
328 Durry, Praetoriae Cohortes, RE XXII, 2 (1954), Sp. 1608.
329 Plutarch, Galba 18.
330 Das Tribunal war ein podiumartiger flacher Bau, auf dem der Feldherr oder Kaiser bei Ansprachen auf der *sella castrensis* Platz nahm.
331 Tacitus verwendet hier den Begriff *vulgus* im selben Sinne wie Sueton im Zusammenhang der stürmischen Senatssitzung am Abend nach der Ermordung Caligulas. Vgl. oben.
332 Tacitus, hist. I, 36–38.
333 Der Lacus Curtius war ursprünglich ein Teich mitten auf dem Forum vor der Basilica Julia; er bestand in der Kaiserzeit nur noch als Brunneneinfassung.
334 Tacitus, hist. I, 40 f.

335 Tacitus, hist. II, 49.
336 Tacitus, hist. III, 84.
337 K. Christ, G. d. r. K., a.a.O., S. 256.
338 Tacitus, hist. IV, 46.
339 Sueton, Titus 6.
340 L. Antonius Saturninus, aus der Provinz stammend, wurde von Vespasian in den Senatorenstand aufgenommen. Nach seinem Konsulat (*consul suffectus* ca. 83 n. Chr.) Statthalter in der *Germania superior* (Obergermanien, vgl. Sueton Dom., 6). Er erhob sich im Januar 89 gegen Domitian (Cassius Dio, 67, 11, 1). Der Aufstand wurde rasch von A. Lappius Maximus niedergeschlagen (Martial 4, 11).
341 Vgl. M. Durry, Les cohortes ..., S. 81.
342 Sueton, Dom. 23.
343 M. Durry, RE XXII, 2 (1954) s. v. Praetoriae Cohortes, Sp. 1609.
344 Cassius Dio (Xiph.), 74, 11, 1–6.
345 K. Christ in Lex. d. alt. Welt s. v. Septimius Severus, Sp. 2780 ff.
346 Cassius Dio, 77, 15, 2; dort auch der vorherige Ausspruch.
347 Cassius Dio (Xiph.), 78, 7, 1; 9, 1; 10, 1; 10, 2.
348 ders., 78, 2, 3ff.
349 Cassius Dio (Xiph.), 78, 3, 1.
350 Herodianus, Kaisergeschichte 4, 13.
351 Ebd.
352 Ebd.
353 Herodianus 7, 11.
354 Ders. 7, 12.
355 Dietger Reinhold in: Die Römer, hg. v. Pleticha/Schönberger, Gütersloh 1977/1980, S. 408.
356 Das spätlateinische »dioecesis« bezeichnet eine Verwaltungseinheit des Römischen Reiches in Anlehnung an das hellenistische Vorbild, und zwar ein Stadtterritorium, das einen der Provinz untergeordneten Verwaltungsbezirk darstellt. Seit der Reform Diocletians stellte die Diözese innerhalb des gesamten Verwaltungsbereichs eine Zwischeninstanz dar, die den Provinzen übergeordnet war. An der Spitze der ursprünglich zwölf Diözesen stand der »vicarius« oder »comes«.
357 Vatikanische Fragmente, p. 157 Krüger; bei Arend, a.a.O., dok. 712, S. 731.
358 Durry in RE XXII, 2 (1954), Sp. 1610.
359 Durry, in RE XXII, 2 (1954), Sp. 1633.
360 J. Burckhardt, Die Zeit Constantins d. Gr., Kettwig 1990, S. 233.
361 Ebd., S. 293.
362 Durry in RE XXII, 2 (1954), Sp. 1610 f.
363 Sueton, Cal. 55.
364 Ebd.
365 Sueton, Cal. 50, 1.
366 Vgl. dazu besonders Flavius Josephus, ant. XIX 1, 4.
367 Vgl. Anm. 381.
368 Der *Circus Maximus*, der älteste und größte Circus Roms, maß in der Ge-

samtlänge 600 m, in der Breite 150 m. Er faßte in augusteischer Zeit etwa 60 000 Zuschauer, nach einem späteren Umbau 185 000.

369 Solche Darbietungen gingen später ins Programm des neuzeitlichen Rund-
zirkus über, wie wir ihn noch heute kennen.

370 Flavius Josephus, XIX 1, 4.

371 Vgl. dazu Wolfgang Will, Der römische Mob, S. 27 ff.

372 Der Aufstand der autonomen italischen Stämme gegen Rom führte zum
»Bundesgenossenkrieg« (90–88 v. Chr.) Unter Führung der Marser und der
Samniten schlossen sich die meisten Italiker zusammen, begründeten einen
eigenen Staat mit der Hauptstadt *Italia* (Corfinium) und erkämpften sich
trotz militärischer Niederlagen das römische Bürgerrecht.

373 Vgl. dazu Bleicken, a.a.O., S. 313 ff.

374 Männliche römische Namen bestehen durchweg aus dem *praenomen* (Vorname), dem *nomen gentile* (Geschlechts- bzw. Familienname) und dem
cognomen (Beiname). Einer der Gründe dafür, daß die Beinamen sich
häuften, lag in der geringen Zahl der Vornamen, denn es gab nur 16 (vgl.
Übersicht im Anhang). Die in den Abkürzungen stets gebrauchte Schreibung C. (= Gaius) und Cn. (Gnaeus) ist eine altertümliche Form, die in der
ausgeschriebenen Version nie vorkommt. Frauen und Mädchen erhielten
keinen Individualnamen. Sie trugen den Geschlechtsnamen mit der En-
dung -a: *Julia* ist die Tochter des *Julius (Caesar)*, *Antonia* die Tochter des
Marcus Antonius. Waren mehrere Töchter vorhanden, unterschied man sie
mit dem Zusatz *Maior* oder *Minor*: *Antonia Minor* ist die Jüngere, ihre
Schwester *Antonia Maior* die Ältere. Bei mehr als zwei Töchtern numerier-
te man sie einfach durch mit *Secunda* (die Zweite), *Tertia* (die Dritte),
Quarta (die Vierte) usw.

375 Das römische Recht unterscheidet zwischen solchen Ehen, in denen die
Frau aus der elterlichen Gewalt ihres Vaters *(pater familias)* in die Gewalt
(manus) des Ehemanns als *mater familias* übergeht, und solchen, in denen
sie rechtlich in der Gewalt des Vaters blieb und nur *uxor* (Gattin), nicht
mater familias ihres Mannes wurde. Von der *manus*-Ehe gab es drei Formen: a) die *confarreatio*, die feierlichste Form, die nur unter Patriziern möglich war. Nur hier wirkte bei der Eheschließung ein Priester mit (*Pontifex
Maximus* und *Flamen Dialis*). Die Scheidung einer solchen Ehe galt als
Bruch der sakrosankten Form. b) Bei der *coemptio* ging die Braut durch
einen Scheinkauf in den Besitz des Mannes über. c) Beim *usus* gründete das
Besitzrecht des Mannes formell auf der »Ersitzung« des Eigentums, wenn
die Frau mit ihm ein Jahr in ehelicher Gemeinschaft gelebt hatte.
Die üblichste Form war die manusfreie Ehe, die aufgrund gegenseitiger
Vereinbarung abgeschlossen wurde. – Junge Männer konnten in Rom mit
14, Mädchen mit zwölf Jahren heiraten.

376 Wolfgang Will, Der römische Mob, S. 26 ff.

377 nach Bleicken, a.a.O., S.312.

378 Das »Jahrhundert der Revolution« – von den Gracchen bis zu den Bürgerkriegen nach Caesars Ermordung – ist außenpolitisch gekennzeichnet durch
den Erwerb gewaltiger Gebiete in Nordafrika, Kleinasien, Spanien und Gal-

lien und als Folge davon im Innern durch wachsende soziale Spannungen, die immer wieder zu gewaltsamen Auseinandersetzungen eskalierten. Nutznießer des Prozesses waren die prokonsularischen Heerführer, die sich in den unterworfenen Provinzen die Basis schufen, um sich schließlich in Rom an die Spitze der Macht zu bringen (vgl. Sulla, Pompeius Magnus, Caesar).

379 Der *patronus* spielt in der gesamten römischen Geschichte eine wichtige Rolle. Ursprünglich der »Hausvater« *(pater familias)* der bäuerlichen Familie, wurde die Vorstellung beibehalten, daß auch ein Patrizier als Patron für die von ihm abhängigen Klienten verantwortlich war. Und natürlich übernahm auch der Feldherr fern von Rom gegenüber seinen Soldaten diese Rolle, die dann ab Augustus auch dem Princeps zugestanden wurde. Der höchste Ehrentitel, der einem Kaiser übertragen werden konnte, war der des *Pater Patriae* (Vater des Vaterlandes).

380 Die Herkunft des Namens *Consul* ist bis heute nicht eindeutig geklärt. Ursprünglich war der *Praetor* der höchste Exekutivbeamte. Das erkennt man u. a. daran, daß das Feldherrnzelt immer noch *praetorium* hieß, als die Konsuln die Prätoren in der Hierarchie abgelöst hatten. Davon abgeleitet auch »Prätorianer«. Vgl. Anm. 381.

381 Römische Ämter: Nach der Abschaffung des Königtums (um 500 v. Chr.) stand an der Spitze des Staates der oberste Jahresbeamte *(praetor maximus)* als Inhaber des Imperiums (Amtsgewalt über Leben und Tod), später die beiden Konsuln. – Der Senat (anfangs 300, später 600 Mitglieder) bestand aus den Häuptern der adligen Geschlechter *(patres* = Väter) und den ehemaligen Konsularbeamten *(consulares* = gewesene Konsuln). Er beriet die hohen Staatsbeamten *(magistratus)* durch ein *senatus consultum* (Senatsbeschluß). Zu seinen weiteren Aufgaben zählten: Zustimmung zu Volksbeschlüssen, Verhandlungen mit auswärtigen Regierungen, Finanzhoheit, Verfügungsgewalt über alle Einnahmen und Ausgaben des Staates, Gerichtsbarkeit über die in Italien begangenen Verbrechen, diplomatischer Verkehr mit auswärtigen Fürsten und Regierungen. Fast alle diese Zuständigkeiten gab er im Principat an den Kaiser ab. – Die Konsuln, ursprünglich die höchsten Exekutivbeamten der Republik, verloren mit Beginn des Principats an Bedeutung. Die Amtsgewalt des Princeps baute nicht auf dem republikanischen Konsulat auf, sondern stützte sich auf ein prokonsularisches *imperium maius.* Die Kaiser bekleideten zwar noch häufig selbst das Konsulat, doch es entwickelte sich zu einem bloßen Ehrenamt. Dem Konsul blieb als »politisches« Recht nur noch die Befugnis, den Senat einzuberufen und die Sitzung zu leiten. Die Amtszeit wird auf vier, im 2. Jh. auf zwei Monate verkürzt, damit einer größeren Anzahl von Bewerbern diese ehrenvolle Auszeichnung zuteil werden kann. Nach den Namen des ersten Konsulpaars wird das Jahr benannt; diese *consules ordinarii* haben auch höheres Ansehen als die folgenden *consules suffecti.* – Der *praetor* – *(praitor* = der Vorangehende; vgl. Her–zog) hat ganz sicher seinen Ursprung im militärischen Bereich, und dies zeigt sich besonders deutlich im Namen des Feldherrnzelts *(praetorium)* und der Prätorianer. Nachdem er von den Konsuln verdrängt worden war, übernahm er die Oberaufsicht über die Gerichtsbarkeit. Durch die kaiserliche

Rechtsprechung verloren die Prätoren an Bedeutung. Für die Besetzung hoher Offiziers- und Statthalterstellen war die Prätur bis zu Diocletian Voraussetzung. – Zu den Aufgaben des Ädilen (*cura urbis* = Sorge für die Belange der Hauptstadt) gehörte die Aufsicht über die Sitten, die Sorge für die öffentlichen Gebäude, Straßen, Tempel, Bordelle, Bäder, Wasserleitungen, die Markt- und Schenkenaufsicht, die Versorgung Roms mit Lebensmitteln (*cura annonae*). Da diese Aufgaben mehr sachbezogen als politisch waren, hielt sich ihr Amt lange. – Den Quästoren unterstand in der Republik die Verwaltung der Staatskasse. Mit der wachsenden Zahl von Provinzen wurden sie den Prokonsuln als Gehilfen (Finanzverwaltung) zugeteilt. In der Kaiserzeit wurden sie von den *praefecti aerarii Saturni* (für den Staatsschatz zuständige Präfekten) abgelöst. Nun hatten sie sich um die Ausrüstung der Spiele zu kümmern.

382 C. Marius ist wohl das bekannteste Beispiel dafür, daß ein nichtadliger *homo novus* in der Politik Karriere machen konnte. Er arbeitete sich zum fähigsten General seiner Zeit hoch, besiegte Jugurtha, Kimbern und Teutonen und wurde kurz hintereinander siebenmal zum Konsul gewählt.

383 Schaffte Marius als Militär den Aufstieg, so Cicero als Redner und Anwalt. Während seines Konsulats feierte er seinen größten politischen Triumph durch die Niederschlagung der Verschwörung des Catilina. Die angeblich ungesetzliche Hinrichtung der Rädelsführer wurde ihm jedoch zum Verhängnis. Auf Antrag des Clodius wurde er 58 v. Chr. verbannt. Obwohl er bereits nach einem Jahr ehrenvoll zurückgerufen wurde, hatte er seinen politischen Einfluß eingebüßt. Die folgenden Jahre waren mit schriftstellerischen Arbeiten angefüllt. Er wurde zum Schöpfer des klassischen Lateins.

384 Vgl. Anm. 94.

385 Die Ereignisse dieser Jahre bei Stöver, Die Römer – Taktiker der Macht, a.a.O., S. 350 ff.

386 Mit *Asia* ist das heutige Kleinasien gemeint.

387 Seit dem 1. Jh. v. Chr. wurden Münzen als Mittel der politischen Propaganda benutzt. Ein Beispiel ist eine Münze des Brutus, die er nach der Ermordung Caesars prägen ließ, mit der Parole *libertas* (Freiheit).

388 Sueton, Caes. 78.

389 Sueton, Caes. 79.

390 Lictoren waren die Amtsdiener der hohen Magistrate, auch einiger Priester. Je nach dem Rang des Beamten war die Zahl der Liktoren festgelegt: Diktator 12, Prätor 6, Konsul 12; dem Kaiser schritten 12–24 (Diocletian) voraus. Sie gingen in der Öffentlichkeit mit dem Rutenbündel (*fasces*; davon abgeleitet: Faschismus), in dem eine Axt steckte, einzeln voran, besonders bei der Vollstreckung von Körper- und Todesstrafen. Die Liktoren waren römische Bürger, oft Freigelassene. Die Institution der Liktoren ist wahrscheinlich etruskischen Ursprungs.

391 Richard Heinze, Die augusteische Kultur, a.a.O., S. 13 f.

392 Tacitus, hist. 1, 16.

393 Ebd.

394 Karl Christ, G. d. r. K., a.a.O., S. 172 ff.

395 Vgl. Pleticha/Schönberger, Die Römer, s. v. Kaiser u. Princeps.

Die römischen Kaiser von Augustus bis zu Constantin d. Gr. (ohne die Usurpatoren) und ihre Prätorianer-Präfekten

Die julisch-claudischen Kaiser
30 v. Chr. bis 68 n. Chr.

Augustus (Octavianus) . . . . *30 v. Chr. – 14 n. Chr.*
Präfekten: Q. Ostorius Scapula (2 v. Chr.) – P. Salvius Aper (2 v. Chr.) – Valerius (nicht datierbar) – Seius Strabo (14 n. Chr.)

Tiberius *14–37*
Präfekten: Seius Strabo (14–16) – Aelius Seianus (14–31, allein von 16–31) – Naevius Sertorius Macro (allein von 31–37)

Gaius Caligula *37–41*
Präfekten: Naevius Sertorius Macro (37–38) – M. Arrecinus Clemens (und sein namentlich nicht genannter Kollege; vgl. Sueton, Calig. 56, 1)

Claudius *41–54*
Präfekten: Rufrius Pollio (41–44) – Catonius Justus (41–43) – Rufrius Crispinus (47–51) – Lusius Geta (47–51) – Narcissus (für einen Tag im Jahre 48 zur Beseitigung der Messalina) – Sex. Afranius Burrus (allein 51–54)

Nero *54–68*
Präfekten: Sex. Afranius Burrus (allein 54–62) – L. Fannius Rufus (62–65) – Ofonius Tigellinus (62–68) – C. Nymphidius Sabinus (65–68)

Das Dreikaiserjahr 68–69

Galba, Otho, Vitellius *68–69*
Präfekten unter Galba: C. Nymphidius Sabinus (68/69) – Cornelius Laco (69)
Präfekten unter Otho: Plotius Firmus (69) – Licinius Proculus (69)
Präfekten unter Vitellius: P. Sabinus – Julius Priscus – P. Alfenus Varus (alle 69)

Die flavischen Kaiser 69–96

Vespasianus *69–79*
Präfekten: Arrius Varus (69) – M. Arrecinus Clemens (69–71) – Titus Flavius Vespasianus (der Sohn des Vespasianus, 71–79)

Titus *79–81*
Präfekten: unbekannt

Domitianus *81–96*
Präfekten: Cornelius Fuscus (81–86/87) – Casperius Aelianus (um 93) – Norbanus (96) – T. Petronius Secundus (96)

Die Adoptivkaiser 96–138

Nerva *96–98*
Präfekten: T. Petronius Secundus (96–97) – Casperius Aelianus (96–97)

Traianus *98–117*
Präfekten: Sex. Attius Suburanus (um 99) – Ti. Julius Aquilinus (101–117?) – P. Acilius Attianus (117) – Ser. Sulpicius Similis (117)

Hadrianus *117–138*
Präfekten: P. Acilius Attianus (117–119) – Ser. Sulpicius Similis (117–119) – Q. Marcius Turbo (119–135?)

Die antoninischen Kaiser 138–192

Antoninus Pius *138–161*
Präfekten: Petronius Mamertinus (138–?) – M. Gavius Maximus (138–158?) – C. Tattius Maximus (um 158–160) – T. Furius Victorinus (160–161) – Cornelius Repentinus (160–161)

Marcus Aurelius *161–180*
Präfekten: T. Furius Victorinus (161–163) – Cornelius Repentinus (161–167) – T. Flavius Constans (zw. 164 u. 167) – M. Macrinius Vindex (169–172) –M. Bassaeus Rufus (169–177)

Commodus *180–192*
Präfekten: Tarrutenius Paternus (180–182?) – Tigidius Perennis (180–185) – Niger (185) – Marcius Quartus (185) – T. Longaeus (185) – P. Attilius Aebutianus (187) – M. Aurelius Cleander (187– 189?) – L. Ju-

lius Vehilius Gratus Juloianus (188–189) – Regillus (um 189) – Motelinus (zw. 189 u. 191) – Q. Aemilius Laetus (192–193)

Pertinax, Didius Julianus *193*
Präfekten unter Didius Julianus: T. Flavius Genialis (193) – Tullius Crispinus (193) – Veturius Macrinus (193) – Flavius Juvenalis (193)

Die severischen Kaiser 193–235

Septimius Severus *193–211*
Präfekten: Flavius Juvenalis (193–197) – C. Fulvius Plautianus (197–205) – Q. Aemilius Saturninus (200) – Q. Maecius Laetus (205–211) – Aemilius Papinianus (205–211)

Caracalla *212–217*
Präfekten: Q. Maecius Laetus (211–212 oder 215) – Valerius Patruinus (212) Cn. Marcius Rustius Rufinus (212–217) – M. Opelilus Macrinus (um 212–217)

Opellius Macrinus *217–218*
Präfekten: Ulpius Julianus (217–218) – Julianus Nestor (217–218) – Julius Basilianus (218)

Severus Alexander *222–235*
Präfekten: Flavianus (222–223) – Geminius Chrestus (222–223) – Cn. Domitius Annius Ulpianus (222 – vor 228)

Die Soldatenkaiser 235–284

Maximinus Thrax *235–238*
Präfekten: Vitalianus (228)

Gordianus I., Gordianus II., Balbinus, Pupienus *238*
Präfekten: unbekannt

Gordianus III. *238–244*
Präfekten: Domitius (240) – C. Furius Sabinus Aquila Timesitheus (241–243) – M. Julius Philippus (243–244)

Philippus Arabs *244–249*
Präfekten: C. Julius Crispus (244–246)

Decius *249–251*
Präfekten: unbekannt

Trebonianus Gallus *251–253*
Präfekten: unbekannt

Valerianus *253–260*
Präfekten: Successianus (259–260) – Silvanus oder Albanus (um 260)

Gallienus *260–268*
Präfekten: L. Petronius Taurus Volusianus (260–267) – Heraclianus (267–268)

Claudius II. Gothicus *268–270*
Präfekten: unbekannt

Aurelianus *270–275*
Präfekten: Julius Placidianus (um 270)

Tacitus *275–276*
Präfekten: M. Annius Florianus (275–276)

Probus *276–282*
Präfekten: M. Aurelius Carus (vor 282)

Carus, Carinus, Numerianus *282–284*
Präfekten unter Carus und Numerianus: L. Flavius Aper (282–284)

Der Dominat 284–337

Diocletianus *284–305*
Präfekten unter Diocletianus und Maximianus: Ti. Claudius M. Aurelius Aristobulus (284–285) – Afranius Hannibalanus (zw. 285 u. 297) – Julius Asclepiodotus (zw. 285 u. 297)

Galerius, Constantius Chlorus, Severus, Licinius, Maximianus, Maximinus Daia, Maxentius, Constantinus *305–324*
Präfekten unter Maxentius: Anullinus (307) – C. Caeionius Rufius Volusianus (311–312) – Manlius Rusticianus (zw. 306 u. 312) – Ruricius Pompeianus (312)

Constantinus *325–337*
Präfekten: Keine. Constantinus löst die Garde auf.

(Die Auflistung der Praefecten nach RE XXII, 2 (1954) Sp. 2423–2425 s. v. *Praefectus praetorio*)

Abkürzungen der römischen Praenomina (Vornamen):

A.	=	AULUS	Mam.	=	MAMERCUS
Ap.	=	APPIUS	P.	=	PUBLIUS
C.	=	GAIUS*	Q.	=	QUINTUS
Cn.	=	GNAEUS*	Ser.	=	SERVIUS
D.	=	DECIMUS	Sex.	=	SEXTUS
L.	=	LUCIUS	Sp.	=	SPURIUS
M.	=	MARCUS	T.	=	TITUS
M'.	=	MAN(L)IUS	Ti.	=	TIBERIUS

* Die Schreibung mit C ist eine altertümliche Form, die so nur noch in den Abkürzungen auftaucht. Ausgeschrieben heißt es stets GNAEUS und GAIUS.

Bibliographie

Quellen:
Appian: Römische Geschichte, übers. u. herausg. v. G. Zeiß, Leipzig 1838
Caesar: Der Bürgerkrieg, lat.-dt., ediert v. Georg Dorminger. München 1979
Cassius Dio: Römische Geschichte, übers. v. Otto Veh, eingel. v. Gerhard
Wirth. Zürich/München 1985
Cicero (Marcus Tullius Cicero): Vom pflichtgemäßen Handeln – De officiis,
übers., eingel. u. erl. v. Karl Atzert. München o. J. (= Goldmanns Gelbe
Taschenbücher 534)
Flavius Josephus: Jüdische Altertümer, übers., eingel. u. mit Anm. vers. von
Heinrich Clementz, 1893
Flavius Josephus: Geschichte des Jüdischen Krieges, übers. v. Heinrich Cle-
mentz, Nachdruck Wiesbaden 1978
Flavius Josephus: Kleinere Schriften (Selbstbiographie, Gegen Apion, Über
die Makkabäer), übers. u. eingel. von Heinrich Clementz. Wiesbaden 1993
Florus (Lucius Annaeus Florus): Abriß der Römischen Geschichte, übers. v.
Wilhelm Matthäus Pahl, Stuttgart 1834
Herodianus: Geschichte des römischen Kaisertums seit Mark Aurel, übers.
v. Adolf Stahr. Berlin o. J.
Livius (Titus Livius): Römische Geschichte, lat.-dt., übers. u. herausg. v.
Hans Jürgen Hillen. München/Zürich 1974 ff.
Plinius Secundus d. Ä.: Naturalis Historia/Naturkunde, lat.-dt. Gesamtaus-
gabe der 37 Bücher, unter Mitwirkung namhafter Fachgelehrter herausg.
v. R. König, G. Winkler u. J. Hopp. München/Zürich 1973 ff.
Plutarch: Große Griechen und Römer, übertr., eingel. u. erl. von Konrat
Ziegler. München (dtv) 1979 ff.
Sueton: Leben der Caesaren, übers. u. herausg. v. André Lambert, München
(dtv) 1972 ff.
Tacitus: Annalen, übers. von August Horneffer, Einleitung von Joseph Vogt,
Anmerkungen von Werner Schur. Stuttgart (Kröner) 1964
Tacitus: Annalen I–VI, Übersetzung, Einleitung u. Anmerkungen von
Walther Sontheimer. Stuttgart (Reclam) 1964
Tacitus: Annalen XI–XVI, Übersetzung u. Anmerkungen von Walther Sont-
heimer. Stuttgart (Reclam) 1967
Tacitus: Germania. Die Annalen, übertr. u. ausgew. von Wilhelm Harendza.
München (Goldmann) 1964
Tacitus: Annalen, Übertragung u. Anmerkungen von Carl Hoffmann, Nach-
wort von Gerhard Wirth. München (Goldmann) 1978
Tacitus: Historien, übers. u. erl. von Franz Eckstein. München (Goldmann)
1960

Tacitus: Historien, lat.-dt., übers. u. herausg. von Helmuth Vretska. Stuttgart (Reclam) 1984

Tacitus: Historien, übers. u. mit Anmerkungen versehen v. Walther Sontheimer, Einleitung v. Viktor Pöschl. Stuttgart (Kröner) 1968

Velleius Paterculus: Historia Romana – Römische Geschichte, lat.-dt., übers. u. herausg. v. Marion Giebel. Stuttgart (Reclam) 1992

– Anmerkung zu Tacitus: *Die Schriften des Tacitus waren, neben denen des Flavius Josephus, die Hauptquelle der Untersuchung. Es wurde jeweils die Übersetzung bevorzugt, die nach Ansicht des Autors dem, was Tacitus meinte, am nächsten kommt. Das hatte zur Folge, daß in einem Abschnitt oder Satz verschiedene Versionen miteinander verbunden wurden. Ohne die gewissenhafte Vorarbeit der genannten Altphilologen, die oft einem Lebenswerk gleichkommt, wäre dieses Buch nicht möglich gewesen. Sie stehen alle gleichwertig nebeneinander. An einigen Stellen hat der Autor eine eigene Übersetzung eingebracht.*

– Anmerkung zu Flavius Josephus: *Dem deutschen Leser ist heute lediglich die o.g. Übersetzung von Heinrich Clementz zugänglich. Die gegenwärtige Forschung bevorzugt eine andere Gliederung der einzelnen flavischen Bücher als Clementz. Der Autor hat dennoch Clementz' Gliederung übernommen, um es dem interessierten Leser zu erleichtern, die entsprechenden Stellen finden und im Zusammenhang lesen zu können.*

Lexika:

Der kleine Pauly, Lexikon der Antike, herausg. v. Konrat Ziegler u. Walther Sontheimer. Stuttgart 1964 ff.

Hiltbrunner, Otto: Kleines Lexikon der Antike, Bern/München 1946 ff.

Lexikon der Alten Welt, herausg. v. Carl Andresen u. a., Zürich 1965 u. 1990

Pauly-Wissowa: Real-Encyclopädie der classischen Altertumswissenschaft, herausg. v. W. Kroll, K. Mittelhaus u. K. Ziegler, Stuttgart 1893 ff. (= RE)

Tusculum. Lexikon griechischer und lateinischer Autoren des Altertums und des Mittelalters, bearb. v. W. Buchwald, A. Hohlweg u. O. Prinz. Reinbek 1974 ff.

Veh, Otto: Lexikon der römischen Kaiser, Von Augustus bis Justinianus I., 27 v. Chr. bis 565 n. Chr. Zürich/München 1990[3]

Literatur:

Alföldi, Maria-R.: Die Geschichte des numidischen Königreiches und seiner Nachfolger, in: Die Numider, Reiter u. Könige nördlich der Sahara, herausg. v. H. G. Horn u. Chr. B. Rüger. Bonn 1979

Baar, Manfred: Das Bild des Kaisers Tiberius bei Tacitus, Sueton und Cassius Dio. (Diss.) Stuttgart 1990

Bengtson, Hermann: Grundriß der römischen Geschichte mit Quellenkunde, 1. Bd., Republik und Kaiserzeit bis 284 n. Chr., München 1967

Bleicken, Jochen: Verfassungs- und Sozialgeschichte des Römischen Kaiserreiches, Bd. 1: Paderborn 1989³, Bd. 2: ebd. 1981²

Burckhardt, Jacob: Die Zeit Constantins des Großen. Kettwig 1990

Christ, Karl: Geschichte der römischen Kaiserzeit, von Augustus bis Konstantin. München 1988

Dessau, Hermann: Geschichte der römischen Kaiserzeit, I–II, Berlin 1924–1930

Domaszewski, Alfred von: Aufsätze zur römischen Heeresgeschichte. Darmstadt 1972

Domaszewski, Alfred von: Die Rangordnung des römischen Heeres. Einführung, Berichtigungen und Nachträge von Brian Dobson. Köln/Wien 1981³

Domaszewski, Alfred von: Geschichte der römischen Kaiser, 2 Bde., Leipzig 1923³

Dudley, Donald R.: Tacitus und die Welt der Römer. Wiesbaden 1969

Durry, Marcel: Les Cohortes Prétoriennes (Bibliothèque des Écoles Françaises d'Athenes et de Rome; Fascicule cent-quarante-sixième). Paris 1938

Esser, Albert: Cäsar und die julisch-claudischen Kaiser im biologisch-ärztlichen Blickfeld. Leiden 1958

Ferrero, Guglielmo: Die Frauen der Cäsaren. Stuttgart 1914²

Flaig, Egon: Den Kaiser herausfordern – Die Usurpation im Römischen Reich. Frankfurt a. M./New York 1992

Geschichte in Quellen, Bd. 1 Altertum (Alter Orient – Hellas – Rom) bearb. v. Walter Arend. München 1975

Grant, Michael: Roms Cäsaren – Von Julius Caesar bis Domitian. München 1978

Gregorovius, Ferdinand: Wanderjahre in Italien. München 1968

Hampe, Roland: Sperlonga und Vergil. Mainz 1972

Hennig, Dieter: L. Aelius Seianus – Untersuchungen zur Regierung des Tiberius (= Vestigia, Beiträge zur Alten Geschichte, Bd. 21) München 1975

Junkelmann, Marcus: Die Legionen des Augustus – Der römische Soldat im archäologischen Experiment. Mainz 1986

Kienast, Dietmar: Römische Kaisertabelle – Grundzüge einer römischen Kaiserchronologie. Darmstadt 1990

Kornemann, Ernst: Tiberius. Mit einem Vorwort von Hermann Bengtson. Frankfurt a. M. 1980

Le Bohec, Yann: Die römische Armee – Von Augustus zu Konstantin d. Gr. Stuttgart 1993

Lissner, Ivar: So lebten die römischen Kaiser – Macht und Wahn der Cäsaren. Olten 1969

Meise, Eckhard: Untersuchungen zur Geschichte der julisch-claudischen Dynastie (= Vestigia, Beiträge zur Alten Geschichte, Bd. 10) München 1969

Mommsen, Theodor: Römische Kaisergeschichte. Nach den Vorlesungs-Mitschriften von Sebastian und Paul Hensel 1882/86. Herausg. v. Barbara u. Alexander Demandt. München 1992

Passerini, Alfredo: Le Coorti Pretorie (Studi pubblicati dal R. Istituto Italiano per la storia antica, Fascicolo primo). Rom 1939

Schanz/Hosius (Schanz, Martin u. Carl Hosius): Geschichte der römischen Literatur II. Teil, Die römische Literatur in der Zeit der Monarchie bis auf Hadrian (= Handbuch der Altertumswissenschaft VIII. Abt. 2. Teil). München 1935/1967

Schiller, Hermann: Geschichte der römischen Kaiserzeit, 2 Bde., Gotha 1883

Stöver, Hans Dieter: Christenverfolgung im Römischen Reich – Ihre Hintergründe und Folgen. München 1984

Stöver, Hans Dieter: Die Römer – Taktiker der Macht. Reinbek 1988

Will, Wolfgang: Der römische Mob – Soziale Konflikte in der späten Republik. Darmstadt 1991

Wells, Colin Michael: Das Römische Reich (dtv – Geschichte der Antike, herausg. v. Oswyn Murray). München 1985 ff.

Personenregister

Aemilianus (L. Caecilius A.), Veteran der Praetorianer: 204
Aemilius Laetus, praef. praet. unter Commodus: 294
Agrippa (Marcus Vipsanius A.): 26, 28, 63, 193, 230
Agrippina d.Ä.: 19, 25, 28, 63, 163, 168, 213, 217, 228, 232 f., 235, 252 ff., 257, 258 ff.
Agrippina d.J.: 98, 163, 225, 236, 266 ff.
Andreae, Bernd, dt. Archäologe: 241
Anteius, Senator: 88
Antonia, Tochter des Marcus Antonius u. der Octavia: 26, 37, 130 ff., 140, 164 ff., 169 f., 179 ff., 228, 259–265
Antoninus Pius, röm. Kaiser: 294, 333
Antonius Saturninus, machte gegen Domitian einen Aufstand: 293
Apicata, Gemahlin des Seianus: 178, 221, 227, 233
Arminius, Fürst der Cherusker: 20
Arrecina, Tochter des Arrecinus Clemens, Gemahlin des Titus: 54
Arrecinus Clemens, pref. praet. unter Caligula: 51, 54 ff., 91, 112, 121, 126, 133, 139, 143, 150
Asprenas (Lucius Nonius A.), Senator: 62 f., 68, 73, 74, 87, 90
Augustus (Octavianus), röm. Kaiser: 12, 20, 26, 28 ff., 52, 57, 59, 62, 63, 69, 73, 83, 85, 90, 98, 100, 101, 111, 117, 144, 158, 184, 190 ff., 197, 200, 201, 210, 218, 226, 227, 236, 270, 279, 322, 329, 332, 335–341
Aurelianus, röm. Kaiser: 17, 308

Bengtson, Hermann, dt. Althistoriker: 170, 205
Berenike, Mutter des Herodes Agrippa: 131
Britannicus, Sohn des Claudius: 266 f.
Brocchus, Volkstribun: 125
Brutus (Lucius Iunius B.): 60
Brutus (Marcus Iunius B.): 60, 329
Burckhardt, Jakob, dt. Historiker: 314
Burrus (Afranius B.), praef. praet. unter Nero: 266 ff., 270

Caenis, Freigelassene der Antonia, Maitresse des Vespasianus: 168 f., 179 f., 183
Caesar (Gaius Iulius C.), röm. Staatsmann: 17, 60, 83, 86, 87, 98, 102, 106, 117, 119, 144, 157, 163, 164, 192, 201, 216, 324, 325, 327 f., 329–333, 337

Caesonia, Gemahlin des Caligula: 34
Caligula (Gaius Caesar), röm. Kaiser: 15, 16, 17, 19, 20 ff., 26 ff., 32 ff., 36 ff., 41ff., 48, 51 ff., 52, 59, 61, 62, 63 f., 67 ff., 69, 72, 74 ff., 81 f., 84, 87, 90–93, 98, 102, 103, 111, 113, 114, 126, 131 f., 141, 142, 161, 184 f., 201, 203, 210, 213, 224, 263, 272, 316, 333, 341
Callistus, Freigelassener u. Kabinettchef des Caligula, Staatssekretär unter Claudius: 44 f., 48, 51, 53, 68 f., 84, 112, 139 ff., 153, 156–164, 185, 218, 262 f., 272
Caracalla, röm. Kaiser: 296 ff.
Cassius Chaerea, Praetorianertribun: 16, 39 ff., 43 ff., 46 ff., 51, 53, 54ff., 58, 60 f., 67 ff., 72 ff., 75 ff., 84, 91 f., 107 ff., 120, 121 f., 138 ff., 145–155, 300
Cassius Dio, röm. Historiker: 15, 106, 190, 232
Catilina (L. Sergius C.): 189, 206
Cato d.Ä.: 105, 275
Catonius Iustus, praef. praet. unter Claudius: 150
Christ, Karl: dt. Althistoriker: 11, 15, 30, 206, 207, 208 f., 278, 288, 295 f., 337
Cicero (M. Tullius C.), röm. Redner und Politiker: 106, 326
Claudia Pulchra, Gemahlin des Varus (s.d.): 63, 235, 236
Claudius, röm. Kaiser: 16, 46 ff., 69, 75, 93, 106, 112–116, 123, 125, 126, 127, 133 ff., 138 ff., 145–155, 158 ff., 160f., 168, 178, 180, 182, 184, 195 f., 201, 262 ff., 267, 275, 276
Clausidius, röm. Soldat: 23
Clemens, s. Arrecinus
Cleopatra VII., Königin von Ägypten: 179, 261, 336
Clodius (P. Clodius Pulcher), Volkstribun: 85
Cluvius Rufus, Senator u. Historiker: 57, 72, 74, 81 f., 88 f., 104 f., 114, 123
Cocceius Nerva, röm Kaiser: 239, 293, 333
Cocceius Nerva, Senator: 239
Commodus, röm. Kaiser: 17, 293, 294, 333, 341
Constantinus I. (Konstantin d.Gr.), röm. Kaiser: 12, 17, 198, 312 ff., 340
Constantius Chlorus, röm. Kaiser: 309

Dea Dia, alte Saatgottheit: 62
Decius, röm. Kaiser: 17
Dessau, Hermann, dt. Althistoriker: 205, 274

Didius Iulianus, Usurpator: 294 f.
Diocletianus, röm. Kaiser: 17, 308 ff., 312
Domitianus, röm. Kaiser: 28, 54, 225, 290, 291, 333, 341
Drusilla, Schwester Caligulas: 28, 37
Drusus, Sohn der Livia, Bruder des Tiberius: 26, 132, 158 f., 163, 164, 167, 183
Drusus Caesar, Sohn der ält. Agrippina: 254
Drusus, Sohn des Tiberius: 130, 210, 212, 214, 216–224, 226
Dudley, Donald R., engl. Altphilologe: 188
Durry, Marcel, frz. Althistoriker: 9, 12, 190, 208, 282, 293, 312, 314, 315

Epaphroditus, Sekretär Neros: 277
Euaristus Arruntius, Ausrufer: 90
Eudemus, Arzt der Livilla: 221
Eutychos, Wagenlenker des Caligula: 149

Fannius Rufus, praef. praet. unter Nero: 270 ff.
Felix (M. Antonius F.), Freigelassener der Antonia, unter Claudius Procurator von Iudaea: 78, 168, 179, 183
Flavianus (M. Annius Fl.), röm. Kaiser: 61
Flavius Iosephus, jüdisch-röm. Historiker: 15, 78–82, 88, 104 ff., 123, 224, 320
Friedrich II., König von Preußen: 209

Galba, röm. Kaiser: 66, 85, 271 ff., 279 ff.
Galerius, röm. Kaiser: 311, 312
Gavius Maximus, praef. praet. unter Antoninus Pius: 294
Gelzer, Matthias, dt. Altphilologe: 53
Germanicus, Sohn der Antonia u. des Drusus: 19, 20 ff., 35, 37, 39, 46, 61, 115, 127, 131, 133, 161, 206, 213, 217, 270
Geta, Bruder des Caracalla: 298 f.
Geta, praef. praet. unter Claudius: 264
Giebel, Marion, dt. Altphilologin: 215
Graecinius Laco, Kommandeur der vigiles unter Tiberius: 173, 176 f.
Gratus, Praetorianer: 115, 116
Gregorovius, Ferdinand, dt. Historiker und Schriftsteller: 245 ff.

Hadrianus, röm. Kaiser: 80, 105, 150, 246, 294, 333
Halkyon, Arzt: 92
Hannibal, karthag. Heldherr: 65, 217
Hennig, Dieter, dt. Altphilologe: 180, 181, 189, 205, 207, 223, 231, 238, 244, 255
Herennius Capito, kaiserl. Procurator unter Tiberius: 130 f.
Herodes Agrippa I., König von Iudaea: 84, 128–138, 150 ff., 160, 179, 180, 182, 183, 186
Herodes Antipas, Tetrarch: 130
Herodes d.Gr.: 129

Iulia, Tochter des Augustus: 28, 168, 230
Iulia, Tochter Caesars: 336
Iulia, Tochter des Drusus und der Livilla: 253
Iulia Domna, Gemahlin des Septimius Severus: 298 f., 302
Iulius Lupus, Praetorianertribun: 122
Iulius Vindex, Statthalter der Gallia Lugdunensis: 271 f.
Iuvenal, röm. Satiriker: 208 f.

Konstantin, s. Constantinus
Kornemann, Ernst, dt. Althistoriker: 197, 200, 211, 217, 240, 256

Laco, s. Graecinius
Lamia (Aelius L.), Besitzer eines Gartens auf d. Esquilin: 98
Le Bohec, Yann, engl. Militärhistoriker: 193, 194
Licinius Mucianus, Stellvertreter Vespasians in Rom: 288 f.
Livia (Iulia Augusta), Gemahlin des Augustus: 26, 69, 106, 126, 157, 160, 164, 166 f., 184, 210, 228, 240, 257
Livilla, Schwester des Caligula: 98
Livilla, Tochter der Antonia: 162, 179, 221, 222, 224–235, 238, 253, 258

Macrinus (Veturius M.), praef.praet. unter Pertinax: 300
Macro (Naevius Sertorius M.), praef.praet. unter Tiberius: 28, 173, 181, 259
Maecenas, Freund des Augustus: 193
Marcus Antonius: 26, 35, 158, 161, 163, 201, 338
Marcus Aurelius, röm. Kaiser: 61, 293, 294, 333
Marius, (C. Marius), röm. Feldherr: 326
Maxentius, röm. Kaiser: 12, 314
Maximianus, röm. Kaiser: 308, 312
Maximinus Thrax, röm. Kaiser: 17, 302 ff.
Messalina, Gemahlin des Claudius: 102
Milo (T. Annius M.), Gegner des Clodius: 85
Minucianus, röm. Senator: 61, 75, 91
Mommsen, Theodor, dt. Althistoriker: 52 f., 205

Napoleon: 11
Narcissus, Freigelassener des Claudius: 218, 262 ff.

Nero, röm. Kaiser: 17, 28, 78, 81, 201, 202, 203, 236, 246, 264 f., 266–277, 278 f., 333
Nero Caesar, Sohn der ält. Agrippina: 253, 258
Nerva, s. Cocceius
Norbanus, Senator: 87
Nymphidia, Tochter des Callistus: 272

Octavia, Schwester des Augustus: 158, 163, 184, 254, 261
Otho, röm. Kaiser: 281 ff.

Pallas (M. Antonius P.): Freigelassener der Antonia, Staatssekretär unter Claudius: 168 f., 170, 179–186, 218, 261 ff., 264, 265, 267
Papinius, Praetorianertribun unter Caligula: 51, 54 f.
Passerini, Alfredo, ital. Altphilologe: 12, 208, 282
Paulus (Apostel): 179
Paulus Arruntius, röm. Senator: 75
Pertinax, röm. Kaiser: 95, 294
Piso (L. Calpurnius P.), Stadtpräfekt: 248
Plotius Firmus, praef. praet. unter Otho: 281
Plutarch, griech. Historiker: 232
Pompedius, röm. Senator: 43
Pompeius Asper, Offizier der Praetorianer: 94
Pompeius (Cn. P. Magnus), röm. Feldherr: 123, 222, 328
Poppaea, Gemahlin Neros: 78
Priapus, röm. Naturgottheit: 41
Probus, röm. Kaiser: 308
Ptolemaios, König von Numidien: 35 f.

Quinctilia, Mutter des L.Nonius Asprenas (s.d.): 63
Quintilia, röm. Schauspielerin: 43

Rostovtzeff, M., russ. Althistoriker: 278
Rufrius Pollio, praef. praet. unter Claudius: 150, 153

Sabinus, ehemaliger Gladiator u. Kommandeur der germanischen Leibwache Caligulas: 87
Sabinus (Cornelius S.), Praetorianertribun: 51, 53, 76 f., 107, 150
Sabinus (Flavius S.), Bruder Vespasians, praef. Urbi: 281
Sabinus (C. Nymphidius S.), praef.praet. unter Nero: 272 ff., 279 ff.
Sabinus (Titius S.), röm. Ritter: 255
Sallust, röm. Historiker: 106, 189
Saturninus (Cn. Sentius S), röm. Consul: 101, 105, 117–120, 146 f.

Schiller, Hermann, dt. Althistoriker: 15, 28, 205
Scipio Africanus: 192
Secundus (Q.Pomponius S.), röm. Consul: 101, 150
Seianus (Lucius Aelius S.), praef. praet. unter Tiberius: 16, 169–178, 179 ff.. 187–190, 205–209, 209–215, 216–224, 224–235, 235 ff., 242 ff., 262
Seius (L.S.Strabo), Vater des L.Aelius Seianus: 212
Seneca, röm. Philosoph: 224, 267, 270
Septimius Severus, röm. Kaiser: 17, 95, 295 ff.
Severus Alexander, röm. Kaiser: 295, 302
Sontheimer, Walther, dt. Altphilologe: 225
Spiculus, Gladiator: 277
Sueton, röm. Historiker: 15, 80, 82, 190, 232, 329
Sulla (L.Cornelius S.), röm. Staatsmann: 85, 217, 324, 325

Tacitus, röm. Historiker: 12, 15, 20, 80, 87, 105, 189, 190, 206, 213, 225, 232
Tiberius, röm. Kaiser: 12, 16, 17, 20, 28 ff., 43, 52, 59 f., 61, 63 f., 111, 126, 130, 132, 157, 158, 160, 162, 164 ff., 169 ff., 180 ff., 188, 201, 206, 209 ff., 212, 216 ff., 232, 235 ff., 242 ff., 259 ff., 340
Tigellinus (Ofonius T.), praef.praet. unter Nero: 270 f.
Timidius, röm. Senator: 43
Titus (Flavius), röm. Kaiser: 17, 54, 79, 291
Traianus, röm. Kaiser: 17, 152, 293, 333, 340
Trebellius Maximus, röm. Senator: 120

Valerius Asiaticus, Günstling des Caligula: 64, 75, 102, 146
Varus (P. Quinctilius V.): 20, 63, 235
Velleius Paterculus, röm. Historiker: 15, 212, 214, 215
Veranius, Volkstribun: 125, 128
Verginius Rufus, Statthalter in Obergermanien unter Nero: 272 f.
Verus (Marcus Annius V.), röm. Kaiser: 61
Vespasianus (Flavius V.), röm. Kaiser: 17, 54, 78 f., 180, 281 f.
Vinicius (Lucius Annius V.), röm. Senator: 61 f., 91, 147
Vipsania Agrippina, ältere Tochter der Vipsania Agrippa, 1. Gemahlin des Tiberius: 166, 210
Vitellius, röm. Kaiser: 285 ff.

Wels, Otto, dt. Politiker: 118

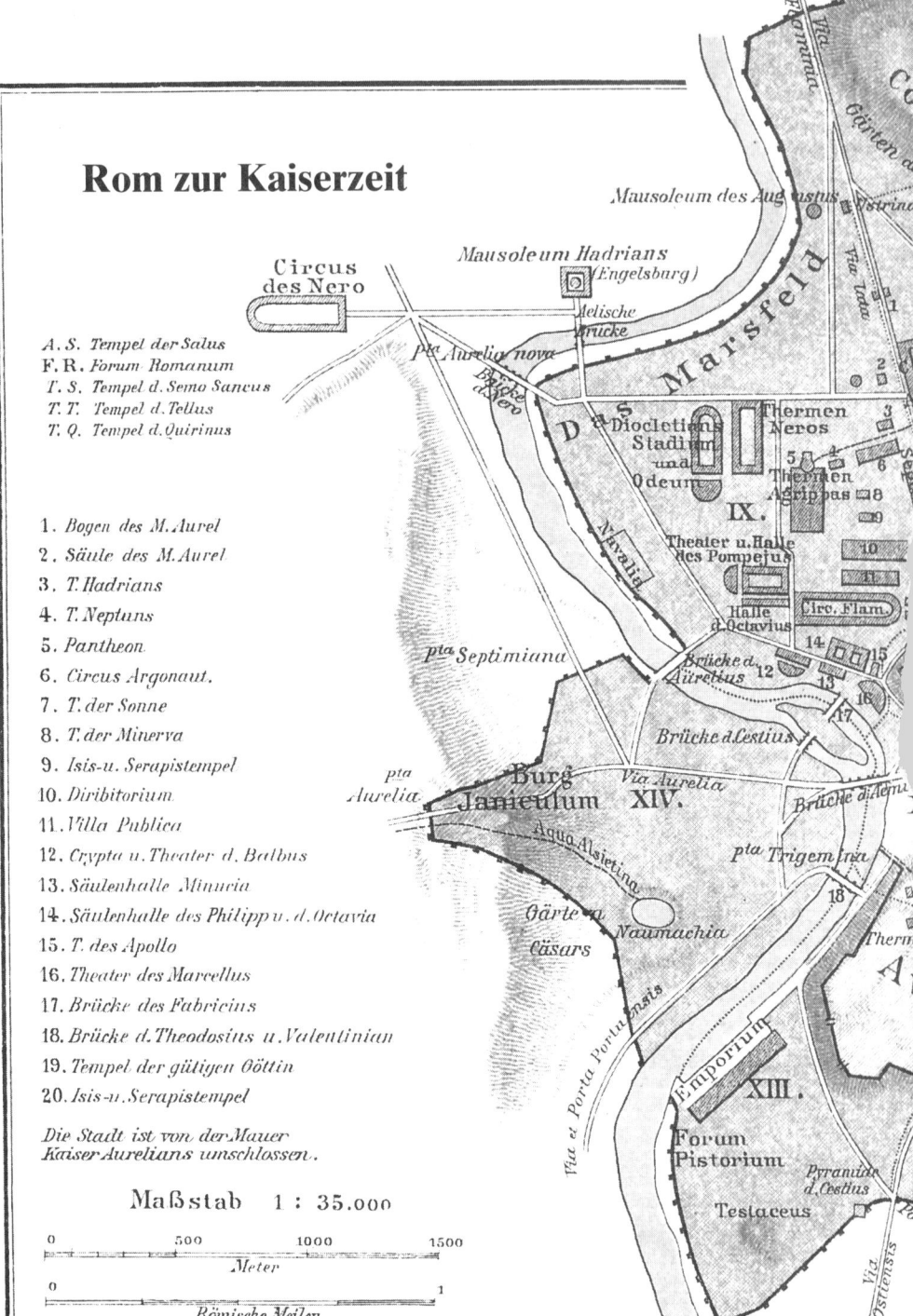

Rom zur Kaiserzeit

Circus
des Nero

Mausoleum des Augustus

Mausoleum Hadrians
(Engelsburg)

Ælische
Brücke

Pta Aurelia nova

A. S. Tempel der Salus
F. R. Forum Romanum
I. S. Tempel d. Semo Sancus
T. T. Tempel d. Tellus
T. Q. Tempel d. Quirinus

1. Bogen des M. Aurel
2. Säule des M. Aurel
3. T. Hadrians
4. T. Neptuns
5. Pantheon
6. Circus Argonaut.
7. T. der Sonne
8. T. der Minerva
9. Isis-u. Serapistempel
10. Diribitorium
11. Villa Publica
12. Crypta u. Theater d. Balbus
13. Säulenhalle Minucia
14. Säulenhalle des Philipp u. d. Octavia
15. T. des Apollo
16. Theater des Marcellus
17. Brücke des Fabricius
18. Brücke d. Theodosius u. Valentinian
19. Tempel der gütigen Göttin
20. Isis-u. Serapistempel

Die Stadt ist von der Mauer
Kaiser Aurelians umschlossen.

Maßstab 1 : 35.000

| 0 | 500 | 1000 | 1500 |
Meter

| 0 | | 1 |
Römische Meilen

Marsfeld

Das
Thermen
Diocletians
Neros
Stadium
und
Odeum
Thermen
IX.
Agrippas

Navalia

Theater u. Halle
des Pompejus

Halle
d. Octavius

Circ. Flam.

pta Septimiana

Brücke d.
Aurelius

Brücke d. Cestius

pta
Aurelia

Burg
Janiculum

Via Aurelia
XIV.

Brücke d. Aemi

Aqua Alsietina

pta Trigemina

Gärten
Cäsars

Naumachia

Therm

A

Via et Porta Portuensis

Emporium

XIII.

Forum
Pistorium

Pyramide
d. Cestius

Testaceus

Via
Ostiensis